『赢在京东』系列电商教程

# 京东平台店铺运营

## 从入门到精通 第2版

京东大学电商学院 ◎ 著

电子工业出版社
Publishing House of Electronics Industry
北京·BEIJING

## 内容简介

本书是由京东商城经验丰富的一线运营骨干和京东大学电商学院的资深讲师共同编写完成的,目的是提升电商从业者和院校电商专业的学生的知识体系构建及电商思维。

本书在第 1 版内容的基础上进行修订,重新完善了 2017 年以来行业的新变化和新趋势。全书共 11 章,主要内容包括京东平台介绍、京东开店流程、商品策划与上架、店铺装修、店铺引流、京东移动端运营、订单处理、数据分析与优化、会员营销管理、店铺运营年度规划等。本书从实战的角度出发,由浅入深地讲解从开店基础到店铺运营过程中可能遇到的一系列实际问题,并配以丰富、典型的应用案例进行说明,内容严谨、简单易懂,可供读者参考借鉴,并学以致用。(本书涉及京东平台数据截至 2017 年 10 月。)

本书可供企业电商岗位从业者入门以及电商管理人员参考借鉴,或作为电子商务相关从业人员、学生就业培训、岗位培训的教材使用。

未经许可,不得以任何方式复制或抄袭本书之部分或全部内容。
版权所有,侵权必究。

**图书在版编目(CIP)数据**

京东平台店铺运营从入门到精通 / 京东大学电商学院著 . —2 版 . —北京:电子工业出版社,2018.6
"赢在京东"系列电商教程
ISBN 978-7-121-34192-2

Ⅰ.①京… Ⅱ.①京… Ⅲ.①电子商务-商业企业管理-教材 Ⅳ.① F713.365.1

中国版本图书馆 CIP 数据核字 (2018) 第 103051 号

策划编辑:张慧敏
责任编辑:石 倩
印　　刷:涿州市般润文化传播有限公司
装　　订:涿州市般润文化传播有限公司
出版发行:电子工业出版社
　　　　　北京市海淀区万寿路 173 信箱　邮编:100036
开　　本:787×1092　1/16　印张:26　字数:650 千字　彩插:4
版　　次:2017 年 3 月第 1 版
　　　　　2018 年 6 月第 2 版
印　　次:2025 年 8 月第 19 次印刷
定　　价:79.00 元

凡所购买电子工业出版社图书有缺损问题,请向购买书店调换。若书店售缺,请与本社发行部联系,联系及邮购电话:(010) 88254888,88258888。

质量投诉请发邮件至 zlts@phei.com.cn,盗版侵权举报请发邮件至 dbqq@phei.com.cn。
本书咨询联系方式:010-51260888-819,faq@phei.com.cn。

## 本书编委会

**特邀顾问：** 京东集团首席人力资源官兼法律总顾问　隆雨

京东集团首席技术官　张晨

京东物流首席执行官　王振辉

京东集团副总裁　商城平台运营部负责人　韩瑞

**总　策　划：** 辛利军　李庆欣

**执行策划：** 李　辑　沈才樱　施　蕾　郭　静

**主　　编：** 贾子龙　司必成　王　宇

**编委会成员：** 王　军　唐大鑫　杜　玮　刘　宁　张昊宇　吕文斌　付　赛

**特别支持：** 宋　旸　王　萌　郭晓博　吴　迪　徐诺娅　刘宇翔　赵　阳　戴泾纬

翟学多　章　锐　张满彬　康　晶　杨　馨　张云华　肖海娜　吕斯皎

杨永明　梁哲豪　刘　恒　窦晓男　郑瑜莹　毛　楠　郑战伟　芦　珊

平晓楠　徐　琳　林廷彦　彭　怡　许文浩　崔哲虎　玄刘伟　林佳吉

毛　静　杜　雯　陈　刚　徐晓东　詹海燕　李　潇　王晓东　苏宏振

都洪娟　单福霖　李　琳　方　娜　任又洁　杨　申　陈梦央

**京东集团参与部门：** 时尚生活事业群居家生活事业部　京东大学　图书文娱业务部

京东集团公关部

在此诚挚感谢所有为此书付出努力的京东同仁（排名不分先后）

## ·作者简介·

·贾子龙·

京东大学电商学院绿带讲师,京东大学电商学院院校导师,具有3年媒体从业经验和5年电商实操经验。曾服务于大型国企、国家级农业龙头企业,操盘农产品、食品等类目,擅长商业分析、内容营销、品牌推广等,注重方法论层面的研究与落地,善于创新营销思路和定制个性化内容需求。

·司必成·

京东大学电商学院院校导师,京东首届运营高手大赛亚军,中国首届电商讲师大赛全国十强。具有8年电商实战经验,擅长品牌差异化打造,辅导培训九阳集团、老板集团、联想西南公司、日本refa、飞利浦等多个知名品牌京东业务快速提升。

·王宇·

京东大学电商学院绿带讲师,京东大学电商学院院校导师,熟悉家用电器、汽车用品、食品饮料、个护美妆、运动户外等类目。曾担任北京同仁堂、富士康等多家企业电商顾问,擅长营销推广、品牌运营、爆品打造。

·王军·

京东大学电商学院院校导师,曾任京东商城服饰家居事业部钟表部总监、医药健康事业部运营经理等职位。拥有近10年互联网营销及电子商务实战经历,涉及B2B、O2O、B2C领域,擅长"无界零售"下的电商品牌建设、传统企业电商转型、电商营销提升及电商运营突围。

·唐大鑫·

京东大学电商学院兰带讲师,京东大学电商学院院校导师。有十余年电商及网络营销相关实战经验,曾任电商运营推广销售经理、企业电商及新媒体运营负责人,立志为东北电商发展做出贡献。

· 杜玮 ·
京东大学电商学院讲师，洪海龙腾运营总监。具有6年京东平台实战操作经验，操盘运动户外、乐器类目年销破亿元的TOP1店铺，擅长京东搜索、付费推广、数据分析。曾任联想、施耐德等20多家企业运营顾问。

· 刘宁 ·
京东大学电商学院讲师，程序员型电商操盘手。具备9年电商实战经验，精通京东SEO、京东SEM，及电商团队运维，"蚂蚁三分钟系列"短视频教程创作人，辅导亿级品牌2家，千万级品牌6家。

· 吕文斌 ·
京东大学电商学院院校导师，京东商家学习中心认证金牌讲师，京东大快消事业部铜牌讲师，操盘茗茶、服饰等多个京东TOP店铺，曾服务过强生、花花公子等知名企业。擅长店铺整体运营，包括京东快车、数据诊断、店铺规划、无线端运营等。

· 张昊宇 ·
京东大学电商学院讲师，有着较多不同品类的京东店铺实战经验。擅长爆款打造、京东快车、数据分析，特别是对京东搜索引流钻研已久，有着大量成功的商品搜索布局经验，成功运营京东电器类品牌专营店，3个月销售额突破500万元，帮助户外、3C、家纺等多个类目的店铺大幅度提升销量。

· 付赛 ·
京东大学电商学院认证讲师，具有6年京东平台实战经验，2017年操盘零起步店铺年销售额突破3000万元。长期调研指导基础店铺300多家，擅长平台新商家卖点挖掘、数据分析、内容营销、广告推广。

# 序 言

京东商城历经 14 年的发展，在互联网零售领域不断深耕并创新商业模式，由高客单价的 3C 数码、家电起家，通过在图书、居家、时尚、医药、生鲜、食品等品类的拓展，成功转型为中国领先的零售企业和零售基础设施服务商，服务于中国亿万家庭和十几万品牌商，联手腾讯打造全球独有的社交电商新模式。

### 不忘初心

京东自创立之初就坚持对假冒伪劣商品"零容忍"，倡导"正品行货，品质服务"的理念，其所带来的"鲶鱼效应"，不断刺激同行业中"沙丁鱼"远离曾经的那个舒适区。京东始终在讲不忘初心，在电商市场乱象丛生的年代赢得了口碑和信誉，引领了品质消费的潮流，尤其在近几年品质电商逐渐兴起的过程中持续发力，释放出"品质化、品牌化"所带来的巨大势能。今天的京东通过互联网的手段，一端连接了中国有着高品质消费需求的广大消费者，一端连接了中国具备品质生产制造能力的广大厂商，京东通过自身不懈的努力，让消费者能够买到放心、合格、有品质的商品，让承载着优秀中国文化的制造企业不断壮大，因我们的努力而重新焕发出青春活力。

### 履行责任

人才缺乏是电商企业发展的切肤之痛，电商行业近几年的爆发增长让这一问题显得尤为突出，因此为满足广大电商企业愈发趋紧的人才需求，以及解决中高等院校电子商务专业在教材和教育实践中遇到的问题，京东大学电商学院面向平台商家及合作伙伴，基于《京东平台运营攻略》和《京东平台数据化运营》，编写了《京东平台店铺运营从入门到精通》一书，以期望全面介绍京东商城周边业务生态，并展示京东店铺"从无到有"的实操流程。

作为 B2C 电商平台的典型代表，京东正在凭借其日益强大的品牌影响力和超过 3 亿优质客户的消费力，以其独特的方式和快速的迭代调节着行业整体的运行节奏。正是基于平台如此飞速的发展，我们及时地对此书进行了全面修订。

### 砥砺前行

"科技引领，正道成功"是京东一直坚守的价值观。

零售业将迎来"第四次零售革命"，零售基础设施的可塑化、智能化和协同化，将推动"无界零售"时代的到来。更多的消费者会直接感知到前沿技术的不断涌现，会直接体验到"机器比你更懂你""随处随想""所见所得"；京东将通过技术创新，不断提高供应链绩效和透明度，最大限度地消除上下游之间的信息鸿沟，努力将京东打造成为数字经济和实体经济的创新融合体。更为重要的是，服务于京东体系的功能业务未来会逐渐模块化、市场化，京东将从一体化走向全面开放，京东会将已有的人工智能技术、大数据能力和智慧物流优势及在电商行业积累沉淀的经验知识，充分向合作伙伴、电子商务教育实践等方面开放，实现成本、效率和体验的再次升级，我们会与整个行业一起共同构建未来的零售生态。

"无界零售"的浪潮正在到来，"广阔天地，大有作为"，希望本书能够成为平台商家、合作伙伴的常备工具书，并赋能于未来零售之路上的奋斗者。

京东集团副总裁 商城平台运营部负责人 韩瑞

# 前 言

京东大学电商学院是京东集团为了助力院校向电商行业输送具有岗位实操技能的院校毕业生，而设立的校企合作官方培训部门。通过不断传递京东品牌、品质、品商的理念，围绕"市场需求为导向，能力培养为中心"，结合前沿电商运作模式及热点业务群体、整合互动线上线下资源，与院校建立长期合作关系，实现优势互补、资源共享、互惠互利、共同发展。

京东大学电商学院所著《京东平台店铺运营从入门到精通》一书出版之后，深受电商从业人员及爱好者的好评，一度跃居京东商城电商管理类书籍销量榜首。

此次京东大学电商学院再次联合京东商城运营骨干、行业专家、资深讲师，共同修订《京东平台店铺运营从入门到精通》。本次修订既保留了原有的理论基础和实际案例相结合的模式，同时又增加和完善了目前最流行和实用的电商运营知识，让电商学习者们能够与时俱进，学以致用。

本书可以用以下四点来进行概括。

### 系统全面，简单易懂

本书根据一名实际运营人员操作店铺过程中会涉及的全部内容编写而成，系统全面地从多个维度讲解电商运营知识点，并且围绕京东周边业务生态，如京东金融、京东技术、跨境电商等系统介绍了京东商城开放平台商家运营实战流程及基础技巧，语言通俗易懂，内容翔实清晰，讲干货，求实用，是零基础入门者人手必备的工具书、操作书。

### 循序渐进，由浅入深

本书在编写内容上，精心设计，循序渐进，包括：平台开店、产品上架、店铺装修、店铺引流、移动端玩法等，即使是基础较弱的电商从业者及院校学生，也能跟随本书的实战步骤，"从入门到精通"，最终成为具备丰富电商知识和技能的运营操盘手。

### 内容严谨，与时俱进

本书的全部内容是由京东平台官方人员及行业专家反复推敲、精简提炼而成的。既结合了京东平台的最新运营规则、平台玩法，同时又加入了如运营规划、优化策略相关内容，凸显电商运营过程中的严谨态度，另外也增加了京东平台最新的操作流程，以及最新的产品模块，可以让读者快人一步熟悉和掌握这些运营新知识和新技巧。

### 结合案例，学以致用

本书延续第 1 版务实落地的风格，讲究理论与案例相结合，并辅以小贴士（Tips），着重提醒难点和易错点，采用大量的真实店铺运营案例作为参考，让读者在最快的时间消化理解知识点，快速应用到自身的电商运营实践中。

如果你是一名正准备入驻京东平台的企业运营人员，想快速了解京东平台的规则和玩法，正式踏入电商运营的行列；如果你在京东店铺运营过程中遇到了难题，百思不得其解；如果你已经成为京东的合作商家，想了解最新的平台信息，学习更多新鲜玩法，那么不妨通览此书，在这里一定能找到你想要的答案。

京东大学电商学院

# 目录

## 第 1 章 京东平台介绍 / 1

1.1 致力于成为为社会创造最大价值的企业 / 1

1.2 全面布局三大业务板块 / 2
    1.2.1 电商板块 / 2
    1.2.2 京东金融 / 3
    1.2.3 京东物流体系 / 4

1.3 京东技术 / 5

## 第 2 章 在京东平台开店 / 6

2.1 入驻前准备 / 6
    2.1.1 团队架构 / 6
    2.1.2 店铺类型 / 8

2.2 开店入驻 / 9
    2.2.1 开店入驻流程 / 9
    2.2.2 完成开店任务 / 18
    2.2.3 店铺运营规则 / 22

## 第 3 章 商品上架前的准备 / 24

3.1 商家后台概况 / 24

3.2 行业数据分析 / 25
    3.2.1 类目销售概况 / 25
    3.2.2 商品属性分析 / 26

3.3 商品分析与规划 / 28
    3.3.1 竞品分析 / 28
    3.3.2 搭建店铺的商品结构 / 30
    3.3.3 商品定价方法 / 31

3.4 商品详情页策划 / 34
    3.4.1 挖掘卖点 / 34
    3.4.2 商品详情页制作逻辑 / 37

3.5 商品拍照 / 38
    3.5.1 商品图片要求 / 39
    3.5.2 拍照方式 / 39
    3.5.3 拍照要点 / 40
    3.5.4 创意拍摄 / 42

3.6 仓储物流设置 / 43
    3.6.1 京东仓储介绍 / 43
    3.6.2 快递选择 / 49
    3.6.3 物流成本核算 / 52
    3.6.4 物流公司管理 / 53
    3.6.5 发货地址管理 / 54
    3.6.6 设置快递单模板 / 54
    3.6.7 承诺时效配送 / 55
    3.6.8 发票信息设置 / 57

3.7 运费模板设置 / 57
    3.7.1 单品运费设置 / 58
    3.7.2 店铺运费设置 / 60
    3.7.3 店铺运费与单品运费同时生效 / 61

## 第 4 章 商品上架 / 63

4.1 商品上传步骤 / 63
    4.1.1 选择类目 / 63
    4.1.2 编辑基本内容 / 65
    4.1.3 维护商品 / 66
    4.1.4 设置功能/物流 / 67
    4.1.5 其他商品信息维护 / 69

4.2 营销工具 / 70

    4.2.1 促销活动 / 70

    4.2.2 卡券活动 / 76

    4.2.3 促销应用工具 / 76

    4.2.4 京豆平台 / 79

    4.2.5 互动营销 / 79

## 第 5 章 店铺装修 / 83

5.1 店铺装修的重要性 / 83

5.2 综合管理 / 84

    5.2.1 图片管理 / 85

    5.2.2 店铺分类管理 / 86

5.3 PC 端店铺装修 / 87

    5.3.1 店铺首页 / 87

    5.3.2 商品列表页 / 91

    5.3.3 店铺简介页 / 92

    5.3.4 店内搜索结果页 / 93

    5.3.5 自定义页面 / 93

    5.3.6 商品详情页 / 95

    5.3.7 店铺信息设置 / 96

    5.3.8 模板中心 / 97

    5.3.9 店铺备份 / 97

    5.3.10 个性化首页 / 98

    5.3.11 装修分析 / 100

5.4 移动端店铺装修 / 100

    5.4.1 移动端装修的重要性 / 100

    5.4.2 移动端装修后台与操作 / 101

5.5 Jshop 活动装修 / 107

5.6 京东装吧 / 116

    5.6.1 装吧的重要性 / 116

    5.6.2 使用装吧装修 PC 端页面 / 120

    5.6.3 移动端编辑功能 / 124

## 第 6 章 店铺引流 / 128

6.1 流量构成 / 128

    6.1.1 自主访问流量 / 131

    6.1.2 京东免费流量 / 134

    6.1.3 京东付费流量 / 141

    6.1.4 站外流量 / 142

6.2 免费流量 / 143

    6.2.1 京东搜索原理 / 143

    6.2.2 商品搜索 / 144

    6.2.3 店铺搜索 / 156

    6.2.4 活动搜索 / 158

    6.2.5 促销搜索 / 161

6.3 付费流量 / 163

    6.3.1 京东快车 / 166

    6.3.2 品牌聚效 / 183

    6.3.3 品牌展位 / 186

    6.3.4 京挑客 / 187

    6.3.5 京东直投 / 196

    6.3.6 京东无线通 / 206

6.4 活动引流 / 212

    6.4.1 了解京东活动 / 212

    6.4.2 提报京东活动 / 215

    6.4.3 "玩赚"京东活动 / 220

# 第 7 章 京东移动端 / 227

## 7.1 移动端的现状与趋势 / 227
## 7.2 京东移动端各入口介绍 / 230
### 7.2.1 京东 APP 端 / 230
### 7.2.2 京东微信端 / 235
### 7.2.3 手机 QQ 端 / 241
### 7.2.4 京东 M 端 / 243
## 7.3 移动端运营玩法 / 244
### 7.3.1 内容玩法 / 244
### 7.3.2 移动端互动玩法 / 249
### 7.3.3 京东直播 / 268
### 7.3.4 视频购 / 273

# 第 8 章 订单处理 / 276

## 8.1 售前 / 276
### 8.1.1 工具使用 / 276
### 8.1.2 账号管理 / 277
### 8.1.3 快捷回复 / 279
### 8.1.4 客服规则 / 280
## 8.2 售中 / 281
### 8.2.1 客服接待注意事项 / 281
### 8.2.2 客服接待技巧 / 282
### 8.2.3 订单出库 / 284
### 8.2.4 发货时效及平台规则 / 285
### 8.2.5 发票及赠品纠纷处理 / 286
## 8.3 售后处理 / 287
### 8.3.1 物流问题处理 / 287
### 8.3.2 纠纷单处理 / 288
### 8.3.3 售后退换货处理 / 290
### 8.3.4 商品评价管理 / 291
## 8.4 店铺数据监控 / 295
### 8.4.1 店铺服务监控 / 295
### 8.4.2 咚咚管家数据监控 / 296

# 第 9 章 数据分析——京东商智 / 298

## 9.1 首页 / 298
### 9.1.1 实时指标 / 298
### 9.1.2 核心指标 / 299
### 9.1.3 流量分析 / 300
### 9.1.4 商品分析 / 301
### 9.1.5 交易分析 / 301
### 9.1.6 行业分析 / 302
## 9.2 实时洞察 / 303
### 9.2.1 实时概况 / 303
### 9.2.2 实时看板 / 304
### 9.2.3 实时榜单 / 305
### 9.2.4 实时来源 / 306
### 9.2.5 实时访客 / 307
### 9.2.6 单品监控 / 308
## 9.3 经营分析 / 309
### 9.3.1 流量分析 / 309
### 9.3.2 商品分析 / 315
### 9.3.3 交易分析 / 317
### 9.3.4 客户分析 / 321
### 9.3.5 服务分析 / 325
### 9.3.6 供应链分析 / 327

9.4 行业分析 / 330

    9.4.1 市场行情 / 330

    9.4.2 行业关键词 / 333

    9.4.3 品牌分析 / 335

    9.4.4 属性分析 / 336

9.5 主题分析 / 337

    9.5.1 搜索分析 / 337

    9.5.2 爆款孵化 / 339

    9.5.3 单品分析 / 340

    9.5.4 体检中心 / 343

    9.5.5 热力图 / 345

9.6 揽客计划 / 347

    9.6.1 购物车营销 / 347

    9.6.2 客户营销 / 349

## 第 10 章 会员营销管理 / 358

10.1 认识"会员" / 358

    10.1.1 认识会员 / 358

    10.1.2 会员体系的建立 / 359

10.2 发展"关系" / 364

    10.2.1 前端客服接待 / 364

    10.2.2 交易过程中的价值传递 / 365

    10.2.3 售后服务跟进 / 367

10.3 营销"管理" / 369

    10.3.1 常见的客户营销方式 / 369

    10.3.2 常见的客户营销渠道 / 373

    10.3.3 会员营销活动策划 / 378

10.4 京东用户营销介绍 / 379

    10.4.1 用户概览 / 379

    10.4.2 用户管理 / 381

    10.4.3 用户营销 / 387

    10.4.4 用户积分 / 394

## 第 11 章 店铺运营年度规划 / 397

11.1 店铺运营工作规划的意义 / 397

11.2 店铺年度销售额目标分解 / 398

    11.2.1 行业数据分析 / 398

    11.2.2 销售额目标分解 / 400

11.3 店铺年度推广费用预算及分解 / 404

11.4 全年运营工作规划总表 / 405

11.5 店铺年度活动规划 / 406

    11.5.1 年度活动规划维度 / 406

    11.5.2 年度活动规划示例 / 406

## 附录 A 京东商家问题反馈官方联系方式汇总 / 408

# 读者服务

轻松注册成为博文视点社区用户（www.broadview.com.cn），扫码直达本书页面。

- **提交勘误**：您对书中内容的修改意见可在 提交勘误 处提交，若被采纳，将获赠博文视点社区积分（在您购买电子书时，积分可用来抵扣相应金额）。
- **交流互动**：在页面下方 读者评论 处留下您的疑问或观点，与我们和其他读者一同学习交流。

页面入口：http://www.broadview.com.cn/34192

# 第 1 章
# 京东平台介绍

京东于 2004 年正式涉足电商领域。2016 年,京东集团市场交易额达到 9392 亿元。京东是中国收入规模最大的互联网企业。2017 年 7 月,京东再次入榜《财富》全球 500 强,位列第 261 位,成为排名最高的中国互联网企业,在全球仅次于亚马逊和 Alphabet,位列互联网企业第 3 位。

2014 年 5 月,京东集团在美国纳斯达克证券交易所正式挂牌上市,是中国第一个成功赴美上市的大型综合型电商平台。2015 年 7 月,京东凭借高成长性入选纳斯达克 100 指数和纳斯达克 100 平均加权指数。

## 1.1 致力于成为为社会创造最大价值的企业

京东致力于成为一家为社会创造最大价值的公司。经过 13 年的砥砺前行,京东在商业领域一次又一次突破创新,取得了跨越式发展。与此同时,京东不忘初心,积极履行企业社会责任,在促进就业、提升社会效率、反哺实体经济等方面不断为社会做出贡献。

截至本书定稿时,京东集团拥有超过 12 万名正式员工,并间接拉动众包配送员、乡村推广员、中小企业职员等就业人数近 400 万。2016 年始,京东全面推进落实电商精准扶贫工作,通过品牌品质、自营直采、地方特产、众筹扶贫等模式,在 832 个国家级贫困县扩展合作商家超过 6000 家,上线贫困地区商品近 300 万个,实现扶贫农产品销售额近 200 亿元。

依托强大的物流基础设施网络和供应链整合能力,京东大幅提升了行业运营效率,降低了社会成本。在品质电商的理念下,京东优化电商模式,精耕细作反哺实体经济,进一步助力供给侧结构性改革。京东以社会和环境为抓手,整合内外资源,与政府、媒体和公益组织协同创新,为用户、为合作伙伴、为员工、为环境、为社会创造共享价值。

## 1.2　全面布局三大业务板块

京东集团业务涉及电商、金融和物流三大板块。

电商板块通过内容丰富、人性化的网站与移动客户端，以富有竞争力的价格，提供品质卓越的商品和服务，并以快速可靠的方式送达消费者，为用户提供最佳的在线购物体验。

京东金融集团定位金融科技公司，坚持数据、用户、连接为三大关键点。遵从金融本质，以风险管理、风险定价能力建设为战略第一位。以数据为基础，以技术为手段，致力提升金融服务效率，降低金融服务成本，提高金融机构收入。

京东物流子集团以更好地向全社会输出京东物流的专业能力，帮助产业链上下游的合作伙伴降低供应链成本、提升流通效率，共同打造极致的客户体验。

### 1.2.1　电商板块

#### 1．京东商城

京东商城目前已成长为中国领先的自营式电商企业。京东商城致力于为消费者提供愉悦的在线购物体验，自 2004 年成立以来，京东坚持"正品行货"的理念，对假货零容忍；采取六大品质控制措施，保证正品，品牌直供，从源头杜绝假货。京东通过内容丰富、人性化的网站（www.jd.com）和移动客户端、微信、手机 QQ 入口，为消费者提供卓越的用户体验。

京东商城致力于打造一站式综合购物平台，服务中国家庭，其 3C 事业部、家电事业部、消费品事业部、居家生活事业部、时尚事业部、生鲜事业部和新通路事业部 7 大部门领航发力，覆盖用户多元需求。同时，京东商城还为第三方卖家提供在线销售平台和物流等一系列增值服务。

在传统优势品类上，京东已成为中国最大的手机、数码、电脑零售商，超过其他任何一家平台线上线下的销售总和。京东已成为中国线上线下最大的家电零售商，占据国内家电网购市场份额的 62%。京东超市力争在 2019 年前成为国内线上、线下商超领域绝对的销售额第一、市场份额第一、消费者满意度第一。

京东服饰是京东平台上最大且增速最快的品类，在新用户最常购买的品类中，大服饰占据 40%以上，成拉新能力最强的核心品类。京东家居家装是中国品质家居生活首选平台，合作商家突破 2.5 万家，计划五年内成为国内线上线下最大的家居家装零售渠道。

2016 年京东商城积极布局生鲜业务，致力于成为中国消费者安全放心的品质生鲜首选电商平台，目前已在 240 个城市实现自营生鲜产品次日达。新通路重释渠道价值，为全国中小门店提供正品行货；为品牌商打造透明、可控、高效的新通路，未来五年将打造百万家线下智慧门店——京东便利店。

#### 2．京东到家

2016 年 4 月，京东集团旗下 O2O 子公司"京东到家"与中国领先的众包物流平台"达达"合并，成立新达达。截至 2017 年 1 月 31 日，新达达已经同 68 家沃尔玛超市和 139 家永辉超市达成合作，为用户提供极速优质的互联网生鲜购物体验，并迅速成为中国领先的本地即时物流和生鲜商超O2O平台。

随着B2C电商的快速发展，B2C电商在几年内迅速反超C2C电商，市场交易规模在国内网络零售交易额中的占比已经超过了55%，在消费升级的大趋势下，深耕B2C领域的京东愈发显示出发展的后劲。京东除自身线上业务保持强劲的增长势头外，还及时布局了线上平台和线下实体店的战略合作，一方面战略投资了永辉，另一方面与国际零售巨头沃尔玛达成深度战略合作。2016年10月，沃尔玛全球总裁兼首席执行官董明伦（DougMcMillon）与京东集团首席执行官刘强东共同宣布继续深化双方合作。目前，京东商城及京东到家已经全面开启了与山姆会员商店和沃尔玛线下门店的合作。

随着品质消费大拐点的到来，京东将依靠其基于B2C模式的独特竞争优势——低成本高效率的规模化运营和最佳用户体验，取得更大的发展。

**3．跨境电商**

在进口业务方面，京东成立了"京东全球购"平台。截至本书定稿时，已开设十大国家和地区馆，包括"欧洲馆""韩国馆""日本馆""澳洲馆""美国馆""加拿大馆""新西兰馆""中国台湾地区馆"和"中国香港地区馆"等，中国消费者足不出户即可享受全球优质商品。

在出口业务方面，京东建设了多语言全球售跨境贸易平台（joybuy.com），立足全球供应链，以"全球化+本地化"模式带动海量的"中国好商品"与"中国好商家"走出去，满足全球用户的需求。京东目前已在俄罗斯、印度尼西亚展开出口业务布局。

京东全球购不断拓展与国际顶尖品牌的合作，以期更好地满足中国消费者对于高品质进口商品的需求。2016年第4季度，京东全球购引入的品牌包括日本最大通信销售化妆品品牌DHC，日本跨境业务中最受欢迎的休闲食品卡乐比（Calbee），全球最大的玩具公司Mattel以及韩国新锐艺术彩妆品牌TooCoolforSchool。

**4．京东农村电商**

2015年，京东加速渠道下沉，大力发展农村电商，推进"3F"战略，即工业品进农村战略（FactorytoCountry）、农村金融战略（FinancetoCountry）和生鲜电商战略（FarmtoTable），并已初见成效。截至2017年2月，京东已经开设近1800家"县级服务中心"和1700余家"京东帮服务店"；拥有30万名乡村推广员，服务30万个行政村；开设地方特产馆500余家，特产专营店已达到700余家，京东农资电商的涉农合作企业已达到500家；已授权的京东农资服务中心达到130家，乡村白条推广员累计授信人数13.1万余人，白条农户累计授信51.5万余人。

## 1.2.2　京东金融

京东金融集团于2013年10月开始独立运营，定位为金融科技公司，至今已建立起九大业务板块——供应链金融、消费金融、众筹、财富管理、支付、保险、证券、农村金融、金融科技，实现了公司金融和消费者金融的双重布局，并实现了向金融科技模式的迭代。

京东金融APP，为用户提供了"一站式金融生活移动平台"，涵盖了目前理财加消费的金融产品。2017年3月，京东集团正式签署重组京东金融的最终协议。

京东金融集团坚持以数据、用户、连接为三大关键点，遵从金融本质，以风险管理、风险定价能力建设为战略第一位，以数据为基础，以技术为手段，搭建服务金融机构的开放生态，致力于与金融机构共同服务企业和个人，提升金融服务效率，降低金融服务成本，进而提高金融机构的收入。

在数据获取能力方面，京东金融背靠京东集团近两亿的活跃用户，拥有几十万的供应商和合作伙伴数据，以及数以千亿计的交易量数据，同时，通过投资和合作的形式，取得大量第三方数据资源；在数据技术能力方面，京东金融以大数据为基础，进行深度学习、人工智能、图像识别、图谱网络、区块链等技术的应用；在数据模型产品能力方面，京东金融开发出风险量化模型、精准营销模型、智能投顾模型以及用户洞察模型等。

通过领先的大数据应用技术，京东金融还建立起独有的风控体系、支付体系、投研体系、投顾体系，以及DaaS（数据即服务）平台、SaaS（软件即服务）平台等一整套金融底层基础设施。京东金融通过将所积累的全部技术、产品、用户、资金端、资产端开放给银行、证券、保险等各类金融机构，为其提供菜单式、嵌入式服务，将"金融+互联网"的全新模式发扬光大，最终实现让更多的企业和个人获得更优质、更普惠的金融服务。

京东金融集团的初心是成为一家世界级的伟大科技公司，以创造长期的行业价值和社会价值为核心价值观，不断改善成本效率结构和用户体验。公司通过不断创新，以技术为核心驱动力，将金融科技输出、应用到更多的场景之中，全面支持实体经济发展，促进消费升级和经济结构优化。

### 1.2.3 京东物流体系

京东集团于2017年4月25日正式成立京东物流子集团。随着无界零售时代的到来，京东物流以降低社会化物流成本为使命，致力于成为社会供应链的基础设施。以更好地向全社会输出京东物流的专业能力，帮助产业链上下游的合作伙伴降低供应链成本、提升流通效率，共同打造极致的客户体验。京东物流将为合作伙伴提供包括仓储、运输、配送、客服、售后的正逆向一体化供应链解决方案服务、物流云和物流科技服务、商家数据服务、跨境物流服务、快递与快运服务等全方位的产品和服务，致力于与商家和社会化物流企业协同发展，以科技创新打造智慧供应链的价值网络，并最终成为中国商业最重要的基础设施之一。

目前，京东是全球唯一拥有中小件、大件、冷链、B2B、跨境和众包（达达）六大物流网络的企业，凭借这六张大网在全球范围内的覆盖以及大数据、云计算、智能设备的引入应用，京东物流将打造一个从产品销量分析预测，到入库出库、再到运输配送各个环节无所不包，综合效率最优、算法最科学的智慧供应链服务系统。

截至本书定稿时，京东在全国范围内拥有超过500个物流中心，运营了14个大型智能化物流中心"亚洲一号"，是亚洲范围内建筑规模最大、自动化程度最高的现代化物流中心之一。京东物流已经将中国社会化物流成本降低70%，社会化物流效率提高2倍以上。目前京东自营配送服务已经覆盖了全国99%的人口；京东物流基础设施面积超过1000万平方米,已成为全国拥有最大规模基础设施的物流企业;京东物流大件网络和中小件网络已全部实现中国大陆行政区县 100% 覆盖;通过整合专业社会资源,京东物流的服务运营线路已超过 611 万条;物流服务人员(含众包)超 500 万人;物流服务车辆超过 25 万辆;遍布全国的末端服务网点超过 30 万个;通过京东物流的智慧分仓布局,京东自营 90% 的订单可在 24 小时内完成交易;京东物流推出各类配送标准化的产品,服务亿万中国家庭,例如:

(1)211 限时达:当日上午 11:00 之前提交的现货订单(部分城市为上午 10:00 点之前,涉及城市有:德阳市、杭州市、连云港市、眉山市、绵阳市、西安市、漳州市、资阳市),当日送达;当日 23:00 前提交的现货订单,次日 15:00 之前送达。

(2)次日达:在一定时间点之前提交的现货订单(现货订单以提交时间点开始计算,先款订单以支付完成时间点计算),将于次日送达。

(3)极速达:这是京东为消费者提供的一项个性化付费增值服务,消费者通过"在线支付"方式全额成功付款或通过"货到付款"方式成功提交订单,并勾选"极速达"服务后,京东会在服务时间的两个小时内将商品送至消费者所留地址处。

(4)京准达:是为消费者提供的一项可以选择精确收货时间段的增值服务。如您选择"京准达"配送服务,通过"在线支付"方式全额付款或"货到付款"方式成功提交订单后,将在您指定的送达时间段内,将您选择的属于支持京准达服务的商品送至您提供的订单收货地址。

(5)京尊达:专人配送,尊贵体验,这是京东物流针对购买高端商品的用户推出的一项专属定制化配送服务,当用户在京东商城自营平台上购买了标有"京尊达"字头的商品后,均可享受专人、专车、专线的顶级配送服务。目前上线的"京尊达"字头商品包括京东自营的奢侈品、珠宝首饰、手表品类中的部分商品,后续还将继续扩展至其他品类。

## 1.3 京东技术

京东是一家以技术为成长驱动的公司,从成立伊始,就投入大量资源开发完善可靠、能够不断升级并且以应用服务为核心的自有技术平台,从而驱动电商、金融等各类业务的成长。

技术对京东的价值可以总结为业务保障和技术突破两个方面。业务保障包括基础保障、平台保障和安全保障,能够支持京东的高速顺畅运营,应对"618""11.11"等电商大促的海量订单压力。在完成业务保障的基础上,技术突破会给京东带来更高的运行效率和更多的商业机会。

未来 12 年,京东会进一步走向开放,将已有的供应链、数据、物流优势充分向社会开放,成为中国商业零售领域基础设施的提供商。未来,京东将更加重视技术的战略地位,发展云计算、大数据、智慧物流、人工智能、AR/VR、智能硬件等最新技术,以推动京东实现快速、可持续增长。

未来 12 年,京东集团将坚定地朝着技术转型,用技术将第一个 12 年建立的所有商业模式进行改造,打造一个包括智能商业、智能金融、智能保险在内的全球领先的智能商业体。

# 第 2 章

# 在京东平台开店

商家要入驻京东平台,即在京东平台申请开设店铺,首先要认真阅读平台规则,其次是组建好运营团队,确定店铺类型与合作模式,最后提交相关资料,通过审核后即可顺利入驻京东平台。

## 2.1 入驻前准备

### 2.1.1 团队架构

随着京东集团的高速发展,京东所有的运营体系已经非常完善和健全,店铺运营工作趋向于精细化与流程化,在这个过程中有更多的工作项目需要专业人员协作来完成。让专业的人做专业的事情,不仅可以提高店铺的运营效率,还可以让人力资源被最大化地利用起来。因此,入驻商家首先要建设自己的运营团队。

#### 1. 团队架构设置建议

在店铺发展的不同阶段,对团队架构也有着不同的要求。对于新开通店铺的商家,只需要具备 4 个部门即可,即运营部、视觉部、仓储部、客服部。如果是初创型公司,可以根据实际情况安排岗位兼职,如表 2-1-1 所示。

表 2-1-1

| 部门发展阶段 | 运营部 | 视觉部 | 仓储部 | 客服部 | 财务部 | 人事部 | 数据分析部 | 产品部 | 分销部 |
|---|---|---|---|---|---|---|---|---|---|
| 初期(新晋卖家) | 需要 | 需要 | 需要 | 需要 | — | — | — | — | — |
| 中期(腰部卖家) | 需要 | 需要 | 需要 | 需要 | 需要 | 需要 | — | — | — |
| 后期(TOP 卖家) | 需要 | 需要 | 需要 | 需要 | 需要 | 需要 | 需要 | 需要 | 需要 |

#### 2. 部门岗位铺设建议

每个部门可以设立等级不同的岗位来满足店铺发展的需要。每个岗位的职能不一定会很明确,甚至有可能出现一个岗位担任多个职能的情况,如表 2-1-2 所示。

表 2-1-2

| 运营部门 | 视觉部门 | 仓储部门 | 客服部门 | 财务部门 | 人事部门 | 数据分析部门 | 产品部分 | | 分销部分 |
|---|---|---|---|---|---|---|---|---|---|
| 运营总监 | 视觉营销总监 | 库管 | 客服主管 | 财务部部长 | 人事部部长 | 数据分析师 | 线上 | 产品经理 | 分销经理 |
| 店铺运维 | 文案 | 打包 | 售前 | 会计 | 人事 | 电商程序员 | | 产品专员 | 分销专员 |
| 客户运维 | 设计 | 分拣 | 售后 | 出纳 | — | — | | 设计师 | — |
| 排名优化 | — | — | 客户运维 | — | — | — | 线下 | 打版师 | — |
| 竞价推广 | — | — | — | — | — | — | | — | — |
| 活动专员 | — | — | — | — | — | — | | — | — |
| 社媒专员 | — | — | — | — | — | — | | — | — |

### 3．岗位职能概述

熟知各个岗位的职能概述，有利于商家进行人员招聘、工作分配、薪资和绩效制定等工作。运营部门主要负责线上店铺的整体运营，包括店铺日常的运营、与其他部门的协调以及与官方平台的对接；视觉部门主要负责店铺所有的图片和文字呈现模块，包括产品的拍摄、详情页的制作、店铺的装修等；仓储部门主要负责实体产品的管理工作，包括产品的入库、保管、发货、盘点等工作；客服部门主要负责与客户的直接对接，包括销售前对客户的引导服务，以及销售后对客户产生的相关售后问题进行跟踪处理。对于新商家，数据分析部门可以划归运营部门，主要负责分析店铺的相关数据（如访客、流量等数据），找出店铺运营可提升的维度，为店铺优化提供参考依据。如果企业发展初具规模，则可以单独成立数据分析部门，数据采集源不仅限于平台本身，还要扩大数据分析范围。财务部门与人事部门所负责的事宜等同于传统企业。具体明细如表 2-1-3 所示。

表 2-1-3

| 职 | 位 | 职能概述 |
|---|---|---|
| 运营部 | 店长 | 负责店铺的人员管理、工作分配与监督，以及各个部门之间的协作，保证店铺正常运转 |
| | 推广 | 负责店铺的日常运营、数据分析与推广等 |
| 视觉部 | 文案 | 负责产品详情页、产品介绍及突出卖点的文案撰写工作 |
| | 设计 | 负责整店的图片制作 |
| 仓储部 | 库管 | 负责打印发货单、打包、发货、盘点 |
| 客服部 | 售前 | 负责销售环节中的售前接待 |
| | 售后 | 负责销售环节中的售后处理 |
| 财务部 | 会计 | 财务记录、盈亏报表、资金转入转出操作 |
| 人事部 | 人事 | 招聘员工、辞退员工、组织公司活动、制定及宣传企业文化 |
| 数据分析部 | 数据分析师 | 负责分析行业、店铺、单品、竞争对手等电商数据，为店长及推广决策提供数据支撑 |
| 产品部 | 产品专员 | 负责产品开发、订货、拍摄 |
| 分销部 | 分销专员 | 负责招募与管理分销商，提升分销商整体的销售额 |

#### 4. 岗位考核要点建议

岗位考核指商家在既定的运营目标下，运用特定的标准和指标，对员工的工作行为及取得的工作业绩进行评估，并运用评估的结果对员工将来的工作行为和工作业绩产生正面引导的过程和方法。不同的岗位考核侧重点也有所不同，只有切中要点，才能让考核成为激发员工最大潜能的利器。各个部门具体的考核要点如表2-1-4所示。

表 2-1-4

| 职位 | | 考核要点 |
| --- | --- | --- |
| 运营部门 | 店长 | 利润、员工价值、资金价值 |
| | 推广 | 点击单价、投入产出 |
| 视觉部门 | 文案 | 点击率、转化率、跳失率 |
| | 设计 | 停留时间、访问深度、点击率、转化率、跳失率 |
| 仓储部门 | 库管 | 发件量、错发量 |
| 客服部门 | 售前 | 接待量、响应时效、咨询转化率 |
| | 售后 | 处理量、处理时效 |

电商从业者相对于传统企业工作人员来说更加年轻化，对于个人的价值体现与成长空间提升尤为注重，因此，企业的管理者在进行团队搭建与管理时，更应该着重考虑这些方面，让企业的文化更加趋于开放、自由、包容，从而让每一个从业者更好地发挥主观能动性，为企业更好地服务。

### 2.1.2 店铺类型

京东的店铺有三种类型：旗舰店、专卖店、专营店，下面具体说明。

（1）旗舰店：指商家以自有品牌（商标为R或TM状态）或由权利人出具的在京东开放平台开设品牌旗舰店的独占性授权文件（授权文件中应明确独占性/不可撤销性），入驻京东开放平台开设的店铺。

此类店铺主要有以下几种：

① 经营一个自有品牌商品的品牌旗舰店（自有品牌是指商标权利归商家所有）或由权利人出具的在京东开放平台开设品牌旗舰店的独占性授权文件（授权文件中应明确独占性/不可撤销性）的品牌旗舰店；

② 经营多个自有品牌商品且各品牌归同一实际控制人的品牌旗舰店（自有品牌的子品牌可以放入旗舰店，主/子品牌的商标权利人应为同一实际控制人）；

③ 卖场型品牌（服务类商标）所有者开设的旗舰店，如国美电器、苏宁电器。

（2）专卖店：指商家持他人品牌（商标为R或TM状态）授权文件在京东开放平台开设的店铺。此类店铺主要有以下几种：

① 经营一个授权品牌的商品，但未获得品牌（商标）权利人独占授权入驻京东开放平台的商家专卖店；

② 经营多个授权品牌的商品，且各品牌归同一实际控制人的商家专卖店。

（3）专营店：指经营京东开放平台相同一级类目下两个及以上他人或自有品牌（商标

为 R 或 TM 状态）商品的店铺。此类店铺主要有以下几种：

① 相同一级类目下经营两个及以上他人品牌商品入驻京东开放平台的商家专营店；

② 相同一级类目下既经营他人品牌商品又经营自有品牌商品入驻京东开放平台的商家专营店。

> **Tips**
> 店铺在需要更改类型时，可联系相应的类目招商经理，并提供更改所需的资质材料申请更改。

## 2.2 开店入驻

在京东开店的第一步是进入商家入驻平台，可在京东平台（www.jd.com）任意一个页面的底部单击"合作招商"选项，然后单击"商家入驻"—"立即入驻"进入商家入驻平台。

目前，商家申请入驻京东均采用线上提交的方式，该平台内有对入驻流程、平台规则等与入驻相关信息的详细介绍，商家在入驻前需要仔细阅读。

### 2.2.1 开店入驻流程

**1. 注册账号**

在进入入驻流程前，请注册"京东个人用户"账号，用于入驻关联。之后进入京东用户中心，验证手机和邮箱，以保证您入驻信息的安全。

进入"商家入驻"页面，单击"马上入驻"按钮，进入入驻流程。

进入入驻页面，选择入驻商家类型，国外商家选择"入驻京东全球购"，国内商家选择"入驻京东主站"，如图 2-2-1 所示。

图 2-2-1

⤷ **Tips**

商家确认入驻业务类型后,将不能再进行修改。

### 2. 资质上传

确认入驻后,进入资料提交环节。在此之前,商家需要详细了解京东平台的相关规则,然后单击"开始提交"按钮,如图 2-2-2 所示。

图 2-2-2

按顺序填写联系人基本信息、手机号码、电子邮箱地址及账号注册信息,并需要验证信息。单击"下一步,完善公司信息"按钮后,完善公司信息,如图 2-2-3 所示。

(1)完善公司信息:主要提供公司基本资质,如营业执照、组织机构代码证等信息,所有资质需要上传电子版,完成录入后,单击"下一步,完善税务及银行信息"按钮。

关于三证合一的解释:

- 已三证合一的需提供三证合一后的材料信息。
- 营业执照上传"三证合一"后的营业执照。营业执照号码填写 18 位的"统一社会信用代码"。法人身份证正反面复印件正常上传。
- 税务登记证上传"三证合一"后的营业执照。税务登记证号填写 18 位的"统一社会信用代码"。

图 2-2-3

➡ **Tips**

以上所需要上传的电子版资质证明仅支持 JPG、GIF、PNG 格式的图片，单张图片大小不超过 1MB，且必须加盖企业彩色公章。如果是"三证合一"的企业，只需要在营业执照信息、税务登记证、组织机构代码证处，分别重复上传营业执照即可。如果注册资本为外币，则按当天汇率换算为人民币。

（2）完善税务及银行信息：提供税务登记证、结算银行账户等信息，同时上传电子版资质证明。填写完整后，单击"下一步，完善店铺信息"按钮，继续完善店铺信息，如图 2-2-4 所示。

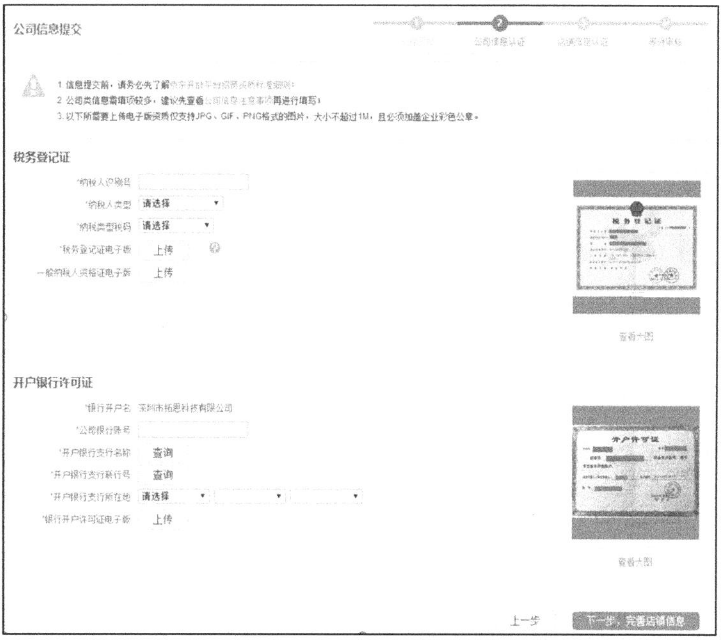

图 2-2-4

➲ **Tips**

在提交税务登记证的过程中，税务登记证分为两种情况，一种是老证（国税税务登记证和地方税务登记证分开）；另一种是新证（国税税务登记证和地方税务登记证合并在一起），因此在提交时要注意，如果是老证，需要把国税税务登记证和地方税务登记证合并在一张图片中并上传，如图2-2-5所示，而新证直接上传即可。

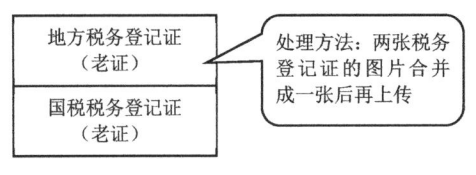

图 2-2-5

（3）完善经营信息：填写公司类型、销售额等信息，如未收到邀请，则请勿选择是否收到网站邀请。填写完整后，单击"下一步，完善类目及资质"按钮，继续完善类目及资质，如图2-2-6所示。

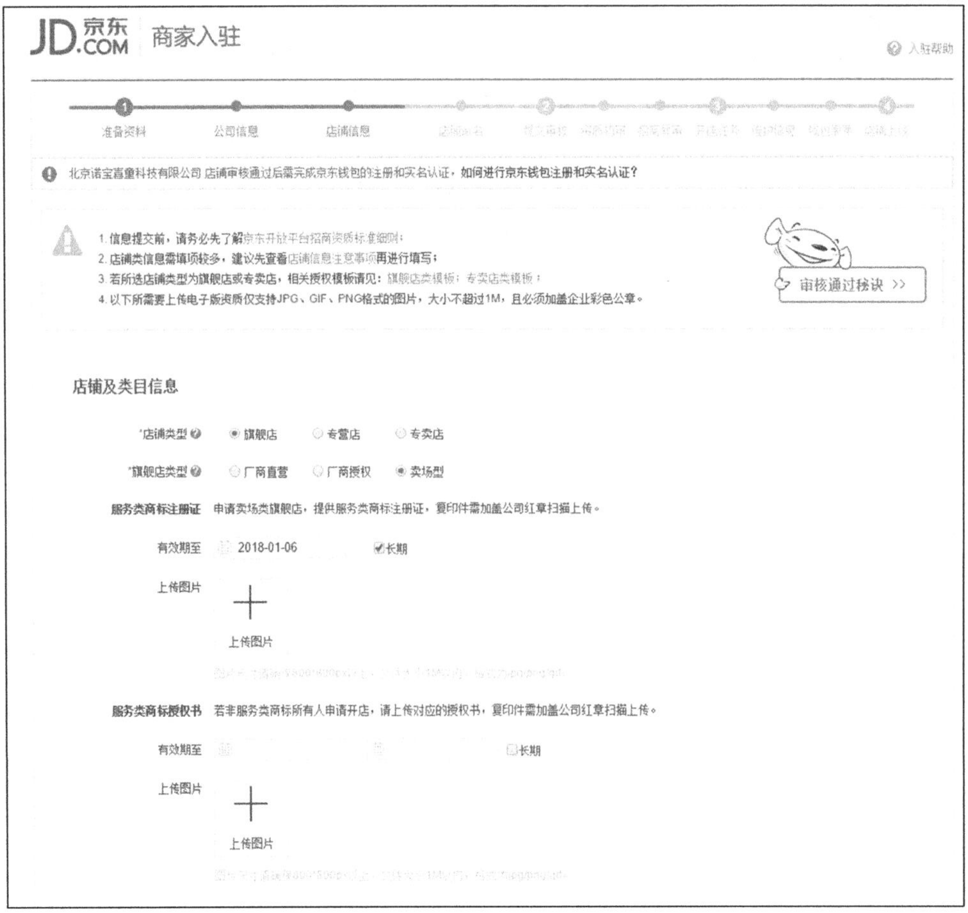

图 2-2-6

（4）完善类目及资质：选择店铺类型，上传经营类目及对应的电子版资质证明，在选择类目时，每个店铺只能选一个一级类目，可以选择多个二级类目和三级类目。不同的类目要求也不同，需要根据要求上传所需要的资质证明。单击"添加品牌"按钮，如图 2-2-7 和图 2-2-8 所示。

↘ **Tips**

所有电子版均需要加盖企业彩色公章。

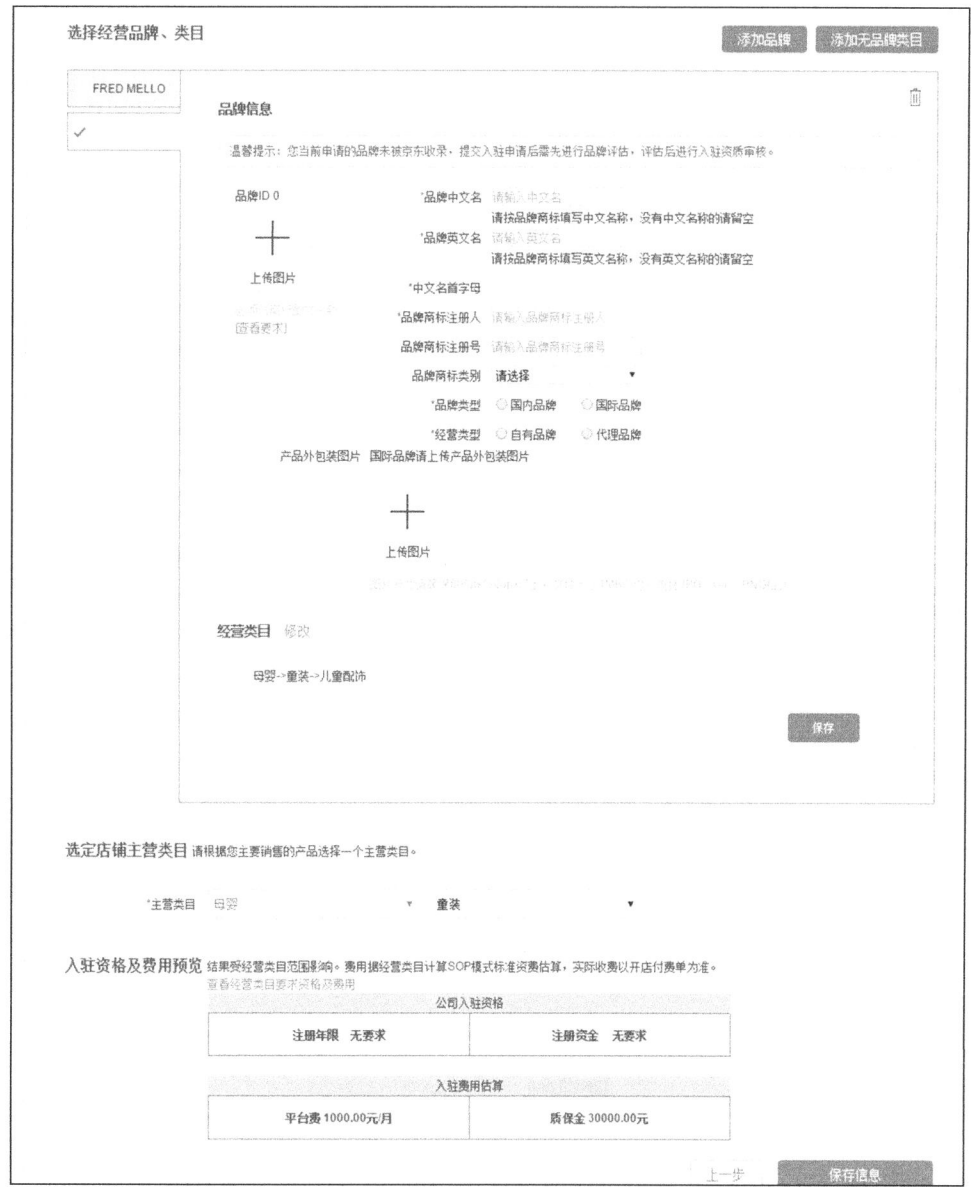

图 2-2-7

图 2-2-8

> **Tips**
> 建议商家在开店时只选一个二级类目和三级类目,店铺开通后再增加类目。另外,商家在选择类目时要慎重,类目选择错误会影响日后活动提报和自然流量获取。还要注意店铺资质有效期是否过期。

① 在前期开店只能选择一个主营类目(开店后可以添加)。

② 3C 证书:如果所经营的产品无 3C 要求,则可提供质检报告。

③ 全链路进货凭证:可选择填写,也可上传授权书。

(5)添加品牌:商家根据要求填写自己所经营的品牌信息,然后单击"下一步,店铺命名"按钮,如图 2-2-9 所示。

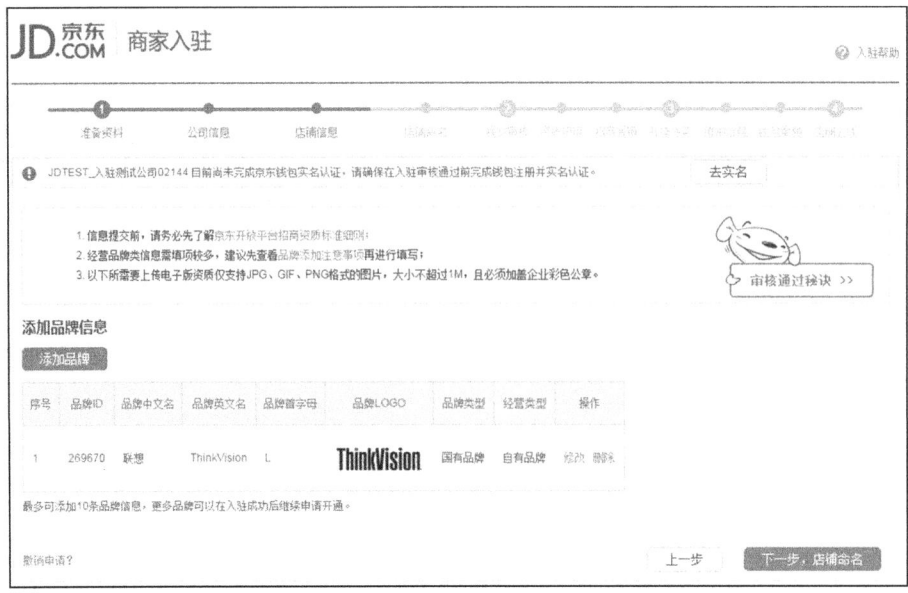

图 2-2-9

↳ **Tips**

当店铺检索不到品牌信息时，可以单击"直接提交品牌信息"按钮，如图 2-2-10 所示。

图 2-2-10

此处需要提交品牌名称、Logo、商标信息、检测报告、授权及许可等资质。按要求上传电子版资质证明后，单击"保存品牌信息"按钮，如图 2-2-11 所示。

↳ **Tips**

① 质检报告需要完整上传，不可只上传第一页。

② 质检报告的送检日期要在 1 年之内。

③ 在填写质检报告的资质到期日时，需要根据质检报告的检测日期加算一年（例如：质检报告的检测日为 2016 年 10 月 1 日，则填写的到期日应为 2017 年 10 月 1 日）。

④ 自有品牌需要上传由国家商标总局颁发的商标注册证或商标注册申请受理通知书复印件，一般 TM 标需要距商标注册申请受理通知日期最长不能超过 24 个月，R 标不限，实际要求以类目招商要求为准。

⑤ 代理品牌需要上传授权书，最多三级授权。

⑥ 进口商品品牌需要上传相应的进出口检疫检验文件，具体包括以下文件。

- 进口货物报关单：填写此资质到期日时，商家需要根据报关单的申报日加算一年（例如：报关单的申报日为 2016 年 10 月 1 日，填写的到期日应为 2017 年 10 月 1 日）。
- 出入境检验检疫：填写此资质到期日时，商家需要根据检验检疫的检验日加算一年（例如：检验检疫的检验日为 2016 年 10 月 1 日，填写的到期日应为 2017 年 10 月 1 日）。

⑦ 其他特殊品类请上传相应的专业资质证明文件，详细的资质要求请见《京东行业资质标准》。

⑧ 对于商标为入驻公司所有，但委托其他公司生产的情况，所有资料必须加盖入驻公司公章；

对于从生产方借用的资质位置，必须同时上传生产方的营业执照和委托加工合同、企业的"五证"。商标注册证必须上传入驻公司资质证明。

图 2-2-11

⑨ 旗舰店授权书模板可参照图 2-2-12。

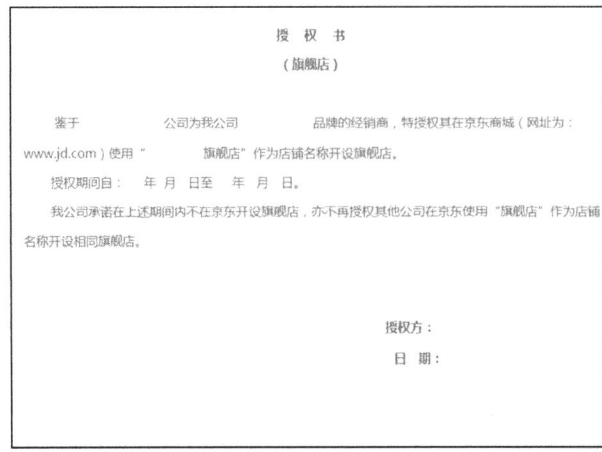

图 2-2-12

保存品牌信息后，品牌名称将出现在品牌列表中，如图 2-2-13 所示，单击"下一步，店铺命名"按钮。

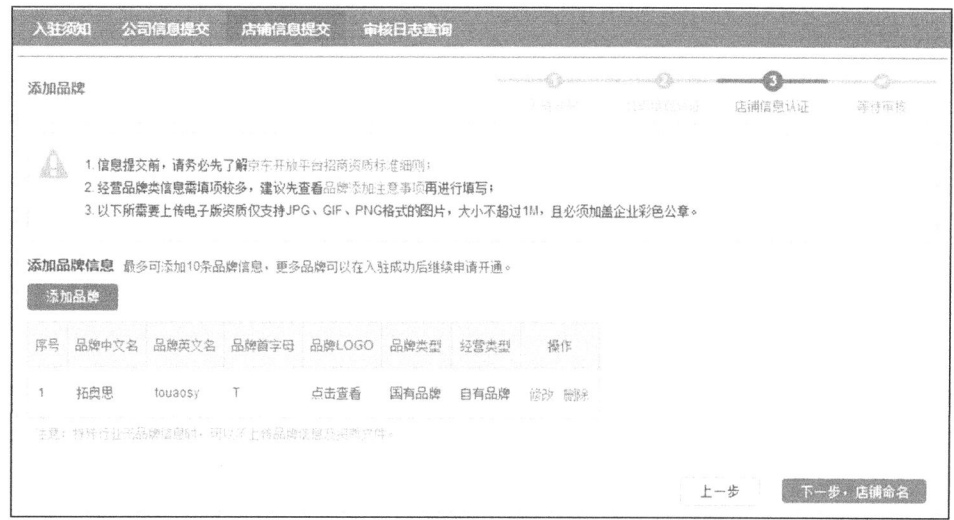

图 2-2-13

（6）店铺命名：根据所选择的店铺类型完成店铺命名，需要按照命名规范编写店铺命名，如果不符合规范，则被驳回。如图 2-2-14 所示，单击"下一步，确认在线服务协议"按钮。

图 2-2-14

(7)确认在线服务协议:仔细阅读协议并勾选同意选项后,单击"提交入驻申请"按钮,进入审核流程。

### 3.等待审核

提交入驻申请后,一般情况下,京东平台会在 7 个工作日内反馈初审结果。初审通过后再进入复审,复审需要 15 个工作日。复审之后将进行店铺授权,一般需要 3 个工作日。

> **Tips**
> 资料提交完成的商家,可登录入驻平台,页面直接跳转的位置即是入驻进度,如图 2-2-15 所示。

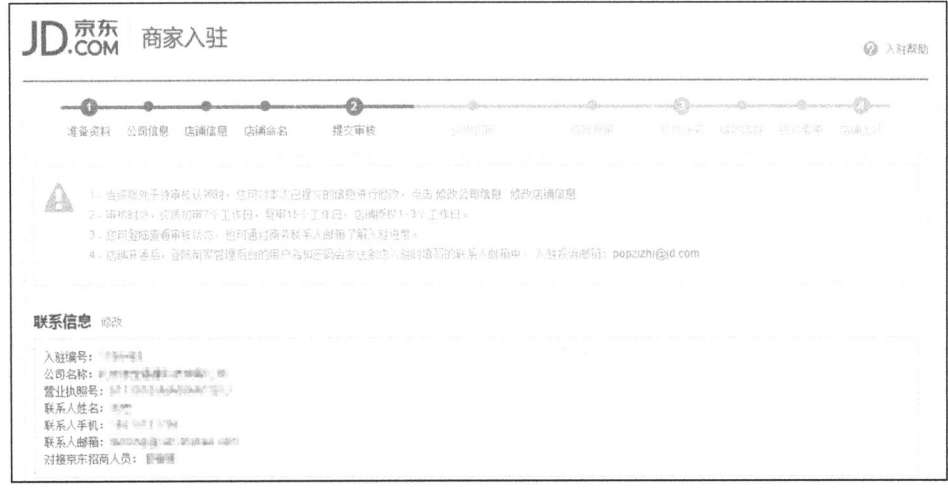

图 2-2-15

### 4.收到账号

入驻申请审核通过后,店铺相对应的招商人员会向商家认证的电子邮箱发送开店通知、登录账号、密码及相关平台规则,另外还有一些开店的培训课程可供新商家学习。

## 2.2.2 完成开店任务

资料审核通过并收到账号后,开店流程还没有完成。此时进入店铺,店铺内部处于锁定状态,需要完成相应的开店任务才能正式开通店铺。京东平台系统会给予任务指引,按照任务指引即可完成开店任务。

### 1.开店任务

使用审核通过邮件中的新账号和密码登录京东店铺后台(即 shop.jd.com),按任务提示完善各项开店要求。

初次登录需要通过绑定手机号码进行验证,并输入验证码进入店铺,如图 2-2-16 所示。

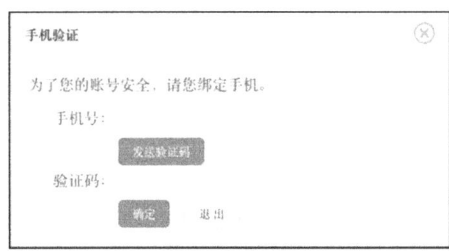

图 2-2-16

开店任务主要分为以下 6 步,如图 2-2-17 所示(图中不包括规则学习和入驻考试。)
- 常用联系人信息维护
- 常用地址维护
- 账号安全设置:设置账号绑定手机、邮箱(可用于重设找回密码)
- 开通京东钱包结算账户
- 缴费:在线支付平台使用费、质保金
- 规则学习和入驻考试

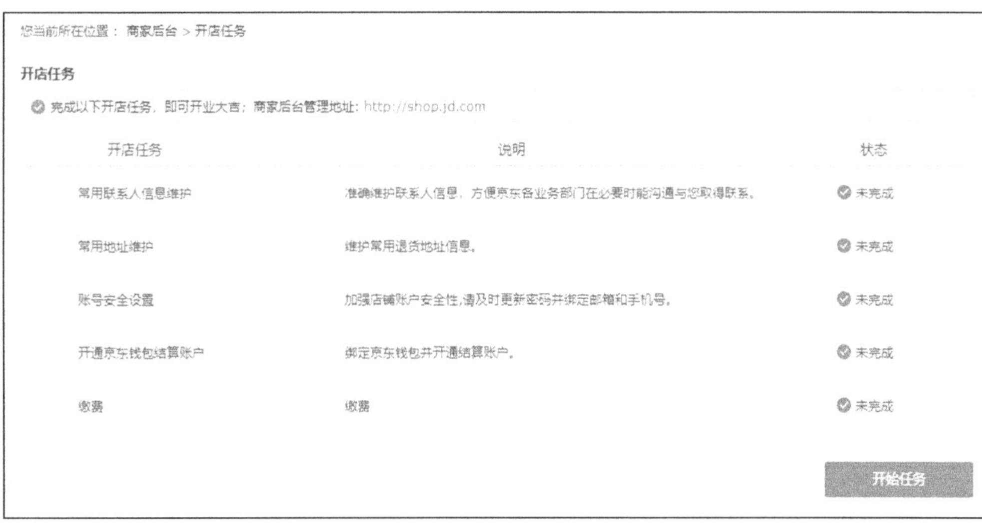

图 2-2-17

(1)常用联系人信息维护

完善店铺、运营、售后、财务、技术联系人员和联系方式,如图 2-2-18 所示。

(2)常用地址维护

选择退货地址并填写详细地址、退货联系人和联系方式,避免给日后退货产生麻烦,如图 2-2-19 所示。

(3)账号安全设置

完善各项安全信息,包括密码、电子邮箱地址、手机账号,以提高账号安全性。完成后单击"下一步,缴费"按钮,如图 2-2-20 所示。

图 2-2-18

图 2-2-19

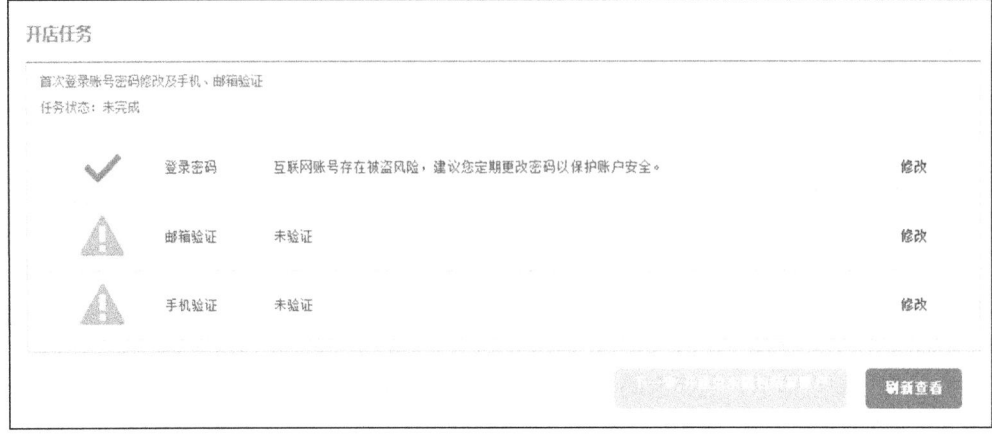

图 2-2-20

（4）开通京东钱包结算账户

入驻公司已有通过实名认证的京东钱包，则可以直接选择验证后绑定，如图 2-2-21 所示。

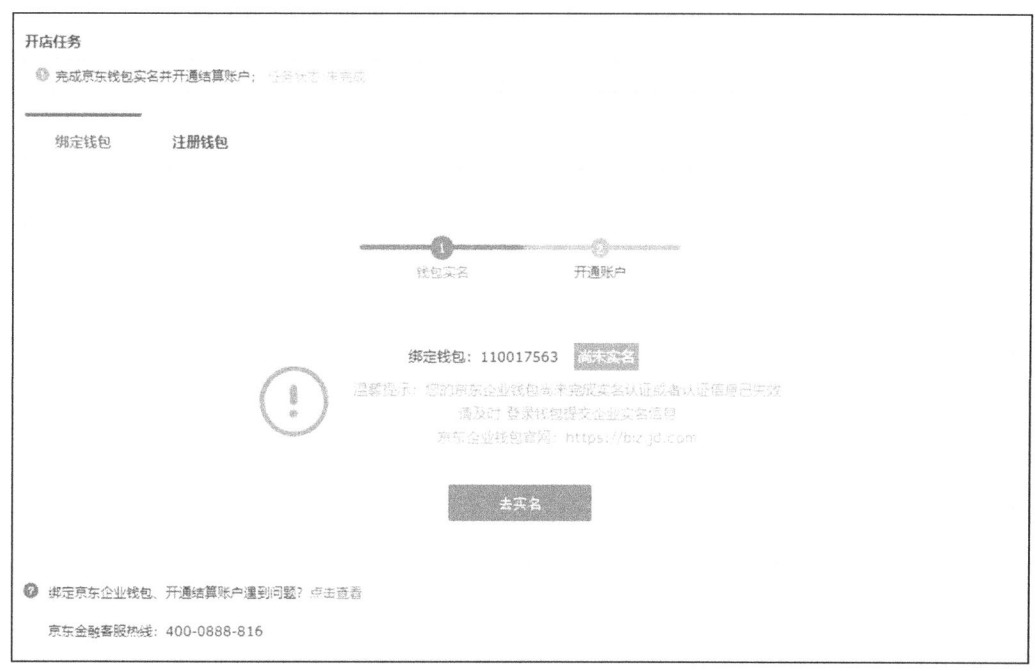

图 2-2-21

（5）缴费

开店费用分为两种：一种是平台使用费，另一种是保证金，支持京东钱包在线支付，更多支付操作流程及注意事项可详细阅读《付款管理操作说明》，如图 2-2-22 所示。

图 2-2-22

（6）规则学习和入驻考试

为帮助商家掌握京东开放平台基础规则、政策和店铺基本使用指导，同时改善商家因对规则、管理制度等内容缺乏了解导致违规事件发生，京东开放平台将会在店铺入驻申请阶段增加线上考试环节，考试通过后方能启动店铺、发布商品。

> **Tips**
> 缴纳保证金和平台使用费前请确认钱包中余额充足。其中：
> （1）质保金开具电子收据。
> （2）平台费开具电子增值税普票。
> （3）保证金及平台使用费自商家缴纳起，后台显示为核销状态后可申请开具票据。

### 2．店铺建立完成

完成以上 6 项开店任务后，标志着店铺正式入驻京东平台。再次登录店铺后台（shop.jd.com），店铺将自动解锁，随后便可进行商品上传等相关工作。

## 2.2.3 店铺运营规则

### 1．平台规则的重要性

从商家的角度来说，规则用于维护商家之间的公平竞争，符合优胜劣汰的原则。统一平台运营的销售规则、维护良好的销售市场环境，对店铺的运营来说有一定的限制和督促作用。从消费者的角度来说，对每个商家的商品质量严格把控，真正体现了京东平台"多、快、好、省"的优势。因此，学习并熟悉京东平台规则，是每一个新老商家的必修课，熟知了平台的规则，才能让日后的店铺运营更加得心应手，也让消费者更加信任。

### 2．规则体系构成

所有的规则、规范、标准类文件共同构成了京东平台规则体系的主要内容。京东平台规则体系根据卖家成长过程和关注点可以分为如图 2-2-23 所示的几个模块。

### 3．平台规则查看方式

京东平台的规则内容较多，为了方便商家查找和学习，可以通过以下路径找到规则内容文件，具体操作如下。

路径一：从京东首页导航栏进入"客户服务"—"商家帮助"，进入"商家帮助中心"，或者在客户服务中直接进入"规则平台"，都可以轻松地查询到相关规则、规范、标准的详细内容，如图 2-2-24 所示。

路径二：关注规则官方服务号，可以接收规则实时变更通知，并且支持规则查询、在线答疑等，如图 2-2-25 所示。

第 2 章　在京东平台开店

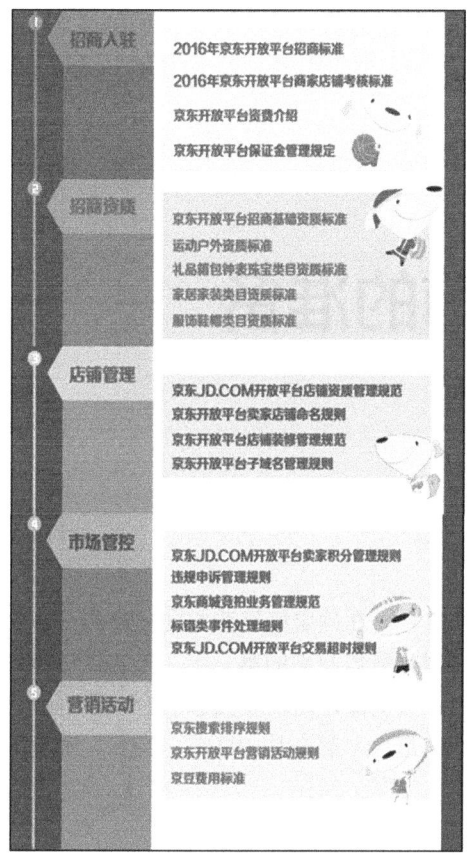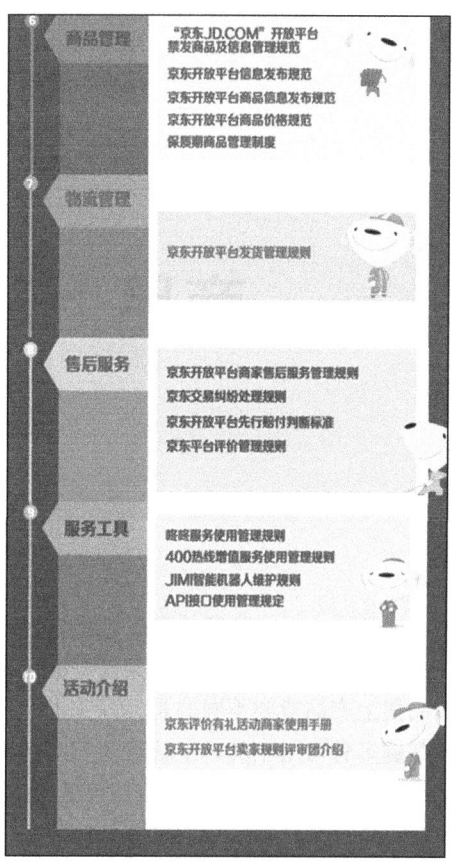

图 2-2-23

图 2-2-24　　　　　图 2-2-25

本章的主要内容是让商家了解京东平台的入驻路径，通过实操演示详细讲解入驻流程。同时，介绍了京东平台的规则体系及查找方式，以便于帮助商家熟悉规则。

# 第 3 章

# 商品上架前的准备

店铺开通之后，商家就有了施展自己才华的平台。在确定好经营方向和商品后，店铺首先要进行商品上架。商品上架是商家向消费者展示所售商品的第一步，与实体店铺直接将商品摆上产品货架不同的是，商家在京东平台上架商品，还需要熟悉后台一系列运营规则，掌握多种常用工具，了解行业和竞争对手的信息，了解商品、订单、结算、物流等流程，这样才能更好地实现产品的销售与运营。

## 3.1 商家后台概况

在商品上架前，商家首先要熟悉京东商家后台管理系统（shop.jd.com）的布局和功能。就如同在实体店铺销售商品前需要了解店铺的整体布局一样，商家使用商家账号和密码登录京东平台后，会进入如图 3-1-1 所示的京东商家后台管理系统（所截取图片均为截至 2017 年 6 月 30 日的后台布局，如后续有更新，以更新后的后台布局为主，下同）。京东商家后台管理系统功能强大，下面按照功能区间将商家后台管理系统分成 A、B、C、D、E 共 5 个区域进行介绍。

A 区域中提供了很多重点功能：店铺营销、商家服务支持、社区交流、消息提醒等入口。如京东大学电商学院、商家论坛、帮助中心等是学习交流区。商家客服中心是京东为商家提供的 7×12 小时在线技术服务支持，保证商家可以及时有效地解决经营中遇到的问题。

B 区域为店铺后台管理主功能区。这里有店铺管理、商品管理、订单管理、结算管理、促销管理、活动管理、账号管理等诸多功能，在店铺的日常经营管理中都会使用到。为了给商家更好的操作体验，京东的商家后台在不断优化，功能也会越来越强大。

# 第 3 章 商品上架前的准备

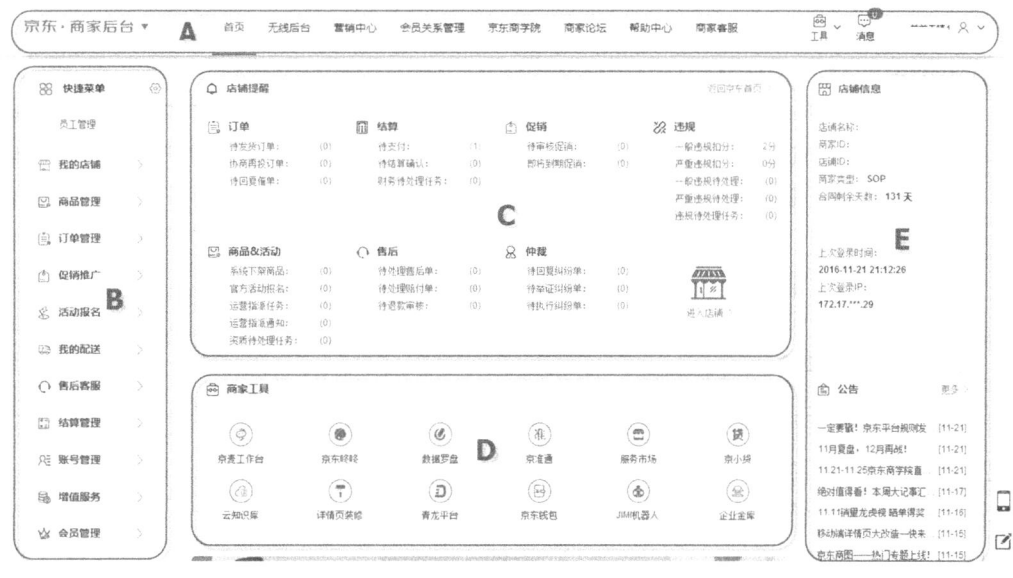

3-1-1

C 区域为店铺提醒区，展示如：订单情况、结算提醒、商品促销活动通知、售后、仲裁、违规情况、问题商品排查结果通知等必要的经营信息。

D 区域为商家常用工具箱。京东平台开发的重点软件和功能会在此列出，以辅助商家更好地运营管理店铺。例如京麦工作台是商家处理订单、管理商品等的一站式生意管理工具；京东商智是京东为商家开发的数据服务软件，维度包含了流量分析、销售分析、行业分析、主题工具、揽客计划等，时间粒度从分钟、小时、天、周到月全面覆盖，为京东商家提供专业、精准的店铺运营分析，大幅提升店铺运营效率、降低运营成本、增强用户体验，是商户"精准营销、数据掘金"的强大工具。

E 区域展示了商家的店铺基本信息、平台官方公告和类目对接运营人联系方式、常见问题的快捷入口等内容。在此要特别提醒店铺的运营管理者，一定要多关注其中的公告区，平台新的规则变化、重要通知、官方主题活动和线上、线下课程信息等都会在这里展示。

## 3.2 行业数据分析

俗话说，知己知彼，百战不殆。在京东平台的商家们要想在自己所在的类目中占有一席之地，就必须要了解自身所处的行业环境和行业的整体发展趋势，确定店铺的运营计划以及销售目标；通过分析买家购买数据，确定店铺运营推广的重点；通过分析商品属性，确定店铺的产品定位；通过分析行业关键词，指导商品搜索优化。

### 3.2.1 类目销售概况

在商品上架之前，不妨先看一看近一年该类目关键数据的变化情况，通过掌握类目的成交、人气、关注和点击等指数变化，了解各项数据的月度、季度、年度波动情况，确定全年店铺运营计划。该数据可以从"京东商智（高级版）"—"行业分析"—"行业大盘"页面中获取。

如图 3-2-1 所示，以饮料冲调类目为例，该类目的成交指数从 2016 年 7 月到 8 月呈现出较稳定的趋势。2016 年 9 月到 10 月的交易指数有较大回落；11 月是电商狂欢月，亦创造了下半年的成交高峰；而 2017 年 6 月为京东传统促销月，销量出现峰值。

> **Tips**
> 商家在设置年度计划时，可以根据成交指数曲线为年度促销计划定下步调。将促销力度最大的活动放到峰值月份开展，可以进一步拉升店铺销量。通常来说，商家应在大促到来的前两个月准备好商品库存，确定活动玩法以及促销力度。

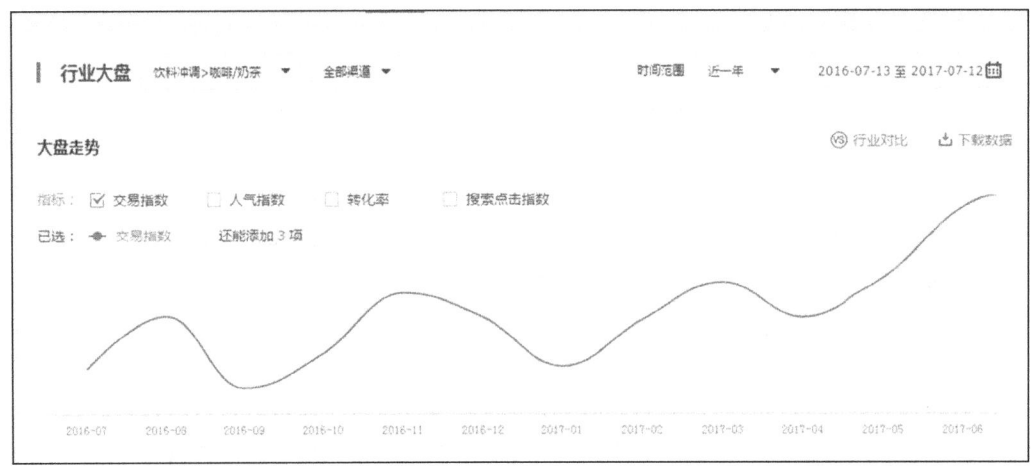

图 3-2-1

除此之外，在"京东商智（高级版）"—"行业分析"—"子行业排行"页面中，商家能够查看各个三级类目的销售占比。从而判断自己店铺的类目销售占比是否正常，对整个店铺的商品布局具有参考意义。如图 3-2-2 所示，在饮料冲调的子类目中，销售占比最高的是冲饮谷物，其次是牛奶乳品和咖啡/奶茶，三者相加占 59.55%的市场份额。如果店铺经营的商品均涉及这些子类目，按照"二八原则"，应将 80%的资源和精力投入到这 3 个子类目的商品中。

### 3.2.2 商品属性分析

商品属性分析的作用在于通过分析行业热销商品的共有属性，为商家绘制一幅可见的热卖商品画像，从而提升选品的精准度。如图 3-2-3 所示，在三级类目咖啡/奶茶的"包装"主体属性分布中，大部分成交商品的包装为独立包装。在主体属性中依次查看类别、包装、口味，经过扩展属性分析可知，该三级类目下的热卖商品是一款产自中国的无糖含咖啡因盒装速溶咖啡。

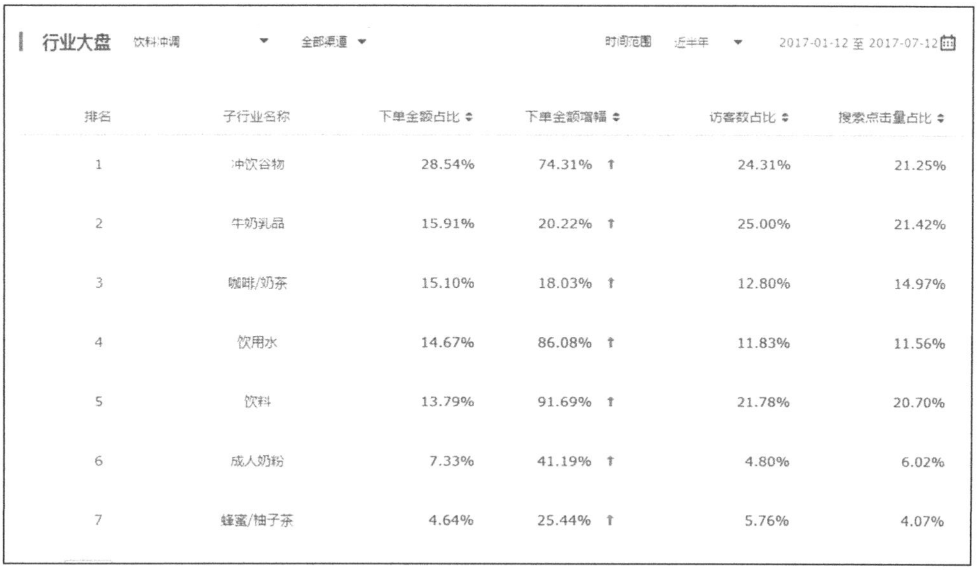

行业大盘　饮料冲调　全部渠道　时间范围　近半年　2017-01-12 至 2017-07-12

| 排名 | 子行业名称 | 下单金额占比 | 下单金额增幅 | 访客数占比 | 搜索点击量占比 |
| --- | --- | --- | --- | --- | --- |
| 1 | 冲饮谷物 | 28.54% | 74.31% ↑ | 24.31% | 21.25% |
| 2 | 牛奶乳品 | 15.91% | 20.22% ↑ | 25.00% | 21.42% |
| 3 | 咖啡/奶茶 | 15.10% | 18.03% ↑ | 12.80% | 14.97% |
| 4 | 饮用水 | 14.67% | 86.08% ↑ | 11.83% | 11.56% |
| 5 | 饮料 | 13.79% | 91.69% ↑ | 21.78% | 20.70% |
| 6 | 成人奶粉 | 7.33% | 41.19% ↑ | 4.80% | 6.02% |
| 7 | 蜂蜜/柚子茶 | 4.64% | 25.44% ↑ | 5.76% | 4.07% |

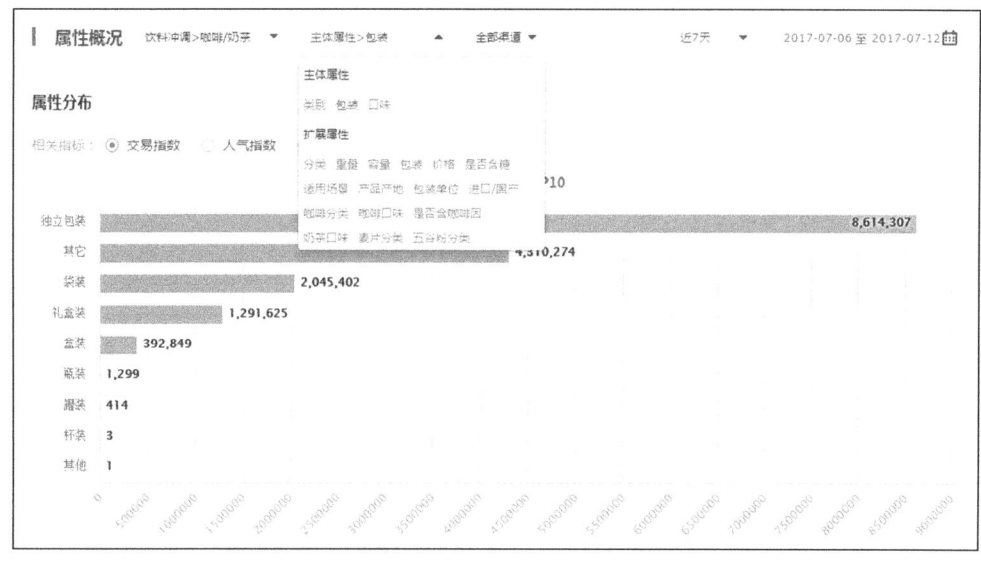

图 3-2-2

图 3-2-3

### 3.2.3　行业关键词分析

行业关键词直接反映了消费者的搜索喜好以及关键词的成交比率。虽然部分数值经过专业处理，但依旧能够通过排序的方法从不同维度观察关键词。分析行业热门关键词对于商家设置商品标题具有指导性意义。

假设要分析一款产自中国的无糖含咖啡因的速溶咖啡，通过热门关键词分析可知，在这个类目下，与本商品相关的关键词按照搜索指数从大到小排序为“咖啡”和“速溶咖啡”，因此，本商品的标题主关键词可确定为“咖啡”和“速溶咖啡”，如图 3-2-4 所示。

热门关键词 饮料冲调>咖啡/奶茶 APP 近30天 2017-06-13 至 2017-07-12

行业热词榜 请输入关键词 下载数据

| 关键词 | 搜索指数 | 搜索点击指数 | 交易指数 | 点击率 | 转化率 | 全网商品数 | 竞争度 | 品类 |
|---|---|---|---|---|---|---|---|---|
| 咖啡 | 1,125,083 | 915,022 | 50,443 | 81.33% | 14.92% | 1,198,955 | 100 | 最优:咖啡/... 次优:冲调饮品 |
| 雀巢咖啡 | 194,729 | 306,097 | 16,558 | 157.19% | 14.25% | 1,921 | 0 | 最优:咖啡/... 次优:冲调饮品 |
| 咖啡豆 | 113,495 | 194,975 | 10,658 | 171.79% | 16.26% | 7,501 | 6 | 最优:咖啡/... 次优:冲调饮品 |
| 奶茶 | 145,049 | 129,611 | 7,220 | 89.36% | 13.90% | 216,902 | 100 | 最优:咖啡/... 次优:冲调饮品 |
| 黄油 | 341,387 | 87,897 | 7,004 | 25.75% | 12.40% | 37,049 | 10 | 最优:奶酪黄油 次优:粮油调味 |
| 麦斯威尔 | 37,219 | 47,245 | 4,590 | 126.94% | 23.17% | 290 | 0 | 最优:咖啡/... |
| 速溶咖啡 | 20,461 | 33,199 | 1,950 | 162.25% | 15.85% | 7,495 | 36 | 最优:咖啡/... 次优:冲调饮品 |

图 3-2-4

**Tips**

商家应注意，数据会因选取的时间段不同而发生变化，选取的时间段越长，意味着数据基数越大，越具有参考价值。

# 3.3 商品分析与规划

商品分析与规划可以从竞品的主力引流关键词、排名、商品定价、促销方式、客户认可度、店铺服务、视觉及商品布局这几个维度来全面分析。在很透彻地了解竞品后，店铺在设置商品定价、选择关键词、设置促销节奏及主推商品等方面会更具有针对性。

## 3.3.1 竞品分析

### 1. 竞品热搜关键词

（1）进入路径：“京东商智（高级版）”—“行业分析”—“商品榜单”页面。

（2）通过选择类目及时间节点找到不同商家的热卖商品，单击商品名称可以看到关于该商品的热搜关键词及关联购买信息。

（3）在图 3-3-1 中，标注框内的 5 个关键词是竞品的热搜关键词。

第 3 章 商品上架前的准备

图 3-3-1

> **Tips**

在新品推广初期，建议商家制订初步的推广计划，关注免费资源，或通过京东快车卡位抢占这几个关键词的流量，后期在搜索排名中也可以将这几个关键词作为主推关键词，该动作的意义在于让商家快速找到流量与销量兼备的优质关键词。

### 2. 竞品详情页分析

（1）看促销：通过竞品促销信息，可以得知竞品的促销活动及力度，如图 3-3-2 所示。

图 3-3-2

（2）看评价：可以从竞品的评价中找出信息进行分析，分析竞品做得好与不好的方面，做得好的方面可以借鉴，如图 3-3-3 所示。

图 3-3-3

### 3. 竞品服务分析

竞品服务分析包括以下 3 项，如图 3-3-4 所示。

（1）配送服务；

（2）增值保障；

（3）白条分期。

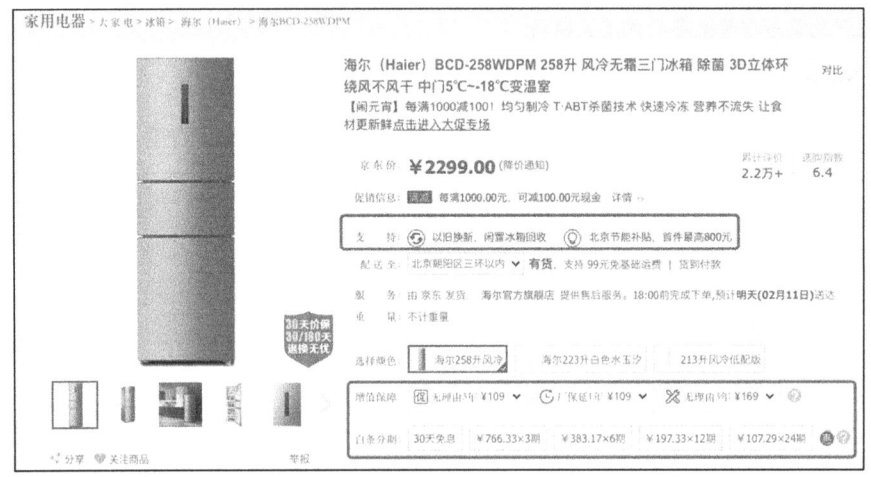

图 3-3-4

⮕ Tips

商家可根据自身店铺需求，选择更多的商品服务功能，有助于商品转化率提升。

## 3.3.2 搭建店铺的商品结构

店铺中的商品一般包含引流款、利润款、活动款和形象款 4 种类型。商家在开店初期需要用引流款商品为店铺带来更多的流量，但是引流款商品利润微薄，因此需要用利润款商品提高店铺的利润率。活动款商品专门用于参与店铺及官方平台促销活动，价格弹性较大；形象款商品为店铺的形象展示，能起到提升店铺品牌调性的作用。

### 1．引流款商品

引流款商品是指能给店铺和店铺中其他商品带来流量的商品。因此，引流款商品的价格不能过高。引流款商品不是店铺利润的主要来源，一般情况下它是不获利或获利很少的。另外，引流款商品的备货要充足，建议每家店铺设立 3~5 款引流款商品，这样商家的成本投入就不会过高。

### 2．利润款商品

追求利润是店铺运营的终极目标，利润款商品就是店铺中主要赢利的商品。一般而言，店铺中除了热销款商品和引流款商品，其他的商品都是利润款商品。虽然利润款商品的流量不多，但是利润相对较高。

### 3．活动款商品

（1）活动款商品用于设置店铺的活动及参与官方平台的活动。

（2）活动款商品要具备以下 4 个特点。

- 进行大力度促销后还有利润空间；
- 有评论数（建议在 200 个以上）；
- 好评率建议在 92%以上；
- 库存数量一定要确保充足。

### 4．形象款商品

形象款商品应该选择高品质、高调性、高客单价的小众商品。形象款商品可以有 3~5 款，适合目标客户群体里面的 3~5 种细分人群。形象款商品带来的销售额仅占全店销售额的一小部分，这些商品的作用就是提升品牌的形象。

> **Tips**
> 店铺商品结构布局需要充分结合自己商品的特点具体分析。引流款、利润款等分类仅供参考。

## 3.3.3 商品定价方法

商品的定价方法包括以下 6 种。

### 1．成本叠加法

在店铺运营过程中需要核算成本，成本的核算方法如图 3-3-5 所示。

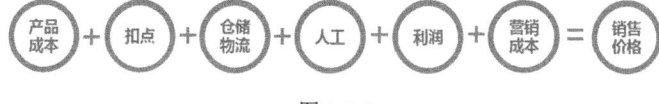

图 3-3-5

### 2．竞争对手定价法

商品的定价还可以参考与店铺主推商品相似度高的竞品的定价。

### 3. 非整数定价法

非整数定价法是指将商品定价不取整数而取带零头的定价法,例如将商品定价为 39.9 元,而不是 40 元。

该定价法可有效地促进客户下单,如图 3-3-6 所示。

图 3-3-6

### 4. 价格分割法

价格分割法迎合了消费者贪便宜的心理,此方法将商品的计量单位细化,按照最小的计量单位报价。价格分割法会对消费者产生心理暗示,让消费者认为该商品比其他竞品更便宜。

例如,羽毛球大多都是以 12 只装来销售的,如图 3-3-7 中右图所示,而图 3-3-8 中左图所示的羽毛球则以 3 只装来销售,将价格计量单位细化后,价格随之降下来,这样很容易吸引客户并给客户更多的购买数量选择而非最少购买 12 只。

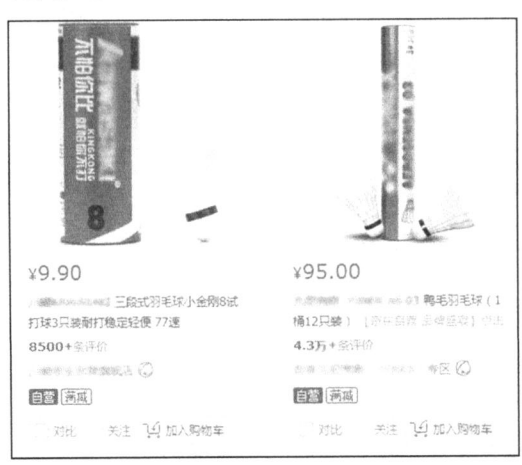

图 3-3-7

## 5. 心理定价法

一般来说，任何商品都能满足消费者在某方面的需求，商品的价值与消费者的心理感受有很大的关系，这为心理定价策略的运用提供了基础。商家在给商品定价时，可以利用客户的心理因素，有意识地将商品的价格定得高一些或低一些，以满足客户多方面的需求，并可以借助消费者对商品的偏爱或忠诚，扩大销售份额，获得最大效益。如图 3-3-8 所示，市场上的相册一般定价为 40~50 元，而相册是一款需要长久保存的商品，客户保存的不是一本相册，而是一份珍贵的记忆，所以客户会很重视相册的质量，此店铺就抓住了客户的这个心理，将相册的价格提升到 198 元进行销售。

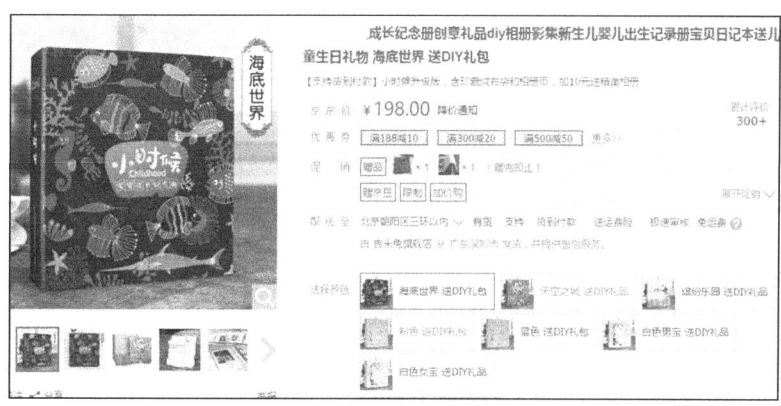

图 3-3-8

## 6. 组合定价法

组合定价法是指对于互补商品和关联商品，商家为迎合客户的某种心理，往往把个别商品的价格定得高一些或低一些，形成一个价格区间，让客户有更多的选择，同时也可以有效地带动商品的销售，从而取得整体经济效益最大化，如图 3-3-9 所示。组合定价法属于心理定价法的范畴。

图 3-3-9

## 3.4　商品详情页策划

当行业分析、商品定位、选款、定价等工作准备完善后，商家需要对商品的页面进行策划。将商品的信息清晰地传达给消费者，从而能让消费者在更短的时间内下单，促成交易。这是详情页在策划中应有的基本逻辑。

### 3.4.1　挖掘卖点

**1. 目标人群定位分析**

（1）购买人群分析

人群画像即店铺定位。俗话说："百货有百客"，任何商品都有其对应的客户群体，销售额高的店铺通常都有一个明显的特征，即有明确的人群定位。当店铺选择好切入的市场后，就需要仔细地分析一下商品的目标人群，然后努力为目标人群画像。

建议商家可以围绕这些问题去分析：商品有什么特点、要卖给谁、目标客户有什么消费特点、他们有什么顾虑、为什么买我们的商品等。解决了这些疑问，商品详情页就有了基本的框架。例如对于服装，低收入人群更关注款式，高收入人群则更关注面料与剪裁，那么就可以根据这些人群的需求特点确定店铺整体的视觉风格、商品详情页设计逻辑、营销活动设计，甚至客服的语言特色等。

（2）使用人群分析

可以通过线上或线下的调查问卷、同行业分析、京东商智、百度指数等搜索数据统计工具分析出目标人群画像。比如百度指数，如图 3-4-1 所示，在这里搜索"羽毛球拍"，然后单击"人群画像"按钮，可以得到参考数据，如搜索人群的地域分布、年龄分布、性别分布等。

（3）宣传人群分析

确定了目标人群后，就要有针对性地进行宣传了。例如近几年非常火的民族风服装，如图 3-4-2 所示，其商品的民族风格浓重，商品详情页中经常配有诗意的词句，时而文艺，时而个性，恰好符合了大量白领人群的品位。浏览这类富有情感的品牌调性，消费者自然而然地就会提高对这个品牌的认同度，认为这与自己所追寻的生活态度比较一致，从而大大地增加了意向客户的关注度，提高购买欲望。

确定了文案的撰写基调后，店铺所有的文案都要保持统一的风格，如首页、详情页、客服、包装、售后卡、宣传册等。

图 3-4-1

图 3-4-2

### 2. 商品卖点分析

首先要分析商品的优势,和同类商品相比有哪些共同点,如果客户不购买你的商品,损失的价值有多大。其次要进行换位思考,设身处地地为客户着想,找到客户必须购买这款商品的理由，也就是痛点。比如健康就是大多数人的消费痛点，因此销售户外运动器材的商家，可以发掘客户使用此商品后能够给他们的健康带来的好处。对于经营母婴类商品的商家，就要强调其商品的面料安全无毒、无刺激、零甲醛等优势，如图3-4-3所示。

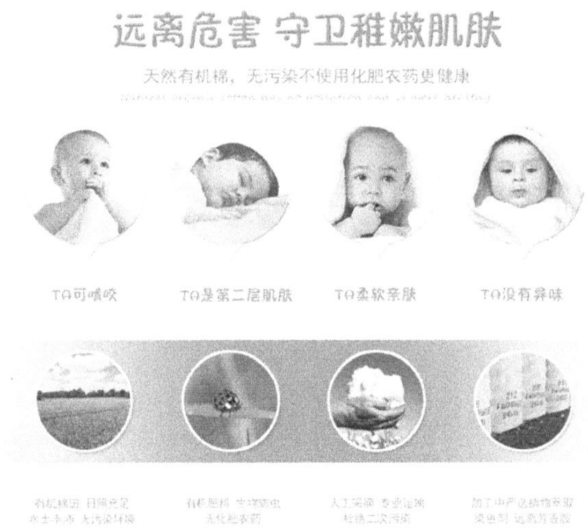

图3-4-3

### 3．企业、品牌优势介绍

作为品牌商，建议要强调本企业实力、品牌优势或品牌故事等。例如，作为代理经销商，建议要展示一下销售授权书、企业形象等，增强买家的信任度和购物信心，如图3-4-4所示。

图3-4-4

文案要以消费者的痛点带出商品的卖点，加深消费者的认同感，从而也可以提升消费者的购买欲望。如图3-4-5所示为男士剃须刀的文案设计。

第 3 章 商品上架前的准备

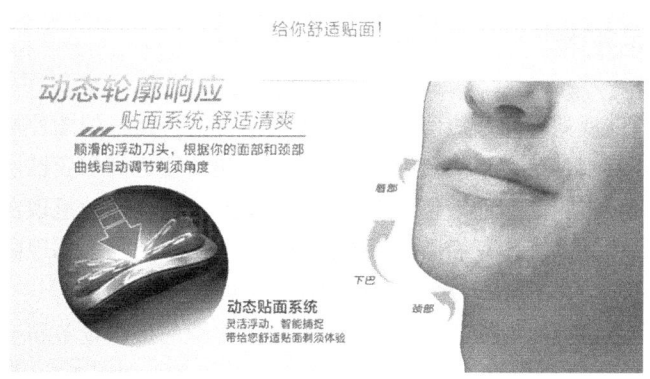

图 3-4-5

### 3.4.2 商品详情页制作逻辑

好的商品详情页必须要有一个通顺合理的叙事逻辑，页面的跳失率高和客户停留时间短不仅仅是因为商品的价格所造成的，商家可以从商品特征、商品优势、商品特色、商品佐证等几个维度进行分析。商品特质即商品基本卖点阐述；商品优势即商品可以解决用户的哪些痛点，能为用户带来哪些好处；商品特色即通过对比分析，展示自己的商品与同类商品相比有哪些特别之处；商品佐证即通过真实案例、资质证书、企业品牌实力等对商品的整体优势进行补充证明。

在制作商品详情页的时候需要将商品的特质、优势、好处展示出来，同时也需要用一个佐证去进一步对商品做权威解释说明，如图 3-4-6 所示。

图 3-4-6

> **Tips**
>
> 自 2015 年 9 月 1 日新版《中华人民共和国广告法》（以下简称新《广告法》）出台以来，不少店铺遭遇了客户退货并且接到了工商部门投诉或者举报要求索赔等一系列问题，其中很多并不是因为商品本身有质量问题，而是在标题、广告、商品描述等中用了极限词。因此建议商家在宣传商品的时候，应该从商品实际出发，避免虚假和夸大宣传，并且要熟知新《广告法》的规定，减少不必要的麻烦。

## 3.5 商品拍照

电商销售是通过视觉将商品的信息传达给消费者的,一组好的图片是提高点击率、转化率的重要前提。特别是在京东平台中,单品展示的重要度远高于店铺展示,商品图片呈现效果的好坏会直接影响商品的销售。那么,把商品真实、清晰地呈现在客户的面前是卖家必须要做好的一项基本工作。商品拍摄不同于艺术摄影,不需要体现照片的艺术价值和较高的审美品位,但这并不意味着可以忽视图片的质量。

要想将商品全方位地展现给客户,那么具有一套专业的摄影设备和一位优秀的摄影师尤为重要,可以根据商品的特点与摄影师共同确定拍摄计划。如图3-5-1所示,可以将专业+用心+迎合受众需求+不断优化+风格化作为优秀的视觉传达标准。

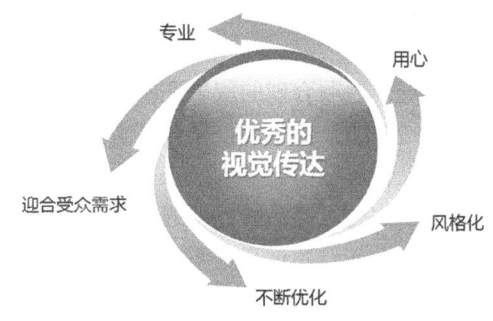

图 3-5-1

接下来就要根据商品详情页策划案开始筹备商品的拍摄计划,如图3-5-2所示。可以根据商品的定位,选择合适的拍摄场景。例如女装,商家在选择模特和服装搭配时就需要下功夫,一定要让模特的气质与服装的风格相吻合,要避免作假,比如不要让20多岁的模特染白发或穿妈妈装进行拍摄。

| 商品名 | 风格 | 侧重点 | 拍摄数量 | 背景 | 模特 | 造型道具师 | 摄影师 | 所需设备 | 拍摄地点 | 拍摄时间 | 备注 |
|---|---|---|---|---|---|---|---|---|---|---|---|
| 连衣裙588三色 | 学院风 | 领口纽扣袖口面料 | 基本平铺20张(三色各4张,细节图拍红色款8张)平铺创意图5张(三色各1张,三色组合图2张) | 白布 | | 小刘 | RALF | Canon700D+50mm定焦镜头+闪光灯2台 | 棚拍 | 2016-6-6 | 吊牌图领标图LOGO图 |
| 连衣裙588三色 | 学院风 | 正面、背面、侧面、创意造型照 | 15张(三色各5张) | 银灰(有影) | Nancy | 小王(一款造型) | Nick | Canon700D+18-135mm定焦镜头+闪光灯2台 | 棚拍 | 2016-6-6 | 马尾辫淡妆 |
| 连衣裙588三色 | 学院风 | 文艺范儿、突出侧脸恬静、优雅 | 18张(三色各6张) | 湖边、草丛小径等 | Nancy | 小王+小刘(量款造型) | Nick | Canon700D+70-300mm定焦镜头+反光板2张 | 朝阳公园 | 2016-6-7 | 丸子头淡妆书包书籍尤克里里 |

图 3-5-2

> **Tips**
>
> 这里还要强调一点,"无规矩不成方圆",视觉传达也要符合京东平台的发布规则,规则详见"卖家后台"—"帮助中心"—"业务规则"页面。

## 3.5.1 商品图片要求

高清晰度是对于商品图片最重要也是最基本的要求。京东平台商品主图上传的尺寸要求是：图片尺寸为 800×800 像素（个别类目除外），单张图片大小不超过 1024KB；仅支持 JPG、JPEG、PNG 格式，分辨率为 72dpi；图片质量要清晰，亮度充足，不能虚化等。详情页图片除了尺寸不同，其他要求相同。

建议在使用 Photoshop 等软件输出图片时，品质设置为 8 以上，以保证图片的清晰度，如图 3-5-3 所示。

图 3-5-3

## 3.5.2 拍照方式

### 1. 自己拍照

自己拍照的最大好处就是灵活度高和实效性好，如果对商品的视觉效果不满意，则可以及时优化和再次拍摄，特别是对更新换代较频繁以及对上新速度和应季性要求较强的类目来说，尤其适用。自己拍照的前提是需要一位较为专业的摄影师，然后是 10 平方米以上的空间、一台专业的单反照相机（镜头根据实际需要可以选择变焦镜头、定焦镜头、微距镜头等。如果需要外景拍摄，则要配备长焦镜头和广角镜头）、三脚架、两盏以上的摄影闪光灯（柔光箱）、静物台（适合静物小件）、背景布（拍摄模特）、引闪器、反光板、测光表及道具配饰等。

> **Tips**
> 随着智能手机的快速发展，特别是手机镜头品质的不断提升，相信大家对"柔光双摄""前后 2000 万，拍照更清晰"等广告语也并不陌生吧？没错，近来比较火热的手机品牌都在围绕拍摄功能进行竞争。如果开店初期预算不足，用高像素、拍摄功能较强大的智能手机进行商品拍摄也未尝不可。不过，为了拍摄出立体感更好的图片，建议配合台灯、强光手电筒、柔光纸等拍摄辅助道具。

### 2. 外包公司拍照

商家团队还在磨合中、商品上新速度太快、商品视觉始终不理想……当商家还不具备拍摄条件时，可以在"商家后台"—"运营服务"—"摄影服务"页面中找到众多的摄影外包服务商，寻找商品拍摄、文案策划、详情页设计、促销海报图等一站式的服务，如图3-5-4所示。

图 3-5-4

> **Tips**
> 如果你希望在本地拍摄，可以通过搜索引擎（如百度、360等）或者导航类网站（如58同城、赶集网等）找到服务外包商，这样相对来说沟通、配合会更顺畅。

### 3.5.3 拍照要点

#### 1. 使用场景拍摄

以服装为例，要根据服装的风格选择合适的模特、搭配的饰物、背景材料、道具装饰物等。如图3-5-5所示为商品在摄影棚内进行平铺拍摄。如果要拍摄真人模特，则可以根据实际需要选择室外自然场景拍摄或室内布景拍摄等，如图3-5-6所示。

图 3-5-5                    图 3-5-6

## 2. 对比拍摄

可以选择本品牌商品功能升级前后的实物进行对比拍摄，突出商品在更新升级之后的新卖点，这样更加能打动消费者，如图 3-5-7 所示。特别要注意新《广告法》中明文禁止条款："禁止贬低其他生产经营者的商品和服务"。对比拍摄仅限与自己的商品对比，不可与同品类其他品牌商品进行对比，以免违反相关法律法规。

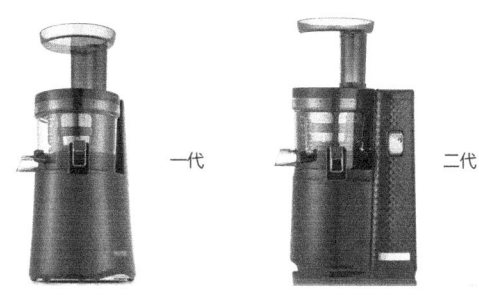

图 3-5-7

## 3. 商品外观拍摄

可以针对商品的主体外观进行多个角度的拍摄，在熟知类目图片发布规范的基础上，特别要对商品主图进行重点拍摄，如图 3-5-8 所示。外观拍照分为商品基本平铺拍摄（见图 3-5-9）、立体拍摄（见图 3-5-10）等。

图 3-5-8　　　　　　　　图 3-5-9　　　　　　　　图 3-5-10

## 4. 特征拍摄

特征拍摄即细节拍摄，建议使用定焦镜头或微距镜头拍摄买家比较关注的细节。例如下面这款羽毛球拍包就重点选取了拉锁头、肩带卡扣、背带缝线这几个细节进行拍摄，增强了买家的购物信心，如图 3-5-11 所示。

## 5. 卖点拍摄

卖点拍摄就是针对文案策划中所确定的商品主要卖点进行专门拍照，例如为了说明一款羽毛球的球头选用了非常好的复合软木材质，可以将其剖开甚至切碎拍摄展示给买家，如图 3-5-12 所示。

 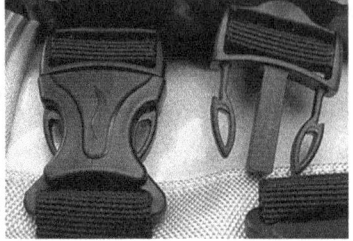

图 3-5-11

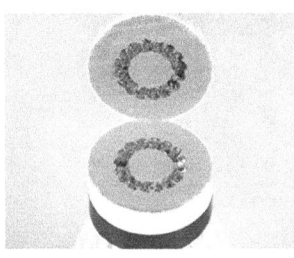 

图 3-5-12

### 3.5.4 创意拍摄

**1. 场景创意**

商品拍摄的总体要求是要将商品的形、质、色充分表达出来。形，指的是商品的外形、造型以及画面的构图形式；质，指的是商品的质量、质感、质地等。在京东平台上销售的商品在拍摄时要特别注意对质的展现。商品的纹理、层次必须清晰细腻，尤其是细微处以及高光和阴影部分，对质的表现要求更为严格。用恰到好处的布光角度，恰如其分的光比反差，可以更好地展现商品的质；色，指的是商品拍摄要注意色彩的统一。各种色彩之间应该互相烘托，是统一的整体，在此基础上的模特风格化、场景创意化都是为了进行差异化，打造品牌的独特调性。另外，线上的买家都需要一种代入感，即会考虑自己在使用这个商品时会是什么样子的，所以选择一个与商品本身相符的场景进行拍摄就尤为重要，如图 3-5-13 和图 3-5-14 所示。

图 3-5-13　　　　　　　　　　图 3-5-14

### 2. 拍摄角度创意

摄影的本质其实是光与影的游戏，具有好的光源布局、拍摄角度、构图和创景等要素，就不难拍出好的作品。在摄影中，光位分为顺光、侧光、侧逆光、前侧光、逆光、顶光、高位光和低位光等；构图分为均分法、对称法、黄金分割法、疏密相间法、对角线法、远近结合法、明暗相间法等。有关摄影的技巧有很多，只有合理运用这些技巧才能更好地突出商品的质感。

近几年，一些个性化的服装品牌走红，如图 3-5-15 所示，这说明客户的个性化需求趋势越来越明显，所以商家也需要在店铺整体风格定位和商品拍摄上下功夫，要突出商品的个性化，加深客户对品牌的印象。例如可以创造性地拍摄有逻辑性的剧情故事、有强烈品牌符号感的图片。创意图可放置在除首图外的辅图或商品详情页介绍中，主图首图需要商品居中展示。

图 3-5-15

## 3.6 仓储物流设置

电商的本质不仅仅是卖货，更是企业在体验经济时代为消费者创造优质品牌体验的舞台。消费者购买的不仅仅是商品，更是整个购物流程所带来的良好体验。在电商销售的众多环节中，仓储物流配送也是很重要的一个环节。

### 3.6.1 京东仓储介绍

截至 2017 年年底，京东仓储共有北京、上海、广州、成都、武汉、沈阳、西安 7 大物流中心，在运营大型仓库超过 500 个，总面积超过 1000 万平方米。京东物流运营的 14 个"亚洲一号"大型智能物流中心已经投入使用。如图 3-6-1 所示为京东上海"亚洲一号"物流中心。

**1. 京东仓库体系分类**

（1）按产品属性分

① 百货服装仓：主要存放服饰鞋帽、家居家装、运动健康、箱包等品类商品。

② 食品母婴仓：主要存放食品饮料、奶粉等需要进行保质期管理的商品。

图 3-6-1

③ 3C仓：主要存放计算机以及通信、消费类电子等商品。

④ 大家电仓：主要存放黑色家电、白色家电、大家具等体积较大的商品。

⑤ 小家电仓：主要存放厨房电器、生活电器等小家电品类商品。

⑥ 图书音响仓：主要存放图书、音像制品类商品。

（2）按产品大小属性分

① 中小件仓：单一销售商品的外包装最长边小于100厘米，且重量小于30千克的商品，放在中小件仓管理。

② 大件仓：单一销售商品的外包装最长边大于100厘米，或重量大于30千克的商品，放在大件仓管理。

↘ Tips

使用京东仓储配送可以实现多种形式的仓配体验（例如夜间配、极速达、送货到家、大家电开箱验货等服务），让客户享受到京东高品质的配送服务，并可以实现货到付款和"211限时达"服务。

### 2．京东仓储入库操作

采用京东FBP合作模式的商家，在创建好商品后，会先将商品配送到京东仓库，然后才可以实现前台的销售。所以下面需要先来了解一下京东仓库的入库操作。

如图3-6-2所示，在店铺后台左侧的功能区找到"仓储管理"功能，从这里可以进入京东仓储管理后台的各个功能模块。

### 3．商品入库操作流程

如图3-6-3所示，从新建商品开始，需要根据流程逐级实现商品的入库操作，下面针对各个入库步骤进行具体讲解。

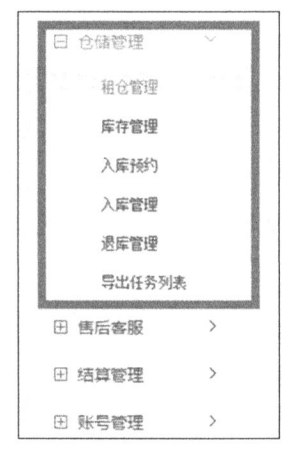

图 3-6-2

第 3 章 商品上架前的准备

图 3-6-3

（1）商品上传好后，进入"租仓管理"页面，单击右上角的"申请租仓"按钮，如图 3-6-4 所示。

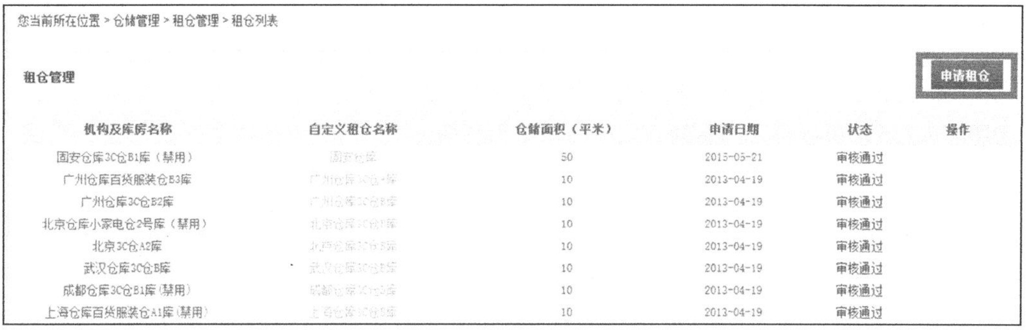

图 3-6-4

（2）选择仓库商家可以根据商品属性并结合自身销售区域的情况，选择需要入库的京东仓库；建议在早期可以选择一些商品热销的地区，仓库数量在后期可以逐步放开，也要考虑各个仓库的覆盖区域因素，如图 3-6-5 所示。

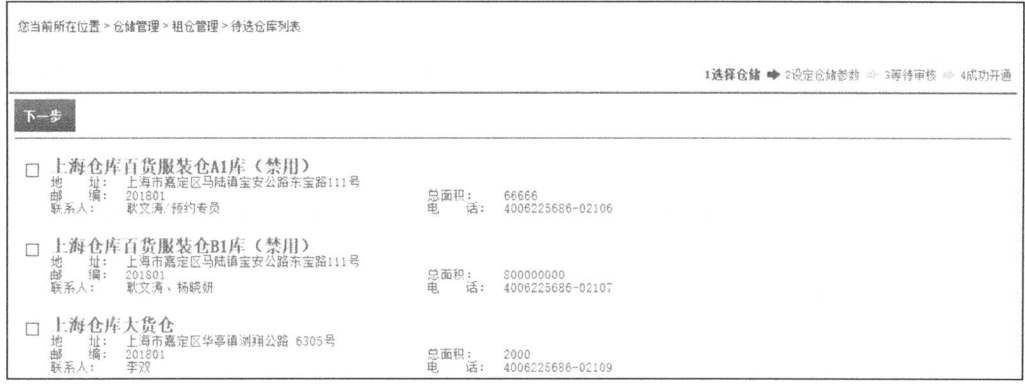

图 3-6-5

（3）租仓申请设定租仓自选名称和面积后提交申请，此处要按入库商品的日常数量情况填写订购面积，如图 3-6-6 所示。

45

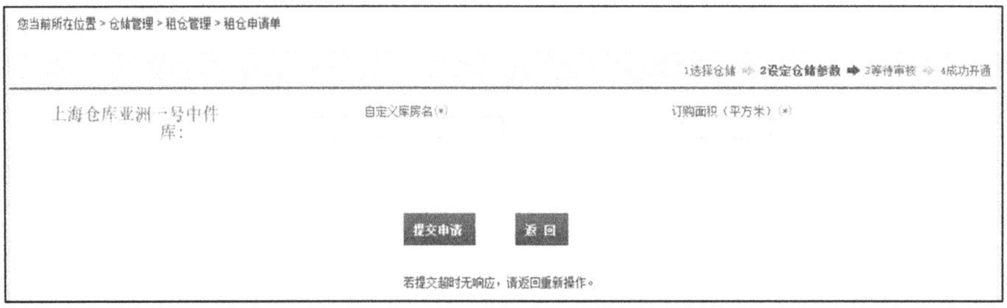

图 3-6-6

> **Tips**
> 首批入库商品不宜过多，如果商品出现滞销，则会产生更多的仓储费用，也有可能导致退库成本过高。

（4）入库管理 商品的入库操作在"入库管理"页面，单击页面右上角的"新增"按钮，如图 3-6-7 所示可以进入产品的"入库申请单"页面。

图 3-6-7

进入"入库申请单"页面，查询到入库的商品，并补齐需要入库的仓库、入库数量等数据后，单击"提交"按钮即可，如图 3-6-8 所示。

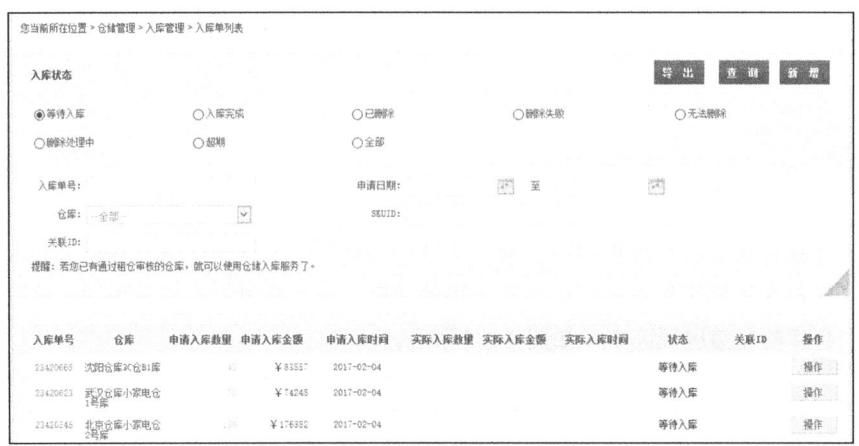

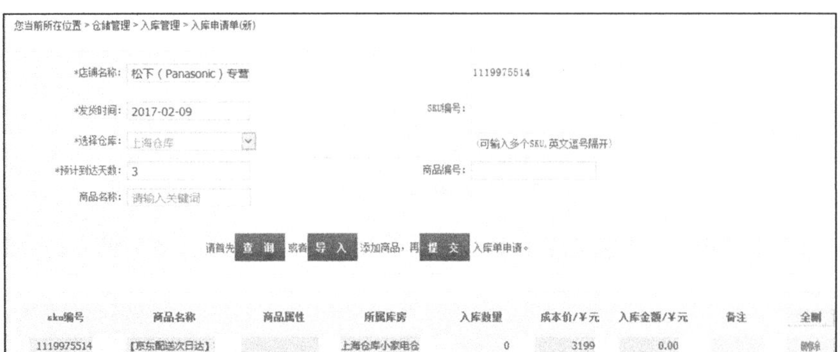

图 3-6-8

（5）入库预约需要通过后台的"仓储管理"—"入库预约"选项进入入库预约系统操作，如图 3-6-9 所示。

图 3-6-9

（6）库存管理库存管理需要在"仓储管理"—"库存管理"页面进行操作，如图 3-6-10 所示。

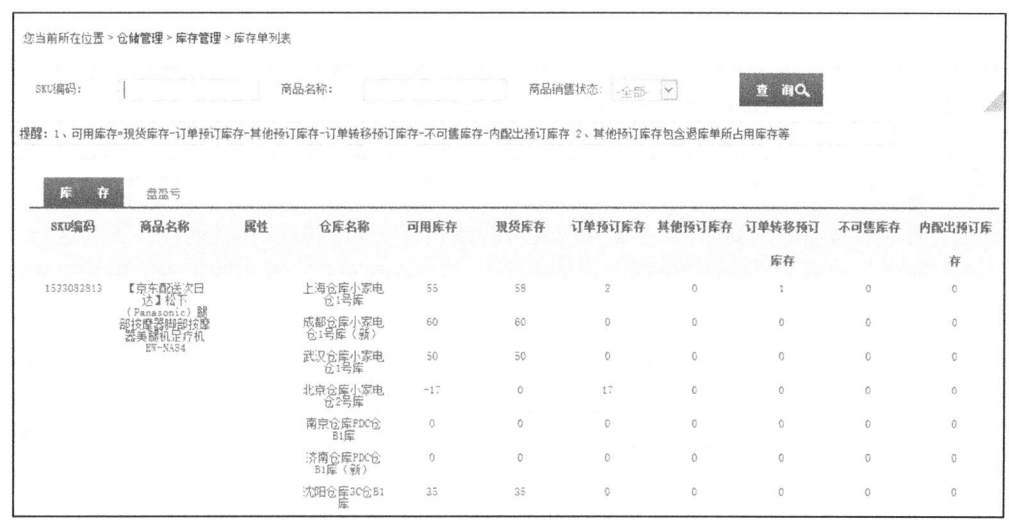

图 3-6-10

▶ Tips

通过库存管理，可以及时掌握在库商品的销售占用情况和补库情况，及时做出相关补库操作。

（7）退库操作同样在"仓储管理"页面下方的"退库管理"选项中进行。同入库管理操作一样，单击页面右上角的"新增"按钮就可以进入退库申请流程了，操作同入库新增操作，如图 3-6-11 所示。

图 3-6-11

(8) 入库注意事项

① 所有入库京东仓储的商品必须打印京东 SKU 编码生成的 EN11 码并贴在商品外包装上,以便入库及后期出库分拣操作。

② 所有入库京东仓储的商品,必须确保商品在收货前最小包装的完整性,包装有褶皱、破损均会造成入库时的拒收。

③ 对于包含赠品的商品,赠品必须与主商品绑定在一起,并且明确标示为"买一送一"。

④ 所有入库京东仓储的商品在入库操作前,必须在线预约,并在规定时间内到达仓库进行入库操作。

⑤ 所有入库京东仓储的商品最小包装为彩盒的,需要另外加套一层白盒包装,并将条码加贴在白盒包装上,以确保客户在退货时商品包装的完整性。

⑥ 建议选择与京东各地仓库有合作的仓配物流公司进行商品入库操作,确保收货流程的有效性。

### 4. 仓配一体服务

京东仓配一体是指集合京东现有仓储系统和配送系统,实现仓储配送一体化操作的物流配送网络模式,让商家实现一地入库全国配送或就近入库全国配送的物流操作网络。

### 5. SOP 商家商品入仓

目前,京东仓储对 SOP 商家也提供了仓储服务,商家可选择部分 SKU 入仓到京东仓库,京东负责存储、打包、发货、物流。商家负责前台店铺维护和销售、后端售后和发票开具。

(1) 入京东仓的好处

① 可支持全国多地入仓——提高时效(接近京东自营时效)。

② 京东强大仓储物流能力——爆仓、促销积压不再是问题。
③ 可支持部分品类入仓——灵活多变的模式,可随时切换自己发货。
④ 可减少商家人力、耗材、设备投入——耗材报价包含在京东仓储服务费内。
⑤ 前台可实现"京东配送"搜索与商品详情页显示"京东发货"。

(2) 入京东仓的特色——灵活

① 入仓地可选,可入一地,向全国发货;可多地入仓,各地发各区域;
② 入仓产品可选,店铺内产品可部分或全部入仓;
③ 入仓量可变,可根据产品的平均销量,结合实际情况,入适当的量到京东仓;
④ 入仓订单可随时切换发货地,可随时切换由京东和商家发货模式;
⑤ 入仓后发货地可选,可部分地方京东发货,部分地方商家自己发货。

(3) 入京东仓的流程(见图3-6-12)

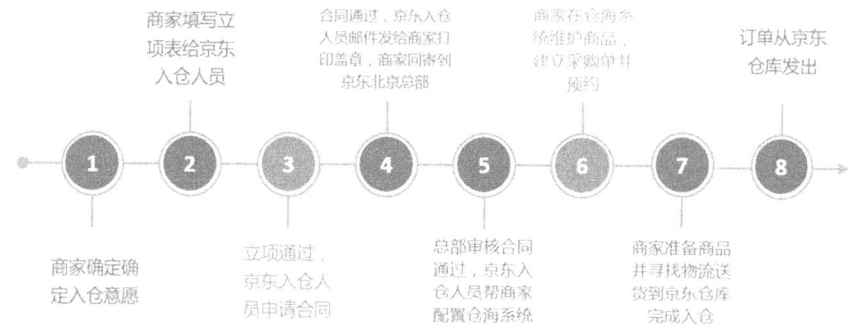

图 3-6-12

### 3.6.2 快递选择

**1. 京东快递**

京东从2007年开始自建物流,2013年6月,京东配送正式对外开放,目前已成为全国最大的B2C快递专业服务商。京东配送在全国范围内布局华北、华南、华东、华中、西南、东北和西北共7个大区,遍布全国的末端自提及服务中心超过30万个,物流服务人员(含众包)超500万人,京东物流大件网络和中小件网络已全部实现中国大陆行政区县100%,解决了电商企业"最后一公里"的问题。

(1) 京东快递的适用范围

京东快递定位于企业客户,不接受个人客户的寄件需求;京东配送网络覆盖全国,同时支持在线支付和货到付款订单的配送业务,除以下 3 类商品外,其余都在京东配送范围以内:

① 国家法律明令禁止快递运输的货品;
② 单件商品重量超过 15 千克,体积超过 0.12 立方米,可能不能享受此服务;
③ 单个包裹保价金额超过两万元人民币的货品。

（2）京东快递签约开通

可以在京东物流官网（http://www.jdwl.com）上开通京东快递签约，如图 3-6-13 所示。可以从客服处咨询到当地京东快递负责人的联系方式并申请京东快递签约开通。签约开通基本流程：了解京配服务—申请电子签约—完成系统对接—打印测试—准备发货。

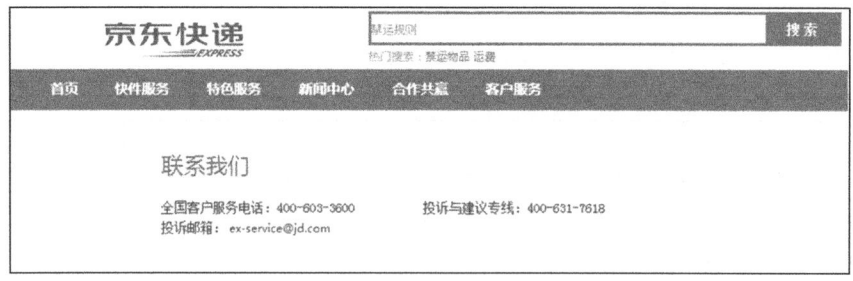

图 3-6-13

（3）开通京东快递的好处

① 提高转化率：开通京东快递的商家会获得更多的流量导入，基本增加幅度在 30%以上。

② 开通京东快递的京东开放平台商家会得到更多的展示位，更容易被客户看到。

③ 京东的官方营销活动，如资源展示位、闪购活动等要求必须开通京东配送，如果未开通，则商家无法提报活动。

④ 京东快递支持货到付款，"最后一公里"的客户体验好，让客户支付方式更多元。

**2. 其他快递**

在商家后台单击"我的配送"—"物流公司管理"—"新增物流公司"选项后，可以看到如图 3-6-14 所示的页面。

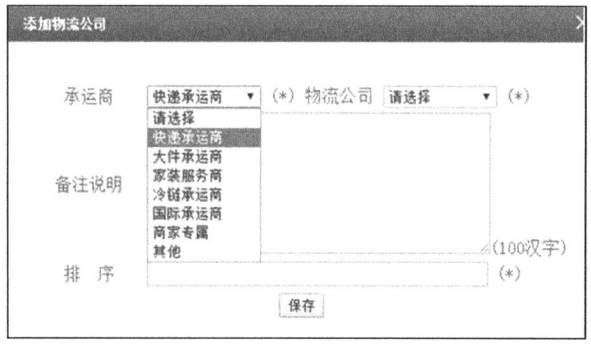

图 3-6-14

在京东平台中销售的大部分商品为常规小件商品（如服饰、鞋帽、电子产品等），商家可以选择第三方快递承运商，如图 3-6-14 所示。京东配送系统为商家推荐了如图 3-6-15 所示的快递公司（常见的有申通、圆通、汇通、中通、韵达、邮政 EMS、顺丰等）。

# 第 3 章　商品上架前的准备

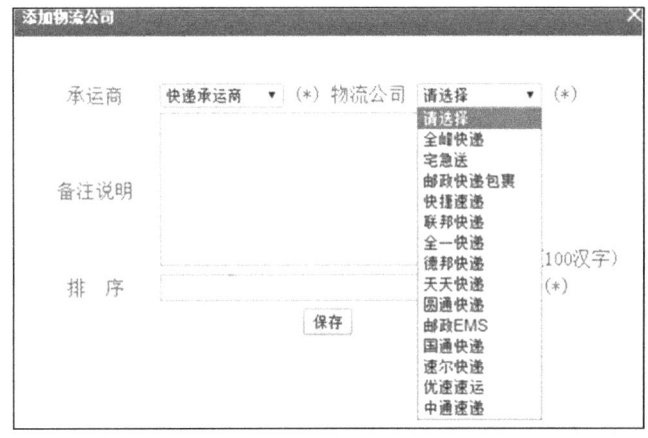

图 3-6-15

商家可以与当地有网点的快递公司洽谈合作事宜。建议多洽谈几家第三方快递公司，通过一段时间的合作后，再根据送达时效、服务、价格等因素，确定 1~2 家快递公司长期合作。另外，也可以在商家后台的"我的配送"—"物流公司管理"—"物流公司列表"页面中，如图 3-6-16 所示，通过京东咚咚直接与常见快递公司洽谈合作。

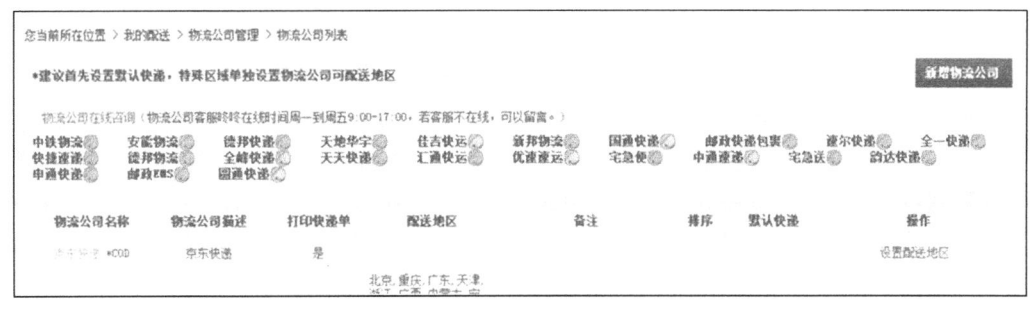

图 3-6-16

除京东快递、常见小件快递公司外，商家可以根据商品的品类，选择大件承运商、家装服务商、冷链承运商、国际承运商、商家专属、其他特殊物流方式等。

如果销售的是较大件的商品，如小型家具、跑步机等，则可以选择货运物流公司（如佳吉快运、德邦物流等）；如果销售的是大件商品，如家具，则可以选择家装服务商（如易宅配物流、贝业新兄弟等）；生鲜类商家可以选择冷链承运商（如宅急便）；全球购、外贸商家可以选国际承运商（斑马物联网）。对于商家专属货运（如如风达等），以及其他特殊物流方式（如海关自提、厂家自送、微特派等），有很多物流在线服务商，可以通过京东咚咚软件与物流公司洽谈合作。

在商家后台打开"我的配送"—"物流公司管理"—"新增物流公司"页面，可以添加适合商家的物流货运公司，如图 3-6-17 所示。

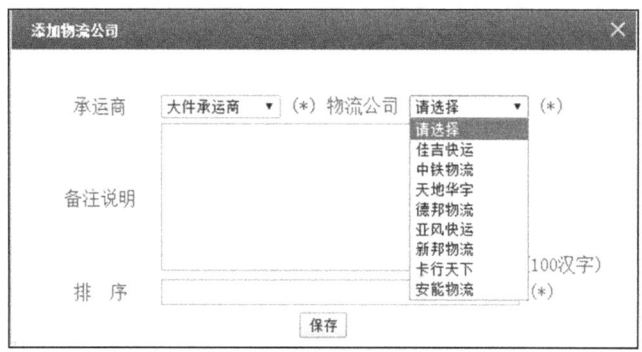

图 3-6-17

### 3.6.3 物流成本核算

随着电子商务的快速发展，市场上衍生出了包括京东快递等数十家大型快递物流公司。相比电商发展初期，现在的物流成本比较低廉和稳定，但是在实际的运营中也是不可被忽略的一笔成本，因此商家有必要对物流成本进行核算。物流成本需要计算 3 个维度：快递成本、物料成本、人工成本。

#### 1．快递成本

商家如果自己联系第三方快递公司，则可以与其洽谈合作价格，即洽谈将商品从商家仓库所在地发至全国各地的价格。相对来说物流价格要低廉一些，如果达到一定发货规模还可以签深度合作协议，价格会更低廉。例如对选择京东配送、自主发货的商家来说，可以从京东地区销售经理处要到在线支付快递及货到付款业务的价格。若入京东仓库，则各地区对应的配送价格也可以从京东仓储销售经理处获得，京东配送产生的每笔实际支出也可以在"商家后台"—"结算管理"页面中查询。

为了给客户一个良好的购物体验，同时减少因客户退换货、拒收货到付款的订单所产生的运费损失，建议商家开通运费险和拒收险。可以在"商家后台"—"我的店铺"—"保险服务"页面中选择订购。这个支出也要计算在快递成本内。

#### 2．物料成本

物料成本包括商品内包装、外包装、吊牌、售后卡、包装耗材（纸箱、快递袋、填充物、胶带等）及耗材印刷费用等。

#### 3．人工成本

人工成本即仓储、打包人员的成本。下面介绍一下"商家后台"的"我的配送"模块中提供的物流公司管理、发货地址管理、设置快递单模板、承诺配送时效、发票信息设置、运费模板等实用功能，如图 3-6-18 所示。

第 3 章 商品上架前的准备

图 3-6-18

## 3.6.4 物流公司管理

在"物流公司管理"页面中，商家可以针对物流公司进行添加、修改、删除、设置配送地区等操作，如图 3-6-19 和图 3-6-20 所示。

图 3-6-19

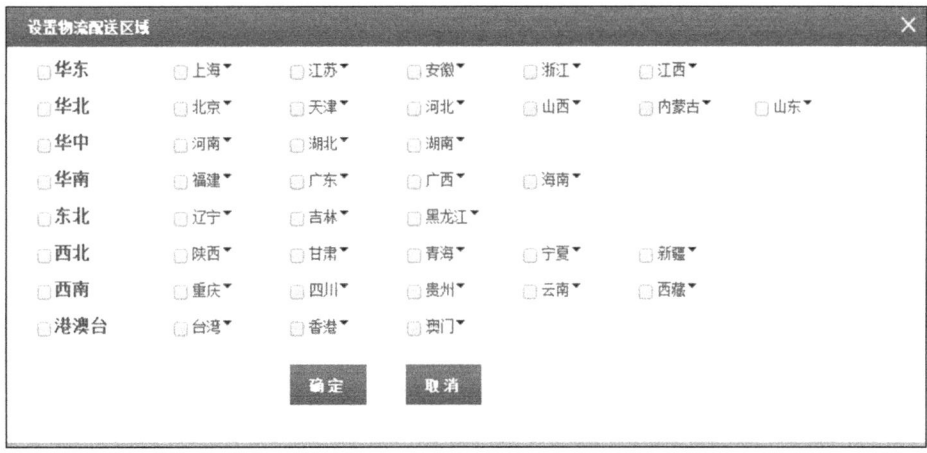

图 3-6-20

### 3.6.5 发货地址管理

在"发货地址管理"页面中,可以设置店铺的发货地址,单击"新增发货地址"按钮即可完成添加,如图 3-6-21 所示。

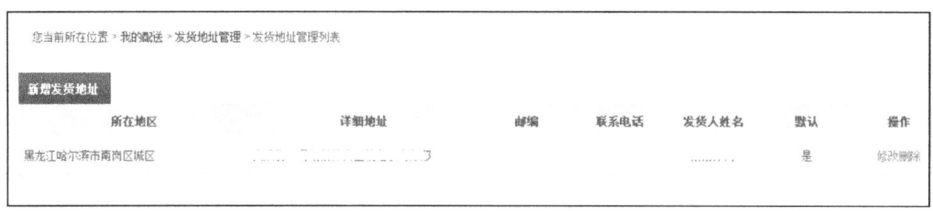

图 3-6-21

### 3.6.6 设置快递单模板

在打印快递单信息时会用到快递单模板,在前面添加的物流公司会出现在"快递单模板列表"页面中,如图 3-6-22 所示。快递公司的面单经常会发生变化,而京东提供的模板不一定是最新的,因此可以单击"编辑"按钮,根据实际快递单用打印机去测试调整,确定最佳数值之后保存模板即可,如图 3-6-23 所示。

图 3-6-22

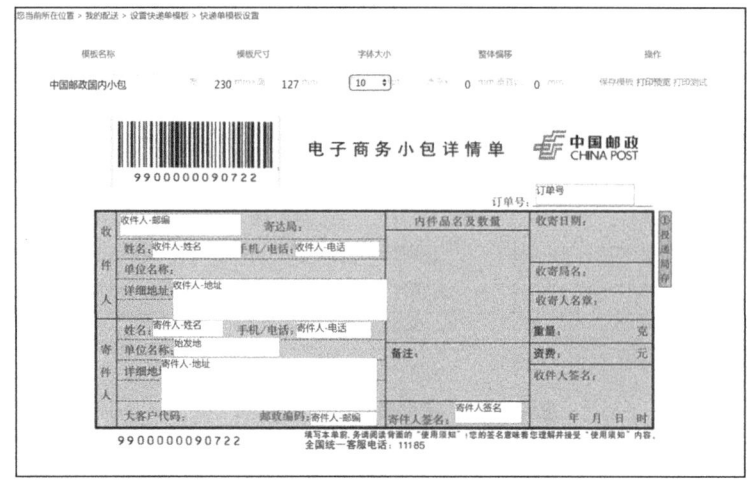

图 3-6-23

## 3.6.7 承诺时效配送

Promise时效履约功能是京东平台为商家提供的一系列Promise履约开通功能及时效参考,该功能主要包括:快递路由时效查询、Promise时效模板设置、预约日历展示。承诺时效配送设置好后会在商品详情页前台展示,如图3-6-24所示。建议商家都开通此服务,从而可以提高客户的购买信心和购物体验。同时,设置并展出了承诺时效配送且履约率高(时效快)的商品和店铺,会被优先展示出来,从而会增加商品和店铺的曝光率,有利于提升店铺的转化率。

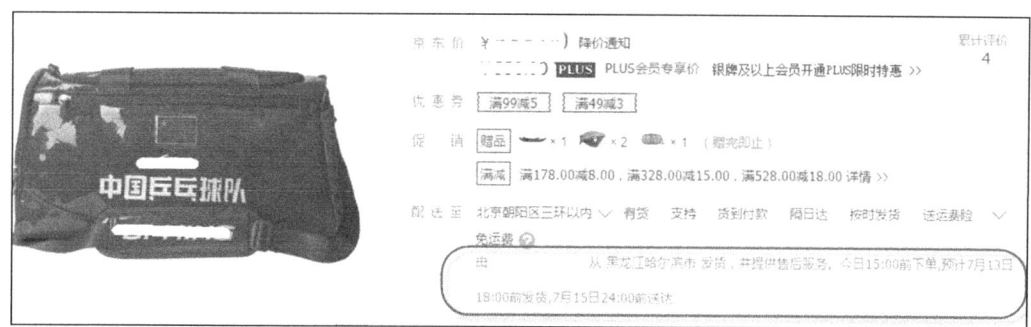

图3-6-24

按时发货是平台为帮助商家提升转化率而提供的打标服务,开通后店铺商详页将标识"按时发货"。从店铺的合作快递公司处了解到发往各地区的配送时效后,首先要去商家后台"我的店铺"—"商家服务中心",开通"展示商家配送时效和按时发货标识服务",如图3-6-25所示,签订电子协议并同意后即开通。

图3-6-25

开通后单击"去设置服务模板"或通过商家后台"我的配送"—"承诺配送时效(新)"选项,进入如图3-6-26所示的页面。在这里可以设置指定地点的配送时效承诺。例如商家地处黑龙江省哈尔滨市,那么可将2日达设置为距离较近的地区,如辽宁、吉林、黑龙江,而西藏、新疆过于遥远,快递通常要十几天才能送达,所以这里设置的是 10~15 日达。注意这个时效不是随意设置的,要与当地的物流公司确认后再设置,避免履约率不及格。

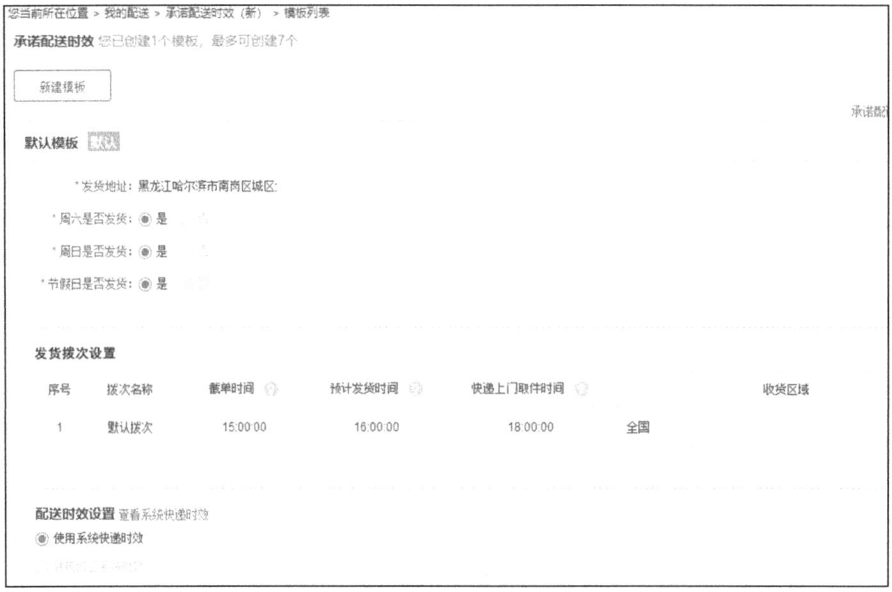

图 3-6-26

确定并设置好发货地址、周六日和节假日是否发货、每日截单时间(即快递员每日最后一次取件的时间,如 16:00)、预计发货时间(指商家将该截单时间前的订单打包完毕并放置发货区等待交付给快递的时间,也叫点击出库时间)、预计揽件时长(即根据商家设置的发货时间,推算出预计在几个小时内快递公司可以上门揽件)及选择使用系统快递时效或使用修正系统时效等信息后单击"保存"按钮即设置完毕。

其中,系统快递时效是京东综合各快递公司配送时效而提供的平均数据参考。如商家认为有异议,可选择修正系统时效,并针对指定配送地区时效进行合理设置,如图 3-6-27 所示。除当日达以外的 Promise 设置建议如图 3-6-28 所示。

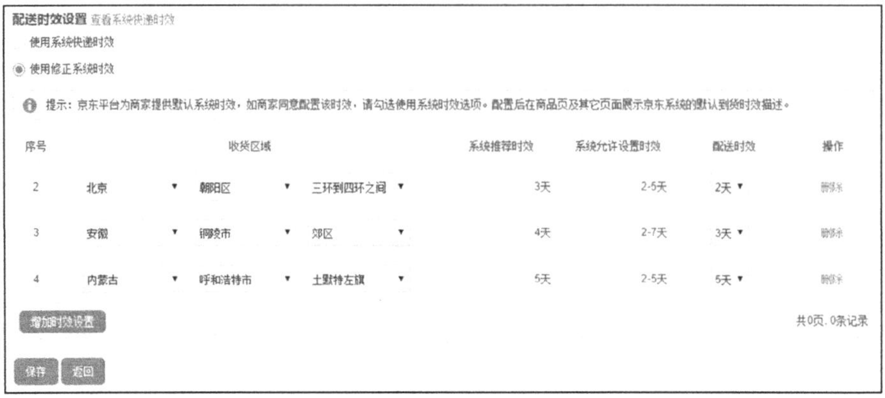

图 3-6-27

第 3 章 商品上架前的准备

| 区域类型 | 建议时效 |
|---|---|
| 发货仓库所在的城市 | 1日达 |
| 发货仓库所在的省份（中心城区） | 1日达 |
| 发货城市周边的省市（中心城区）<br>发货仓库所在的省份（偏远地区） | 2日达 |
| 距离发货城市较远的一二线城市（中心城区）<br>发货城市周边的省市（偏远城区） | 3日达 |
| 其他省市视距离远近、区域分布 | 4日达以上 |

以下时效均为建议在线支付（非COD）时效，请结合自身使用的快递与公司实际状况来进行Promise设置。

▶ 首先设置1日达城市
▶ 待1日达城市运行稳定、设置准确后，再设置2日达城市
▶ 建议只设置3日达以内的省市

图 3-6-28

**→ Tips**

设置完毕后，次日会生效。以上步骤设置完成后，顾客可以在商品页、结算页、订单详情页看到 Promise 时效话术。其中商品页显示话术如下。

截单时间前 Promise 话术："×点前完成下单，预计×月×日×点前发货，×月×日×点前送达。"

截单时间后 Promise 话术：现在至明日×点前完成下单，预计×月×日×点前发货，×月×日×点前送达。

### 3.6.8 发票信息设置

发票信息可以根据企业的实际情况进行勾选，包括发票类型、发票抬头、发票内容。单击"确认"按钮设置立即生效，如图 3-6-29 所示。

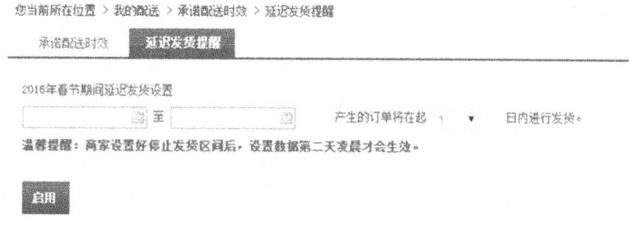

图 3-6-29

物流配送是电商流程中很重要的一环，京东平台注重给买家提供"多、快、好、省"的购物体验，所以商家在物流公司的选择上要多下一些功夫，可以通过一段时间内承诺时效的履约率，优选出速度相对较快、服务相对较好的快递公司合作。

## 3.7 运费模板设置

运费设置一直都是客户很关注、商家很头疼的部分，要是不小心设置错了，客户会因为不合理的运费而放弃购买，而商家可能会出现运费吞噬订单利润的情况，所以要重视运

费模板的设置,这样商家才会卖得放心,客户才会买得省心。运费信息会在商品(非免邮费商品)前台显示,如图3-7-1所示。

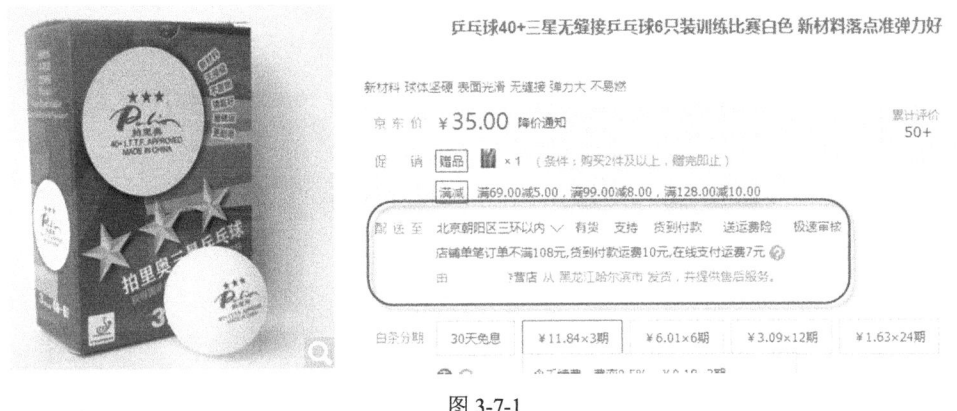

图 3-7-1

单击"我的配送"—"运费模板"选项,进入"运费模板列表"页面,如图3-7-2所示。在这里可以分别对"单品运费""店铺运费"和"店铺运费与单品运费同时生效"选项进行设置。

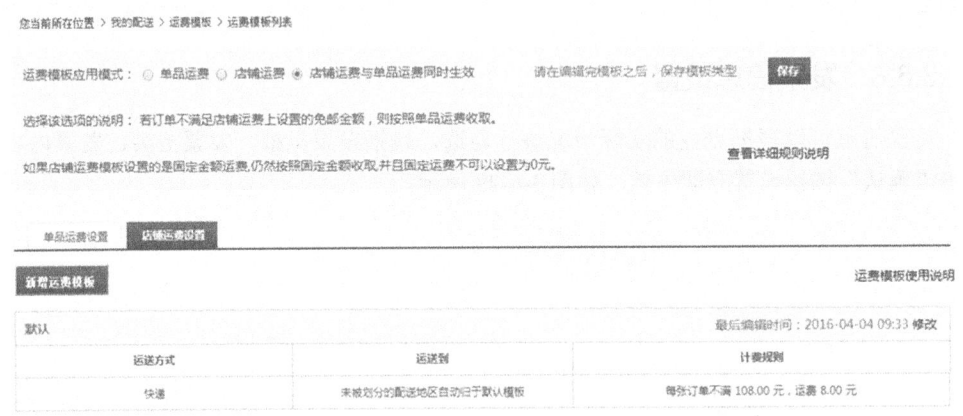

图 3-7-2

### 3.7.1 单品运费设置

目前,可以设置 100 套单品运费模板,卖家可根据需求进行添加和设置。单击"单品运费设置"按钮后,进入如图 3-7-3 所示的页面,在这里可以分别对运费模板名称、是否包邮、计费规则、运送方式这 4 个部分进行设置。这里要注意的是,其中"是否包邮"和"计费规则"两个选项,如果在已经设置好的前提下要进行修改和调整,则一定要确认无误后再保存,因为如果在原有计费规则上切换为其他方式的计费规则(例如原来是按重量计费,现在改成按件数计费),那么原来所设置的计费信息将被清空,商家需要重新设置当前所选的计费模式的其他信息。

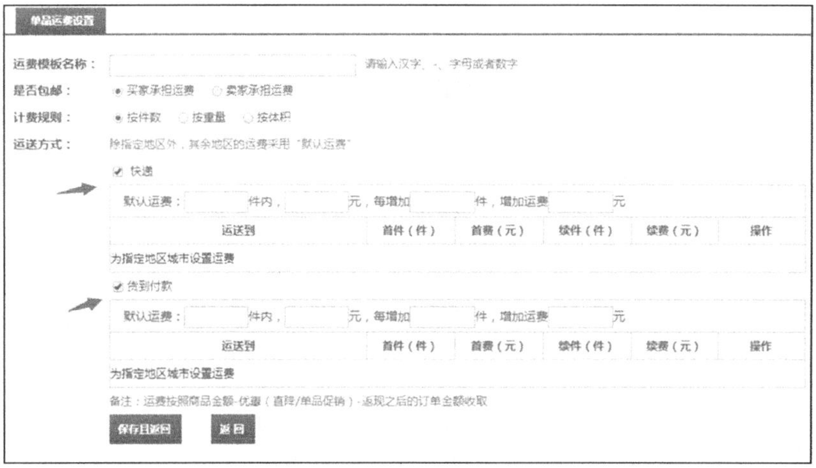


图 3-7-3

针对买家承担运费的商品，要选择计费规则，即选择是按件数计费、按重量计费还是按体积计费。在运送方式模板中，如果想针对某个地区设置运费，则可以单击“为指定地区城市设置运费”按钮并选择该地区。如果开通了京东货到付款服务，那么可以分别或同时勾选并设置“快递”和“货到付款”两种模式的运费收取计费规则。

如图 3-7-4 所示为设置好的单品运费模板，条件是按重量计费，快递和货到付款都支持。这个模板分成了两个部分，内容清晰。不包邮的商品，如果北京的客户选择货到付款，则商品在 1 千克内收 10 元，续重每千克加收 8 元。免运费的商品，无论订单商品的重量是多少，都不收邮费（包括普通快递、货到付款）。

| 标准运费--1公斤内小件 | | | | | 最后编辑时间：2017-02-04 22:27 修改 删除 |
|---|---|---|---|---|---|
| 运送方式 | 运送到 | 首重(kg) | 运费(元) | 续重(kg) | 运费(元) |
| 快递 | 未被划分的配送地区自动归于默认运费 | 1.000 | 8.00 | 1.000 | 6.00 |
| 快递 | 辽宁 吉林 黑龙江 | 1.000 | 6.00 | 1.000 | 5.00 |
| 快递 | 北京 上海 天津 重庆 河北 山西 河南 内蒙古 江苏 山东 安徽 浙江 湖北 湖南 江西 四川 陕西 | 1.000 | 7.00 | 1.000 | 5.00 |
| 货到付款 | 辽宁 吉林 黑龙江 | 1.000 | 8.00 | 1.000 | 6.00 |
| 货到付款 | 北京 天津 河北 | 1.000 | 10.00 | 1.000 | 8.00 |
| 货到付款 | 上海 重庆 山西 河南 江苏 山东 安徽 浙江 福建 湖北 湖南 广东 江西 四川 陕西 | 1.000 | 12.00 | 1.000 | 8.00 |
| 免邮费产品 | | | | | 最后编辑时间：2015-09-29 21:56 修改 删除 |
| 运送方式 | 运送到 | 首重(kg) | 运费(元) | 续重(kg) | 运费(元) |
| 快递 | 全国 | 1.000 | 0.00 | 1.000 | 0.00 |

图 3-7-4

**Tips**

全部设置好后要单击右侧的“保存”按钮，运费模板才生效。如果只选择单品运费设置并保存，则只有设置好的单品运费模板才生效。

### 3.7.2 店铺运费设置

可以针对不同的地区设置不同的运费模板。如图 3-7-5 所示的"东三省等"模板，只要收货地区是北京、上海、天津、辽宁、吉林、黑龙江，则单笔订单满 108 元就免运费。单笔订单不满 108 元，则收取 8 元运费。

图 3-7-5

单击"店铺运费设置"—"新增运费模板"按钮，进入如图 3-7-6 所示的页面，在这里可以分别对运费模板名称、地区设置和计费规则进行设置。计费规则分为两种，一种是订单未达到特定金额收取一定运费，另一种是无论什么情况都收取固定运费。商家可以根据店铺的实际情况和需求进行添加设置。

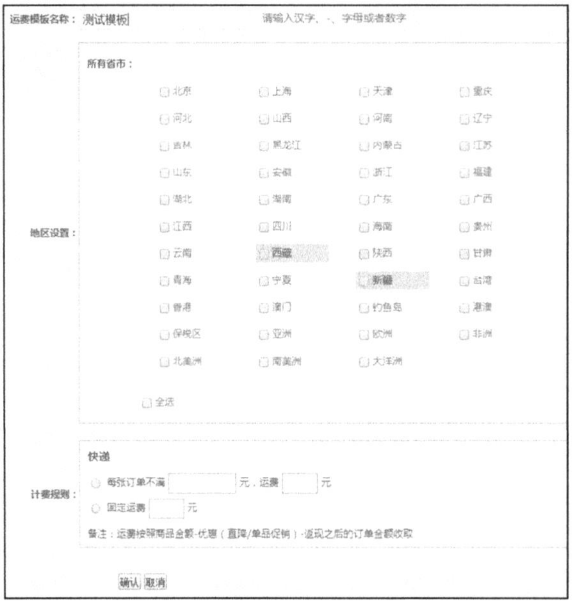

图 3-7-6

## 第 3 章 商品上架前的准备

> **Tips**
> 全部设置好要单击右侧的"保存"按钮,运费模板才生效。如果只选择店铺运费并保存,则只有设置好的店铺运费模板生效。

### 3.7.3 店铺运费与单品运费同时生效

如果单品运费设置的是北京地区的买家购买的商品在 1 千克内收取运费 8 元,店铺运费模板设置的是北京地区的买家购买的商品满 99 元免运费,那么无论订单中的商品的重量是多少,只要订单金额超过 99 元,就免运费。

> **Tips**
> 全部设置好要单击右侧的"保存"按钮,运费模板才生效。若选择店铺运费与单品运费同时生效并保存,则两个条件同时生效,如图 3-7-7 所示。

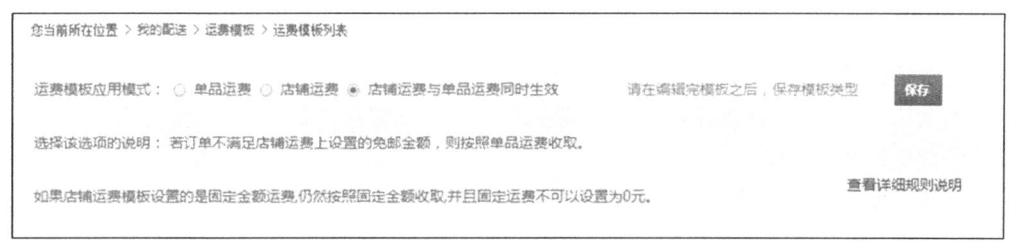

图 3-7-7

另外有几点要注意一下。

(1)单品运费模板设置并生效后,需要绑定商品,或者商品选择了此运费模板并保存后,此商品才会按照该运费模板规则计算运费。否则按照设置的"默认运费模板"计算,如图 3-7-8 所示。

图 3-7-8

(2)商品绑定运费模板后可以在商家后台的商品管理页中的在售或者待售商品管理列表页批量绑定,也可以在商品信息编辑页中选择合适的模板并保存,如图 3-7-9 所示。

（3）店铺运费模板不需要绑定商品，设置完成并保存应用模式后立即生效。

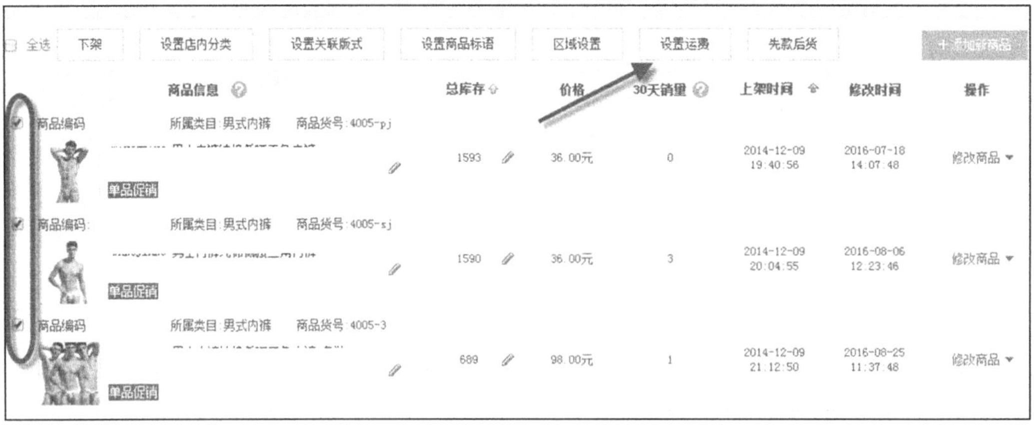

图 3-7-9

运费模板设置比较复杂，商家要结合商品的特点，选出一套最适合店铺的运费模板。为了给买家一个良好的购物体验，建议商家尽可能降低客户需要支付的快递费用或者降低全店满额免邮费的门槛。

本章主要对商品上架前的准备工作进行了详细讲解，包括熟知京东店铺后台、收集行业销售数据、自身商品分析、选择店铺产品与定价方法、文案策划、商品拍照、物流配送、运费模板设置等环节。特别是对京东平台 POP 商家后台各板块进行了较为详细的介绍，希望通过这些图文说明可以让商家快速熟悉并掌握后台操作的方法。本章的介绍也会让读者清楚，做电子商务绝非仅仅是将商品放到平台上售卖那么简单。店铺要想做大做强，健康长远地发展，就要在准备工作中做好每一个环节，给买家一个好的购物体验才是电子商务差异化竞争的核心优势。

# 第 4 章 商品上架

商家在做好商品上架前的相关准备工作，并且对京东后台操作也熟悉后，接下来则是很重要的环节——商品上架。商家在做搜索优化时，所涉及的商品高相关分类、主/副标题撰写、销售属性等是搜索索引需要召回的信息部分，而主图、详情页会影响商品的点击率和转化率，这些信息都需要在商品上架时就完善好。本章重点介绍商家在商品上架时需要注意到的细节，以及商品上架后如何通过促销活动提高商品的转化率。

## 4.1 商品上传步骤

商品上传需要维护的商品信息有高相关分类、主/副标题、品牌、商品属性、商品信息、销售属性、主图详情页、功能设置、物流设置及其他相关信息。商品的上传操作并不复杂，重点在于对细节的把控。本章会逐步讲解商品的上传步骤及商家容易忽视的细节。

### 4.1.1 选择类目

在综合搜索排序中，高相关分类的权重分值占了半壁江山，很多新商家在上传商品时将商品放错了类目，导致商品的主关键词排名不高，因此商品没有流量，没有转化率和销售额。由此可见，为商品选择正确的类目对于商品的搜索和引流有很大的影响。本节会重点介绍商家如何选择正确的类目。商品类目的选择如图 4-1-1 所示。

（1）打开京东首页，搜索商品的主关键词，在搜索结果页的分类筛选区中可以看到相关类目的排序，高相关分类类目会被优先推荐在靠前的位置（双重类目除外）。例如关键词"厨房置物架"的高相关分类是"储物/置物架"，如图 4-1-2 所示。

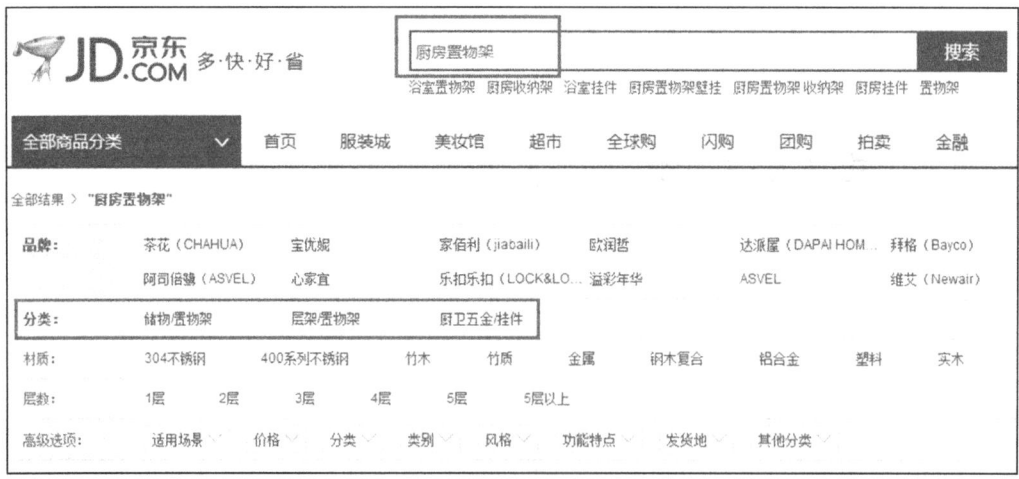

图 4-1-1

图 4-1-2

（2）商家可以查看竞品所在类目，该类目大多为高相关分类，如图 4-1-3 所示的热销商品厨房置物架被放在"储物/置物架"类目中，商家如果需要上传厨房置物架类商品，则选择"储物/置物架"类目会更合适。

# 第 4 章 商品上架

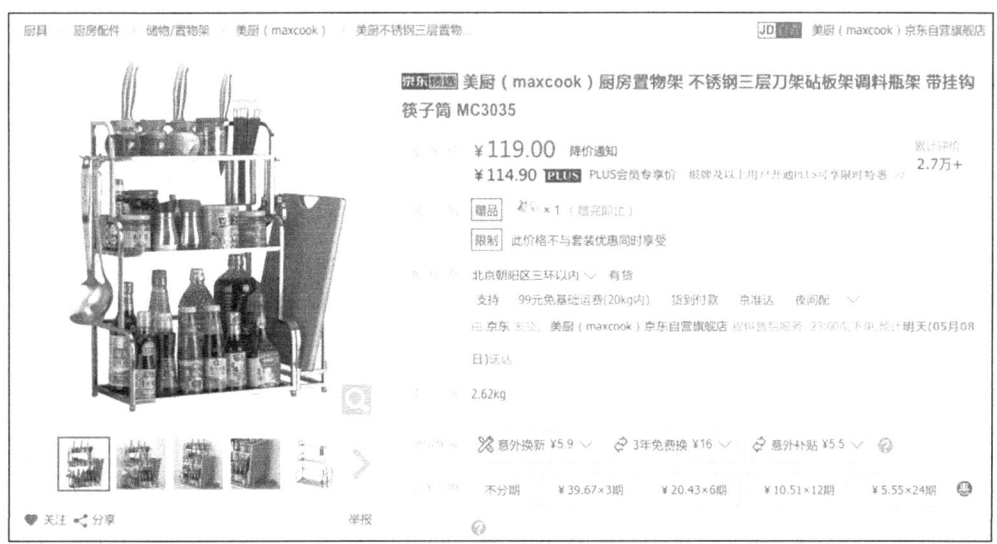

图 4-1-3

## 4.1.2 编辑基本内容

**1. 主/副标题**

（1）京东搜索白皮书对于商品标题格式的要求是：中文品牌（英文品牌）+商品名称/型号（系列）+基本属性+规格（材质、类型、用途、颜色、货号），如图 4-1-4 所示。

图 4-1-4

（2）京东开放平台的商品标题及广告语发布规范资料查看路径："商家入驻"—"开放平台规则"—"规范"。

（3）加链接的文字栏中出现的文字需要整体包含在商品广告语中，添加的链接可以是商品页面或者活动页面。

#### 2. 品牌

品牌需要经过严格的审核之后才可以添加使用，品牌在提交申请时需要提供品牌授权书。商品在上传时务必要选择正确的品牌，而且需要与商品包装、详情页描述及标题中的品牌保持一致，不然会被判为虚假宣传。商家单击商品链接后，在页面的左上角可以查看商品的品牌，如图 4-1-5 所示。

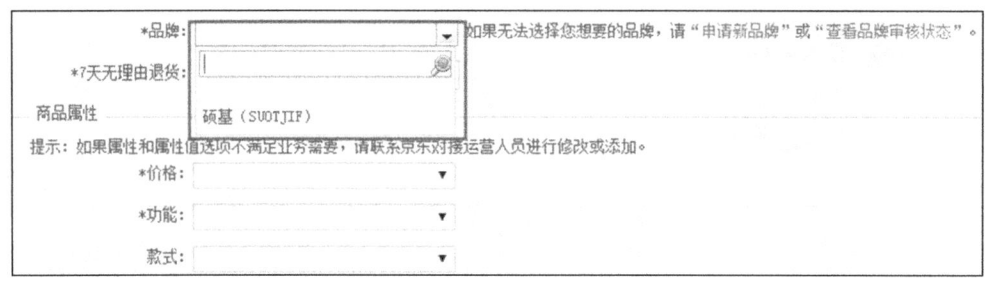

图 4-1-5

### 4.1.3 维护商品

#### 1. 商品属性

不同的商品具有不同的属性，例如材质、使用人群、包装等，不同类目的商品所维护的商品属性也不一样。在商品搜索结果页中，客户会通过筛选区对商品进行精准筛选。如果在上架商品时将属性选错，那么通过筛选带来的流量就不精准了，该商品在属性筛选区的成交转化率会很低，如图 4-1-6 所示。

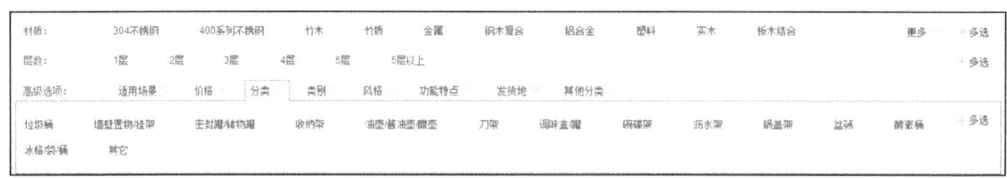

图 4-1-6

> **Tips**
> 如果不会选择商品属性，则可以参考同类目热销商品的属性（打开商品详情页，可以查看商品评价旁边的参数规格）。

#### 2. 商品信息

商品信息维护的重点为京东价格及商品包装尺寸。商品包装需要注意尺寸单位是 mm，在填写数值时要注意换算单位。商品信息页中标有红星标识的信息栏为必填项，未标有红星标识的部分建议填写完整，如图 4-1-7 所示。

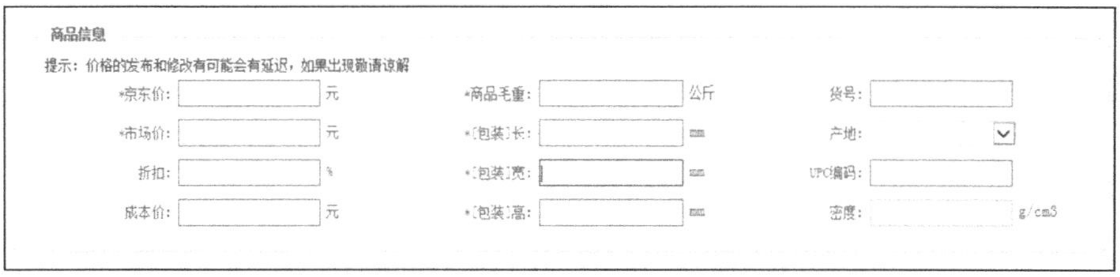

图 4-1-7

> **Tips**
>
> 很多商品设置的京东价都会高于商品的销售价（将京东价单品利用单品促销设置成商品的销售价），因为商品的生产成本及商家的运营成本都在变动，这种设置方式让商家在价格调整上更加灵活。

**3．销售属性**

（1）商品 SKU 的选择及命名需要在销售属性页面中设置，如图 4-1-8 所示。

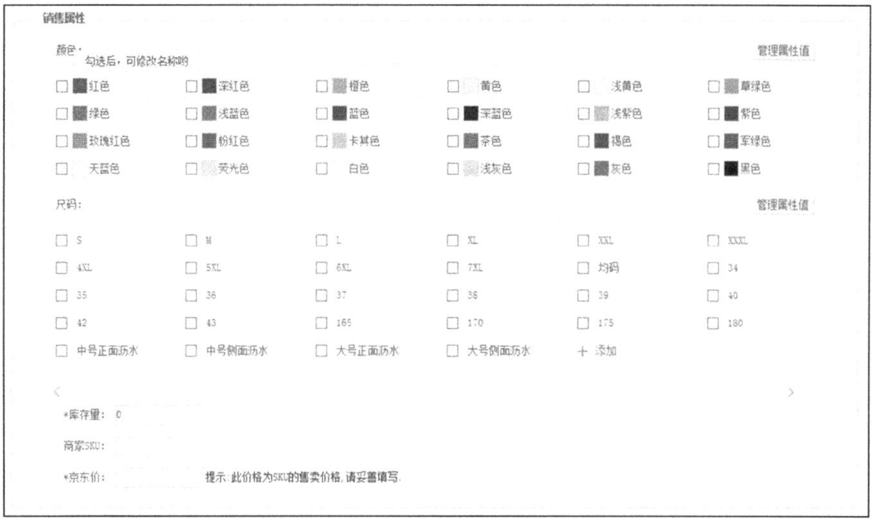

图 4-1-8

（2）在系统中填写的商品库存数量需要与商品实际的库存数量相同，避免出现客户下单后商家无法发货的情况。

## 4.1.4 设置功能/物流

**1．设置功能**

（1）支付方式限制

目前京东移动端的订单量成交占比在 80%以上，因为移动端客户的下单付款支付已经非常便捷，所以开通货到付款可以有效地提升商品的转化率，从而达到提升销售额的效果。在支付方式限制设置中，选择"先款后货"选项表示需要在线支付，不选择"先款后货"选项则表示商品支持货到付款（货到付款需要找京东快递申请开通）。

（2）发票类型：如果商家能够提供增值税发票就不勾选"限制开增值税发票"选项，如果勾选了此选项则默认开具普通发票。

（3）其他信息：根据商品的特性选择相应的设置，如图 4-1-9 所示。

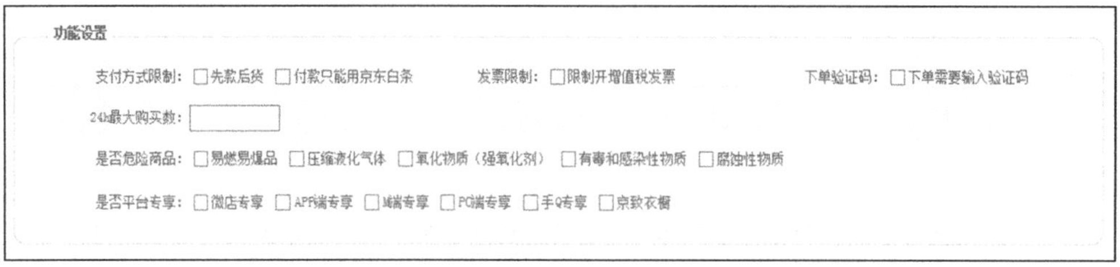

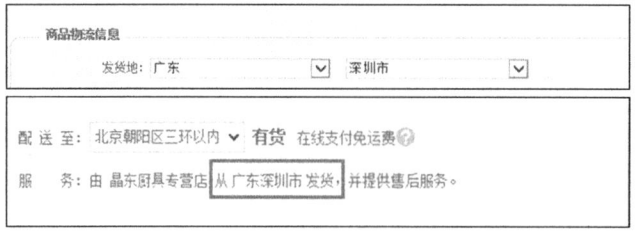

图 4-1-9

**2．设置物流**

（1）发货地维护：填写商品的实际发货地址，如图 4-1-10 所示。

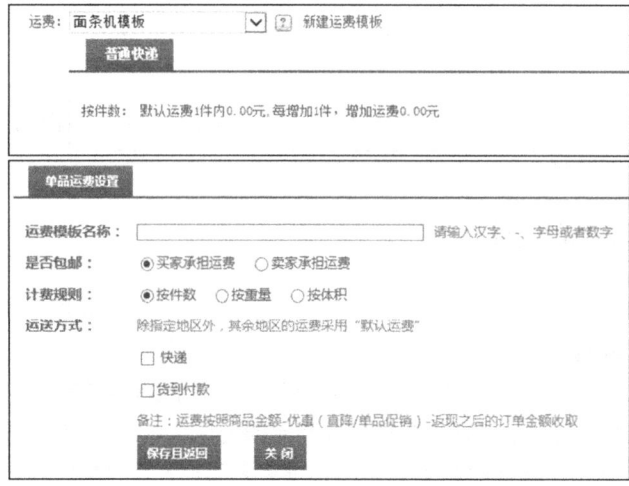

图 4-1-10

（2）运费模板设置：运费可以设置为有条件免运费、在线支付免运费、货到付款收取运费等方式，具体的运费模板设置如图 4-1-11 所示。

（3）承诺配送时效（新）设置：商家可以进入商品上传页面新建配送时效，如图 4-1-12 所示。

图 4-1-11

第 4 章 商品上架

图 4-1-12

### 4.1.5 其他商品信息维护

**1．商品信息维护**

维护商品信息有利于客户了解商品，提升商品的转化率。在如图 4-1-13 所示的案例中，包装清单中详细地说明了客户购买这个商品会收到什么，从而解除客户的疑问并达到提升转化率的效果。

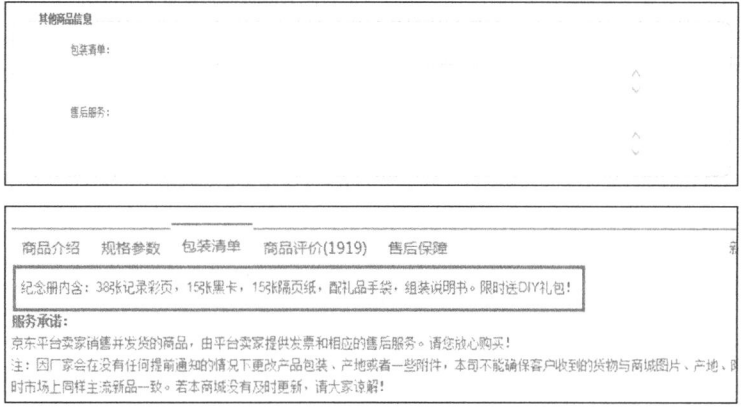

图 4-1-13

### 2. 设置店内分类

设置店内分类可以将店铺中不同类别的商品统一分类整理，方便客户准确、快速地找到其想要的商品。另外通过分类设置，商家也可以更好地管理商品，如图 4-1-14 所示。

图 4-1-14

### 3. 设置商品的上/下架时间

商品的上架时间、下架时间可以根据商家的需求来设置，如图 4-1-15 所示。

> **Tips**
> 商品临近下架时间不会得到加权。

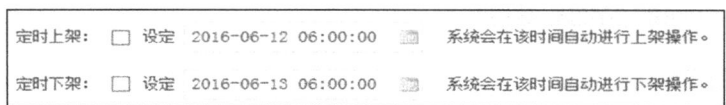

图 4-1-15

## 4.2 营销工具

使用营销工具可以提升商品的竞争力，尤其是对于评论数较少、转化率偏低的新上架商品。

### 4.2.1 促销活动

#### 1. 单品促销

单品促销根据促销平台可分为京东主站促销（PC 端）和移动端促销（移动专享、微信专线、手机 QQ 专享）。

单品促销可以分为限时抢购和京豆优惠购，如图 4-2-1 和图 4-2-2 所示，不同的促销形式在促销设置上有差异，促销效果也不同。

图 4-2-1

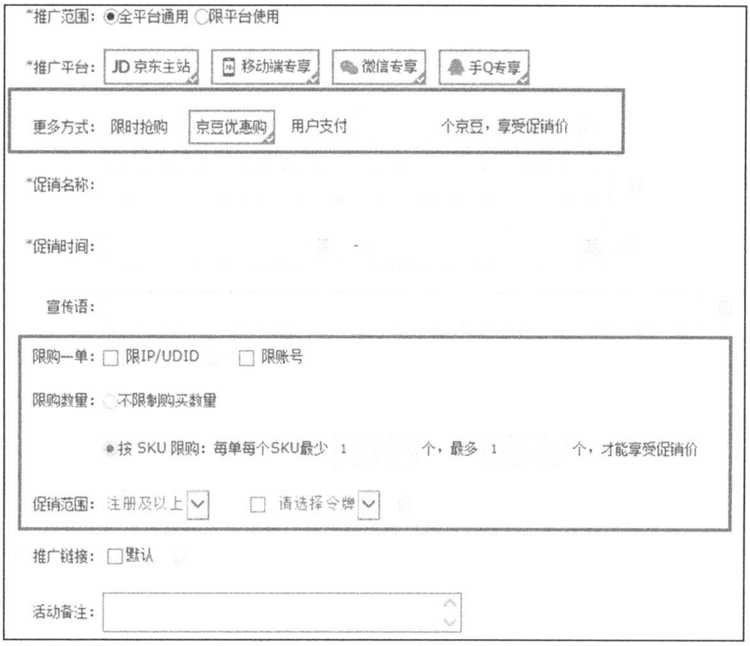

图 4-2-2

（1）推广范围：可以只在 PC 端推广，也可以只在移动端推广。
（2）推广平台：全渠道通用或者限平台使用。
（3）限时抢购：配合送优惠券做促销。
（4）京豆优惠购：客户支付一定数量的京豆（商家设置），可享受一定的折扣（商家设置）。

（5）限购一单：限制 IP/UDID（UDID 是一个移动设备的唯一标示），勾选此选项后一个设备只能下一笔订单。

（6）限账号：勾选此选项后，一个账号只能下一笔订单。

（7）限购数量：设定一个购买数量范围，有最低值，也有最高值。

（8）促销范围：选择参与促销活动的用户等级。

（9）推广链接：商品 SKU 数量大于等于 10 个才会生成对应的活动页链接。

↘ **Tips**

商品在设置京豆优惠购后，在 PC 端和移动端的搜索结果页中会有该促销标识，可以提升商品的点击率。

### 2．赠品促销

设置赠品促销可以提升客户的下单转化率，提高主商品与赠品之间的关联性及店铺的动销率。

为了使赠品促销的效果更好，建议赠品与主商品之间存在高相关性，例如主商品是咖啡，赠品可以选择白砂糖、奶精、咖啡杯等配套产品，让客户觉得赠品具有可使用价值。

赠品促销设置页面如图 4-2-3 所示。

（1）一个促销商品最多只能设置 5 个 SKU 的赠品，这 5 个 SKU 可以是同一个 SPU 下的 SKU，也可以是不同 SPU 下的 SKU。

（2）赠品的退货价需小于其京东价。

（3）对于不同级别的京东会员，可以设置不同的赠品。

↘ **Tips**

商品在设置赠品促销后，在 PC 端和移动端搜索结果页中会有赠品促销标识，可以提升商品的点击率。

图 4-2-3

### 3．满减促销

商家使用满减促销的频率比较高，通过满减促销可以引导客户凑单。在设置满减促销时，可以选择"每满减"和"阶梯满减"这两种方式，商家可以选择部分商品参加活动或全部商品参加活动，商家设置满减活动的灵活性更大，促销额度也是可控的，具体设置如图 4-2-4 所示。

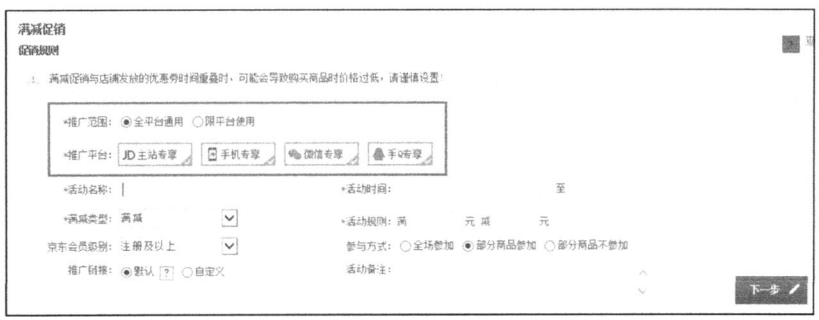

图 4-2-4

（1）阶梯满减：最多可设 3 档，金额递增设置。用户订单金额满足哪档额度，则享受哪一档的减价优惠。一个订单只能享受一次最高档优惠。

（2）每满减：只能设置 1 档。用户订单金额满足指定额度，便享受减价优惠。一个订单可重复多次享受优惠。

**↳ Tips**

套装促销优惠和满减促销优惠不可同时享受。

### 4．满赠促销

满赠促销有加价购促销和满赠促销这两种方式，该促销类型可以提升店铺的客单价、商品的动销率，对商品的自然搜索排名有促进作用。商家可以针对不同等级的客户设置不同的促销形式，可以选择部分商品参加促销，也可选择所有商品参加促销。满赠促销设置如图 4-2-5 所示。

图 4-2-5

（1）满赠促销：指用户消费金额满足活动规则里设定的金额，便赠送相应的赠品。

（2）加价购促销：指用户消费满足限定金额时，支付一定费用换得赠品。一般赠品价值要高于用户支付的费用。

> **Tips**
> 加价购促销的副商品可以选择店铺中的新品，从而来提升新品的人气分值。

### 5．满减送

满减送促销需要设定一个优惠条件（减 $N$ 元、加价购加 $N$ 元、送赠品）再进行促销，并根据预定的促销效果来设置促销力度，如图 4-2-6 所示。

（1）当优惠内容选择"满减送"时，赠品京东价应小于等于满金额的 2 倍。

（2）当优惠内容选择"满减加价换购赠品"时，赠品京东价应大于等于加价金额，小于等于满金额的 2 倍。

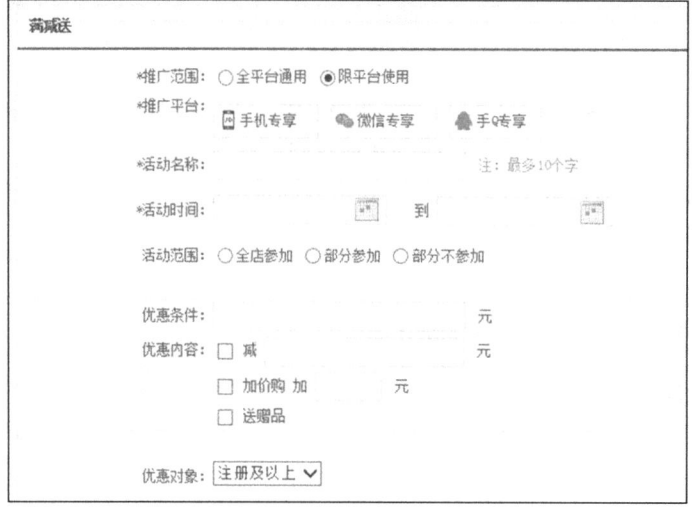

图 4-2-6

### 6．多买优惠

多买优惠促销有满 $N$ 件减 $N$ 件、$M$ 元任选 $N$ 件、$N$ 件打 $N$ 折等多种方式，商家常用的促销方式为满 $N$ 件减 $N$ 件，例如购买某个商品满 3 件减 1 件的价钱。该促销可以针对不同等级的客户，可以选择部分商品参加促销，也可选择所有商品参加促销。多买优惠促销设置如图 4-2-7 所示。

（1）满 $M$ 件减 $N$ 件：用户购买活动商品满 $M$ 件时，减掉其中最便宜的 $N$ 件商品的价钱。$M$ 限于 2～20 件，$N$ 限于 1～7 件。

（2）$M$ 元任选 $N$ 件：在指定的活动商品中，用户花 $M$ 元可任选 $N$ 件。$N$ 限于 2～5 件。

（3）$M$ 件 $N$ 折：用户购买活动商品满 $M$ 件时，总价打 $N$ 折。$M$ 最多为 8 件，$N$ 限最低 5 折。

图 4-2-7

### 7. 套装促销

套装促销是指商品以组合捆绑的形式进行销售，例如衬衫和休闲裤搭配销售、鞋子和袜子搭配销售、外套和帽子搭配销售等。套装促销可以提升店铺的客单价、动销率和转化率，对于单品搜索排名有加权推动的作用，可以提升商品之间的关联性。套装促销的设置如图 4-2-8 所示。

（1）最少选两个，最多选 7 个商品（SPU）；
（2）优惠金额需要少于京东价的 80%；
（3）已选商品至少设置两个商品为必买商品。

图 4-2-8

> **Tips**
> 设为必买的商品是套装必买商品，未设为必买的商品是选买商品。用户在购买套装时，除必买商品以外，可自由选择是否购买、购买哪个选买商品。

## 4.2.2 卡券活动

### 1. 店铺券

当达到了店铺优惠券设置的使用条件后，就可以将其使用在店铺中任何一款商品上，具体的设置如图 4-2-9 所示。

（1）可以设置专属平台的店铺优惠券，方便灵活发放。

（2）店铺优惠券以"满元减元"的形式呈现出来。

（3）商家可以自己发放店铺优惠券，也可设置成买家领取。

（4）可以设置买家优惠券领取的数量和频率。

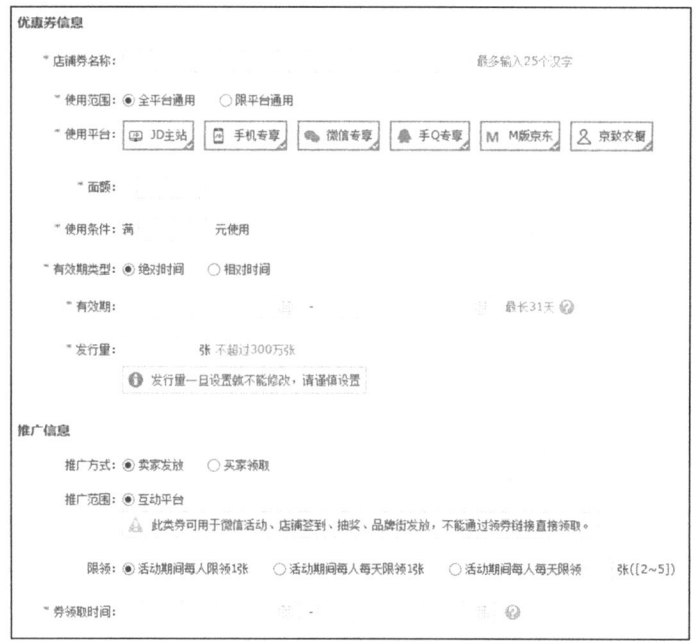

图 4-2-9

### 2. 商品券

商品优惠券只能针对绑定优惠券的商品使用，具体设置如图 4-2-10 所示。

（1）商品优惠券以"满元减元"的形式呈现出来。

（2）商品优惠券会在商品搜索结果页面中直接体现出来。

（3）商品优惠券有利于商品的推广及提高商品的转化率。

## 4.2.3 促销应用工具

### 1. 商品预售

商品上架销售后，当部分 SKU 或者整个 SPU 暂时缺货时，如果将库存数量改为零，会导致商品的排名下降。遇到这种情况时，比较合理的处理办法是将商品进行预售设置，因为预售中的商品不会被降权。

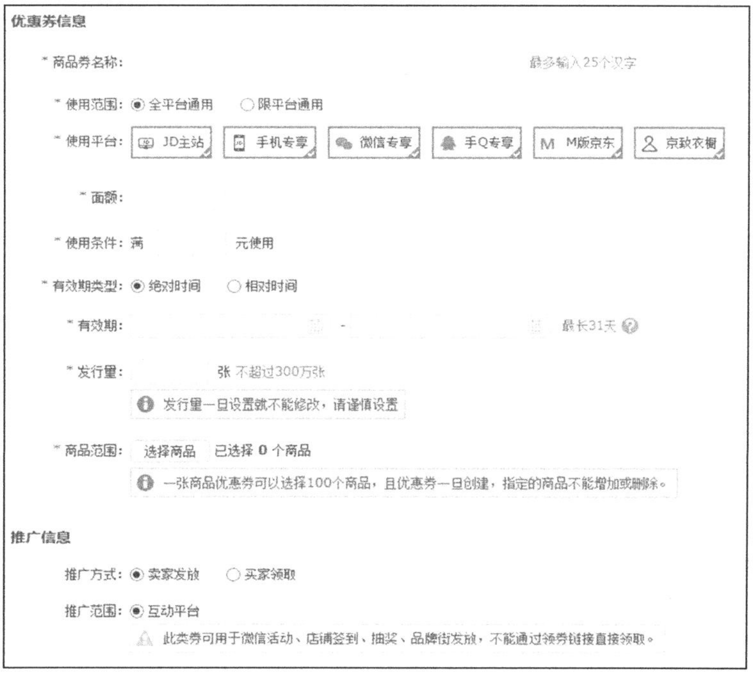

图 4-2-10

可以在店铺后台的"促销推广"—"预售管理"页面中设置 SPU 预售，如图 4-2-11 所示。

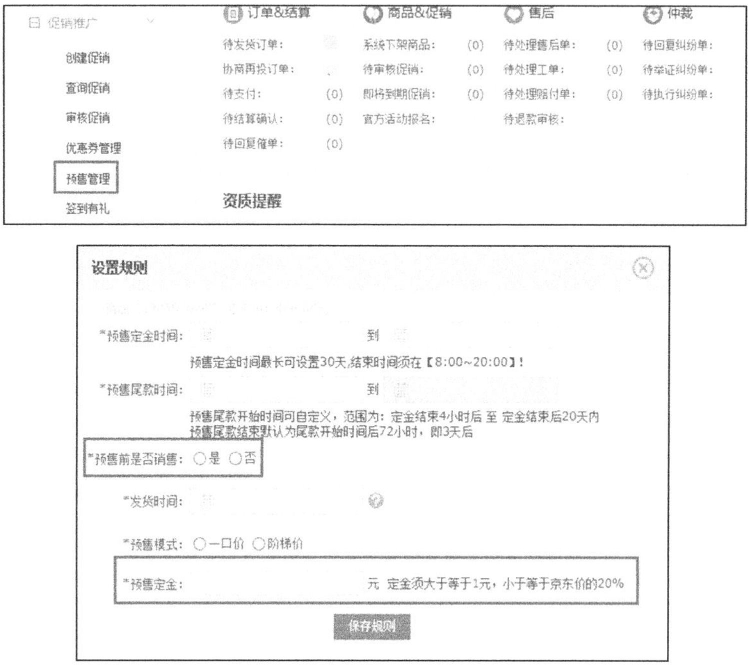

图 4-2-11

↳ **Tips**

在店铺后台的"商品管理"—"在售商品管理"—"功能设置"—"SKU预定设置"页面里可以针对单个SKU设置预售，如图4-2-12所示。

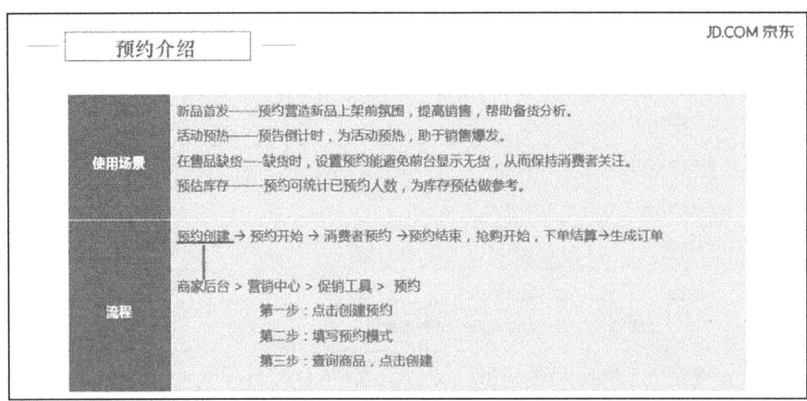

图 4-2-12

### 2. 试用活动

（1）关于试用开通说明：联系各自运营接口人，为商家开通白名单，开通后商家方可创建试用活动，如图4-2-13所示。

（2）关于试用审核说明：只有京东商家对应的运营才有审核资格，并进行通过及驳回操作。

图 4-2-13

### 3. 令牌管理

令牌管理分为商家令牌和系统令牌，最多可以创建50个令牌，如图4-2-14所示。

图 4-2-14

### 4.2.4 京豆平台

商家可以充值一定数量的京豆,进行相应的京豆营销活动,加强与用户的互动,如图 4-2-15 所示。

图 4-2-15

### 4.2.5 互动营销

**1. 签到有礼**

与用户互动,可以增加客户的好感及提高下单量,签到是一个简单的与客户互动的功能。具体解释如图 4-2-16 所示。

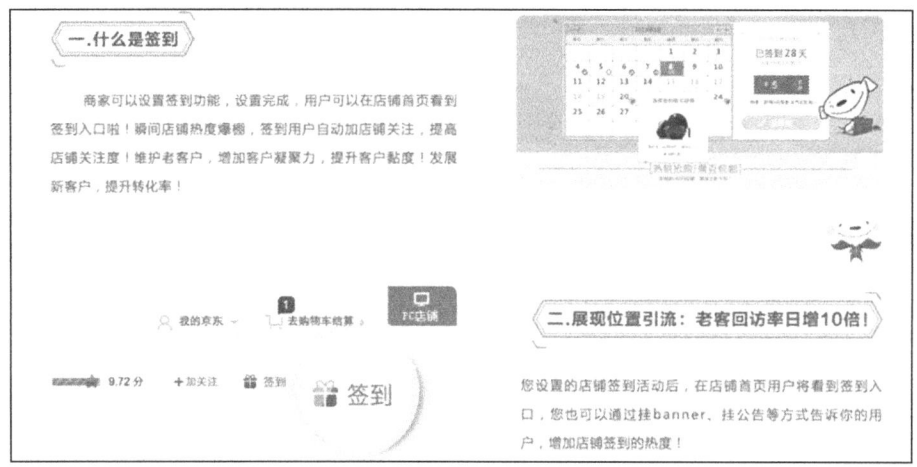

图 4-2-16

签到这个功能可以有效地提升客户的黏性,以任务的形式给客户提供优惠,让客户定期到店铺参与互动,从而提升店铺与客户之间的互动交流。

首先要选择活动模式,选择"每天签到有礼"可选择是否"分享加一次签到",而如果选择了"连续签到有礼"则没有,如图 4-2-17 所示。

图 4-2-17

接着设置奖项。

(1)保底奖设置就是设置店铺京券。店铺的京券面值有 1、2、3、5、10 元,有效期是 3~8 天。

(2)惊喜奖设置由商家来控制,其他的设置和保底奖设置一样,这里的优惠券面值范围很大(5~500 元),而每天发放的数量由商家控制,如图 4-2-18 所示。

> **Tips**
> 一等奖里面 3 个不同选项设置存在差别。

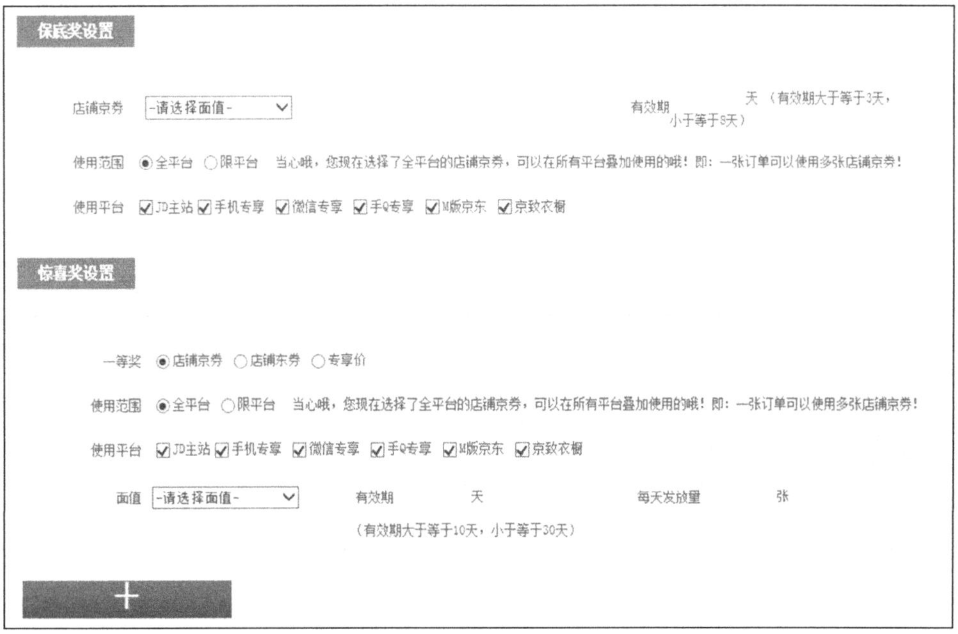

图 4-2-18

然后设置引流商品,建议设置 10 个引流商品,如图 4-2-19 所示。

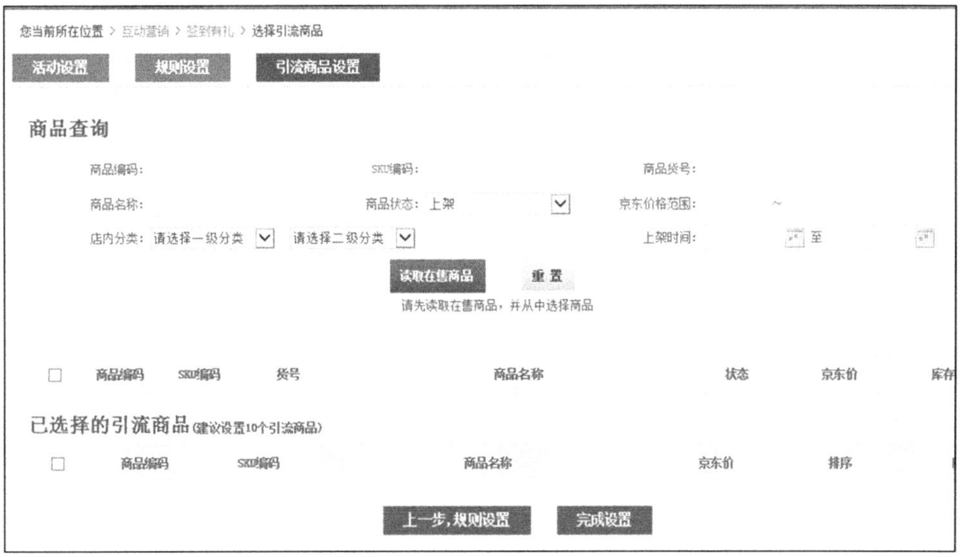

图 4-2-19

## 2. 评价有礼

商家设置相应的规则,用户通过评价晒单,达到规则要求后系统发放奖励给用户,如图 4-2-20 所示。

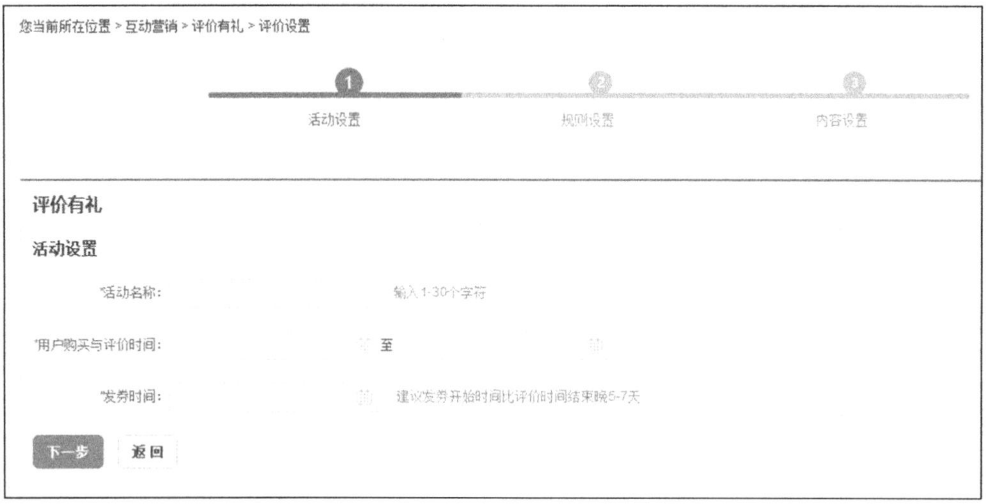

图 4-2-21

### 3. 红包有礼

京东红包在 APP 中的推广目前是一项付费计划,充值金额的 80% 作为奖池,如图 4-2-21 所示。

图 4-2-20

本章详细介绍了商品上传及后续的一些促销设置方式,通过本章的学习,商家可以独立上传商品,以及设置对应的促销活动。

# 第 5 章

# 店铺装修

成功入驻京东平台并完成商品上传后，商家已经具备售卖商品的基础条件了，但此时商品布局、店铺定位、页面装修还不完美。粗糙的布局，低档的装修格调会让客户在店铺中的停留时间过短，导致店铺转化率低下。本章主要内容是通过店铺装修操作来解决这些问题。

## 5.1 店铺装修的重要性

为了避免因为店铺的风格、格调、布局而造成的客户流失和商品转化率低下，商家必须要进行店铺装修。

以线下实体店为例，相邻的两家店铺所卖的商品、价格相同，其中一家店铺装修精致，另外一家店铺直接在未装修的毛坯房内出售商品，那么这两家店铺给客户营造的购物体验是不同的。店铺的装修风格决定了客户对该店铺品牌以及商品的认知。线上、线下店铺装修的目的基本一致，线上店铺可以通过装修增加视觉冲击，提升客户在页面的停留时间、访问深度等数据，从而达到提升店铺转化率的目的。

如图 5-1-1 所示，店铺装修可以帮助商家实现多种目的，下面分别介绍每个目的的作用以及能够给店铺带来的价值。

图 5-1-1

（1）店铺定位：店铺的装修风格、格调等决定了店铺的目标客户群、商品档次，以及客户对于店铺的认知。

（2）品牌宣传：可以通过店铺整体风格、视觉效果以及单独品牌页展示店铺自身品牌，提升品牌形象，加深客户对品牌的认知，提高品牌的知名度。

（3）活动宣传：商家在举行店内活动时，通过店铺装修可以制作单独的活动落地页，在达到提高店铺美观度的同时完成活动宣传的目的。

（4）店铺转化率：店铺转化率=店铺成交用户数/店铺访客数，商家可以通过店铺装修对展示的内容进行排版，从而引导客户购物，提升店铺转化率。

（5）停留时间：通过店铺装修可以提升页面的美观度与吸引力，增加客户在该页面上的停留时间，停留时间越长，客户购买的概率就越大。

（6）降低跳失率：是指显示顾客通过相应入口进入，只访问了一个页面就离开的访问次数占该页面总访问次数的比例。店铺装修的好坏会影响消费者在店内浏览的页面数，装修越好，对客户的吸引就越大，店铺跳失率就越低。

（7）流量闭环：流量闭环是将店内可能流失的流量加以引导，重新将其引入其他页面或者商品页面，从而充分利用流量的形式。例如，当客户浏览某一个商品详情页时，商家无法保证每位客户都会对商品满意并成交，因此商家可以在该详情页中加入其他页面的引导（如其他商品详情页、活动页、首页等），从而增加客户的访问深度，挖掘客户的最大价值。

通过店铺装修能够定位店铺风格，提升品牌形象。同时可以通过店铺装修完成对店铺的布局，使流量在店铺内部形成一个流量闭环，合理运用该流量闭环可以将流量价值最大化。

## 5.2 综合管理

综合管理在店铺装修 Jshop 后台中包含图片管理、分类管理、装修试验 3 个功能模块的入口，这 3 个功能模块可以有效地辅助店铺装修，测试并找出市场反馈最佳的店铺装修方案，具体进入方式如图 5-2-1 所示。

图 5-2-1

### 5.2.1 图片管理

商品主图以及详情页图片，均可在添加新商品时上传到图片空间。如果需要修改图片可在"商品管理"—"在售商品管理"中选择需要修改的商品编码，然后在修改商品中进行设置。还可以单击"商品管理"—"图片管理"进入京东图片空间系统上传图片，对店铺的图片进行管理。图片管理容量的上限为 30GB。

（1）图片分类页面如图 5-2-2 所示。

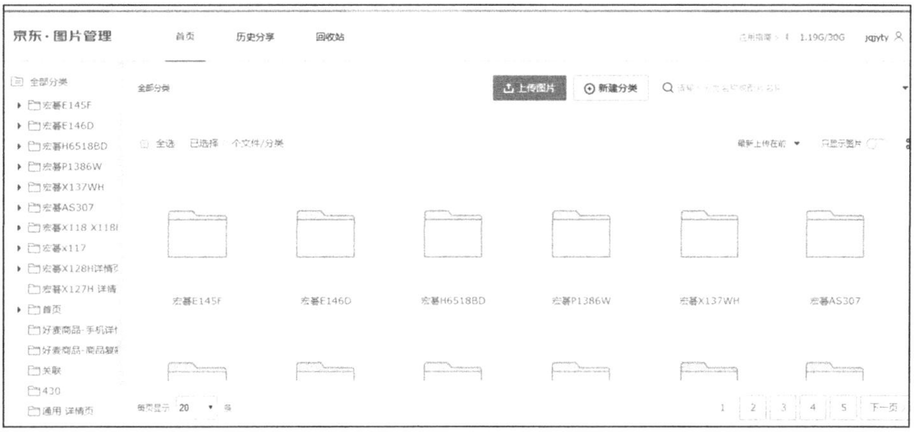

图 5-2-2

通过图 5-2-2 可以看出来，"图片管理"的分类全部文件夹化，左侧树结构有鼠标右键功能。只需要选中左侧树的节点，鼠标右击可以直接进行新分类创建、选中分类删除和重命名选中分类。

（2）图片上传界面如图 5-2-3 所示，支持常见图片格式，比如：JPG、JPEG、GIF、PNG、BMP，单张容量最大 3MB（图片最长边小于 800 像素的最大 1MB）。如果不能上传成功，请使用 IE 浏览器上传（IE 浏览器请用 IE10+版本）；上传图片成功后，由于系统缓存延迟，请 30 秒后再查看操作结果。

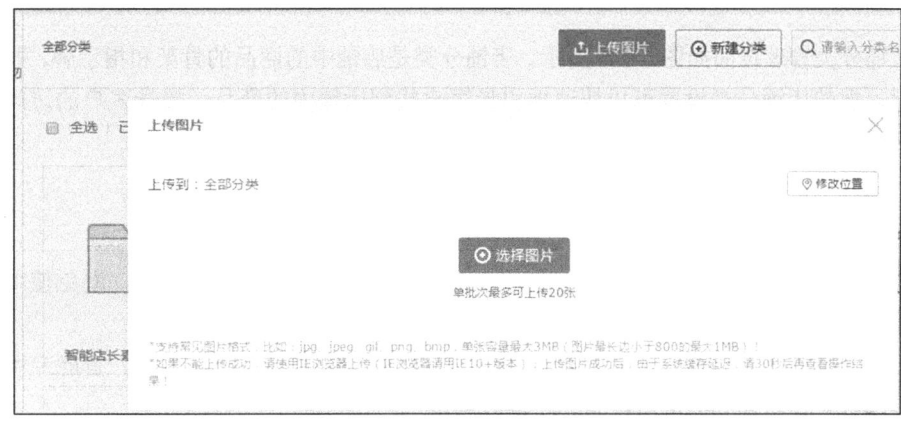

图 5-2-3

(3)图片历史分享及回收站,如图 5-2-4 所示。店铺图片可以分享给其他店铺使用,这样在调用对应的图片时可以更方便。图片回收站可以暂时保留从图片管理中删除的图片,如果误删了图片,则在回收站中恢复图片,也可以在回收站中批量选定图片后彻底删除。

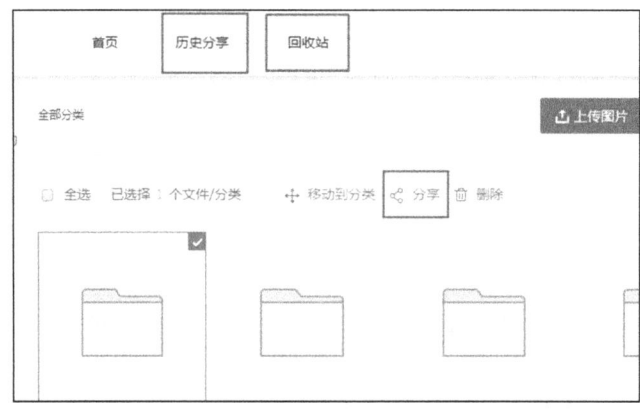

图 5-2-4

### 5.2.2 店铺分类管理

店铺分类管理页面的进入方式如图 5-2-5 所示。

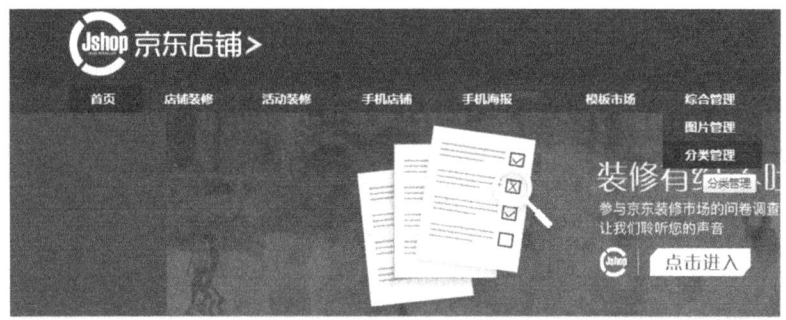

图 5-2-5

店铺分类管理页面如图 5-2-6 所示。店铺分类是店铺中的商品的骨架和指示牌,贴近客户访问习惯的店铺分类设置可以快速地引导客户找到店铺中的商品,提升客户的访问深度乃至店铺的销售。

↘ Tips

店铺分类设置要注意以下两点。

(1)店铺分类要尽可能地贴近客户的搜索及购买习惯,尽可能口语化,避免使用专业性太强的分类方式和专业术语。

(2)店铺分类可以加上一些引导性的词语,例如店铺爆品、新品上架、智能专场等,可以提高客户在店铺中的访问深度和停留时间。

第 5 章 店铺装修

图 5-2-6

## 5.3 PC 端店铺装修

### 5.3.1 店铺首页

店铺首页相当于线下店铺的门面，客户可以通过店铺首页来了解店铺的风格和商品的价位，从而对店铺有初步的了解。同时，当前店铺的活动、热卖的商品等也可以通过店铺首页来展现，并且可以通过排版将店铺流量导入相应的商品页面中。

如图 5-3-1 所示为两个页面排版样式，第一个页面的排版样式通过热卖款商品吸引客户，同时因为热卖款商品已经有了一定的销量与评价，从而可以使客户在对商品有了一定的信任之后再突出新品，完成对新品的流量导入。第二个页面的排版样式是在不推广新品的情况下，着重突出热卖款商品与主推款商品，体现商品的销量，从而将客户留在店铺中形成转化。

图 5-3-1

87

页面装修要遵循的原则：

添加布局—添加模块—设置模块的内容—发布，共 4 个环节。

布局（见图 5-3-2）：是指将页面划分为不同结构的条格，页面的所有装修内容必须放置到布局内；每一个页面可以有多个布局。

图 5-3-2

在明确了店铺首页与页面排版的作用之后，下面介绍在店铺首页装修中可用的模块以及模块的功能。

**1. 店招装修**

店铺新版店招装修如图 5-3-3 所示。

图 5-3-3

新版店招有如下几种做法。

第一种为"基础模块"，基础模块可以展示店铺名称、店铺关注，店铺Logo（尺寸要求180px×60px）自行上传，并设置背景图片、背景颜色等。

第二种为"热区模块"，做好图片上传之后，自行选择热区位置，添加热区链接，如图5-3-4所示。

图 5-3-4

第三种为"自定义模块"，可以针对店铺的需求，自主设计店招内容。在使用通栏100%布局时，需要设置宽度，建议宽度设为1920px，可全屏显示。内容编辑模式分为文档编辑与可视化编辑，如图5-3-5所示。

图 5-3-5

**2．导航装修**

如图5-3-6所示，在店铺导航板中有两种方式来编辑店铺导航，分别为基础方式和自定义方式。

图 5-3-6

第一种为"基础",基础模块可以选择是否展示店铺名称、店内搜索框、默认搜索词,选择字体颜色、背景颜色、自行设置导航分类名称以及落地页链接,如图 5-3-7 所示。

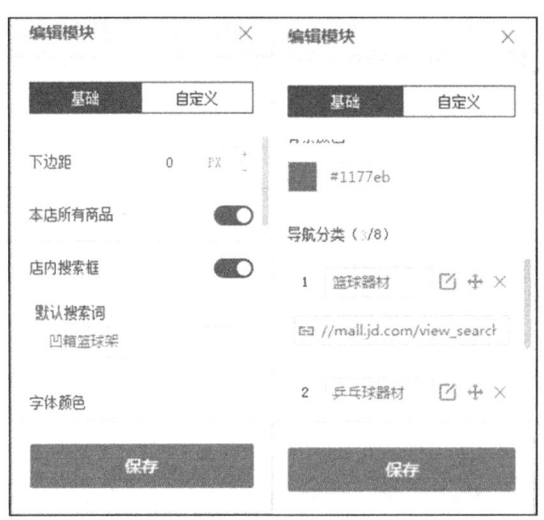

图 5-3-7

第二种为"自定义",该模块可以让商家自由编辑,没有模块版式的限制,同时可以使用代码来编写,如图 5-3-8 所示。

3. 首页内容装修

如图 5-3-9 所示,在页面内容装修上可以选择自定义内容区、图片轮播、雷宁轮播图、视频推荐、侧边栏等形式。

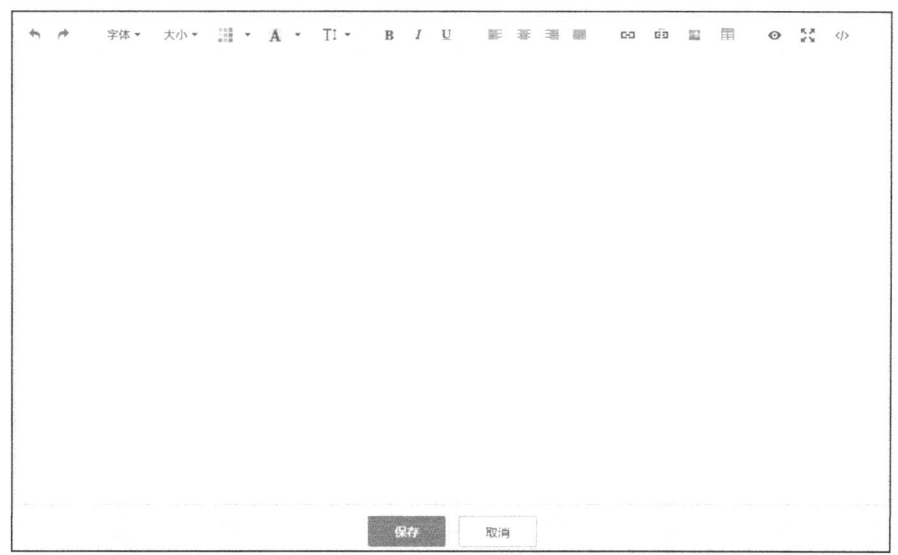

图 5-3-8

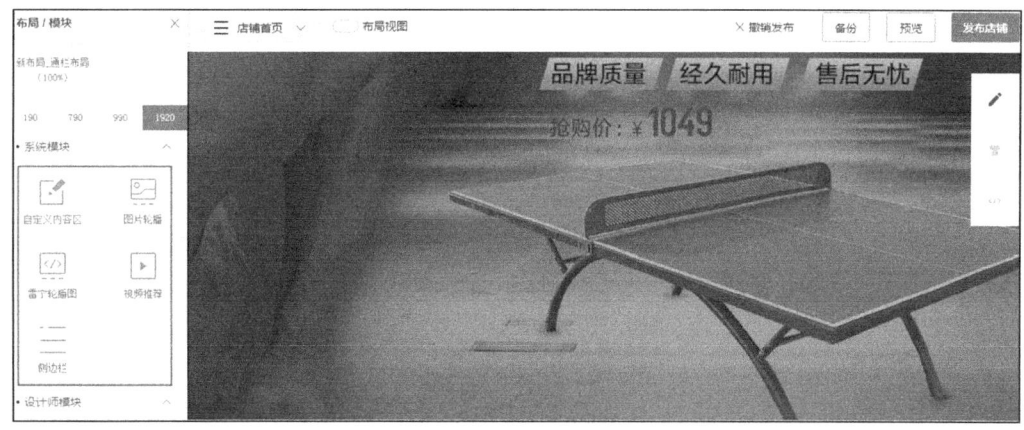

图 5-3-9

- 自定义内容区：该模块可以让商家自由编辑，没有模块版式的限制，同时可以使用代码来编写。
- 图片轮播：该模块主要用来展示商品的推广图，从而让客户更加了解该商品。
- 雷宁轮播图：该模块与图片轮播模块的作用大同小异，区别在于该模块是实现 HTML 片段的轮播效果。

### 5.3.2 商品列表页

如图 5-3-10 所示，设置商品列表页的主要目的是方便客户查找店铺中正在出售中的商品。

图 5-3-10

在商品列表页中可以使用的模块较多,其中两项较为重要的模块为"商品分类"与"销售排名展示商品"模块,如图 5-3-11 所示。

- 商品分类:该模块可以方便客户按照自己所需要的种类、风格、季节等快速查找店铺中的商品。按照店铺后台分类设置展示。
- 销售排行:系统按照销量排名进行展示商品。

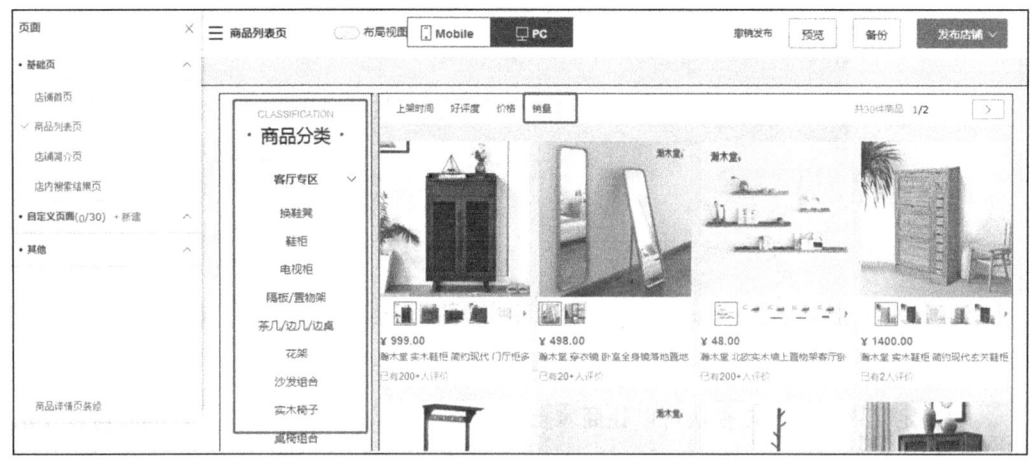

图 5-3-11

### 5.3.3 店铺简介页

如图 5-3-12 所示,店铺简介页侧重于介绍品牌以及品牌理念,同时展示商品的制作工艺工序,体现商家对于商品品质的追求。使客户在了解店铺的同时可以对店铺产生一定的信任感与认同感,从而产生购买行为。建议在自定义内容区直接进行编辑。

# 第 5 章 店铺装修

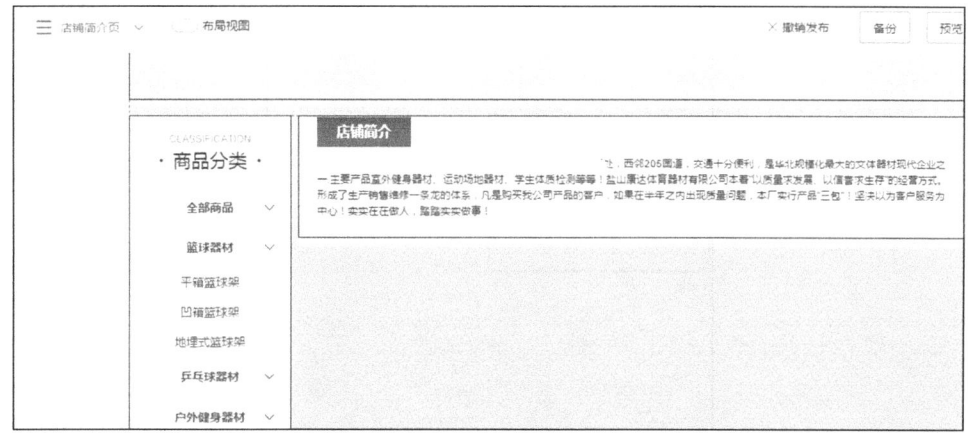

图 5-3-12

## 5.3.4 店内搜索结果页

如图 5-3-13 所示，店内搜索结果页为客户在店内搜索商品后产生的页面，在该页面中不要将页面装修得太过花哨，因为客户产生搜索行为的前提是需要某件或某类商品，这时只要将搜索结果一目了然地呈现在客户面前即可。建议使用店内搜索结果模块，同时注意商品的排序方式，建议使用综合排序，方便客户查看。

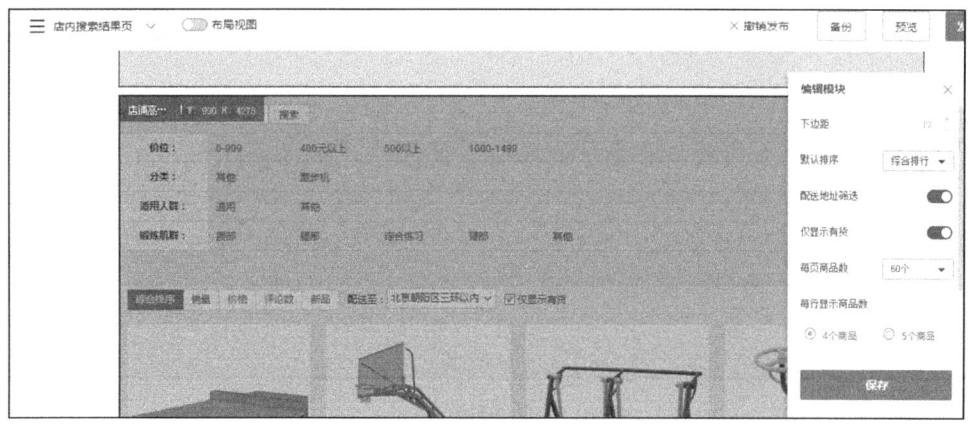

图 5-3-13

## 5.3.5 自定义页面

自定义页面是商家普遍使用的一个页面，因为该页面可以自由排版、设计，能够满足店铺所需。

### 1. 自定义页面编辑

如图 5-3-14 所示，可以在"自定义页面"中创建自定义页面。

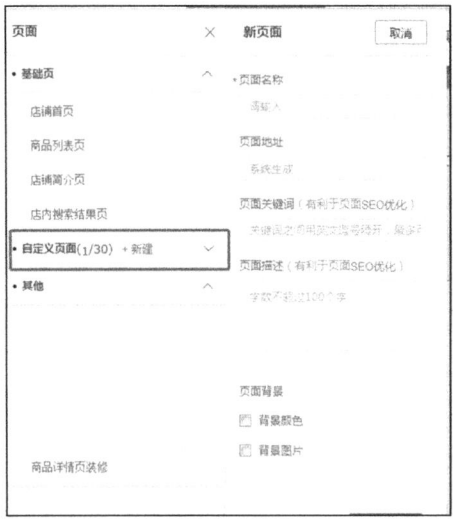

图 5-3-14

完成创建后,在进行自定义页面编辑时需要确定整体页面的布局。如图 5-3-15 所示,店铺装修后台中有多种布局可供商家选择。建议使用 100%布局,该布局可塑造性高,能够保证页面的完整性。

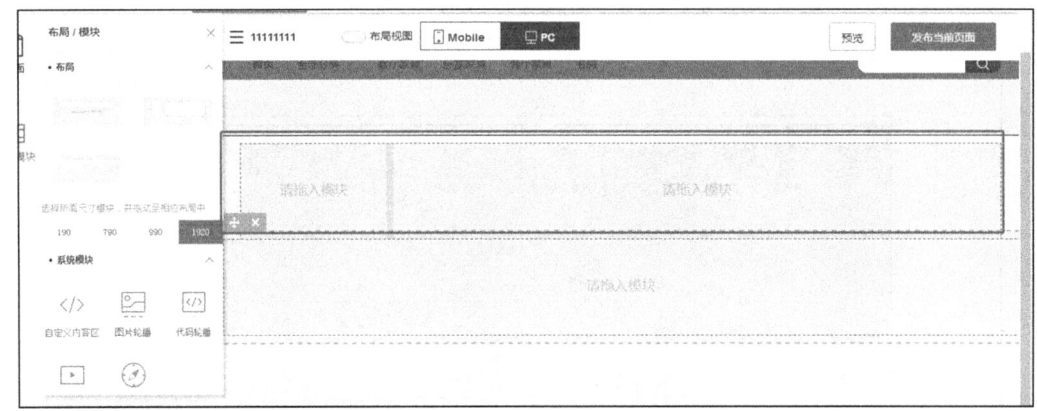

图 5-3-15

确定布局之后选择模块,如图 5-3-16 所示,在自定义页面中可以使用的模块与首页相同。在可使用的模块中,建议选择自定义内容区,将该页面的宽度设置为与首页不同,建议宽度设为 1920px。使用自定义页面的目的是因为该页面的可塑造性高,可以相对自由地进行编辑,所以不建议使用除自定义内容区外的模块来给该页面增加限制。

# 第 5 章 店铺装修

图 5-3-16

**2. 自定义页面使用场景假设与建议**

自定义页面常见的使用场景包括以下几种。

（1）商品上新：将新商品统一集中在一个页面中可以方便推广，同时也方便客户查看。

（2）单独推广：即将热卖商品或新商品进行单独推广。因为商品详情页往往有一定的限制，所以使用自定义页面着重展示商品可以达到吸引客户、培养新客户、促进客户下单的目的。

（3）活动推广：店铺活动、官方活动都可以制作单独的页面，以便区分参加活动的商品与不参加活动的商品。在参加官方活动时，可以将参加活动的商品在该页面作为主要展示，并且可以在店铺中的其他商品页面中推广该页面。这样可以给参加活动的商品带来一定的流量，并且让客户有更多的选择，将客户留在店铺中，提升店铺的转化率。

（4）同品类商品：即将同品类商品集中在一个自定义页面中。因为自定义页面比商品列表页的可塑性高，所以可以在该页面中着重体现商品的卖点，美化整体页面，从而让客户产生兴趣，促进其下单。

在进行自定义页面装修时，需要考虑装修的目的。在明确目的之后再制作所需要的图片，并装修页面。

## 5.3.6 商品详情页

店铺装修中的商品详情页与发布商品时提交的商品详情页不同，如图 5-3-17 所示。该商品详情页的作用为添加店内广告、店长推荐商品模块。

↳ **Tips**

需要注意的是，在店铺上架大量新品的情况下，不要添加太多的广告，以免新品流量无法集中，造成流量分流。在使用商品推荐时，需要提前想好推荐该商品的目的，根据目的添加热卖的商品或新商品，不要随意添加商品进行推荐。使用客户模块时要准确添加客服的工作时间，以便客户了解。

图 5-3-17

### 5.3.7 店铺信息设置

完整填写店铺信息,如图 5-3-18 所示,有利于提升店铺的流量以及搜索展示量。店铺信息设置包括以下几个选项。

图 5-3-18

(1)店铺名称:装修店铺的店铺名称,默认不可修改。

(2)店铺网址:装修店铺的店铺网址,默认不可修改。

(3)关键词:设置店铺的关键词有利于提升店铺的流量,建议添加店铺主推类目的关键词。可以添加多个关键词,需要用空格分隔,要求字数在 100 个字符以内。

(4)店铺简介:即用一句话概括自己的店铺,要求字数在 14 个字符以内。设置的店铺简介会展现在店铺搜索结果页中。

(5)店铺描述:添加店铺描述有利于客户对店铺有初步的了解,要求字数在 100 个字符以内。

（6）搜索展示图：搜索展示图用于店铺在搜索结果页中的展示，建议使用店铺或品牌Logo。图片的尺寸规定为 220px×360px。

（7）二维码广告词设置：开通手机店铺后，二维码展示在 PC 店铺页面上。

### 5.3.8 模板中心

使用店铺模板可以节省商家装修店铺的时间，同时也可以提升店铺的美观度。如图 5-3-19 所示，在店铺模板中可以查看可使用的模板，即为店铺购买过的模板，并且可以进行编辑。同时，商家能查看已过期的店铺模板并续费。

图 5-3-19

### 5.3.9 店铺备份

当商家对店铺的页面进行修改时，可以先通过备份列表功能对原页面进行备份，如图 5-3-20 所示，当有需要时，可以从已备份的页面中选择某一个页面进行一键恢复。

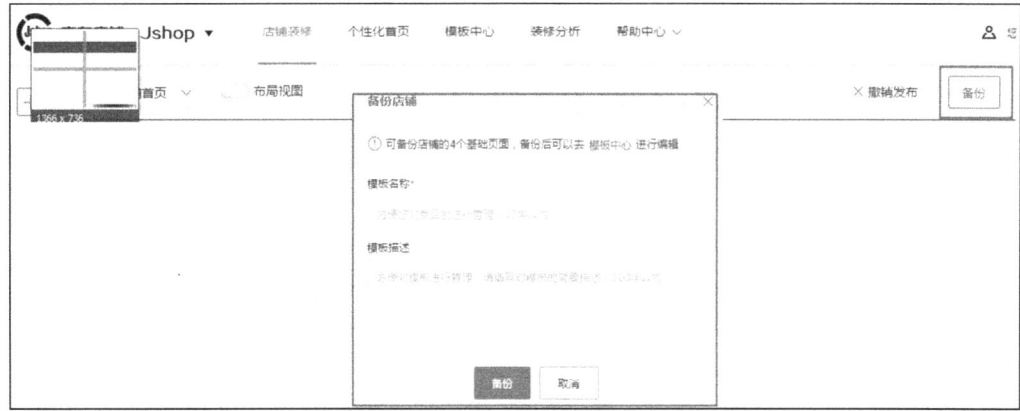

图 5-3-20

如图 5-3-21 所示，在"模板中心"中，可以查看当前"备份的模板"的备份名称、创建时间、模板描述以及创建人，并且能够直接对列表中的备份进行重新编辑或者删除操作。值得注意的是，如果不小心误删了备份条件，则可以在店铺回收站或页面回收站中找回。

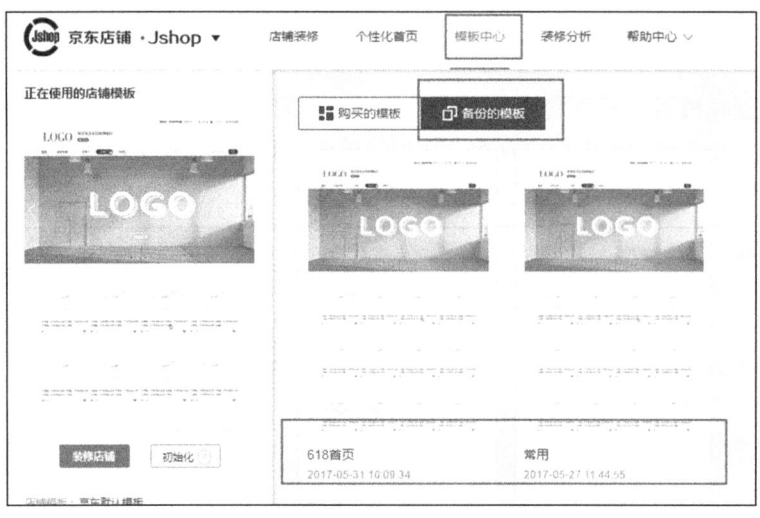

图 5-3-21

### 5.3.10 个性化首页

#### 1．什么是个性化首页

商家利用用户标签组合出不同的人群（例如新客、老客、地域、折扣敏感度人群等），并为不同的人群分别展示不同的店铺首页，更彻底地刺激客户的购买欲，提高店铺转化率，让流量价值发挥更加充分。

用户标签组成人群，不同的人群对应关联的页面，人群+个性化页面＝"策略"，一个店铺可以有多个策略，一个人群只能关联一个个性化页面。

#### 2．个性化首页能给您的店铺带来什么

（1）针对目标人群进行装修，什么内容排版更吸引这群人；

（2）入店流量的承接优化，同样的投入，更多的产出；

（3）针对小品类偏好者展示相关商品，提升小品类销售额，不影响整体销售；

（4）老客户做互动复购，新客引导加入，不同城市进行差异化营销等。

#### 3．简单的操作流程

（1）登录京东装修后台，单击"个性化首页"菜单，进行个性化设置，如图 5-3-22 所示。

（2）新建策略，如图 5-3-23 所示。

（3）新建人群，根据自己店铺人群，可以针对性别、年龄、地域、客户等级、购买力、促销敏感度、评论敏感度、店铺新老客户、店铺会员级别等维度的客户数据进行删选组合

不同人群。如图 5-3-24 所示。

图 5-3-22

图 5-3-23

图 5-3-24

（4）选择页面，不同的页面配合不同的人群进行策略性推广，如果没有页面，需要新建页面进行装修，如图 5-3-25 所示。

图 5-3-25

### 5.3.11 装修分析

在店铺运营中后期，需要优化页面数据分析时，如图 5-3-26 所示，装修后台中的"装修分析"可以从店铺快照、热力图分析、来源分析、页面数据等 4 个维度来进行后期页面的数据分析，从而对页面进行调整。

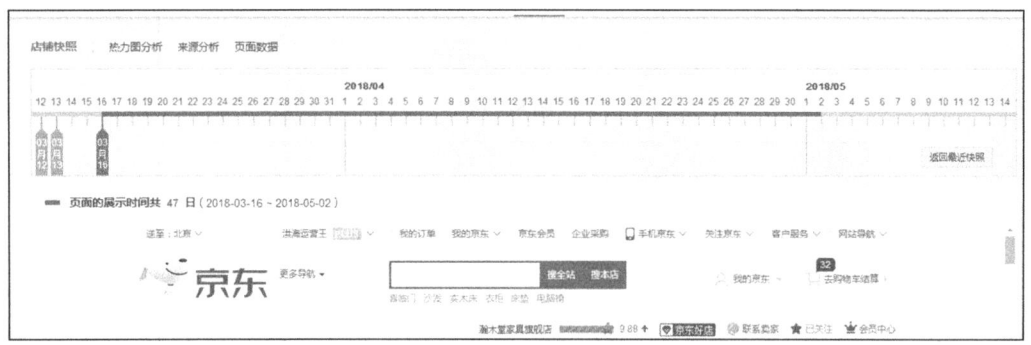

图 5-3-26

## 5.4 移动端店铺装修

### 5.4.1 移动端装修的重要性

京东商城在 2017 年"618"期间的移动端订单占比高达 88%，在未来，电商的成交将会更多地发生在移动设备上。因此，可以说移动端的店铺装修直接决定了店铺 70%的转化，其重要性可想而知。

与传统 PC 端展示设备不同，移动端展示设备的屏幕更小，分辨率更低。因此商家在装修移动端店铺时,应该考虑图片和文字的实际展示效果,不宜太过复杂,避免图片模糊不清。对于字体,建议商家保证最小的文字像素在 20px 以上。

除此之外,传统 PC 端的网络连接环境单一稳定,而移动端设备接入网络的方式多样,信号传输量小,稳定性较差。常见的移动端联网方式有 Wi-Fi 和使用移动通信运营商提供的流量服务(3G、4G 等),尤其对后者来说,按 KB 付费,因此商家必须考虑图片传输的稳定性和有效性。例如,当消费者使用移动 4G 网络访问商品页面时,应使用更小的图片为其节省流量,商家应在更短的时间内传递重点信息,精简页面内容,建议图片小于 300KB。简而言之,在保证清晰度的情况下,图片尺寸越小越好。

### 5.4.2 移动端装修后台与操作

#### 1. 后台入口

移动端店铺装修可从商家后台"店铺装修"入口进入,如图 5-4-1 所示,单击"手机店铺",或直接输入网址(jdshop.jd.com)。

图 5-4-1

京东店铺无线后台集合了京东手机端、微信端和手机 QQ 端的操作链接以及部分活动设置功能。本节主要围绕京东手机端店铺装修进行讲解。

#### 2. 魔店

京东手机端店铺装修平台又名魔店,如图 5-4-2 所示,在这里既能装修在手机等通信设备上展示的店铺,还能编辑在平板电脑等设备上展示的店铺。

图 5-4-2

目前魔店后台的装修内容分为店铺装修和活动装修两部分，掌握了基本的店铺装修技能后，商家能够很快学会以上两部分操作。

如图5-4-3所示，输入店铺版本名称后，单击"确定"按钮，商家即可开始编辑京东移动端店铺。注意，此处设置店铺名称的主要目的是使商家在后台更方便地找到相关店铺版本，与消费者的搜索无关。

如图5-4-3

### 3．模块介绍

如图5-4-4所示，京东手机端店铺装修由8个模块构成，常用的基础模块为热区组件、自由布局、商品推荐和轮播图、微店专享活动和活动推荐属于活动模块，商家可根据店铺运营节奏的需求选择适合的模块植入店铺中。

图5-4-4

单击展开相关的模块，将图 5-4-5 标注框内的模块图形拖曳至右侧的店铺展示框中，此功能类似于 PC 端店铺装修的布局模块。添加好模块后，模块内展示的内容仍然需要商家逐一设置。

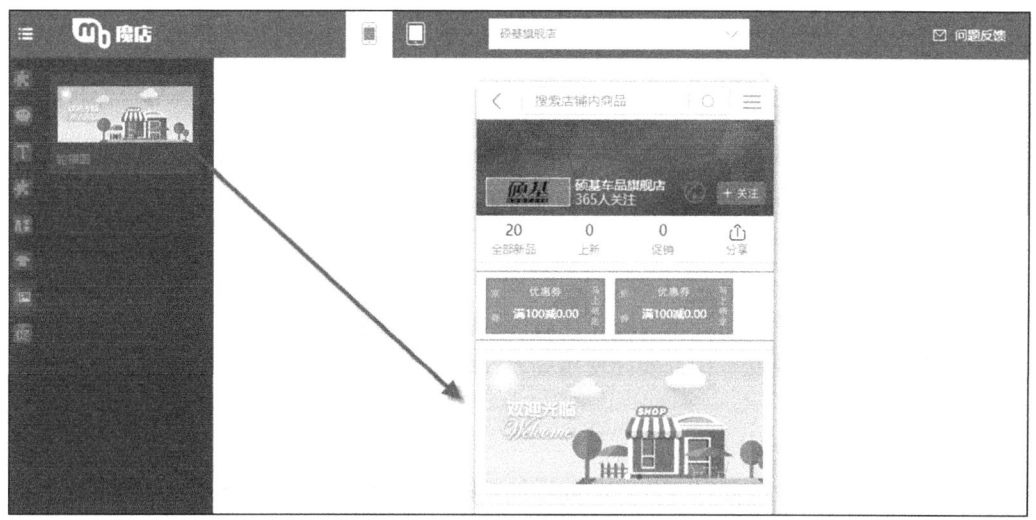

图 5-4-5

（1）热区组件

热区组件是为商家设计的一款可添加热区的模块，具有设置灵活、方式多样、简单实用的特点。该模块可以简单实现以往用代码设置热区的操作，可在一张图上同时添加多个链接，大大提高了手机的浏览体验。该组件常常被用于店铺产品导航、销售关联、活动推广、优惠券领取等方面。操作方法如图 5-4-6 所示，将模块拖曳到指定位置，框选出热区范围，添加图片及相应链接即可。

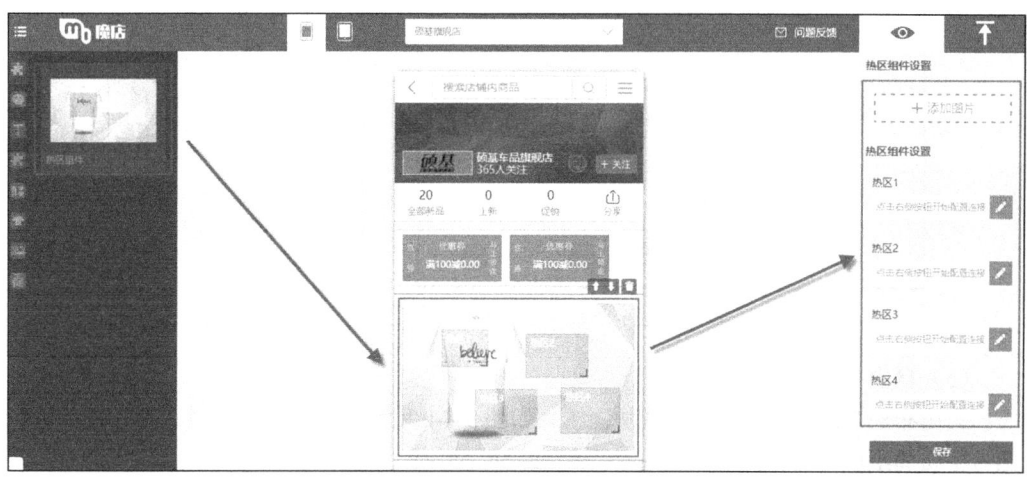

图 5-4-6

热区组件中热区的链接分为 8 个方式，分别是手机版活动、电脑版活动、自定义 SKU、店铺分类、优惠券、店铺详情、自定义链接、会员中心页。商家可根据店铺装修需要链接各种落地页，可有效提高移动店铺流量闭环效果，如图 5-4-7 所示。

> Tips

热区图要求上传宽度 680px、高度 170px 到 3400 px 的图片，大小不超过 300KB，格式为 JPG 和 PNG。在选择电脑活动或手机活动链接前，需要在 Jshop 内先制作相应活动页面，才可生成活动链接。

（2）微店专享活动

微店专享活动模块在手机端主要用于展示，实际活动与微店管理后台的活动设置相关联。在装修手机端店铺时，只需要制作一张 680px×340px 并且大小小于或等于 300KB 的图片上传到模块中，即可完成设置。

（3）文字活动

文字活动主要用文字引导消费者关注店内的促销活动或推广重点，类似京东快报的功能，但其不能添加超链接，因此实际使用频率较低。文字活动的优势在于耗费的流量少，商家可酌情使用。

（4）自由布局活动

自由布局活动和文字活动一样，不能添加超链接，主要用于宣传展示。其特点在于，商家可以在自定义区域设置图片，如图 5-4-8 所示。双击所选区域，添加图片后即可完成设置。

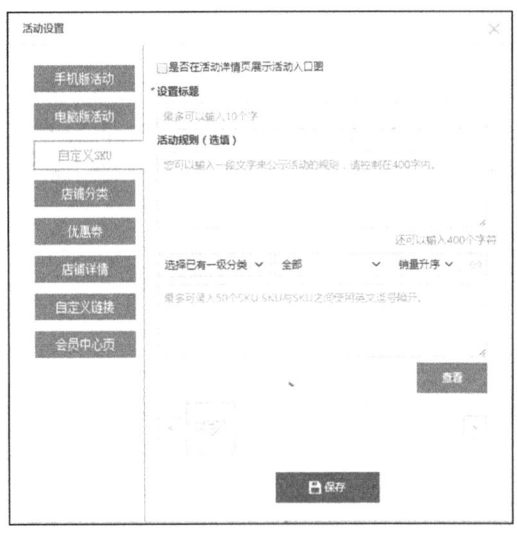
图 5-4-7

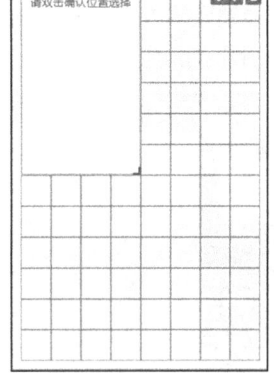
图 5-4-8

（5）自由布局

自由布局是商家使用较多的模块之一，如图 5-4-9 所示，它由两列商品、三方格布局和四方格布局组成。

在这个模块中，商品有固定的展示位置，商家可以通过页面右侧的设置模块对其进行编辑。在手动输入 SKU 时，应注意用英文逗号隔开，否则系统无法识别输入的内容。如果

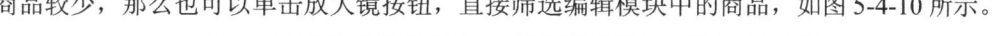

商品较少,那么也可以单击放大镜按钮,直接筛选编辑模块中的商品,如图 5-4-10 所示。

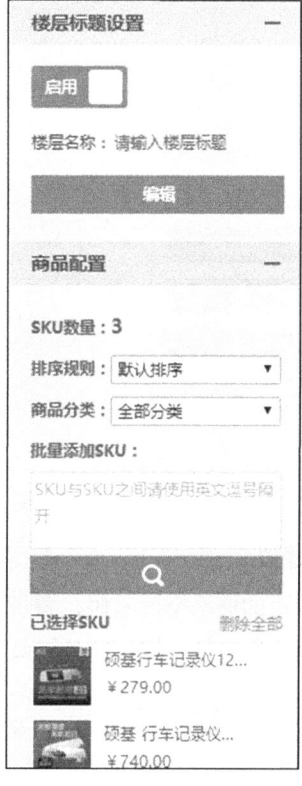

图 5-4-9　　　　　　　图 5-4-10

（6）商品推荐

商品推荐模块与自由布局模块相比,显得中规中矩,被商家使用的频率也很高。其展示方式是固定一排两格商品,在设置时尽量将商品的数量选取为偶数,从而能确保最后一排没有空缺位置,美观度更高。商品推荐中的 SKU 的添加方式与自由布局一致,此处不做讲解。

（7）轮播图

顾名思义,就是将几张图片轮番展示,其具有良好的分流作用。如图 5-4-11 所示,该模块至多可以添加 10 张图片,并且能为每张图片设置跳转链接,既可以跳转到活动页面,也可以跳转到单品页面,非常强大。

（8）促销推荐

活动推荐模块的设置类似轮播图,但展示的内容是固定不变的,展示的方式包括三列活动、单列活动、条幅图、两列活动和四列活动,其中以四列活动的分流能力最强。但是,分流设置并不是越多越好。一般说来,访问 UV 低于 1000 个/天的店铺,不建议设置过多的分流链接,以免使推广失去重点,反而有损于销量的增长。

图 5-4-11

**4. 首页布局建议**

手机端店铺首页的展示空间有限,首屏固定位置是店招和优惠券,如何在有限的空间内展示店铺的关键信息是每一位商家必须要考虑的内容。

店招的背景可以修改,建议商家根据店铺的运营节奏定期更新店招,例如在促销时期突出优惠信息,在上架新商品时期突出商品或模特,弱化价格信息。在制作时不宜使用小字体,也不宜在店招中放置过多的商品,设计标准以充分展示商品本身为主,突出重点。

首页的第二屏和第三屏可以分别放置主推爆款、活动专区等模块,第四屏和第五屏则可以设置分类模块以及返回首页的菜单功能,确保流量的访问深度,降低跳失率。

**5. 店招**

店招指的是手机端店铺首页的置顶位置,如图 5-4-12 所示。店招是整个店铺宣传的排头兵,代表了店铺的整体格调。

手机端店铺的店招尺寸为 640px×200px,必须小于 300KB,目前不支持 GIF 格式,因此,在设计店招时,应保持简约大方,不宜过于凌乱。

值得一提的是,在店招中,Logo 的位置也是可以自定义的,只要尺寸为 180px×60px,并且小于 300KB 即可。

**6. 导航**

移动端的店铺导航与 PC 端略有不同,其主要以展示店铺促销活动和新品信息为主。导航信息由固定的 4 个部分组成:全部商品、促销、上架新商品、店铺动态,这些信息的更新与后台直接关联。以促销为例,只要店铺中设置了促销售价或套装商品,运营人员在店铺动态中完成标题的编辑后,即可展示在前台,如图 5-4-12 左图所示。

第 5 章 店铺装修

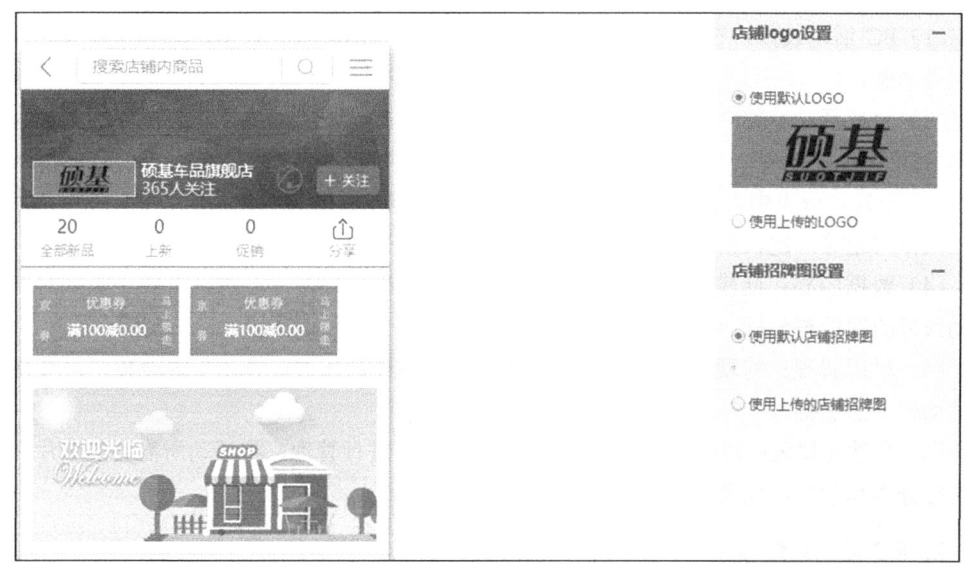

图 5-4-12

## 5.5 Jshop 活动装修

Jshop 活动装修后台,是京东专门为商家提供活动页面装修的后台,主要分为 PC 活动装修和移动端活动装修两大类。平台内包含多种装修工具,可以方便商家快速容易地装修自己的活动页面。

### 1. Jshop 活动装修后台简介

Jshop 活动装修后台(简称 Jshop)主要分为 6 个部分,分别是 PC 活动装修、手机活动装修、公告及帮助中心、数据中心、群组管理及个性化权限,如图 5-5-1 所示。

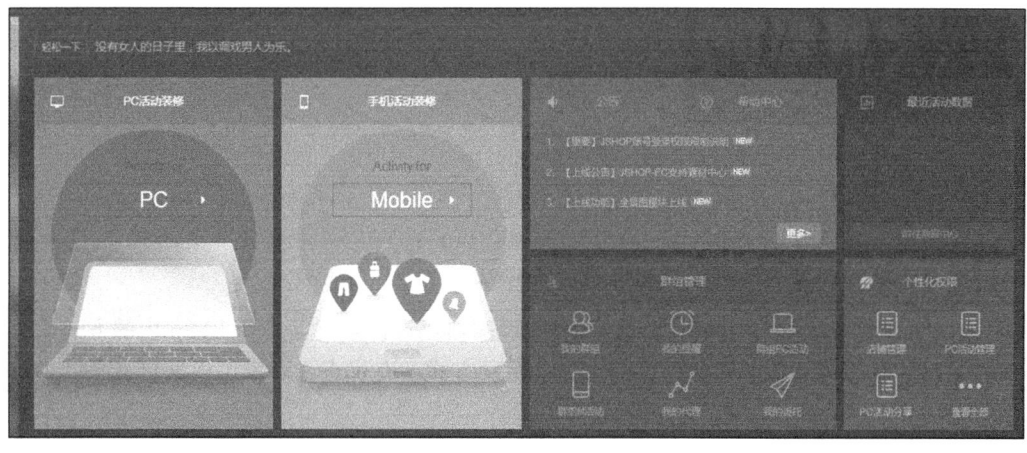

图 5-5-1

（1）PC 活动装修：在这里装修 PC 端的活动页面、品牌页、设置活动共享及页面模板管理等功能。

（2）手机活动装修：在这里装修移动端活动页面、设置活动共享、页面模板管理、及蜜享 H5 创作。

（3）公告和版主中心：主要发布最新与之先关的新闻资讯和平台公告，平台使用教程、常见操作问题等，建议新商家要多关注此模块。

（4）数据中心：此模块可对现有活动数据进行统计、分析、汇总，有助于商家对此次活动效果的评估与分析。

（5）群组管理：将现有的活动进行分组管理，并且将其进行管理权限设置，可高效管理活动较多的店铺。

（6）个性化权限：对 PC 活动、移动活动、品牌页进行管理，将活动所需要的图片和文件进行分类和管理，以及对活动权限的管理等。

## 2．PC 活动装修

单击"PC 活动装修"创建活动，创建活动的第一步是完善活动的基本信息，如图 5-5-2 所示。

带"*"项为必填项，其他为选填项，但如若希望活动效果更好，建议商家仔细完整填写。

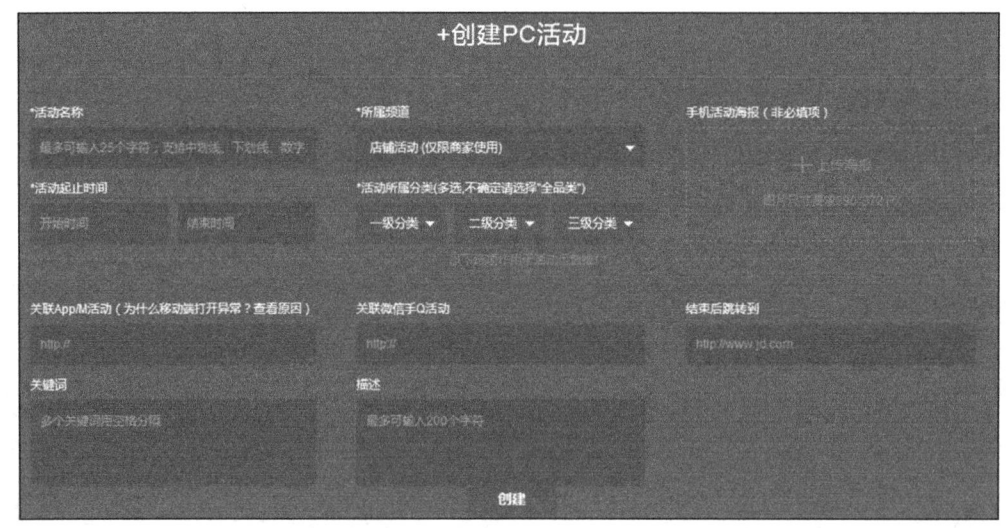

图 5-5-2

PC 活动装修可以采用两种方式，一种是商家自己设计素材上传到 Jshop 内的方式，第二种是可到模板市场购买装修模板的方式。两种方式各有优点，商家可根据自身条件进行选择。

（1）PC 活动页面模板装修

模板装修是新商家常用的装修方式，这种方式可以快速装修出质量较高的活动页面，主要是通过购买装修市场内的现有模板，将自身产品简单添加到页面。对一些不具有较高设计能力的商家很有帮助，同时也会节省很多时间和精力。

模板装修操作流程：

① 创建活动后，单击右侧"请选择模板"按钮，进入模板管理，如图 5-5-3 所示。

图 5-5-3

② 模板管理中，最初没有模板可以选择，此时单击"模板市场"进入装修市场购买模板，购买模板后的初始状态如图 5-5-4 所示。

图 5-5-4

③ 京东装修市场可提供丰富的装修模板资源，分别按照行业类型、风格、颜色进行分类，商家可根据自身产品特性选择合适的模板，商家可对模板进行预览，最终进行购买，如图 5-5-5 所示。

④ 购买后单击"使用"按钮，可对模板中的数据内容进行替换和更改，如图 5-5-6 所示。

图 5-5-5

图 5-5-6

⑤ 页面内容替换编辑完成之后，一个活动页就装修完成了，可单击"预览"按钮预览装修效果，确认无误后进行发布，若想要复用该页面，可对页面进行备份，方便以后使用。

（2）PC 活动页面普通装修

该装修方式主要适合于具有一定设计能力的商家，好处在于可以充分根据自身优势进行灵活性设计，可以最大限度地美化产品，突出活动卖点、构图逻辑不受限制等。可以更好地提高活动的转化率和点击率，因此，大部分成熟商家选择此种装修方式。

普通装修操作流程：

① 创建活动成功后，单击右侧"装修"按钮，进入装修界面，如图 5-5-7 所示。

选择"添加布局"，双击需要选择的布局样式，即可添加，在右侧窗口中实现删除和添加不同尺寸和布局样式，已添加的布局可进行上下移动、背景设置、编辑备注、删除，如图 5-5-8 所示。

第 5 章　店铺装修

图 5-5-7

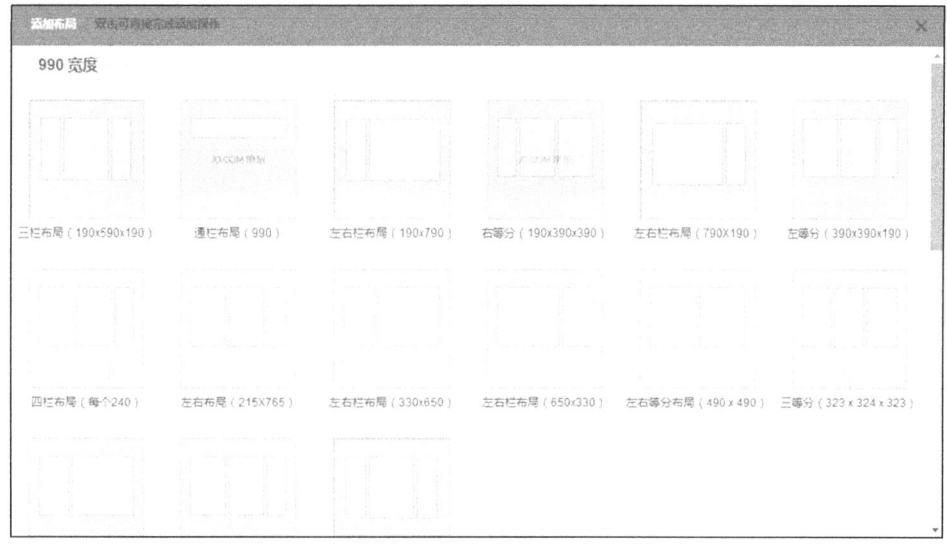

5-5-8

③ 选择添加模块。在新添加的布局上面，单击"添加模块"，选择所需要的系统模块。模块主要分为：SKU 商品类、图文排版类、活动促销类、创意代码类、支持提报系统。商家根据活动需求添加所需模块，如图 5-5-9 所示。

④ 自定义内容模块。创意代码类模块中的自定义内容模块，是商家常用的模块之一，商家可根据代码的形式灵活编辑页面，可利用代码编辑软件进行页面编辑，最后将代码复制到模块内的代码区内保存，然后发布即可。

↘ Tips

内容宽度在使用 100% 布局时，需要根据图片的尺寸填写，否则显示图片会出现不能居中或不完整的情况，如图 5-5-10 所示。

图 5-5-9

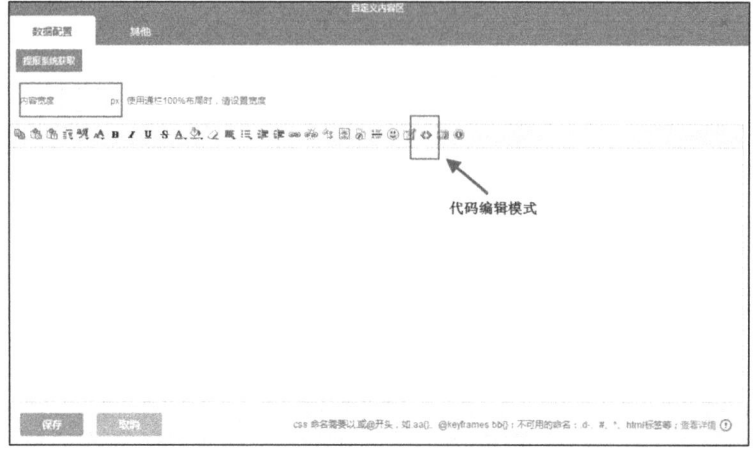

图 5-5-10

PC 活动装修的方式不仅限于以上两种方式，装修的种类可以多种多样，活动装修的目的就是为了提高活动的转化率，为店铺产生更多销售额，所以新商家可以多实践，熟悉和了解每个模块的功能与用法，理论和实践相结合，才能做出更好的活动页面。

### 3．手机活动装修

（1）M 活动管理

手机活动装修流程："登录 Jshop"—"活动装修"—"M 活动管理（2017 版）"，如图 5-5-11 所示。

进入"全部手机活动"中，可以管理已经上线的活动，进行下线或者删除等操作，还可以进行创建新手机活动，如图 5-5-12 所示。

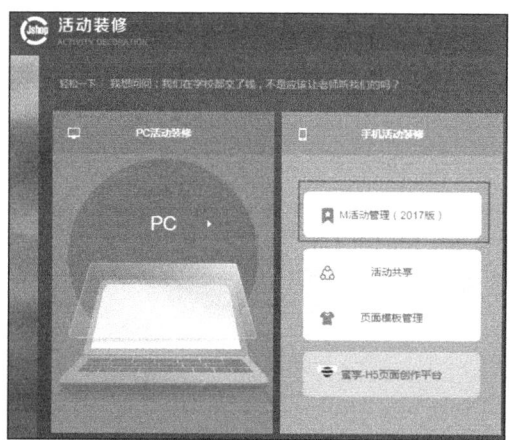

图 5-5-11

图 5-5-12

创建手机活动需要填写活动名称、截止时间、关键词、描述、所属类目、所属频道、活动宣传图等，还可以选择是否分享活动（如果选择分享，则需要补充分享内容和图片），如图 5-5-13 所示。

图 5-5-13

创建成功后，单击"装修"按钮进入装修页面，如图 5-5-14 所示。

图 5-5-15

进入装修页面，可以选择模块，模块包含商品 SKU 类、图文排版类、活动促销类、创意代码类等，如图 5-5-15 所示。

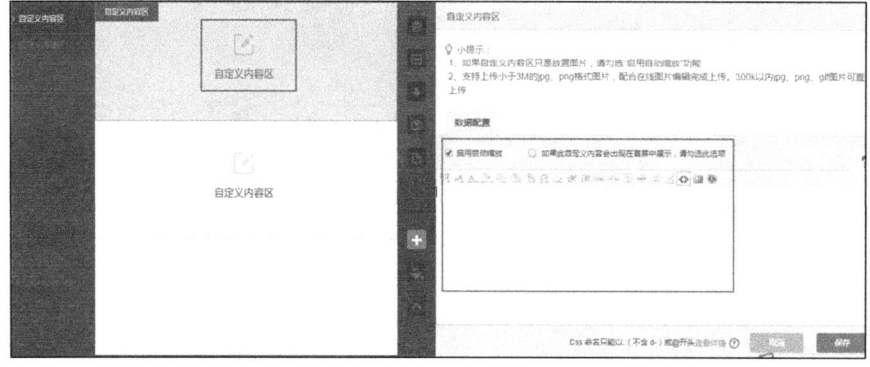

图 5-5-15

选择需要的模块，进行编辑装修，如图 5-5-16 所示，例如使用自定义内容区进行装修，可以自主上传图片，也可进行代码装修。

图 5-5-16

所需模块设计完成之后，可以单击右上角"预览"按钮进行预览，预览完成后单击"发布"按钮，进行页面发布，这个手机端活动就完成了装修流程，如图 5-5-17 所示。

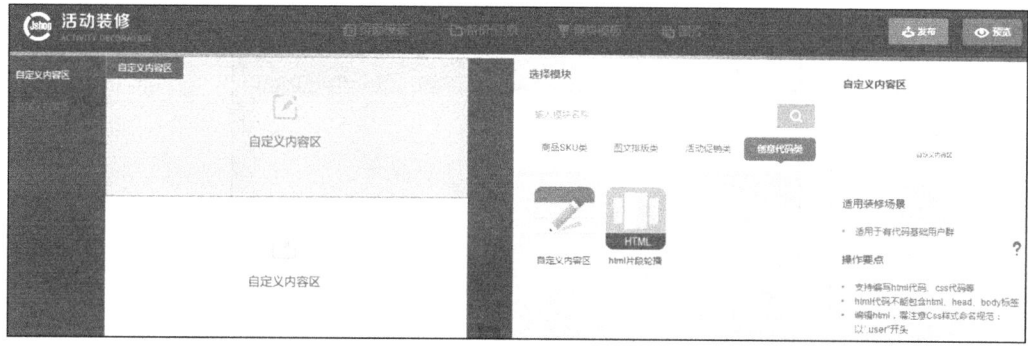

图 5-5-17

（2）活动共享，如图 5-5-18 所示。

图 5-5-18

进入"活动共享"页面，可以单击"新增共享"按钮，然后选中自己账户内的活动 ID，如图 5-5-19 所示。

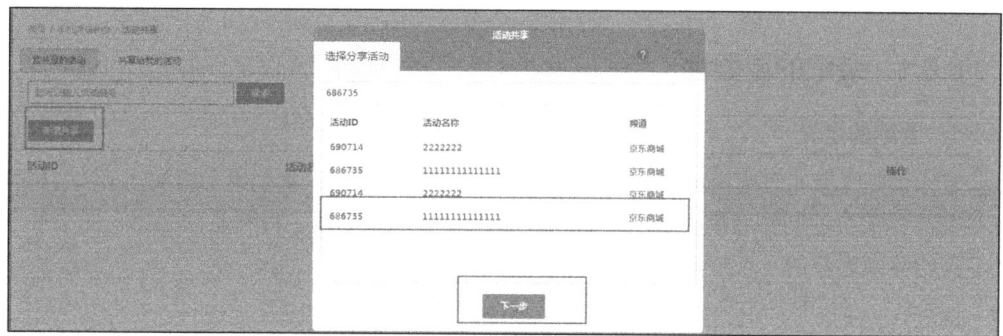

图 5-5-19

单击"下一步"按钮,选择需要共享的京东账号,如图 5-5-20 所示,输入账号,就可以贡献给其他店铺。

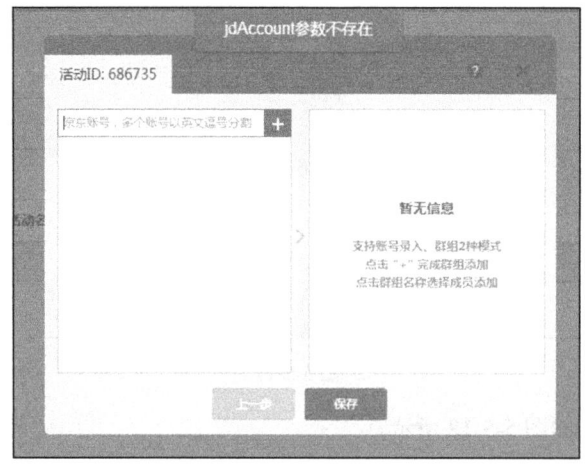

图 5-5-20

(3)页面模板管理

页面模板管理主要展示自己店内已经使用的以及购买的活动模板,查看其效果和状态,如图 5-5-21 所示。

图 5-5-21

## 5.6 京东装吧

### 5.6.1 装吧的重要性

**1. 装吧的定义**

京东装吧是京东官方出品的一套商品详情页装修模板系统,主要用于模块化 PC 端和移动端商品详情页的制作及模板套用,简化商品详情页处理流程,将商品标准化、图文并茂地呈现给终端客户的一个工具,如图 5-6-1 所示。

第 5 章 店铺装修

图 5-6-1

**2．装吧的优势**（见图 5-6-2）

装吧可以增加外部 SEO 搜索引擎，为整体网站带来有效的外部流量；有效拦截违禁词；从源头把控发布内容合规性，降低工商举报处罚；有利于展现规范化，支持多种装修方式（模板、代码、自定义装修），帮商家轻松搞定高质量商品详情页，同时符合商品信息规范，提升品类商详页整体品质；其增值服务可为有需求的商家提供定制化支持。

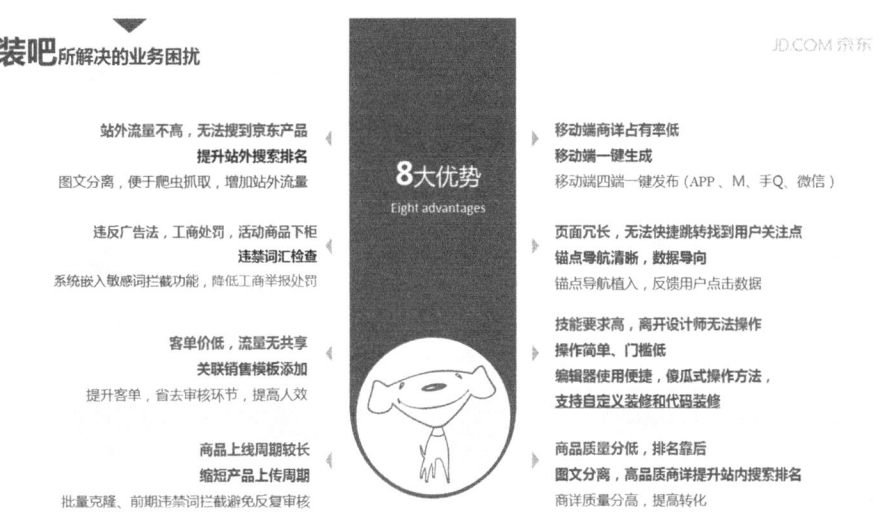

图 5-6-2

（1）装修方式多样化：除了支持模板装修外，另外新增自定义装修和代码装修方式（自营），如图 5-6-3 所示。

117

图 5-6-3

（2）旧版详情页一键导入，更换装修方式，使用代码装修，如图 5-6-4 所示。

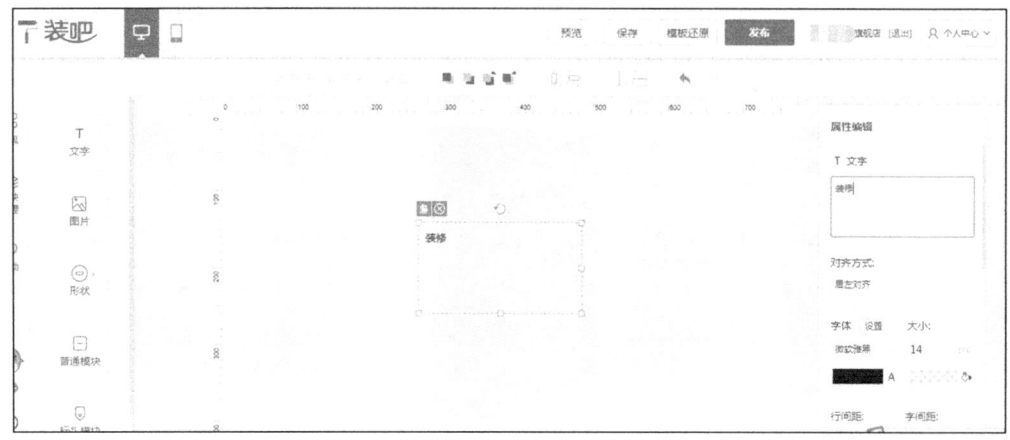

图 5-6-4

（3）敏感词检测，自动检测文字部分是否存在敏感词，减少详情页违规行为，如图 5-6-5 所示。

（4）灵活布局，选择模板后，可在模板基础上替换店内商品图片、文字、形状元素和标头锚点，如图 5-6-6 所示。

（5）一键发布批量装修详情页：一键发布 20 款商品，轻松快捷提高效率，如图 5-6-7 所示。

（6）无线端智能同步，装吧模板可一键发布到手机端，省去再次编辑的工作量，如图 5-6-8 所示。

第 5 章 店铺装修

图 5-6-5

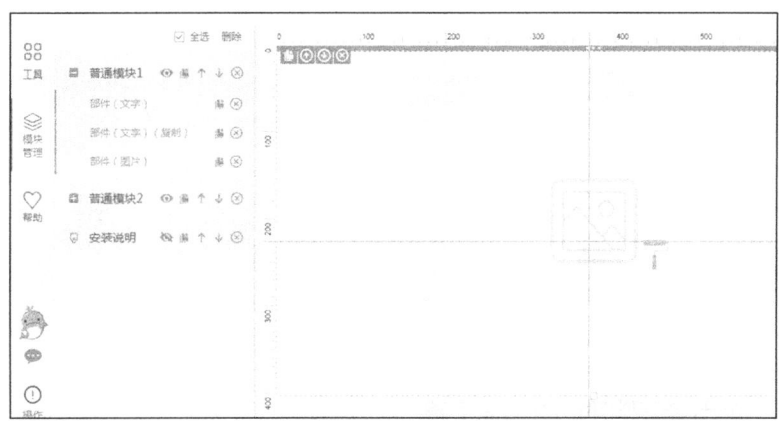

图 5-6-6

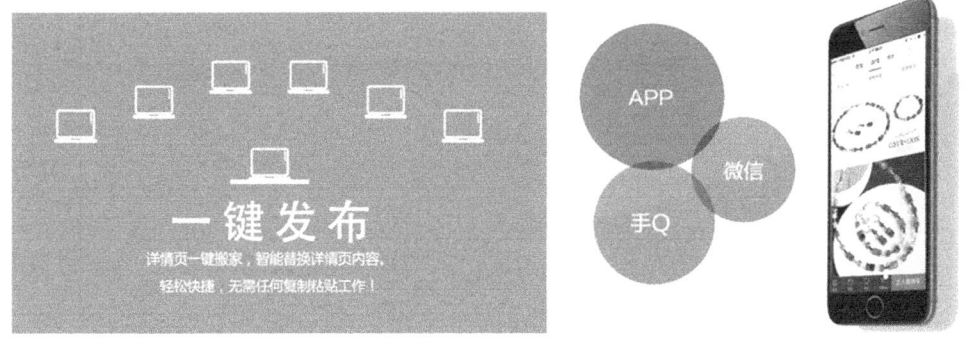

图 5-6-7　　　　　　　　　　　　　图 5-6-8

（7）提高站外流量，目前装吧发布的详情页已经可以被各大外部搜索引擎抓取百度、360 搜索、有道等，如图 5-6-9 所示。

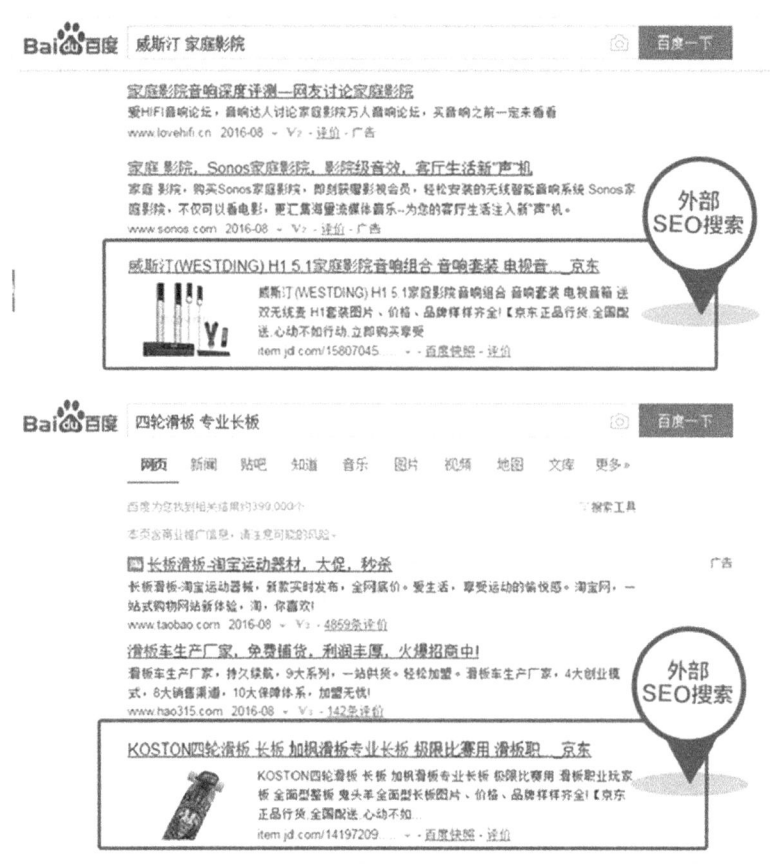

图 5-6-9

## 5.6.2 使用装吧装修 PC 端页面

（1）装吧后台进入路径，如图 5-6-10 所示。

图 5-6-10

## 第 5 章 店铺装修

↳ **Tips**

当然，装吧入口还有很多，如下所示。

入口 1：网址 http://xiangqing.jd.com

入口 2："商家后台"—"商品管理"—"商品详情模板"

入口 3："商家后台"—"修改商品"—"基础内容编辑"

入口 4："商家后台"—"我的店铺"—"店铺装修"—"模板市场"—"商品模板"

（2）装吧系统选购流程介绍如下。

① 选择模板，如图 5-6-11 所示。在这里我们可以看到在模板列表页的左侧有诸多属性分类，可以帮助商家快速地筛选出适合的模板。其中，免费和付费模板的区别，如图 5-6-12 所示。

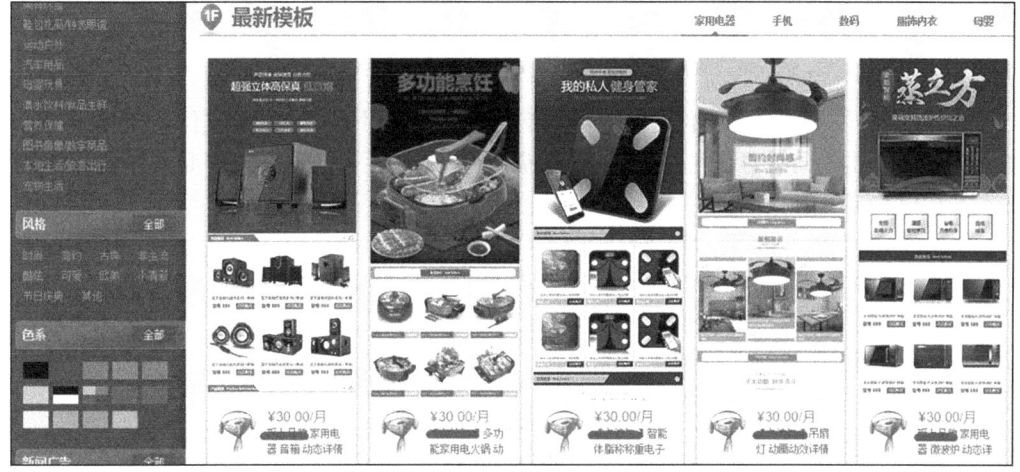

图 5-6-11

| POP商家 | 装吧功能 | 免费模板 | 普通付费模板 | 高级动效模板 |
| --- | --- | --- | --- | --- |
| | 1. 可视化编辑（文字、图片、背景） | 支持 | 支持 | 支持 |
| | 2. 锚点导航 | 支持 | 支持 | 支持 |
| | 3. 敏感词监测 | 支持 | 支持 | 支持 |
| | 4. SEO外部搜索收录 | 支持 | 支持 | 支持 |
| | 5. PC端GIF图添加 | 支持 | 支持 | 支持 |
| | 6. PC端商详页商品推荐（含链接） | 支持 | 支持 | 支持 |
| | 7. 同步移动端商详和可视化编辑 | 支持 | 支持 | 支持 |
| | 8. 移动端商详页商品推荐（含链接） | 支持 | 支持 | 支持 |
| | 9. 移动端GIF图添加 | 支持 | 支持 | 支持 |
| | 10. 批量复制发布 | | 支持 | 支持 |
| | 11. 模块复制（可实现跨模板、跨商品复制） | | 支持 | 支持 |
| | 12. PC端动画特效（图片、文字增加动效） | | | 支持 |
| | 费用 | | 20元/月 | 30元/月 |
| | 购买周期（到期后不能编辑，但不影响展示） | | 3个月、6个月、12个月 | 3个月、6个月、12个月 |
| | 使用范围 | | 购买账号下的所用商品 | 购买账号下的所用商品 |

图 5-6-12

↳ **Tips**

装吧中设计师模板内的图片和文字只代表排版结构，只是举例，具体商品信息需要商家自行更换。

② 确定模板并购买，在单击"立即购买"按钮后，进入如图 5-6-13 所示页面。

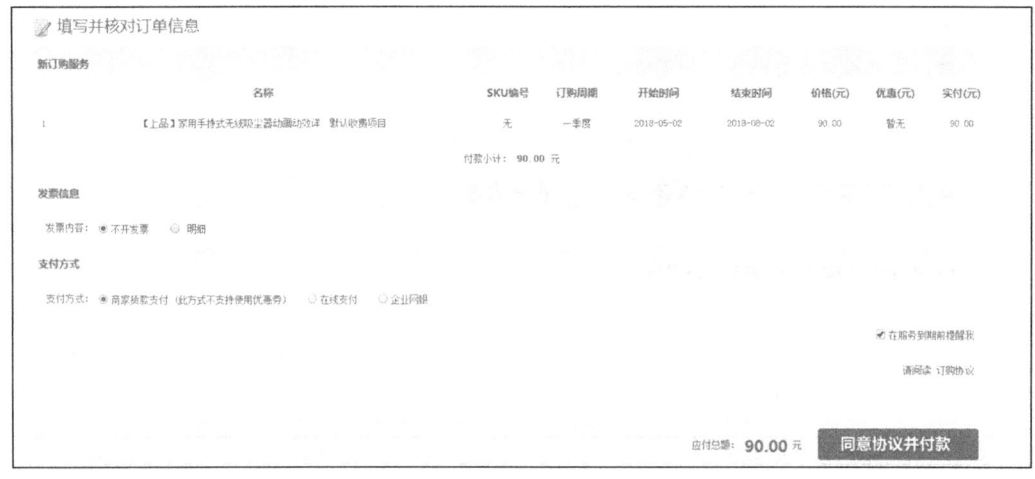

图 5-6-13

③ 选择好发票信息和支付方式（货款支付、在线支付、企业网银支付），确定购买时长无误后，单击"同意协议并付款"，按照提示付款成功后即可开始进行商品详情页装修，如图 5-6-14 所示。

图 5-6-14

（3）商品详情页草稿编辑

如已购买了模板，可在"我购买的模板"里选择模板并单击"编辑草稿"进行商品详情页装修，如图 5-6-15 所示。

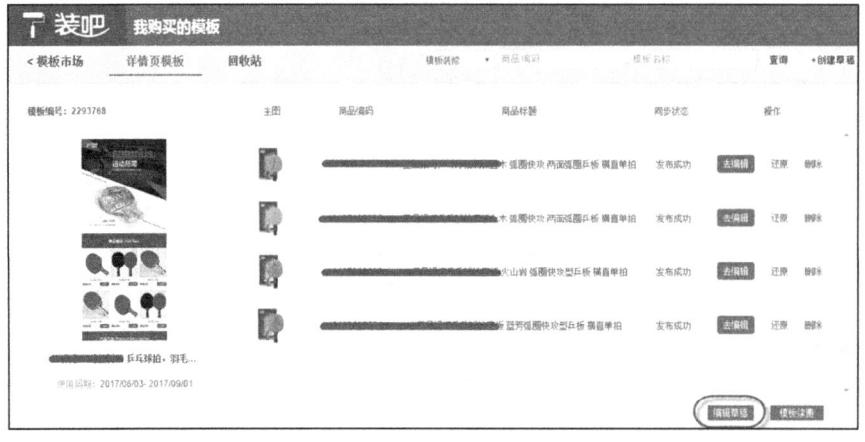

图 5-6-15

进入到装吧商品详情页编辑页面后，如图 5-6-16 所示。只需要按照购买的详情页布局模板要求，把准备好的图文信息按照各模块的尺寸要求替换原模板中的图文即可。在此期间，需要根据模板图片的角度、尺寸要求等提前拍摄或修改商品的图片样式，并根据模板文案排版的需要填写适合的商品文案。

图 5-6-16

↘ Tips

装吧可以提供试用，建议在正式使用装吧模板前先熟悉并按照模块尺寸建议准备好相应的图文信息，这样在购买后可以更高效地使用相关编辑工具，制作出心仪的商品详情页。

（4）保存发布并绑定商品

简单说，整个装吧商品详情页的装修顺序为：编辑草稿—发布—绑定商品。当我们按照店内某一商品编辑完详情页面后，单击"发布"按钮进入商品绑定页面，如图 5-6-17 所示。

图 5-6-17

### ↳ Tips

免费模板只支持 1 款商品发布，付费模板一次操作支持 20 款商品绑定（1 款主商品、19 款其他绑定的商品）。其中，绑定的主商品会发布到前台，其他选择的商品会返回"我的模板列表中"，需调整后再发布。

（5）修改装吧商品详情页

单击"修改模板按钮，可以分别针对 PC 端、移动端商品详情页进行内容修改，如图 5-6-18 所示。修改完毕单击"保存"按钮即可生效。

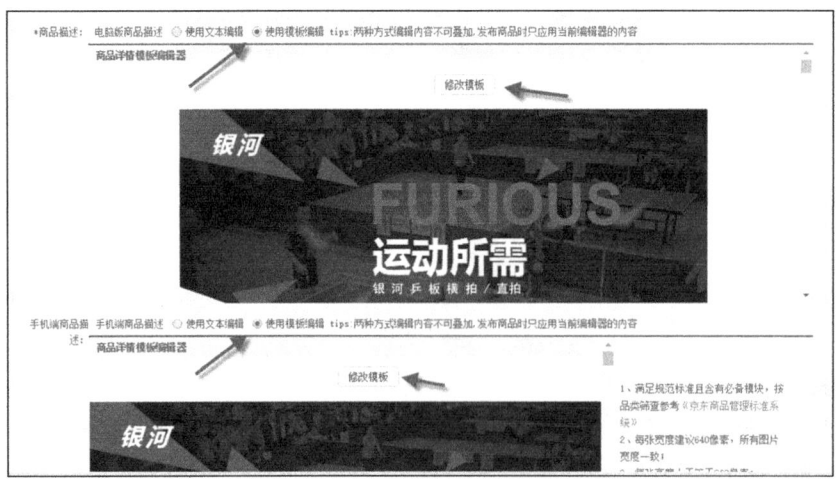

图 5-6-18

### 5.6.3 移动端编辑功能

#### 1．移动端编辑入口（分为独立平台和商家后台）

（1）独立平台入口

入口 1：从 PC 端编辑进入移动端，这个界面是通过电脑版 PC 端的界面进入后，编辑好 PC 界面旁边的移动端转换的入口，如图 5-6-19 所示。

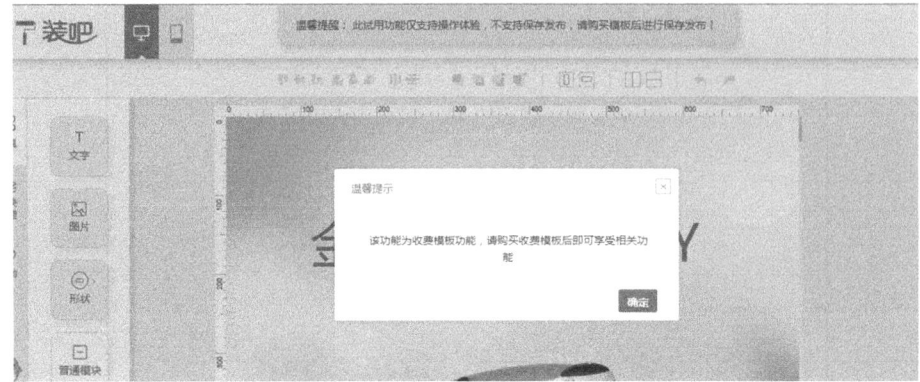

图 5-6-19

入口 2：从 PC 端绑定商品页进入移动端，如图 5-6-20 所示。

图 5-6-20

（2）商家后台入口

入口 1：从 PC 端编辑进入移动端这个界面是通过电脑版 PC 端的界面进入后，编辑好 PC 界面旁边的移动端转换的入口，如图 5-6-21 所示。

图 5-6-21

入口 2：如图 5-6-22 所示，直接进入移动端，单独单击"移动端装吧"按钮进入模板界面。单击进入使用界面会出现移动端编辑界面。

**2．移动端编辑功能**

第一步：如图 5-6-23 所示，单击"移动端装吧"按钮，跳转到装吧移动端。若使用装吧编辑 PC 端的页面，系统会自动调取 PC 端页面内容，同步到移动端编辑器内，节省重复编辑的工作量。

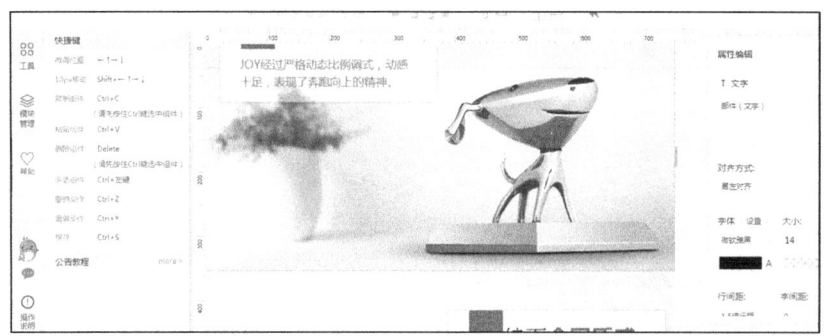

图 5-6-22

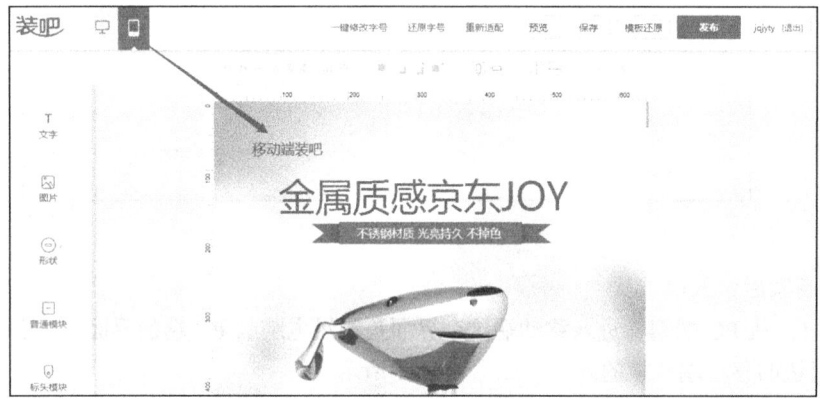

图 5-6-23

第二步：一键调整文字大小，自动将页面中＜20px 的文字调整为≥20px，如图 5-6-24 所示。

图 5-6-24

第三步：移动端编辑器支持移动端产品链接的添加，单击"添加链接"按钮，如图 5-6-25 所示。

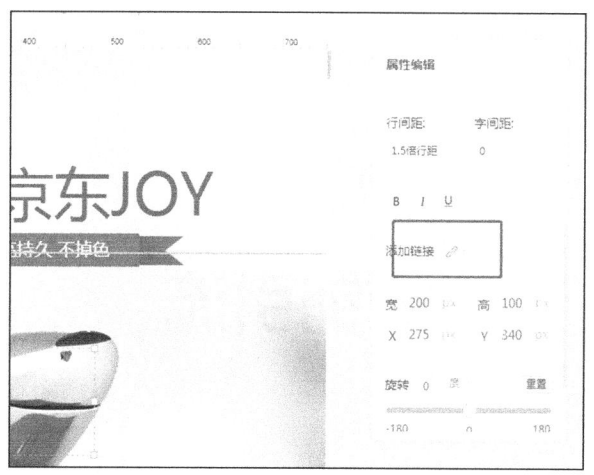

图 5-6-25

第四步：确认移动端详情页内容无误后单击"保存"按钮，单击"返回商家后台"按钮，如图 5-6-26 所示。

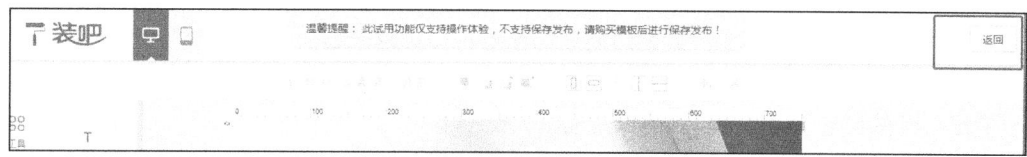

图 5-6-26

本章主要介绍了商家在开店完成后需要进行的店铺装修工作，尤其是对 Jshop 和装吧系统进行了详细的介绍，帮助商家更好地运用平台工具对店铺进行装修。

# 第 6 章

# 店铺引流

目前，电商行业流量竞争十分激烈，京东平台的流量每年还是呈现强势的增长，但随着入驻京东的商家越来越多，分配给商家的流量也相对越来越少。在这种情况下，商家如何才能获取更优质、更精准的流量就显得非常关键。从下面这个电商行业的黄金公式中可以看出，流量在电商运营中起到的作用非常大。

销售额=流量×客单价×转化率

本章通过京东的流量构成、免费流量、付费流量和活动流量这 4 个部分，解读商家在京东获取流量的各种渠道，以及在流量获取的过程中需要注意的事项与方法。

## 6.1 流量构成

京东平台的流量来源呈现多元化趋势，其中终端的多样性是主要原因。按京东流量来源的端口分析，京东目前的流量分为 PC 端（如图 6-1-1 和图 6-1-2 所示）和移动端（如图 6-1-3 和图 6-1-4 所示）。特别是移动端流量，目前占比已达到 85%以上，而移动端流量端口目前分为京东 APP 端、M 端、微信端和手机 QQ 端这 4 个端口。作为京东平台上的商家，京东的流量在哪里、京东流量占比是多少、京东流量的构成逻辑，是商家首先需要了解和熟悉的。下面通过京东后台的京东商智来分析京东店铺的流量具体来源以及所占比例，以便更好地为店铺运营提供数据支持。

如图 6-1-1 和图 6-1-2 所示，我们可以很清晰地看到京东店铺 PC 端的流量来源。

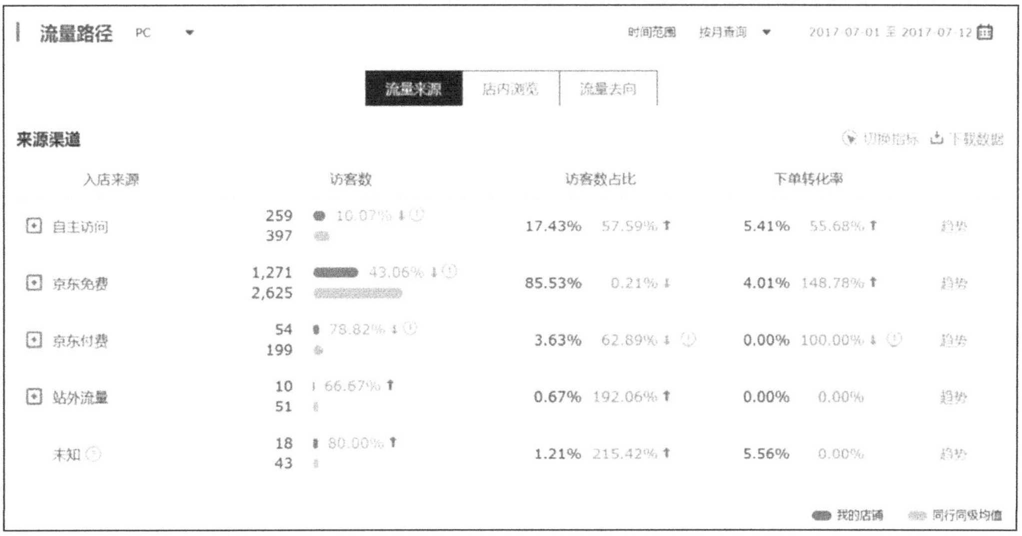

流量路径 PC 时间范围 按月查询 2017-07-01 至 2017-07-12

流量来源 店内浏览 流量去向

来源渠道 切换指标 下载数据

| 入店来源 | 访客数 | | 访客数占比 | | 下单转化率 | | |
|---|---|---|---|---|---|---|---|
| 自主访问 | 259<br>397 | 10.07% ↓ | 17.43% | 57.59% ↑ | 5.41% | 55.68% ↑ | 趋势 |
| 京东免费 | 1,271<br>2,625 | 43.06% ↓ | 85.53% | 0.21% ↓ | 4.01% | 148.78% ↑ | 趋势 |
| 京东付费 | 54<br>199 | 78.82% ↓ | 3.63% | 62.89% ↓ | 0.00% | 100.00% ↓ | 趋势 |
| 站外流量 | 10<br>51 | 66.67% ↑ | 0.67% | 192.06% ↑ | 0.00% | 0.00% | 趋势 |
| 未知 | 18<br>43 | 80.00% ↑ | 1.21% | 215.42% ↑ | 5.56% | 0.00% | 趋势 |

我的店铺 同行同级均值

图 6-1-1

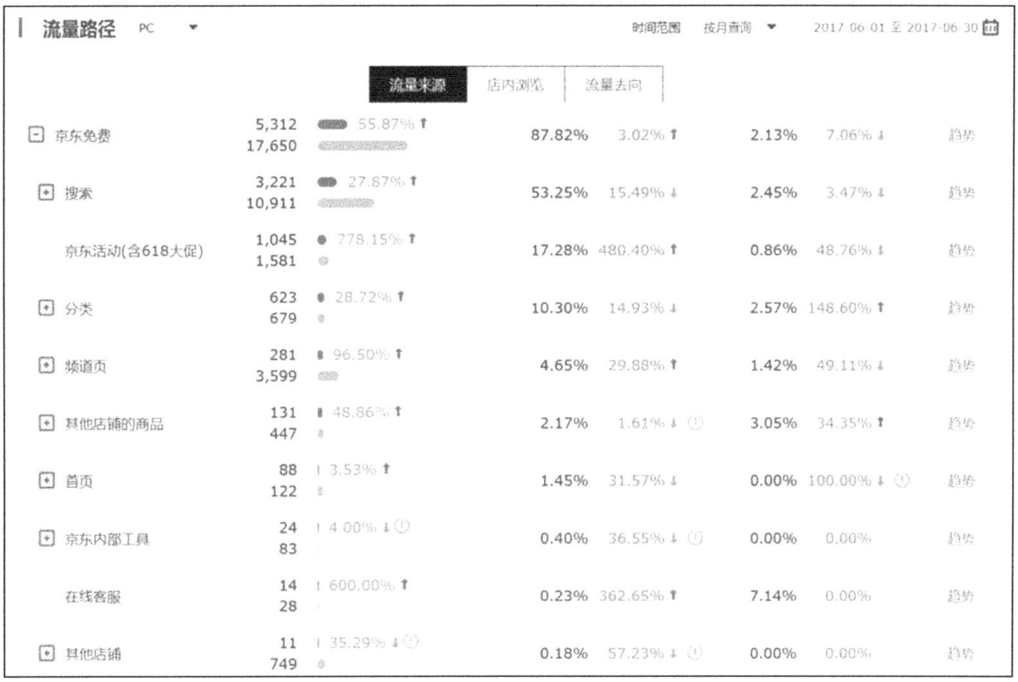

流量路径 PC 时间范围 按月查询 2017-06-01 至 2017-06-30

流量来源 店内浏览 流量去向

| | | | | | | | |
|---|---|---|---|---|---|---|---|
| 京东免费 | 5,312<br>17,650 | 55.87% ↑ | 87.82% | 3.02% ↑ | 2.13% | 7.06% ↓ | 趋势 |
| 搜索 | 3,221<br>10,911 | 27.87% ↑ | 53.25% | 15.49% ↓ | 2.45% | 3.47% ↓ | 趋势 |
| 京东活动(含618大促) | 1,045<br>1,581 | 778.15% ↑ | 17.28% | 480.40% ↑ | 0.86% | 48.76% ↓ | 趋势 |
| 分类 | 623<br>679 | 28.72% ↑ | 10.30% | 14.93% ↓ | 2.57% | 148.60% ↑ | 趋势 |
| 频道页 | 281<br>3,599 | 96.50% ↑ | 4.65% | 29.88% ↑ | 1.42% | 49.11% ↓ | 趋势 |
| 其他店铺的商品 | 131<br>447 | 48.86% ↑ | 2.17% | 1.61% ↓ | 3.05% | 34.35% ↑ | 趋势 |
| 首页 | 88<br>122 | 3.53% ↑ | 1.45% | 31.57% ↓ | 0.00% | 100.00% ↓ | 趋势 |
| 京东内部工具 | 24<br>83 | 4.00% ↓ | 0.40% | 36.55% ↓ | 0.00% | 0.00% | 趋势 |
| 在线客服 | 14<br>28 | 600.00% ↑ | 0.23% | 362.65% ↑ | 7.14% | 0.00% | 趋势 |
| 其他店铺 | 11<br>749 | 35.29% ↓ | 0.18% | 57.23% ↓ | 0.00% | 0.00% | 趋势 |

图 6-1-2

如图 6-1-3 和图 6-1-4 所示，我们可以很清晰地看到京东店铺移动端的流量来源。

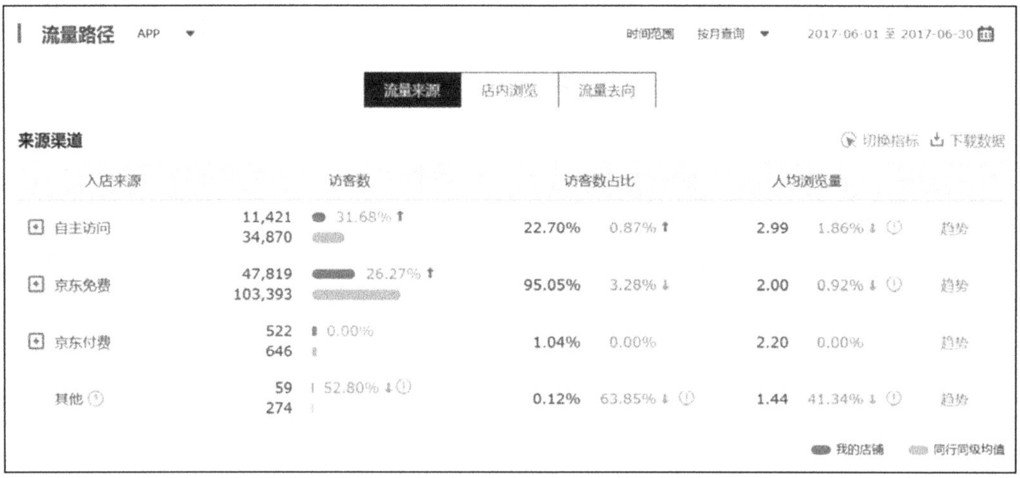

流量路径 APP 时间范围 按月查询 2017-06-01 至 2017-06-30

流量来源 店内浏览 流量去向

来源渠道 切换指标 下载数据

| 入店来源 | 访客数 | | 访客数占比 | | 人均浏览量 | | |
|---|---|---|---|---|---|---|---|
| 自主访问 | 11,421<br>34,870 | 31.68% ↑ | 22.70% | 0.87% ↑ | 2.99 | 1.86% ↓ | 趋势 |
| 京东免费 | 47,819<br>103,393 | 26.27% ↑ | 95.05% | 3.28% ↓ | 2.00 | 0.92% ↓ | 趋势 |
| 京东付费 | 522<br>646 | 0.00% | 1.04% | 0.00% | 2.20 | 0.00% | 趋势 |
| 其他 | 59<br>274 | 52.80% ↓ | 0.12% | 63.85% ↓ | 1.44 | 41.34% ↓ | 趋势 |

我的店铺 同行同级均值

图 6-1-3

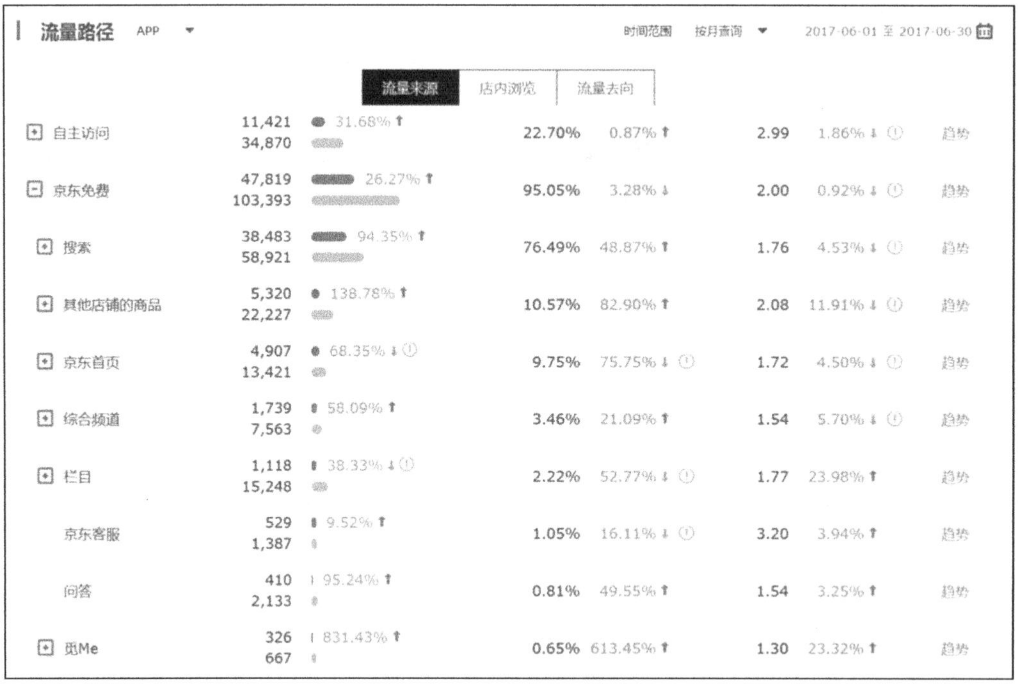

流量路径 APP 时间范围 按月查询 2017-06-01 至 2017-06-30

流量来源 店内浏览 流量去向

| | | | | | | | |
|---|---|---|---|---|---|---|---|
| 自主访问 | 11,421<br>34,870 | 31.68% ↑ | 22.70% | 0.87% ↑ | 2.99 | 1.86% ↓ | 趋势 |
| 京东免费 | 47,819<br>103,393 | 26.27% ↑ | 95.05% | 3.28% ↓ | 2.00 | 0.92% ↓ | 趋势 |
| 搜索 | 38,483<br>58,921 | 94.35% ↑ | 76.49% | 48.87% ↑ | 1.76 | 4.53% ↓ | 趋势 |
| 其他店铺的商品 | 5,320<br>22,227 | 138.78% ↑ | 10.57% | 82.90% ↑ | 2.08 | 11.91% ↓ | 趋势 |
| 京东首页 | 4,907<br>13,421 | 68.35% ↓ | 9.75% | 75.75% ↓ | 1.72 | 4.50% ↓ | 趋势 |
| 综合频道 | 1,739<br>7,563 | 58.09% ↑ | 3.46% | 21.09% ↑ | 1.54 | 5.70% ↓ | 趋势 |
| 栏目 | 1,118<br>15,248 | 38.33% ↓ | 2.22% | 52.77% ↓ | 1.77 | 23.98% ↑ | 趋势 |
| 京东客服 | 529<br>1,387 | 9.52% ↑ | 1.05% | 16.11% ↓ | 3.20 | 3.94% ↑ | 趋势 |
| 问答 | 410<br>2,133 | 95.24% ↑ | 0.81% | 49.55% ↑ | 1.54 | 3.25% ↑ | 趋势 |
| 觅Me | 326<br>667 | 831.43% ↑ | 0.65% | 613.45% ↑ | 1.30 | 23.32% ↑ | 趋势 |

图 6-1-4

如图 6-1-5 所示，这是某化妆品店铺在 2017 年 6 月某周的流量情况。从中我们可以看到全部渠道及各个端口的具体访客数、浏览量、跳失率、人均浏览量以及平均停留时间，并且可以看到最近的流量增长情况。

## 第 6 章 店铺引流

| 流量概况 | | | | | 时间范围 按周查询 2017-06-12 至 2017-06-18 |
|---|---|---|---|---|---|
| 核心指标 | | | | | 下载数据 |
| 渠道 | 访客数 | 浏览量 | 跳失率 | 人均浏览量 | 平均停留时长（秒） |
| 全部渠道 | 27,800 83.12%↑ | 72,778 90.49%↑ | 59.91% 3.18%↓ | 2.62 4.02%↑ | 72.37 2.76%↑ |
| APP | 18,249 86.21%↑ | 47,030 97.85%↑ | 59.89% 3.78%↓ | 2.58 6.25%↑ | 51.99 4.96%↑ |
| PC | 2,328 57.51%↑ | 7,864 72.91%↑ | 53.95% 8.34%↑ | 3.38 9.78%↑ | 182.80 1.59%↑ |
| 微信 | 4,118 66.12%↑ | 11,717 78.42%↑ | 56.36% 4.81%↓ | 2.85 7.41%↑ | 81.41 1.52%↑ |
| 手Q | 766 80.24%↑ | 2,140 56.20%↑ | 57.66% 4.26%↓ | 2.79 13.33%↓ | 74.22 11.56%↓ |
| M端 | 2,339 134.13%↑ | 4,027 106.41%↑ | 73.15% 1.47%↑ | 1.72 11.84%↓ | 104.87 25.85%↓ |

图 6-1-5

> **Tips**
> 商家可以根据自身行业和店铺的特性，有针对性地选择重点运营的端口，每一个端口都有突破的可能，都有好的玩法。

通过这些数据，可以分析出店铺的流量构成，店铺各渠道中流量的具体数值以及在总体流量中所占的比例；可以更加直观地看出店铺在哪些流量入口做得不够到位，从而更好地指导店铺的运营。

一个运营正常、健康的店铺，流量来源一定是广泛的，而不是单一的。

一个京东店铺流量来源的构成，以下会从自主访问流量、京东免费流量、京东付费流量和京东站外流量这 4 个方面分别进行介绍。

## 6.1.1 自主访问流量

自主访问流量是指访客自发、主动地访问店铺，不同的访客有不同的访问路径（如图 6-1-6 所示）。对于有一定知名度的品牌，自主访问的客户群体会广泛一些，对于品牌知名度小的店铺，自主访问一般基于老客户的回访或者由老客户介绍的新客户而产生。

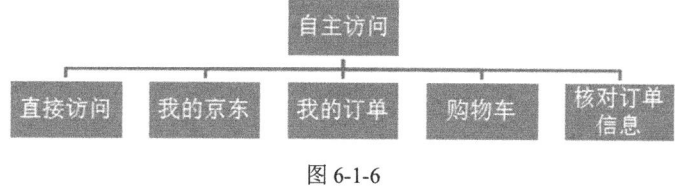

图 6-1-6

（1）直接访问流量，即访客直接在浏览器的地址栏中输入店铺的链接地址或者通过浏览器收藏夹中的店铺链接地址而进入店铺，如图 6-1-7 所示。

图 6-1-7

（2）"我的京东"流量，即访客通过京东官方管理后台"我的京东"中的选项进入店铺，比如"我的订单"或"团购订单"，如图 6-1-8 所示，这些流量中有很大一部分比例是店铺的老顾客。

图 6-1-8

（3）"我的订单"流量，即访客通过"我的京东"—"订单中心"—"我的订单"页面进入店铺，如图 6-1-9 所示。这部分流量是基于老客户发生复购的行为，对店铺的转化率有非常重要的影响。

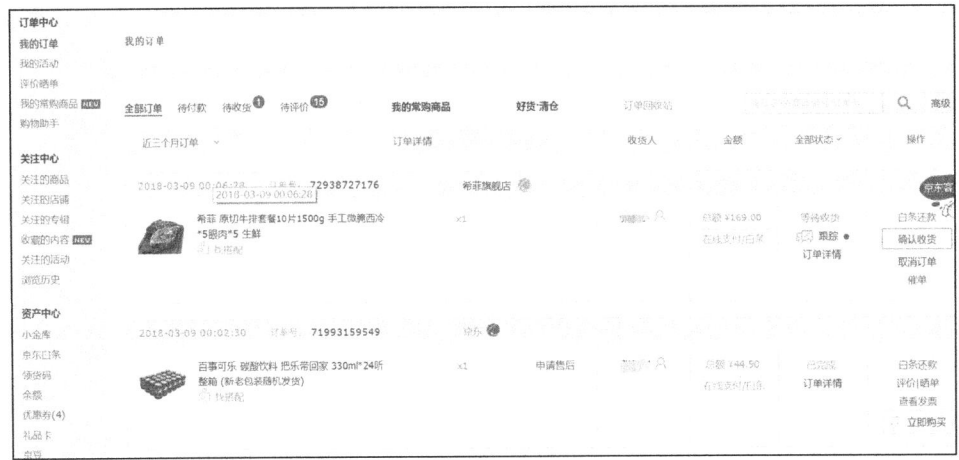

图 6-1-9

# 第6章 店铺引流

（4）购物车流量，即访客通过"京东购物车"进入店铺，如图 6-1-10 和图 6-1-11 所示。这部分客户是在打开"下单后未完成支付"订单后进入店铺的。这部分客户通常是通过比较商品之后再进行付款，或者进入店铺再选择另外的商品。这部分客户对商品有一定的认可度，会比较容易成交。

图 6-1-10

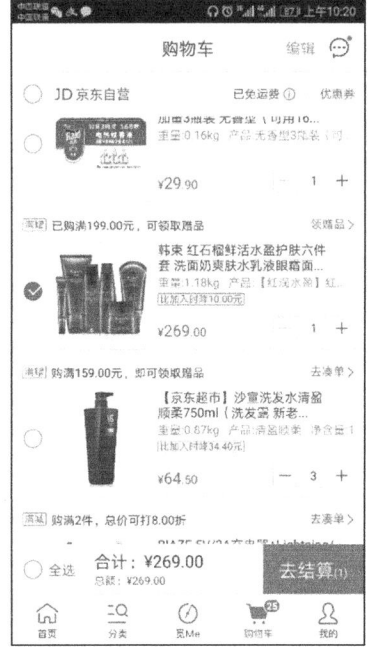

图 6-1-11

（5）核对订单信息流量，即访客通过"京东购物车"—"填写核对订单信息"进入店铺，如图 6-1-12 所示，与购物车流量类似，此类客户通常需要与同类的商品进行比较之后，才会下单付款，这部分流量的转化率通常会高于普通流量。

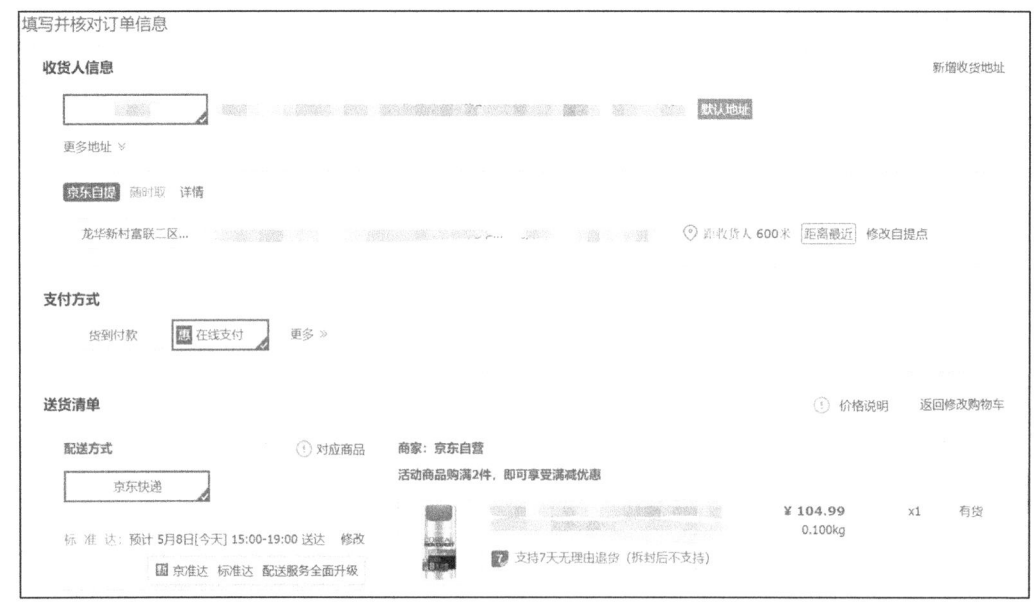

图 6-1-12

京东店铺的流量主要来自上面这几种渠道，一个店铺需要大且广泛的流量支撑，才能获得更多的订单和销售额，而每种流量的来源渠道，都是店铺需要重视和提升的。只有不断地增加浏览量，店铺才能做活、做大，从而良性地发展。

**Tips**

良性、健康的自主访问流量可以增加店铺或商品的权重，比如老客户回访比例的增加对店铺是有好处的。

## 6.1.2 京东免费流量

京东免费流量是指访客通过京东平台上非付费推广链接进入店铺，京东免费流量来源主要由下面这部分流量构成，如图 6-1-13 所示。免费流量是商家必须要争取和维护好的流量来源。

（1）京东搜索流量，即访客通过在京东搜索框中搜索某个关键词而进入店铺，如图 6-1-14 所示。提高这部分流量的主要途径是对商品的关键词进行优化，从而得到比较靠前的搜索排名。

第 6 章 店铺引流

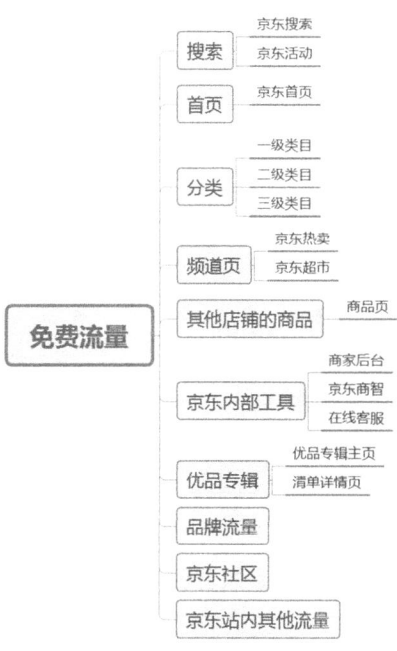

图 6-1-13

图 6-1-14

（2）京东搜索活动流量，即访客通过在京东搜索框下端单击某个活动关键词而进入店铺，如图 6-1-15 所示。

图 6-1-15

（3）京东首页流量，即访客通过"京东首页"进入店铺，如图 6-1-16 所示。

图 6-1-16

（4）一级类目流量，即访客通过"京东一级类目"进入店铺，如图 6-1-17 所示。如果想让访客通过一级类目进入店铺，对店铺的综合排名有比较高的要求，店铺中的商品和店铺本身都要有稳定的排名才能让访客搜索到。

图 6-1-17

（5）二级类目流量，即访客通过"京东二级类目"进入店铺，如图 6-1-18 所示。

图 6-1-18

（6）三级类目流量，即访客通过"京东三级类目"进入店铺，如图 6-1-19 所示。
（7）京东热卖流量，即访客通过外站进入京东热卖商品，如图 6-1-20 所示。

图 6-1-19

图 6-1-20

（8）京东超市流量，即访客通过京东超市（类似 http://chaoshi.jd.com/）的页面进入店铺，如图 6-1-21 所示。

（9）商品页流量，即访客通过其他店铺的商品进入店铺的流量。

（10）京东内部工具流量，即通过商家后台、京东商智、在线客服进入店铺，如图 6-1-22 所示。

## 第 6 章 店铺引流

图 6-1-21

图 6-1-22

（11）优品专辑流量，即访客通过优品专辑进入店铺，如图 6-1-23 所示。

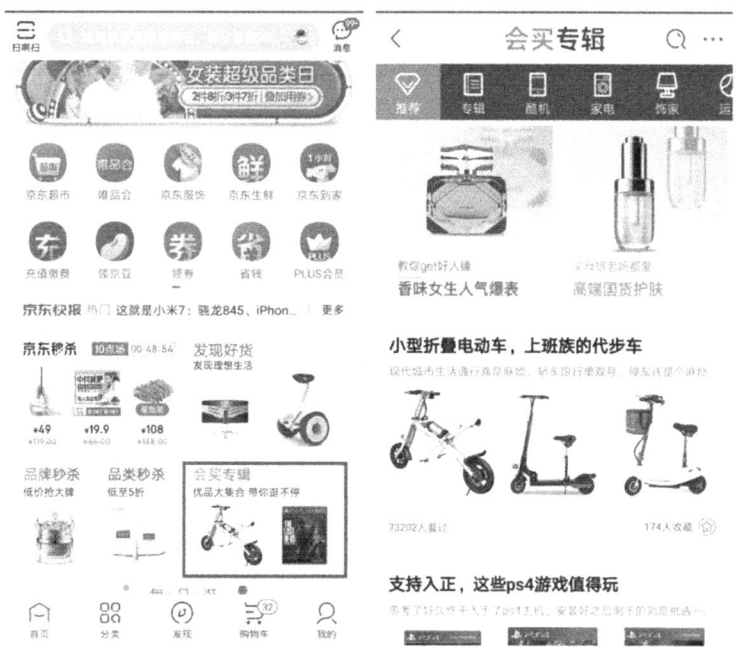

图 6-1-23

（12）品牌页流量，即访客直接搜索品牌名或者搜索关键词后选择品牌所带来的流量，如图 6-1-24 和图 6-1-25 所示。

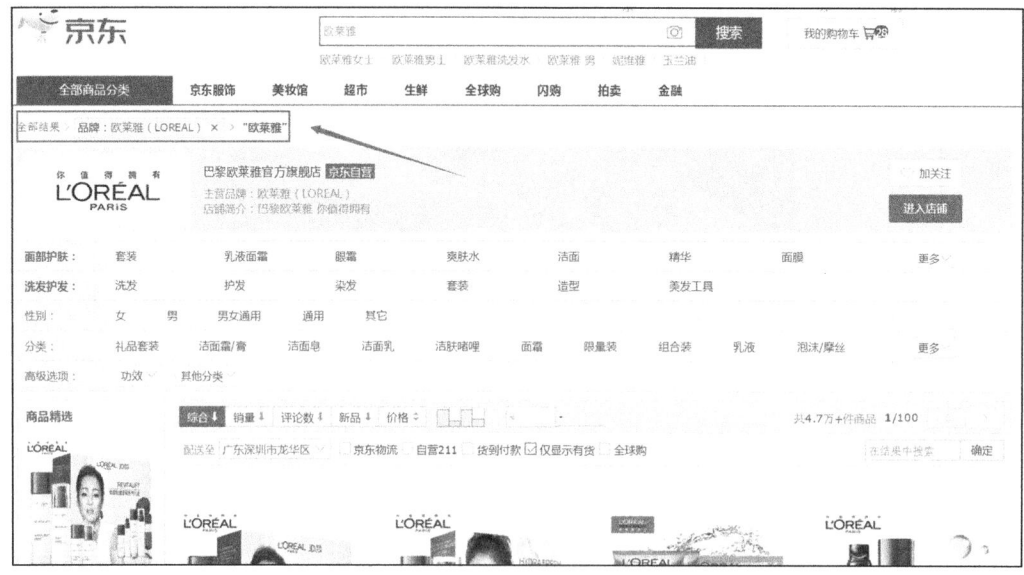

图 6-1-24

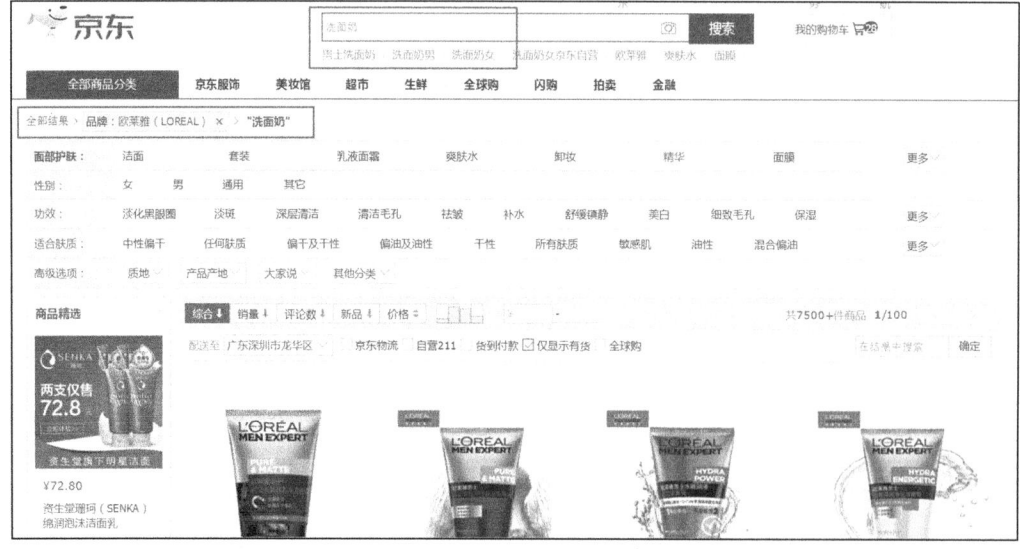

图 6-1-25

（13）京东社区流量，即访客通过"京东社区"（类似 http://group.jd.com/××.html）的页面进入店铺，如图 6-1-26 所示。

图 6-1-26

（14）京东站内其他流量，即访客通过京东域名下的链接进入店铺，但未对该来源进行单独归类，这类来源被统称为京东站内其他流量，如图 6-1-27 所示。

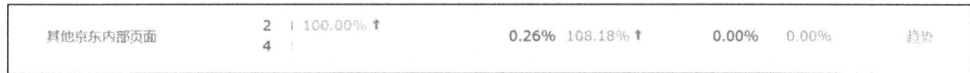

图 6-1-27

### 6.1.3 京东付费流量

京东付费流量是指访客通过商家在京准通平台上设置的付费推广链接进入店铺，京准通后台的付费推广主要包括京东快车、京挑客、品牌展位、品牌聚效、京东直投和京东无线通。

（1）京东快车流量，即访客通过京东站内的京东快车广告位进入店铺，如图 6-1-28 所示。

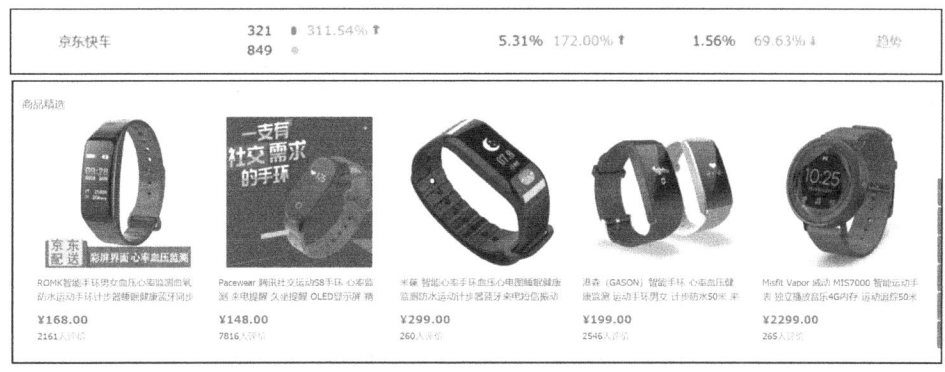

图 6-1-28

（2）京挑客流量，即访客通过京挑客广告位进入店铺，如图 6-1-29 所示。

图 6-1-29

(3) 京东直投流量，即访客通过京东直投广告位进入店铺，如图 6-1-30 所示。

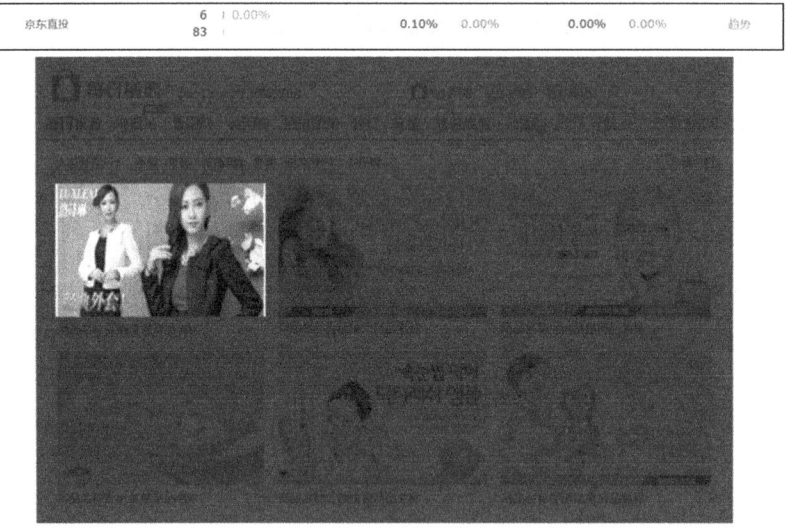

图 6-1-30

(4) 京选展位流量，即访客通过品牌聚效、品牌展位展示广告位进入店铺。

## 6.1.4 站外流量

站外流量是指访客通过京东站外的渠道进入店铺。

(1) 搜索流量，即访客通过搜索网站进入店铺，如图 6-1-31 所示。

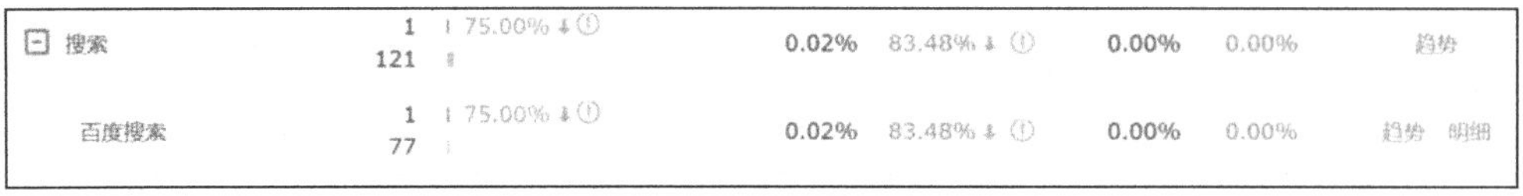

图 6-1-31

（2）站外其他，即访客通过站外的其他网站进入店铺，如图 6-1-32 所示。

| 站外其他 | 18 57 | ↑500.00% | 0.30% | 296.56% ↑ | 0.00% | 0.00% | 趋势 | |
| --- | --- | --- | --- | --- | --- | --- | --- | --- |
| 返钱宝宝 | 8 34 | ↑0.00% | 0.13% | 0.00% | 0.00% | 0.00% | 趋势 | 明细 |
| 亿起发 | 4 12 | ↑0.00% | 0.07% | 0.00% | 0.00% | 0.00% | 趋势 | 明细 |
| 腾讯 | 3 5 | ↑50.00% | 0.05% | 0.86% ↓ | 0.00% | 0.00% | 趋势 | 明细 |
| 多麦 | 3 10 | ↑200.00% | 0.05% | 98.28% ↑ | 0.00% | 0.00% | 趋势 | 明细 |
| linktech | 1 17 | ↑0.00% | 0.02% | 0.00% | 0.00% | 0.00% | 趋势 | 明细 |

图 6-1-32

## 6.2 免费流量

从广义的范围来说，京东免费流量是指访客通过京东上非付费推广链接进入京东店铺的流量，如京东首页、京东搜索、京东类目、频道页、活动页面、店铺页面、京东社区、京东站内其他链接等。从狭义的范围来说，京东店铺，尤其是 POP 店铺的绝大部分的免费流量来自于京东搜索，而获取搜索流量的最好方式就是获取较好的搜索排名，因为在很大程度上，一个店铺的搜索排名决定了这个店铺在这个平台的发展状况。在京东店铺流量来源中，自然搜索占很大的比重。本节就介绍如何才能在京东平台做好商品的搜索排名。

### 6.2.1 京东搜索原理

京东搜索引擎于 2011 年开始脱离开源的 Lucene，自主研发搜索引擎框架、算法等，到 2013 年时，其在中文和英文搜索上小有成就，为用户提供了较为稳定、快速并且更相关的搜索结果。2016 年，京东的搜索规则更加透明化，让开放平台中的商家理解和学习使用搜索引擎原理，方便进行商业推广。

下面分析 2016 年京东搜索引擎的现状及优化方法。虽然京东的搜索规则几乎每天都发生变化，但是其核心设计原理不会发生大的变化。

京东 SEO，即京东搜索引擎优化，它是指通过优化商品标题、类目，积累权重因子来获取较好的商品排名，从而获取京东搜索流量的一种技术，如图 6-2-1 所示。

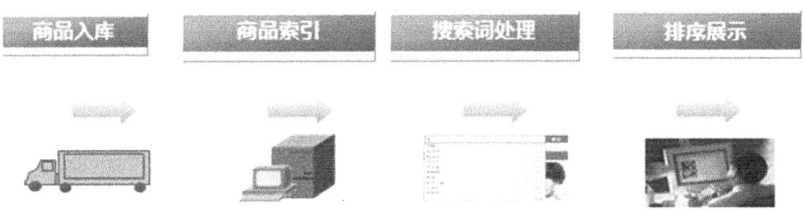

图 6-2-1

第一步：商品入库
京东将商家上传的商品按照类目、属性、商家 ID 等存入数据库中。
第二步：商品索引
当商品按照类目、属性、文字、标题、图片等格式，以表格的形式存入数据库后，可以使用文字索引的方式进行查找，其类似于在图书馆查找图书。
第三步：搜索词处理
用户在搜索商品时，搜索引擎程序即对搜索词进行分词处理。常用的切词方式为按"字""词"切词。
第四步：排序展示
处理搜索词后，搜索引擎程序从索引数据库中找出所有包含搜索词的商品，并根据排名算法计算出哪些商品应该排在前面，然后按照一定的格式返回"搜索"页面。目前京东有 4 种排序模式，即按商品搜索排序、按店铺搜索排序、按活动搜索排序、按促销搜索排序，如图 6-2-2 所示。

图 6-2-2

## 6.2.2 商品搜索

在前面介绍的这几种京东搜索排序模式中，商品搜索是店铺最主要的流量来源，也是商家们最关心的内容，下面就重点解析商品搜索的规则和原理。京东商品搜索分为索引规则、展示规则、排序规则共 3 个部分。

**1．索引规则**

索引规则是指把关键词写在商品或店铺相关的具体位置上，在用户搜索时，可以被平台抓取、匹配并展示给用户的规则。

（1）召回

商家在店铺后台上传商品后，系统会召回商品信息，如图 6-2-3 所示。具体召回的字段为：
- 标题
- 广告语
- 三级类目信息

- 店铺名称
- 商品属性
- 品牌字段
- 评价标签

↘ Tips

商品评价内有"评价字段"或者"热点选购"的标签。

- 同义词

↘ Tips

同义词会根据京东词库的调整有所变化。

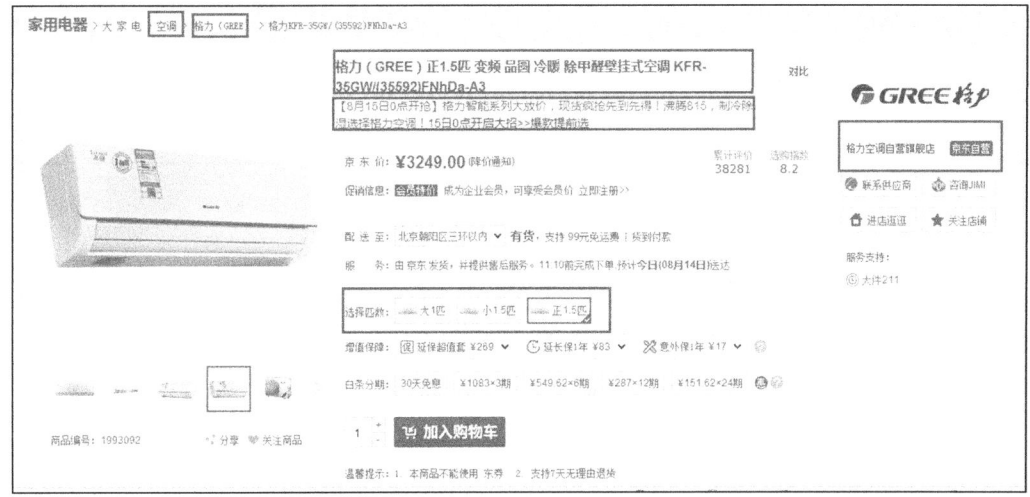

图 6-2-3

（2）分词

分词是搜索引擎的基础工作，京东搜索引擎有两套搜索分词逻辑，系统会将索引端的分词和查询端的分词进行匹配（考虑因素包括词间距等）。

① 查询端分词：系统会把标题"××跑步机家用电动折叠超静音免安装"分为"××""跑步机""家用""电动""折叠""超静音""免安装"等词。

② 索引端分词：系统会把标题"××跑步机家用电动折叠超静音免安装"分为"××""跑""跑步""跑步机""步机""机家""家""家用"等词。

（3）SPU 选品

商家在店铺后台上传商品时，经常会出现一个 SPU 下有多个 SKU 的情况。如图 6-2-4 所示，同一款空调下有"大 1 匹""小 1.5 匹""正 1.5 匹"共 3 个 SKU，其中"正 1.5 匹"在最近 15 天的销量最大且有库存，所以，索引的是"正 1.5 匹"这个 SKU，也就是在前台系统展示的是"正 1.5 匹"这个 SKU 的排名。

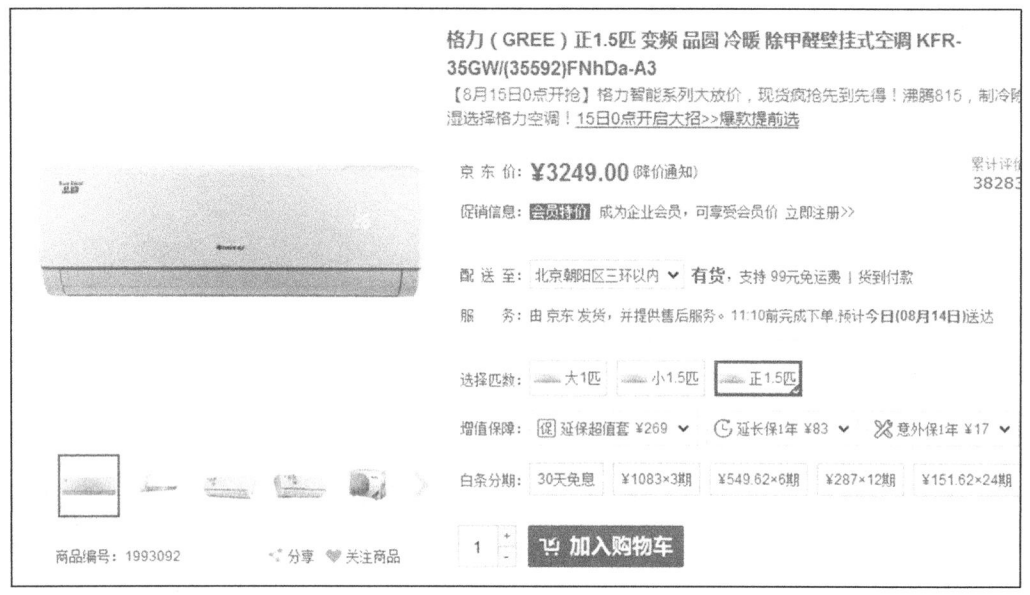

图 6-2-4

（4）更新频率

系统在收集数据时是有频率的，其收集数据的节奏就是它更新商品的频率，所以商家要把握京东的更新频率。京东目前有两种更新频率：实时更新和每日凌晨更新。

① 实时更新

在进行商品上架、下架、修改库存、调整价格时，系统都会及时更新，搜索结果页中也会及时更新。

② 每日凌晨更新

商品的属性、分类（商品分类和店铺内分类）、主图、销量、评论等发生变化时，系统在搜索结果页不会及时更新，而是要等到凌晨才开始更新，一般第二天会更新成功。

> Tips

当商品的销售属性发生改变时，有可能导致商品的 SKUID 发生变化。京东系统目前是按照商品的 SKUID 抓取商品的排序权重，商品的 SKUID 一旦发生改变，就有可能影响到商品的自然搜索排名权重。所以，一定不要在店铺后台随便改变商品的销售属性，即不要随意增加或者删除商品的颜色、尺码属性，如图 6-2-5 所示。建议商家在上传商品时，要确定好此商品的销售属性，如果后期一定要改，那么可以先上传一个与要修改的商品一样的新品，此新品的销售属性与要修改的商品一样。在进行新品销售属性的修改测试时，如果次日查看此新品的 SKUID 有所变化，那么不建议商家对原商品进行修改，因为这样会影响原商品的商品权重。如果新品的 SKUID 没有改变，即不影响商品权重，则可以在原商品上进行相应的修改。

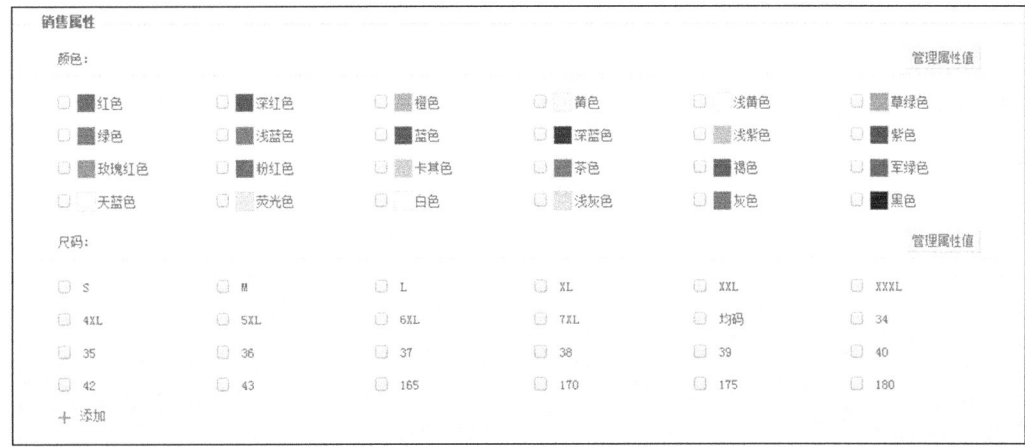

图 6-2-5

**2．展示规则**

当客户在京东搜索商品的关键词时，京东会展示搜索下拉框中的前几位热搜词、品牌店铺入口、商品分类、属性区域、筛选区域及各种商品搜索结果，如图 6-2-6 所示。

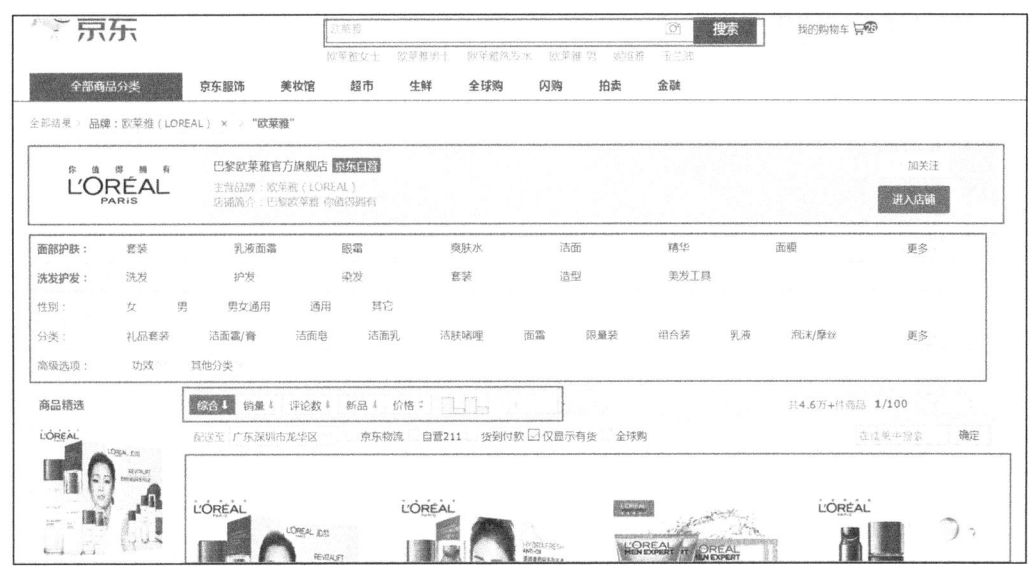

图 6-2-6

在京东搜索结果页中，可以按综合排序、销量、价格、评论数、新品共 5 种方式展示结果，如图 6-2-7 所示。

在搜索结果页的这 5 项排序方式中，综合排序的流量占比最大，所以本节重点介绍京东综合排序的影响因素。

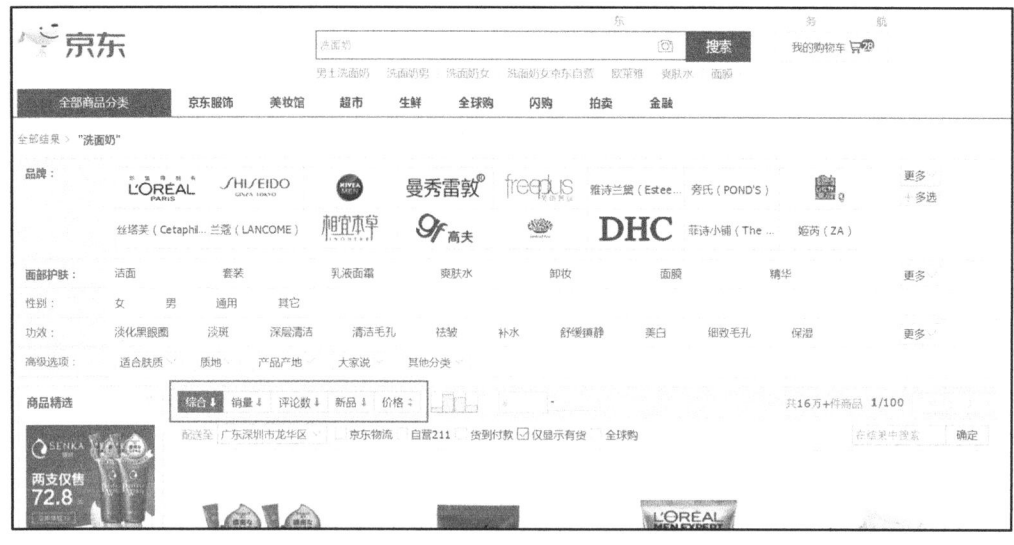

图 6-2-7

### 3. 排序规则（综合排序）

京东综合排序的影响因素包括以下 11 点。

- 文本相关性
- 类目相关性
- 人气模型
- 搜索反馈
- 市场机制
- 价格模型
- 品牌模型
- 新品模型
- 季节模型
- 店铺模型
- 个性化

> **Tips**
> 目前移动端排名与 PC 端排名规则基本一致。

下面具体分析每一个影响因素是如何影响京东综合排序的。

（1）文本相关性

文本信息包括标题、广告语、分类名称、商品扩展属性。用户搜索的词出现在越相关的字段中，文本得分就越高，如图 6-2-8 所示。

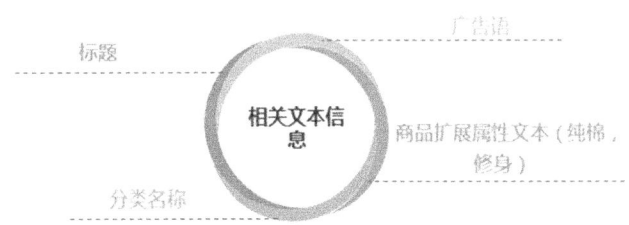

图 6-2-8

优化文本相关性,其实就是提高商品文本信息包含的关键词和用户搜索的关键词的相关性,所以其核心就是优化关键词。优化关键词要注意以下 3 点。

① 关键词采集。

关键词采集一般分为以下 3 种方法。

- 搜索下拉框热搜词
- 京东商智采集
- 京东快车采集

建议商家重点跟进"京东商智"—"行业分析"—"行业关键词"—"热门关键词"页面中的词,在这里可以了解关键词的具体数据,如搜索指数、搜索人气、点击指数、转化率等。在收集完关键词之后,可以开始对关键词进行分类整理,如图 6-2-9 所示,即找出主关键词、长尾关键词、成交关键词等。

| 主关键词 | 长尾关键词 | 搜索关键词 |
| --- | --- | --- |
| 凤尾\鸡头关键词 | 热点\事件关键词 | 成交关键词 |
| 关键词的昨天、今天、明天 | 营销关键词 | 价值关键词 |

图 6-2-9

② 京东标题优化准则。
- 标题:使用中文品牌(英文品牌)+热搜词(中心词)+产品特点(属性、功能)+类目(避免特殊符号、堆砌关键词)。
- 广告语:使用促销词。

③ 标题优化。

文本相关性得分一般考虑以下 4 个因素,如图 6-2-10 所示。

图 6-2-10

- 词距：即关键词之间的距离，其与访客搜索词的词间距越小，文本得分越高。
- 顺序：即关键词之间的顺序，其与访客搜索词的顺序相同分数最高，逆序时分数减少。
- 长短：京东使用的算法倾向于简短和精准的文本，但是这种倾向正在逐渐减弱，商家在设置标题时，不要过短也不能有太多重复的关键词。
- 特殊符号：当括号位于整个标题的结尾时，括号内的文本不计算字节长度。这个规则基于京东平台在处理商品信息时，将括号内的文本定义为商品解说词。不建议在文本中频繁使用特殊符号。

（2）类目相关性

用户搜索关键词后，京东平台会优先展示"高相关分类"下的商品。这样做是为了剔除相关文本中含有与用户搜索关系词非相关的商品。

在京东平台中，部分商家在查找相关商品分类时会遇到一些问题，例如不知道自己的商品放在哪个类目下，比如安全座椅既可以放在母婴类目下，又可以放在汽车用品类目下，那么到底应该放在哪个类目呢？可以使用以下两种方法来判断。

① 方法一

在搜索框中输入关键词，进入搜索结果页，在页面左侧的分类中会出现该搜索关键词下可能出现的分类，如图 6-2-11 所示。其中"安全座椅"这个关键词下的商品既有放在"母婴—安全座椅"类目中的，又有放在"汽车用品—安全座椅"类目中的。这里我们把排序较高的类目定位为高相关分类，也就是"母婴—安全座椅"是安全座椅这个商品的高相关分类。

图 6-2-11

② 方法二

高相关分类的判定来源于分类反馈数据，具体包括以下 3 个方面。

- 分类筛选的点击量
- 该分类下商品的点击量
- 该分类下商品的购买量

所以可以在搜索框中输入商品的关键词后，在搜索结果页中选择在综合排序和销量排序下排名和销量均靠前的商品作为高相关分类。如图 6-2-12 所示，可以看到安全坐椅都分在母婴类目下，所以安全座椅这个商品的高相关分类为"母婴—安全座椅"。

**↘ Tips**

在部分类目中，商家不要盲目跟从京东自营商品去选择商品的类目，因为部分京东自营商品上线较早，后期在类目发生更新时，京东自营商品没有进行更新，但由于其上线时间早，因此权重较高，排名较好。

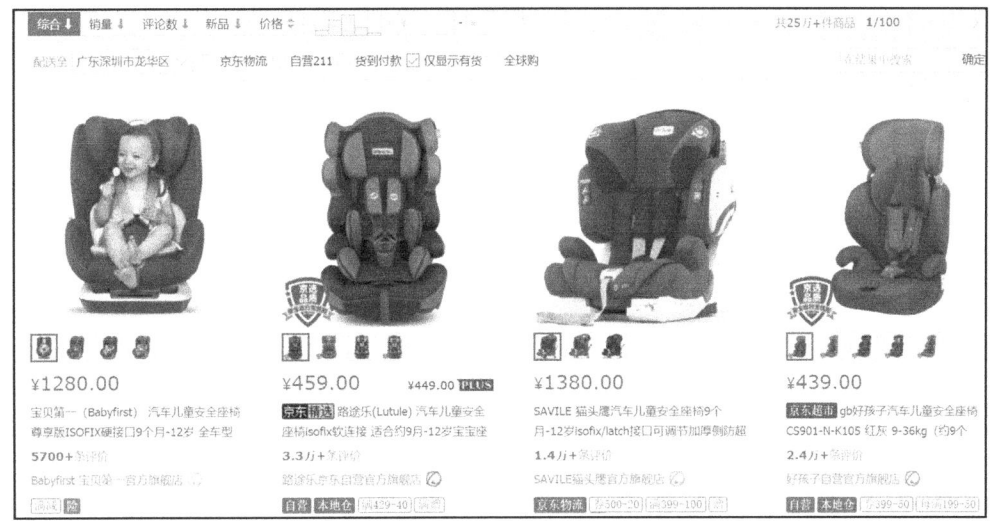

图 6-2-12

（3）搜索反馈

搜索反馈≈商品在该关键词上的质量得分，就是消费者通过搜索某个关键词到达了商品后，这个关键词就会为商品累积搜索反馈分，从而逐渐提高商品的排名。商品在该关键词下的流量和销量越高，得分就越高，如图 6-2-13 所示。

图 6-2-13

（4）人气模型

人气模型如图 6-2-14 所示，商品人气中的销售额、销售量、转化率、评论得分、加入购物车数、加入关注数、详情页访问深度，以及店铺人气中的店铺流量和销量决定了一个商品的权重。

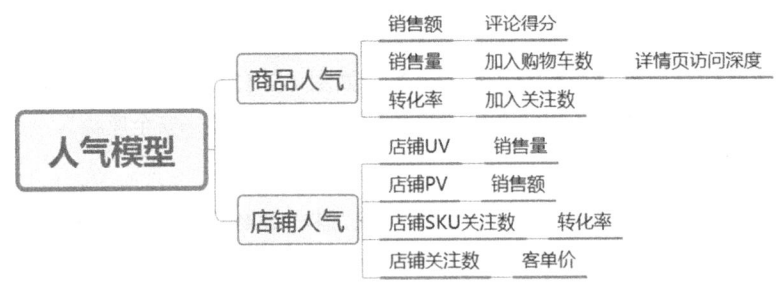

图 6-2-14

（5）市场机制

店铺模式穿插：京东对自营及 POP 店铺坑位占比情况进行了调整。

店铺穿插：在京东对某一个店铺的商品布局也进行了调整。如图 6-2-15 所示，某店铺原来的 4 个商品在首页的位置分别是 1、3、4、5，京东通过市场机制调整成为 1、7、12、17，从而避免部分商家使用作弊手段造成对市场的垄断，打造良好的购物平台。

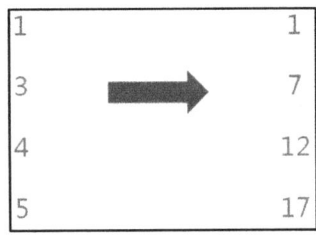

图 6-2-15

品牌穿插：对品牌的坑位进行了分布和限定。

（6）价格模型

在京东平台中，不同的品类在不同的关键词下都有一个价格区间，这个价格区间是价格模型中的最高得分区间。如图 6-2-16 所示，在男鞋类目下，凉鞋这个词的价格区间为 64~99 元。其中在 74~114 元这个价格区间的数据反馈最好。

↘ Tips

不是所有的关键词都有价格模型，京东主要针对价格和质量成正比的商品和类目进行价格评定。

（7）品牌模型

京东平台会通过计算所有三级分类下的品牌分来划分品牌等级，如图 6-2-17 所示。

影响品牌分的因素有属性区的属性点击量、品牌搜索量、商品点击次数、销售额、销量、品单价等。

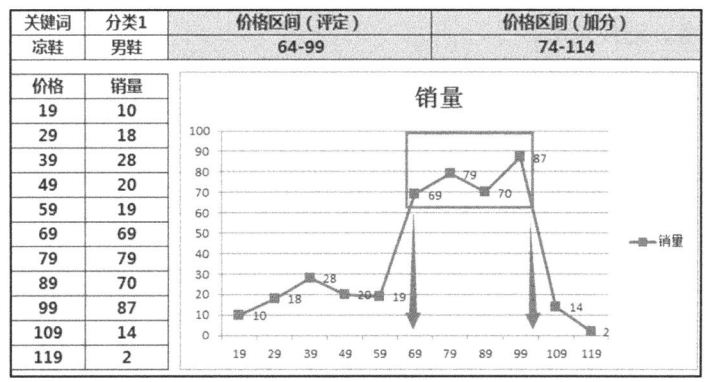

图 6-2-16

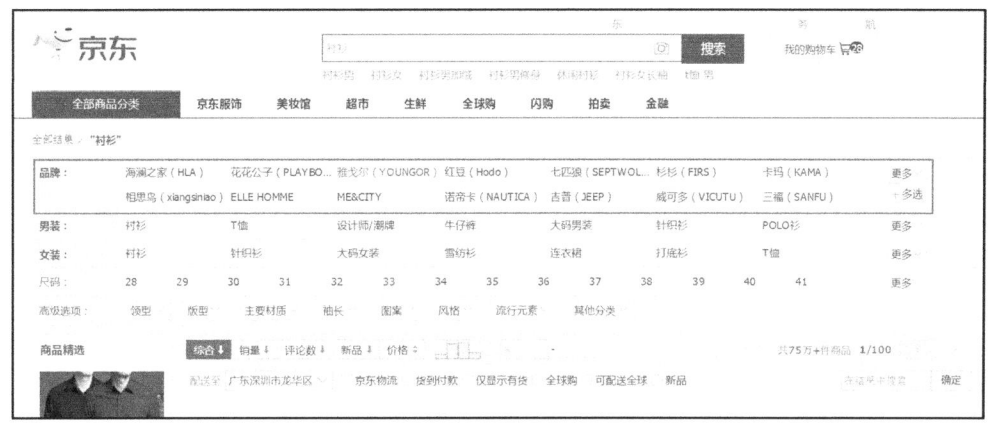

图 6-2-17

↘ **Tips**

一般能在京东搜索结果页首页展示的品牌为第一阶梯的品牌。

（8）新品模型

京东所有的新品都有新品权重。

如何定义、选择和预测有市场的新品，并进行不同力度的扶持？

有了品牌模型、价格模型和热点标签，就可以更好地预测新品的价值，从而计算出新品的得分。

（9）季节模型

京东会根据商品在一段时间内的销售情况来决定商品的排序，那么应季性商品在换季节时不具有时效性，怎么办？

系统会识别标题中季节词触发季节模型，从而为季节词分配权重。

（10）店铺模型

店铺模型涉及以下 5 个方面。

① 咚咚响应时长、工单处理时效。

② 配送时效、满意度。

③ 售后服务、退换货率。

④ DSR 店铺评分，如图 6-2-18 所示。

图 6-2-18

↳ **Tips**

服务分会对搜索排名产生影响。

（11）个性化搜索

已浏览、关注、购买的店铺会首先被展示。如图 6-2-19 所示，客户 A 购买过某品牌的咖啡，当客户 A 几天后再次搜索咖啡时，系统会优先展示已经购买过的某品牌商品。

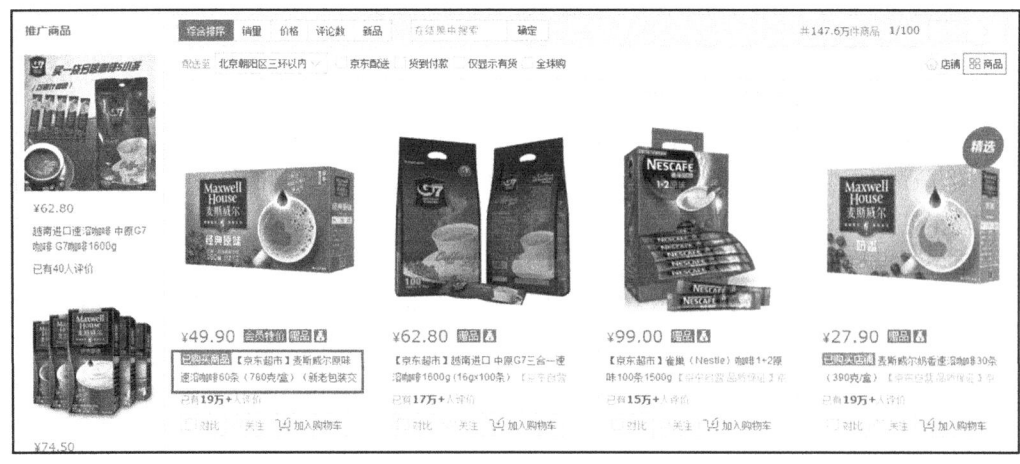

图 6-2-19

用户个性化偏好，如图 6-2-20 所示，搜索"衬衫"这个词时，搜索结果页大部分展示的是男性衬衫。这是京东系统根据用户偏好产生的搜索结果。

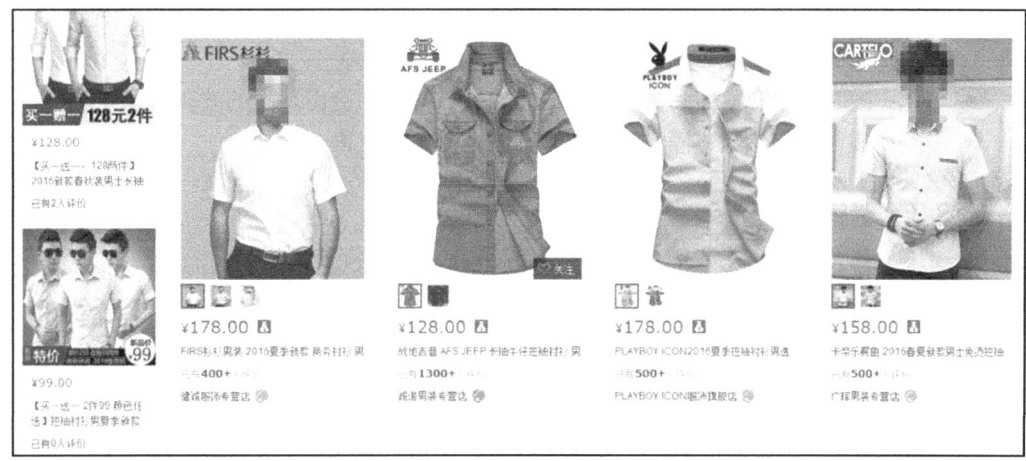

图 6-2-20

兴趣点、性别、购买力等维度，主要体现在 PC 端，如图 6-2-21 所示。系统会根据用户最近浏览的商品推荐出其可能喜欢的商品。

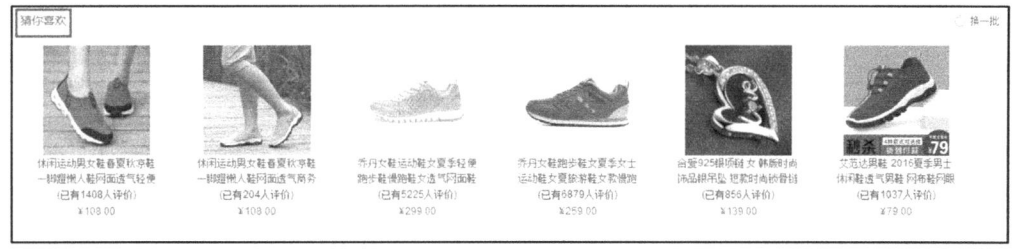

图 6-2-21

**4．其他维度排序规则**

① 销量排序规则

京东平台搜索下销量排序：根据商品近 15 天的销售数量从高到低进行排序。

京东平台类目下销量排序：根据商品近 15 天的销售金额从高到低进行排序。

② 价格排序规则

京东平台按照商品的"京东价"从高到低或从低到高进行排序。

③ 评论数排序规则

京东平台按照商品的评论数从多到少进行排序。

④ 新品排序规则

京东平台按照商品首次上架时间进行排序，优先展示最新上架的商品。

本节重点介绍了商品搜索的规则及影响排序规则的 4 种因素。在搜索流量优化方面，建议商家根据京东平台的规则多思考、多实践，总结出更好的优化方法。同时，京东平台也在不断更新，商家也可以随时关注自然搜索的变化。以下 4 点是商家需要注意的。
- 基础：根据平台的规则做好商品的基础内容，夯实内功。
- 销量：确保主推款商品的稳定性（库存、价格、详情页、标题），通过活动促销等方式增加商品的销量及评论数。
- 转化：随时注意观察商品的转化率与点击率，确保不会出现大的波动或意外情况。
- 服务：提升客户体验、满意度和工单时效，减少退货率。

### 6.2.3 店铺搜索

很多商家可能会发现京东有一些变化：京东开始有意地推广店铺，让商家不像以前一样只关注几个商品，而是关注整个店铺的效果。最明显的一点就是京东自营商品店铺化之后，商家店铺会出现在商品页面右侧明显的位置，如图 6-2-22 所示。京东借此机会推出了店铺搜索，本节会从以下 4 个方面来解析店铺搜索。

图 6-2-22

**1．店铺入口**

店铺入口会更快地引导用户进入店铺。如图 6-2-23 所示，京东在部分品牌搜索词下加入了店铺的搜索词入口，可以让用户更快地进入店铺。

**2．排序展示规则**

如图 6-2-24 所示，在搜索框中输入关键词"茵曼"，得到的搜索结果页直接展示"茵曼官方旗舰店"，给了店铺更大的曝光量。

## 第6章 店铺引流

图 6-2-23

图 6-2-24

另外，同一个品牌在京东上有可能开设多个店铺，对于同一个品牌开设多个店铺的排序规则介绍如下。

① 相关性：包括以下两种。
- 文本相关性：店铺名称和用户的搜索关键词越匹配，文本相关性越高。
- 类目相关性：店铺所属类目和关键词的高相关分类一致，权重最高。

② 店铺类型：京东自营商品优先展示，其次是旗舰店、专卖店、专营店。

③ 店铺人气分：包括商品人气中的销售额、销量、转化率、评论数、加入购物车次数、关注人数、详情页访问深度和店铺人气中的店铺流量和销量。

④ 信息质量：关键字段信息要完整，包括店铺标题、店铺 LOGO、店铺主营品类、店铺品牌、店铺评分。

⑤ 个性化：用户已关注的店铺排在搜索结果的最前面。

⑥ 更新频率：要每天更新数据。

### 3. 搜品牌词穿插店铺入口

搜品牌词穿插店铺入口就是指在搜用户品牌词时，尝试在商品搜索结果页中穿插店铺入口，具体展示形式如图 6-2-25 所示，这是"裂帛 T 恤衫专场"活动。

### 4. 提报入口

用户在搜品牌词时，在商品搜索结果中穿插店铺信息（店铺入口底图、店铺简介）的提报入口已经开放，具体位置如图 6-2-26 所示，在"Jshop 平台"—"店铺装修"—"店铺信息设置"页面中，商家可以在这里填写店铺的简介，以及提交入口图审核，审核结果会发到京东店铺所属的账号邮箱内。只有提报了店铺信息的店铺才有可能得到展现。

图 6-2-25

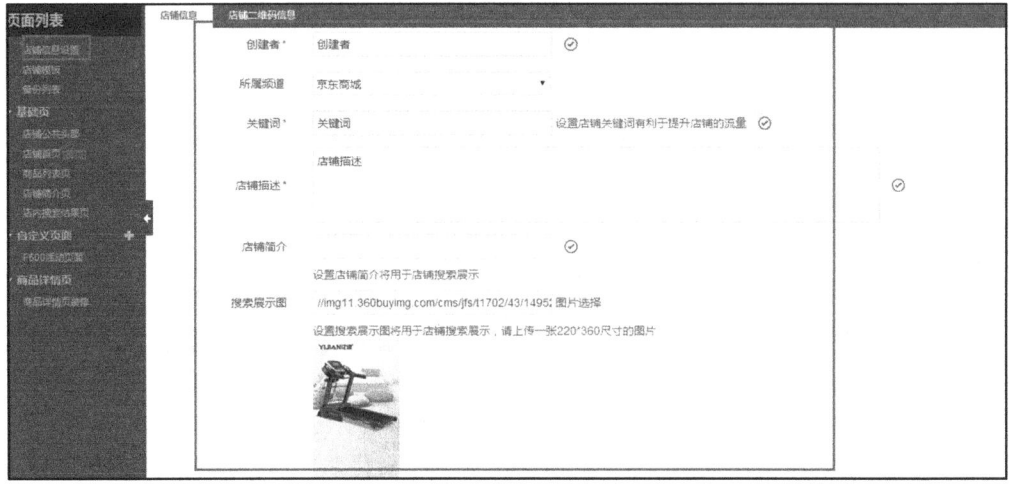

图 6-2-26

## 6.2.4 活动搜索

以搜索框为入口，京东平台通过搜索词召回相关商品和相关活动信息，并且整合在搜索结果页里展示。如图 6-2-27 所示，在搜索"联想笔记本"关键词时，展示出"笔记本 2016"

这个活动。下面介绍活动搜索的规则。

1. 入场规则

通过 Jshop 平台提报活动时，勾选可被搜索的活动，有机会得到展示。

↘ Tips

仅京东运营人员可操作，商家后台自建的活动无法进入活动搜索，但是通过京东快车进行推广的活动则有机会在这里展现。

图 6-2-27

2. 索引规则

活动搜索根据提报活动时填写的"活动名称""关键词""活动描述"的信息召回活动。索引数据每 10 分钟更新一次。

3. 召回规则

当活动配置的分类不属于搜索词的高相关分类时，则不展示该活动。具体判断方法如下。

分别取搜索词的高相关分类与活动配置的分类，当活动配置的分类包含搜索词的高相关分类时，则正常展示该活动，否则不展示。

如果当前活动有几百个量级，则分类匹配与否需要人工审核。

4. 穿插展示规则

不同的关键词下可穿插的活动数量是不同的，具体的穿插数量规则如图 6-2-28 所示。

无穿插：没有活动资源位，因为京东判定客户搜索的关键词属于不明确，不明确是否有活动的关键词就会被京东判定为没有活动。如图 6-2-29 所示，客户搜索"联想台式机"时就没有穿插活动。

普通穿插：活动资源位有 4 个，以商品意图为主，系统召回不能判定排除活动意图时，比如搜索类似"手机"或者"女装"这样精准关键词。

列表页：全部是活动资源，有明确的活动意图，例如搜索"京东活动"后，热门的活动全部被展示出来，如图 6-2-30 所示。

| 意图分类 | 无穿插 明确不适合展示活动的 | | | 普通穿插 以商品意图为主，不能排除活动意图时，如：搜索手机或者女装类似这样精准关键词 | | | | 列表 明确的活动意图 如：搜索京东活动，热门活动全部展示活动 | | | |
|---|---|---|---|---|---|---|---|---|---|---|---|
| 穿插数量（每页） | 0 | | | 4 | | | | 不限 | | | |
| 穿插位置 | 1 | 2 | 3 | 4 | 1 | 2 | 3 | 4 | 1 | 2 | 3 | 4 |
| | 5 | 6 | 7 | 8 | 5 | 6 | 7 | 8 | 5 | 6 | 7 | 8 |
| | 9 | 10 | 11 | 12 | 9 | 10 | 11 | 12 | 9 | 10 | 11 | 12 |
| | 13 | 14 | 15 | 16 | 13 | 14 | 15 | 16 | 13 | 14 | 15 | 16 |
| | 17 | 18 | 19 | 20 | 17 | 18 | 19 | 20 | 17 | 18 | 19 | 20 |
| | 21 | 22 | 23 | 24 | 21 | 22 | 23 | 24 | 21 | 22 | 23 | 24 |
| | 25 | 26 | 27 | 28 | 25 | 26 | 27 | 28 | 25 | 26 | 27 | 28 |
| | 29 | 30 | 31 | 32 | 29 | 30 | 31 | 32 | 29 | 30 | 31 | 32 |
| | 33 | 34 | 35 | 36 | 33 | 34 | 35 | 36 | 33 | 34 | 35 | 36 |
| | 37 | 38 | 39 | 40 | 37 | 38 | 39 | 40 | 37 | 38 | 39 | 40 |
| | 41 | 42 | 43 | 44 | 41 | 42 | 43 | 44 | 41 | 42 | 43 | 44 |
| | 45 | 46 | 47 | 48 | 45 | 46 | 47 | 48 | 45 | 46 | 47 | 48 |
| | 49 | 50 | 51 | 52 | 49 | 50 | 51 | 52 | 49 | 50 | 51 | 52 |
| | 53 | 54 | 55 | 56 | 53 | 54 | 55 | 56 | 53 | 54 | 55 | 56 |
| | 57 | 58 | 59 | 60 | 57 | 58 | 59 | 60 | 57 | 58 | 59 | 60 |

图 6-2-28

图 6-2-29

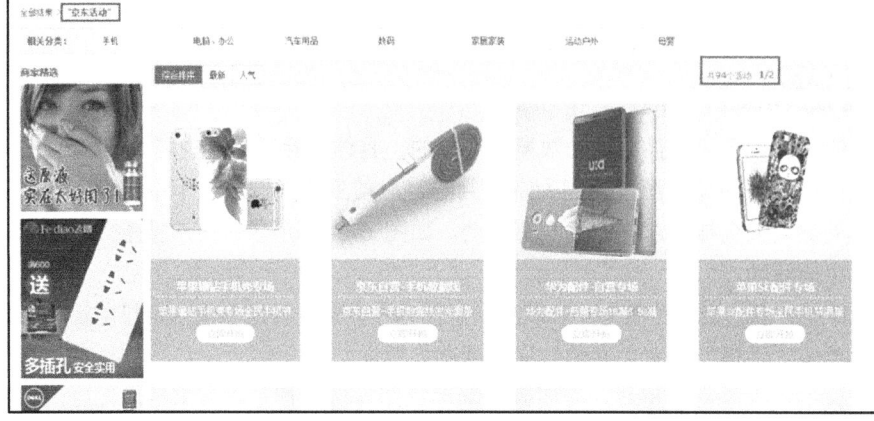

图 6-2-30

## 5. 排序规则

（1）文本相关性

搜索词与有效索引字段（活动名称、关键词、活动描述）内容的文本匹配程度越高，文本的相关性得分就越高。

（2）时效和人气

时效：即活动的新颖程度，活动的开始时间距当前时间越短，时效性越高。

人气：即活动页的展示次数，活动的曝光量越大，人气越高。

### 6.2.5 促销搜索

根据京东平台的数据，用户在京东寻找优质促销商品，即"找优惠"的需求以及"凑单"的需求越来越大，尤其在 2016 年"618"期间，"3 免 1"这个关键词的搜索量暴增，是京东平台在"618"当天排名第 4 的搜索词，如图 6-2-31 所示。可见消费者越来越依赖促销活动，从而京东针对促销活动做出了搜索结果页。

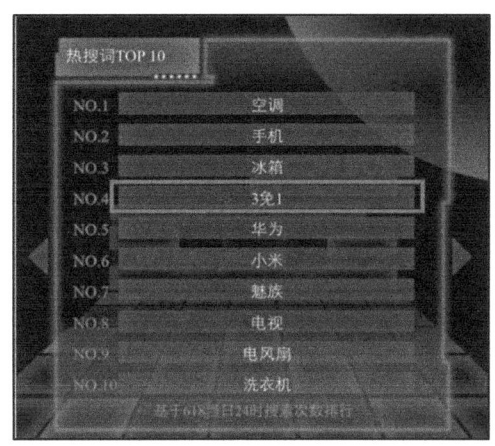

图 6-2-31

> **Tips**
> 在日常非活动时间，则一般按照关键词搜索原则进行，无专属搜索结果页。

## 1. 入场规则

在商家后台促销系统里设置的单品促销、赠品促销、套装促销、满减促销等都可以进入京东促销搜索系统，如图 6-2-32 所示。

## 2. 展现规则

京东平台系统根据搜索意图类型和展示形态将搜索结果具体分为促销词显示、仅商品共两种。

（1）促销词显示：如图 6-2-33 所示，直接搜索"促销"关键词时，显示的是带有"促销"关键词的商品。

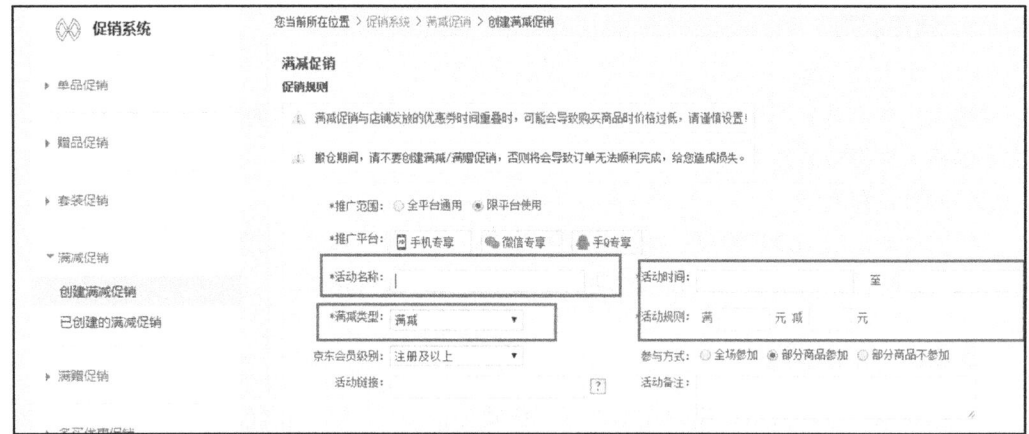

图 6-2-32

图 6-2-33

（2）仅商品：如图 6-2-34 所示，搜索"皮鞋"这个关键词后，在筛选区域处出现一个"促销商品"筛选按钮（该选项有的关键词有，有的关键词没有，系统也在一直发生变化，请商家持续关注）。

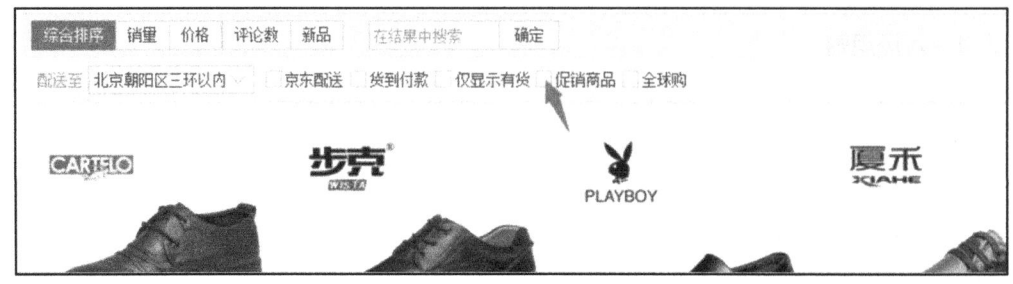

图 6-2-34

### 3．排序规则

（1）关键词与促销活动名称、类型的相关性：在设置促销活动时，需要注意促销名称是否与促销类型匹配。

（2）满减促销考核：类型多样性、促销力度等，阶梯满减促销的效果好于单独满减促销，促销力度越大，效果越好。例如满 199 元减 100 元的促销活动排名高于满 600 元减 60 元、满 1000 元减 150 元的促销活动。

（3）单品促销考核：促销力度在一定程度上可以决定促销效果的好坏。

## 6.3 付费流量

获得免费流量是京东店铺运营的基础内功，而付费流量也是京东店铺流量组成部分中不可或缺的，在京东店铺运营中同样起着至关重要的作用。免费流量与付费流量互相影响，互相补充，同时又相辅相成，从而让店铺的推广运营良性循环。在京东店铺的付费流量推广中，商家常用的就是京东官方后台的京准通推广，其他的付费推广方式就不再讲解了。

在京准通推广中，目前有六大推广工具：京东快车、品牌聚效、品牌展位、京挑客、京东直投和京东无线通。那么，商家该如何通过这六大推广工具给店铺带来更多、更精准的付费推广流量呢？

（1）京准通六大工具的推广模式

京准通中的六大推广工具各有优势，每种推广方式都有自己独特的运营方式，商家应根据自己的类目特征，选择适合自己的推广方式，而不是盲目地效仿别人的方式推广。如图 6-3-1 所示。

| 推广工具 | 京东快车 | 品牌聚效 | 品牌展位 | 京挑客 | 京东直投 | 京东无线通 |
|---|---|---|---|---|---|---|
| 扣费模式 | CPC | CPM | CPD | CPS | CPC | CPC 或 CPM |
| 定义 | 按点击收费 | 按展现收费 | 按天收费 | 按完成订单金额收取一定比例费用 | 按点击收费 | 按点击收费或按展现收费 |
| 优点 | 精准、高效、可优化 | 覆盖面广、精准定向、实时竞价 | 强曝光、价格低、无竞价 | 投入产出比可控 | 覆盖面广 | 覆盖面广，无线端碎片化流量 |
| 缺点 | 依赖广告创意 | 难优化、对创意要求高 | 不精准、对创意要求高 | 初期见效慢，优化周期长 | 依赖广告创意 | 依赖广告创意 |

图 6-3-1

> **Tips**
> 京准通中的六大工具一定要测试，之后再选择一种或几种适合自身店铺或商品的推广方式。

（2）京准通登录界面

可以通过链接 http://jzt.jd.com 或者通过京东商家后台登录京准通后台，如图 6-3-2 所示。

> **Tips**
> 使用店铺主账号或子账号首次进入京准通页面时，需要开通"京东精准营销技术服务协议"，如图 6-3-3 所示。

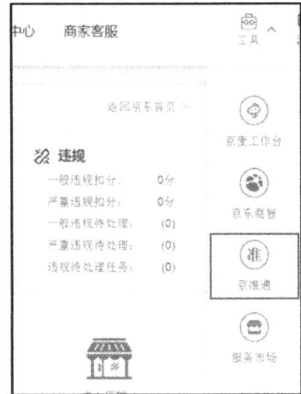

图 6-3-2

图 6-3-3

单击"同意"按钮后进入如图 6-3-4 所示的界面,在这里需要完善联系方式。

图 6-3-4

完善信息后,单击"提交"按钮进入京准通后台,如图 6-3-5 所示。

第 6 章　店铺引流

图 6-3-5

（3）京准通充值

给账号开通京准通推广权限后，需要给开通的京准通账号充值，只有充值后的账号才可以进行京准通推广。

登录京准通后台，在"我的账户"模块中单击"我要充值"按钮，进入"在线充值"界面，如图 6-3-6 所示。

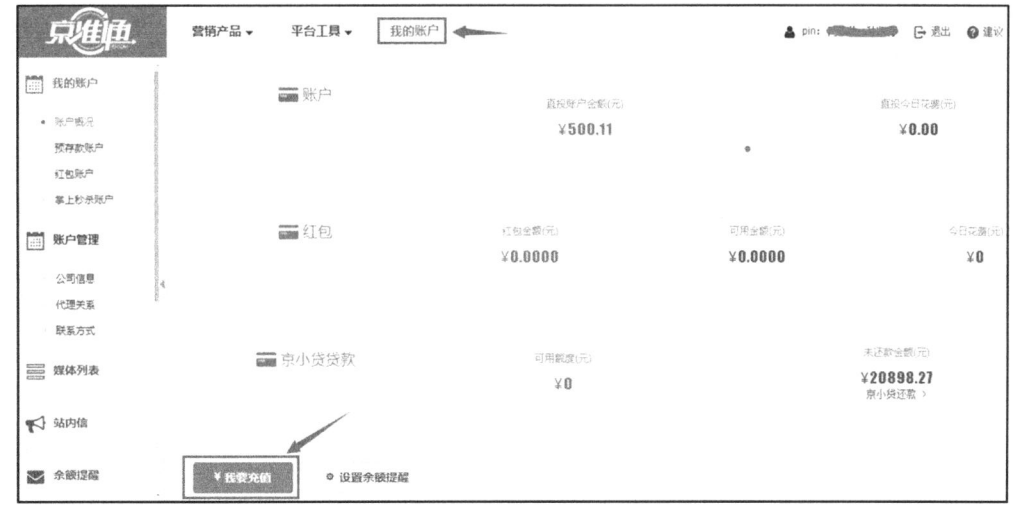

图 6-3-6

充值时需要注意以下几点：
- 请注意核实主账号可用金额，如果发现异常，则请尽快与京东平台相关人员联系。
- 只有主账号可以充值。
- 不要在充值过程中发送链接给其他人，请其他人帮助充值。
- 不要对未完成的历史订单进行充值。
- 充值类型可以选择"公对公"和"私对公"两种。

165

（4）金额分配

完成充值后，商家可以根据店铺内子账号的使用情况分配金额，只有分配了金额的子账号才具有投放广告推广的操作权限。下面介绍金额分配的流程。

登录京准通后台"我的账户"—"预存款账户"—"账号管理"页面，如图 6-3-7 所示。

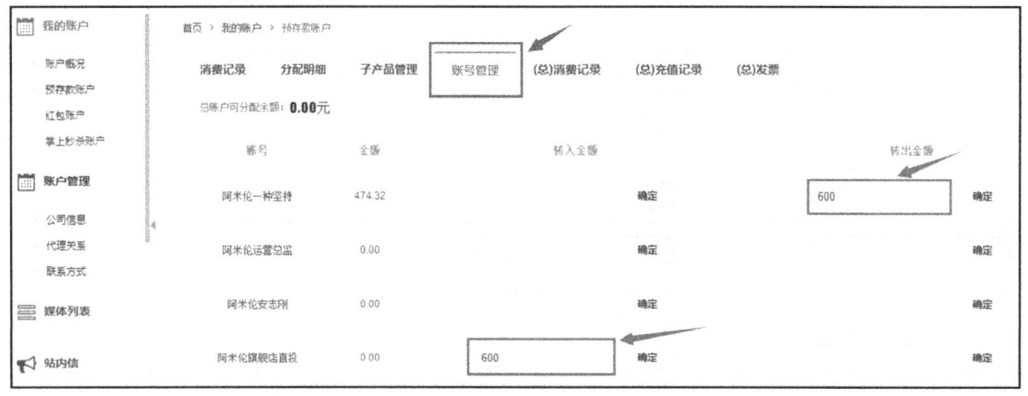

图 6-3-7

在对子账号进行金额分配时，预存款账号可以分别对子账号进行金额转入和转出的操作，商家可以根据店铺的需求进行子账号管理操作。

> Tips
> 同一个店铺下的账号（包括主账号、各子账号）之间是不可以互相查看数据及互相操作的！

### 6.3.1 京东快车

京东快车是免费曝光、按点击付费（CPC）、在站内多平台精准投放的实时竞价类广告营销产品。该产品采用精准定向并提供多维数据，通过商家对搜索关键词或推荐广告位出价，将商家的推广商品、活动或店铺展示在京东站内丰富的广告位上，帮助商家更好地触达目标用户。同时，京东快车能为商家打造个性化的营销方案，直达目标人群和潜在用户。

**1．京东快车的优势**

精准投放：根据用户的购物行为、区域信息、类目属性等维度进行精准定向，快速触达目标用户，有效提高转化率。

多维数据：准确预估类目及关键词出价，并支持多维度查看展现与点击等指标的实时数据，以及丰富的效果分析数据。

智能推荐：根据商家的关键词需求，智能地推荐行业热词及相似商品的关键词，并提供否定词管理功能，便于商家多维度地选择关键词。同时，系统会根据店铺中未购买的用户搜索词进行智能匹配，保证商家的广告得到展现。

推荐 SKU：根据商品的历史数据，为您推荐爆款 SKU、新款 SKU、流量 SKU。

## 2. 京东快车的竞价逻辑

广告排序分决定快车广告的具体排名，广告排序分=出价×质量分。

质量分是根据关键词创意质量、点击率、账户结构、账户历史表现等多种因素计算得出的值，质量分是关键词的一项属性，也是系统计费的重要参数。

推广出价和质量分为实时竞价，免费曝光。单次点击扣费=下一名的质量分/自己的质量分×下一名的出价+0.01。

## 3. 京东快车展示的位置

在做推广之前，首先要知道我们投放的广告会在哪里展现。同理，在投放京东快车推广之前，我们要知道京东快车的广告位会在京东页面中哪些位置展示。下面就介绍京东快车在不同流量端口的展示位置。

（1）PC端展示位置

推荐广告位中的"商品推广"展示位置如图6-3-8至图6-3-10所示。

推荐广告位中的"活动推广"的展示位置如图6-3-11所示。

搜索广告位中的"商品推广"的展示位置如图6-3-12和图6-3-13所示。

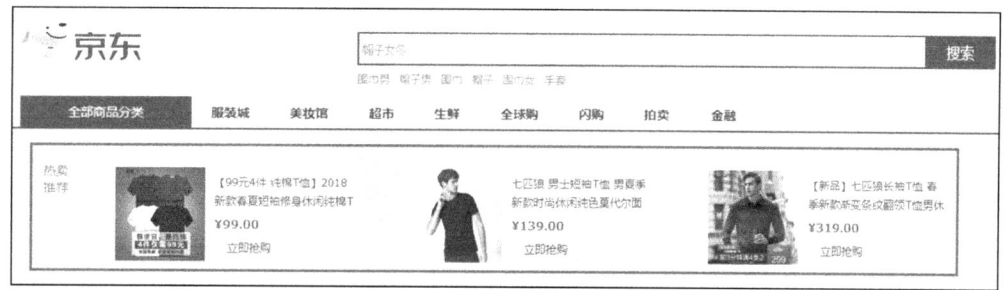

图6-3-8

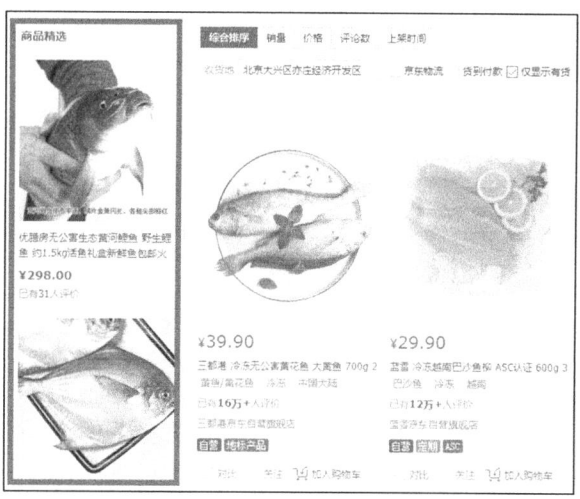

图6-3-9

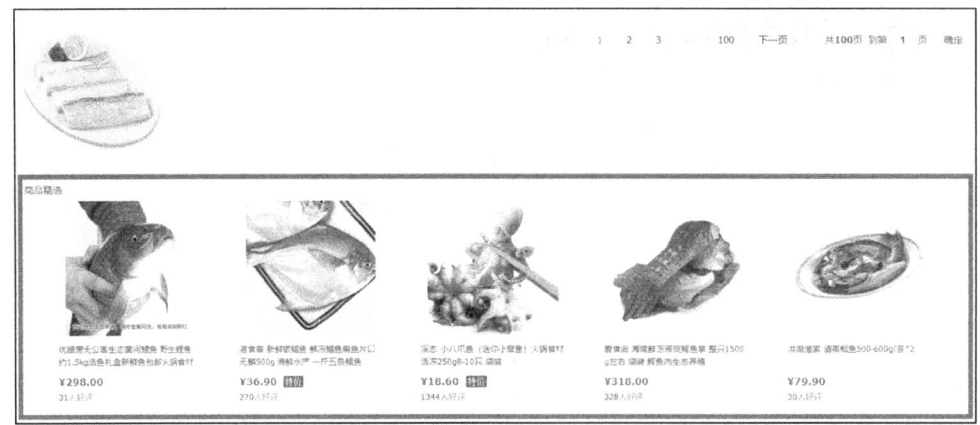

图 6-3-10

图 6-3-11

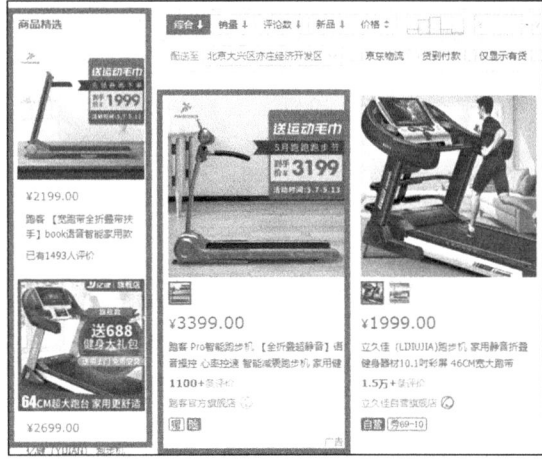

图 6-3-12

第 6 章 店铺引流

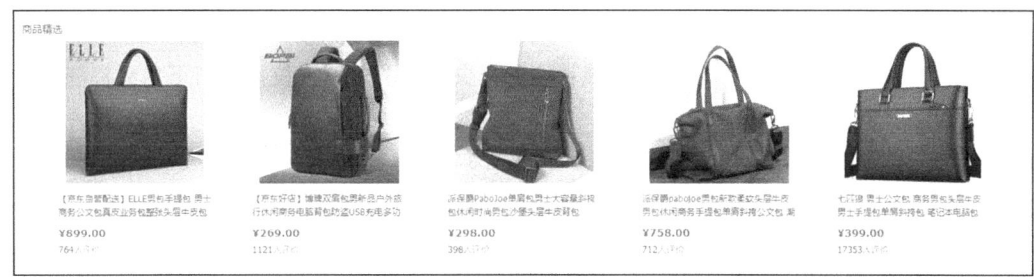

图 6-3-13

搜索广告位中的"活动推广"普通样式的展示位置如图 6-3-14 所示。

图 6-3-14

搜索广告位中"活动推广"高级样式的展示位置，如图 6-3-15 所示。

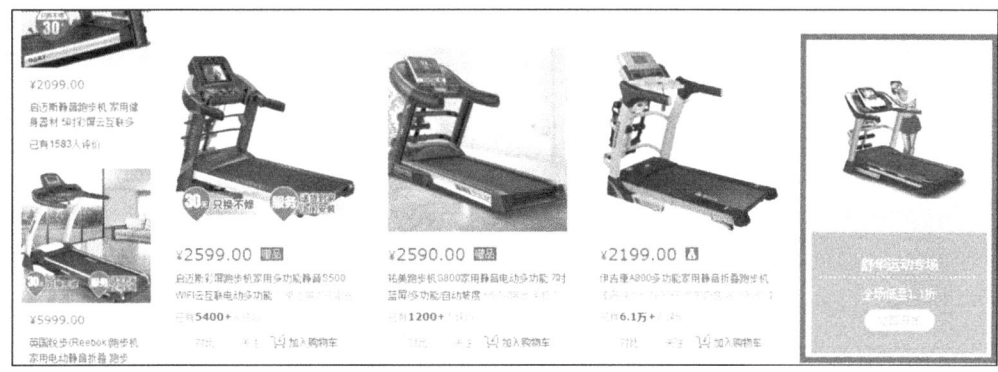

图 6-3-15

**⇘ Tips**

前面介绍的这些展示位置会根据搜索词流量在第一页中展现四个或两个广告。

（2）移动端展示的位置

移动端推荐广告位中的展示位置如图 6-3-16 所示。

在京东 APP 中，推荐广告位中的展示位置每页包含两个广告位，其右下角会标注"广告"字样。

搜索结果广告位中的展示位置如图 6-3-17 所示。

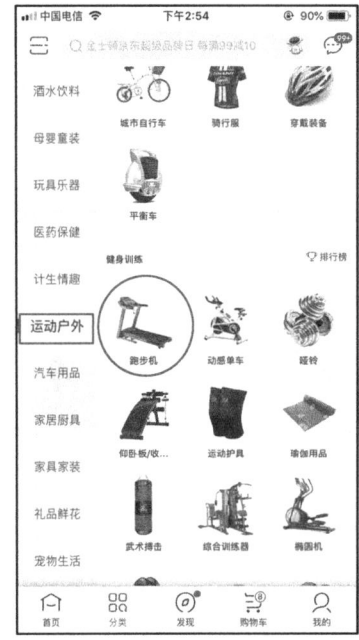

图 6-3-16

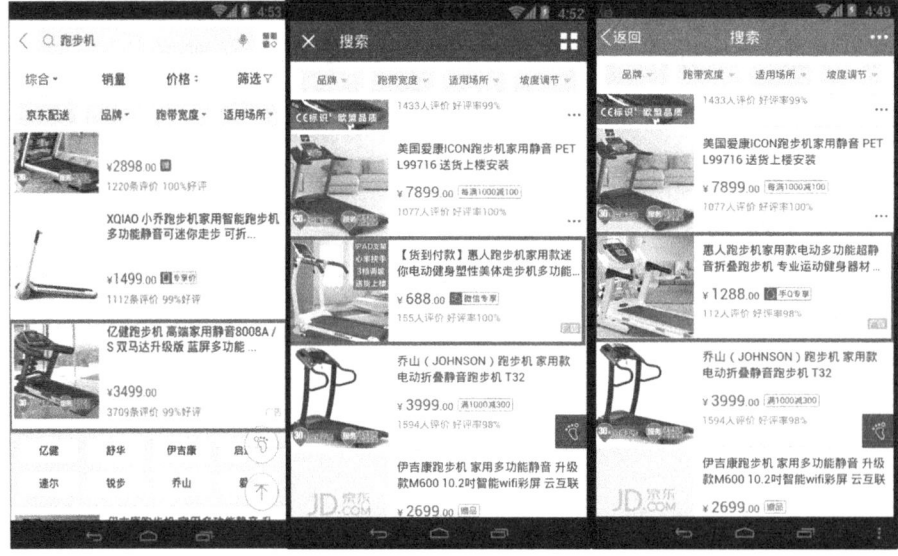

APP、微信、手 Q

图 6-3-17

在搜索结果广告位展示中,每页默认展示 11 个 SKU,其中包含 1 个广告位,其右下角标注"广告"字样。

目前,京东快车的展示位置丰富而多样化,如图 6-3-18 至 6-3-21 所示,入口的多样化带来了流量的碎片化,商家要非常熟悉这些位置在哪里,哪些位置的点击率或转化率比较好,从而在设置推广位时才会得心应手,操作熟练。

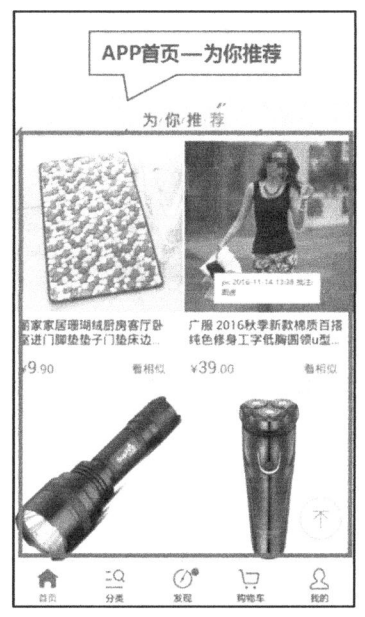

图 6-3-18

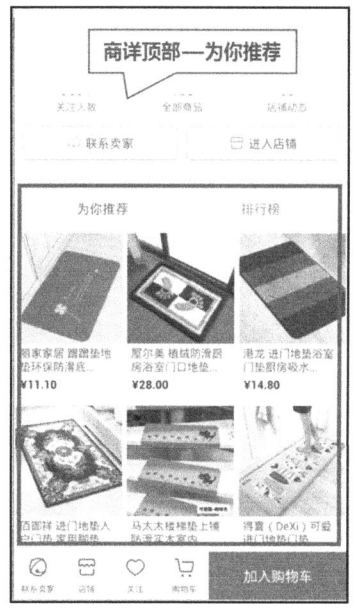

图 6-3-19

图 6-3-20

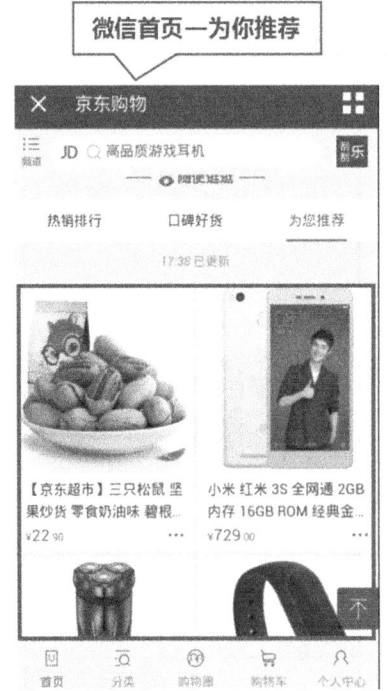
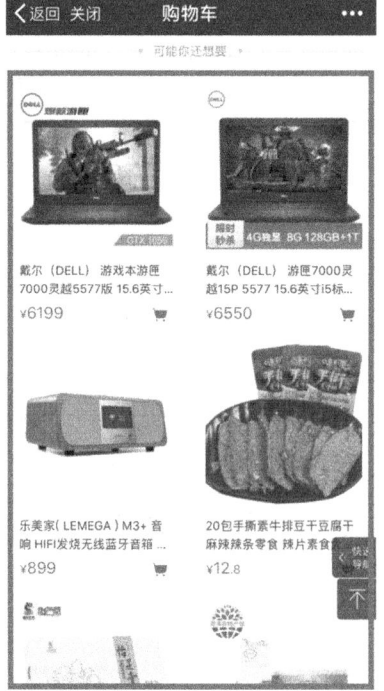

图 6-3-21

↘ **Tips**

只有熟悉快车推广在不同端口的展示位置，才可以有选择性地去投放更适合店铺或商品的京东快车推广。

**4．京东快车——普通投放的操作**

（1）创建推广计划

创建推广计划是京东快车营销推广的第一步，输入推广类型、推广时间、预算等内容即可完成，具体步骤如下。

第一步，登录京准通商家操作平台，登录成功后，在导航栏中单击"营销产品"选项，选择"京东快车"；或者在京东快车的介绍说明模块中单击"进入系统"选项，均可进入京东快车投放页面，如图 6-3-22 所示。

图 6-3-22

第二步，在京东快车中，可选择在"投放概况"模块中单击"新建推广计划"按钮；或在"推广管理"模块中单击"新建推广计划"按钮，如图 6-3-23 所示。

图 6-3-23

第三步，进入"新建推广计划"页面后，填写推广计划的名称、类型、预算、起止时间以及投放时间段，单击"保存"或"下一步"按钮，即新建了一个推广计划，如图 6-3-24 所示。

图 6-3-24

具体填写说明如下。

① 推广计划名称要求为 1~30 个字符。

② 在每日预算中,自定义预算应小于或等于 9999999 元,超出预算或账户余额不足时,则计划停止展现。

③ 用户可以通过"时段设置",自定义想要投放推广的时间段,非投放推广时段不展现广告。

④ 每一个新建的推广计划下可以设置不超过 100 个推广单元。

↘ Tips

要按照行业和自身店铺的流量高峰期来设置和调整出价,根据店铺自身状况调整投放时间段,不同时间段的竞争度及投放效果都会不同。

(2)建立推广单元

建立推广计划后,跳转至"新建推广单元"页面,并根据页面的提示创建推广单元。

第一步,设置基础选项。

填写推广单元名称,地域设置系统默认为"不限",若根据商品的特性对广告投放地域有要求,则可以在"特定区域"中勾选相应的地区,如图 6-3-25 所示。

图 6-3-25

> **Tips**
>
> 特别说明：商家可根据商品特性、季节性、地域性等因素选择本单元的地域定向。

第二步，设置推荐广告位。

"推荐广告位设置"页面用于设置推荐广告位的定向，如图 6-3-26 所示。

图 6-3-26

① 京东快车搜索推广——抢排名

抢排名功能是京东快车针对搜索广告推出的关键词智能调价，自动进行广告卡位的功能。

您只需要设定一个期望名次并设置一个溢价系数，系统就会自动帮您去抢期望的广告名次，如图 6-3-27 所示。

图 6-3-27

② 京东快车搜索推广——人群溢价

京东快车搜索人群溢价是在单元级别的关键词上的一种定向功能，它有助于商家精准获取搜索位的流量，从而获得高价值目标用户。

商家可在"京东快车"—"新增/编辑推广单元"—"搜索广告位设置"页面中设置搜索人群溢价，当用户发起搜索并匹配到推广结果时，假如用户命中了广告主设置的某个人群，系统将获取该人群的溢价比例（假设为 $X$%），并用关键词出价×（1+$X$%）去参与竞争，从而提升广告的曝光概率。搜索人群溢价是一种关键词溢价机制，如图 6-3-28 所示。

③ 京东快车推荐位 DMP 定向

京东快车推荐位 DMP 定向可以标准化、细分推荐位流量，满足了推广商家的个性化营销需求。

商家可在"京东快车"—"新建/编辑推广单元"—"推荐广告位"—"用户定向"中选择"引用 DMP 定向人群"进行 DMP 定向，如图 6-3-29 所示。

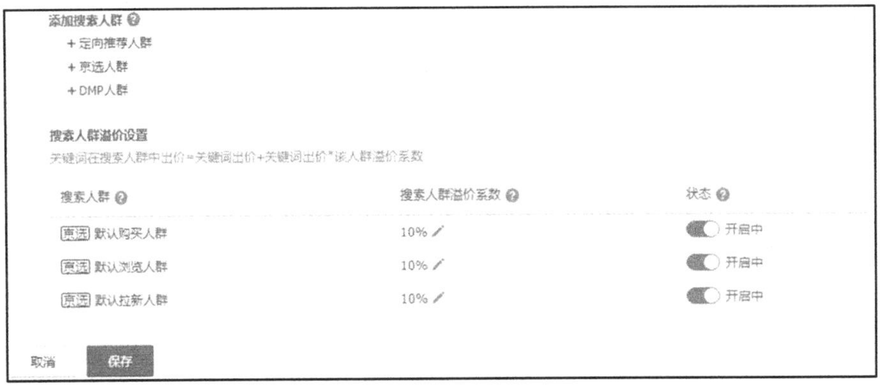

图 6-3-28

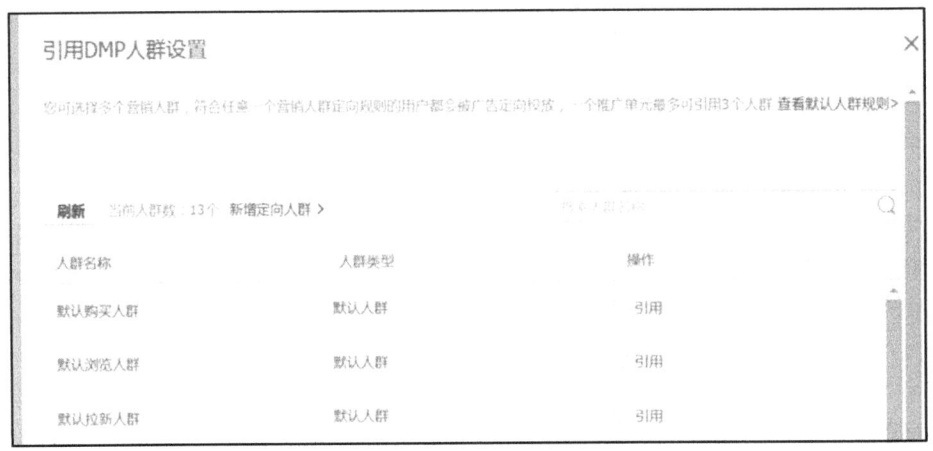

图 6-3-29

单击"引用 DMP 定向人群"按钮，弹出如图 6-3-30 所示的窗口。一次最多可引用 3 个 DMP 定向人群，符合任意一个 DMP 定向人群规则的用户都会被投放定向广告。

图 6-3-30

第三步，搜索广告位设置。

"搜索广告位设置"页面用于设置站内搜索广告位的相关信息，主要包括关键词推广设置，如图 6-3-31 所示。

# 第6章 店铺引流

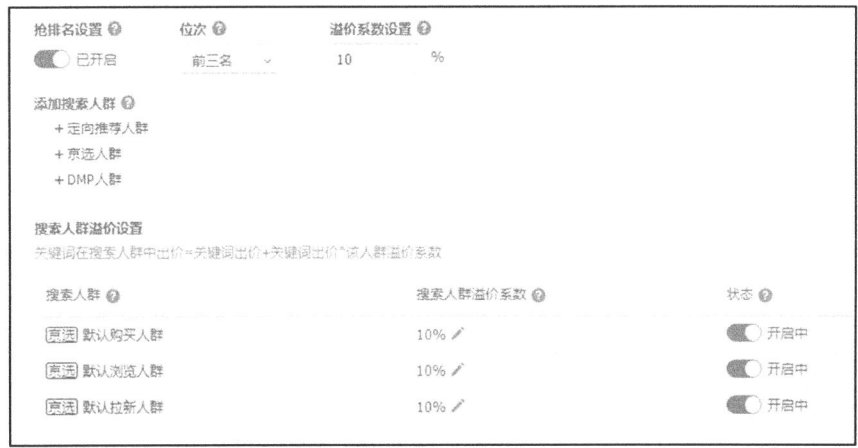

图 6-3-31

① 站内搜索广告之关键词

关键词推荐系统是"京准通"—"京东快车"页面中所提供的功能,如图 6-3-31 所示,其中所推荐的词语综合考虑了买家搜索情况、商品属性等相关信息,是获取关键词最便捷、有效的方法,建议商家将其作为选词的首选渠道。关键词推荐系统的功能主要包括以下 4 种。

- 商品推词:根据商品 SKU 来推荐关键词,包括优质词(优质词是根据输入的 SKUID,找到和商品相关性较高的关键词)、相似词(相似词是根据输入的 SKUID,找到和商品相似的关键词)、行业词(行业词是根据输入的 SKUID,找到和商品同类目的行业热词)。
- 核心拓词:根据输入的词语来推荐强相关的高频关键词。
- 历史用词:可选择商家曾经使用过的关键词。
- 批量导词:可选择通过 Excel 批量导入关键词。

创建京东快车计划是为了以最低的成本去获取更多、更精准的流量。在创建快车计划之前,首先要考虑需要推广的商品的投放成本和投放时间,对这些情况有一个大致的规划,并随时监控调整,从而达到推广效果最优化。

② 关键词匹配类型介绍。

当用户发起搜索时,根据不同的匹配模式可能展现不同的关键词广告,匹配模式会影响关键词广告展现机会的大小。

- 精确匹配:当用户搜索词与关键词完全相同时才会展现广告。
- 短语匹配:当用户搜索词与关键词相同,或者完全包含关键词时才会展现广告。
- 切词匹配:当用户搜索词(或者其省略、颠倒形式)与关键词相同,或者搜索词完全包含关键词时才会展现广告。

例如当商家购买了关键词"进口牛奶"后,不同的关键词匹配类型对以下用户的搜索词是否展现情况如图 6-3-32 所示。

| 购买类型＼搜索词 | 牛奶 | 进口牛奶 | 原装进口牛奶 | 原装牛奶进口新西兰 |
|---|---|---|---|---|
| 精确匹配 | × | √ | × | × |
| 短语匹配 | × | √ | √ | × |
| 切词匹配 | × | √ | √ | √ |

图 6-3-32

这 3 种关键词匹配模式的流量大小关系为：切词匹配>短语匹配>精确匹配。

↘ Tips

当关键词相关性分类与推广的 SKU 所属类目一致时，广告展现的概率最高。

关键词相关性高的三级类目，例如关键词"大屏手机"，在京东站内搜索时所给出的自然结果的类目，即为相关性高的类目。因此广告会优先展示"手机"类目下的商品（SKU）。

第四步，出价设置，如图 6-3-33 所示。

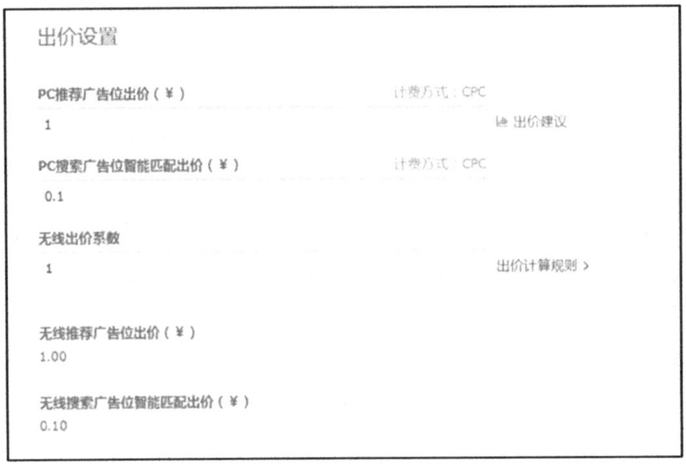

图 6-3-33

① 推荐广告位单元出价：推荐广告位的 CPC 出价，单击"出价建议"按钮可以查看基于不同类目的出价建议。

② 搜索广告位智能匹配出价：搜索广告位的统一 CPC 出价（如果对某个关键词进行了单独出价，系统优先采用关键词单独出价）。

③ 无线出价系数：该系数会分别乘以"推荐广告位单元出价""搜索广告位智能匹配出价"和"每个关键词的出价"，即可得到对应的无线出价。

（3）活动推广

活动推广是一款高效的商家活动页精准推广，合理使用活动推广工具，能有效引入质优价廉的优质流量。

第一步，进入京东快车的"新建推广计划"页面，点选"推广计划类型"中的"活动推广"，如图 6-3-34 所示。

第二步，编辑推广单元。具体操作和京东快车商品推广操作一致，如图 6-3-35 所示。

# 第 6 章 店铺引流

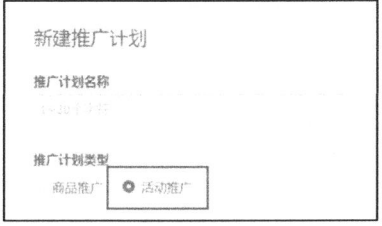

图 6-3-34

图 6-3-35

第三步,设置活动地址、设置推广文案,添加推广的 SKU,并设置创意名称,如图 6-3-36 所示。

图 6-3-36

第四步,自定义图片。如需要自定义推广素材,有两种样式可选:高级样式、普通样式。推广素材设置完成后,单击"完成"按钮即可。如图 6-3-37 所示。

图 6-3-37

**5．京东快车——海投计划的操作**

（1）工具简介

海投计划是基于 AI 算法帮助广告主实现一键批量投放的智能广告产品。

（2）扣费模式

CPC：按点击次数扣费，实时竞价类广告营销产品。具体扣费逻辑：我的点击单次扣费=下一名的出价×（下一名的质量分/我的质量分）+0.01

（3）广告优势

① 操作简单。海投计划产品使用简单，人工操作成本小，无须进行复杂推广设置即可实现全店铺商品推广。

② 产品智能。借助京东集团大数据优势，系统智能定向触发海投计划广告，极大提升产品智能程度。

③ 功能丰富。您可根据不同的经营情况及推广目标，对预算、价格进行设置，同时还可能支持对推广商品及关键词的特殊调整。

④ 数据分析。多维数据分析报表，帮助您精准监控推广效果、深入分析推广策略、及时总结分析技巧。

⑤ 技术领先。基于行业先进的技术及系统算法，帮助您不断提升推广效果，收获惊喜 ROI。

（4）展现位置

京东快车 PC 搜索推广位、PC 推荐推广位、无线搜索推广位、无线推荐推广位（无线包含：京东 APP、微信/手 Q、M 端）

(5)推广流程

第一步,登录京准通首页 https://jzt.jd.com,单击首页"营销产品"—"京东快车"—"海投计划",如图 6-3-38 和图 6-3-39 所示。

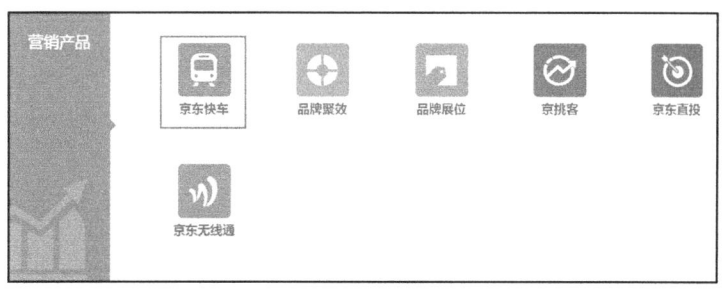

图 6-3-38

图 6-3-39

第二步,新建/设置海投推广计划(第一次创建海投计划,会有首次使用引导提示),如图 6-3-40 所示。

图 6-3-40

- 设置预算:海投继续曝光较大,建议合理设置预算,避免造成推广资金超支。
- 默认出价:推荐广告位出价对应 PC 推荐+无线推荐广告位出价;搜索广告位出价对应 PC 搜索+无线搜索广告位出价。
- 特殊出价:针对个别 SKU,单独出价。

以上设置完成后,单击"开始投放"按钮即可。

第三步,海投计划的优化。单击海投计划推广名称,进入海投计划优化页面。如图 6-3-41 和图 6-3-42 所示。

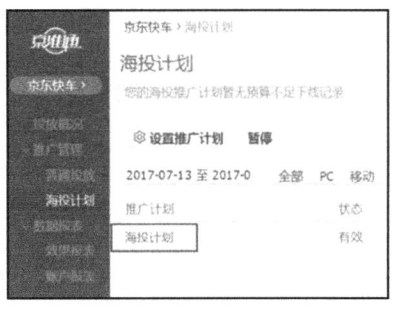

图 6-3-41

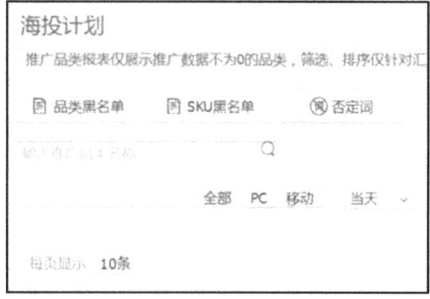

图 6-3-42

- 品类黑名单:可以加入反季品类、转化低下品类、竞争力较低的品类等,如图 6-3-43 所示。
- SKU 黑名单:可以加入非正常销售 SKU(例如:赠品、邮费链接等)、转化低价 SKU、反季 SKU、竞争力较低的 SKU 等,如图 6-3-44 所示。

图 6-3-43

图 6-3-44

- 否定词:通过分析效果报表中的关键词数据,可以筛选出转化较低关键词加入、某些比自身品牌有优势的品牌词、已经在京东快车普通推广计划中主推的关键词等,如图 6-3-45 所示。

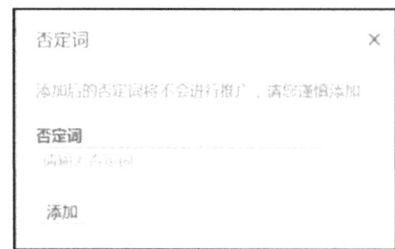

图 6-3-45

总结:海投计划的优化思路,可以遵从由大到小的策略。新建的海投计划,设置好限额后,可以把出价拉高,前期博得较高的展现。后期可以根据以上优化步骤,进行一步步去不精准流量的操作,最终博得多而精准的流量。

**6. 快车计划的优化**

(1)优化精准人群:首先收集客户成交占比、客单价占比、客户来访时间、成交时间等数据,然后进行客户购买分析和客户特征分析,得出行业类目的客户现状,最后分析得出要投放的人群并及时修改快车计划。

(2)优化精准区域:收集成交金额占比、人数占比、商品数量占比等数据,从而分析得出类目省份。除了类目省份,还有一个店铺省份,它会告诉我们哪些地区的客户是对我们的店铺或商品感兴趣的。

(3)优化精准广告位置:首先要了解京东快车的广告位置有哪些,以及哪些位置的点击率高。然后进行出价定位找到自己的位置,同时估计对手的位置并进行快车优化,以提升快车计划的质量得分。

(4)优化关键词:商品在不同阶段,需要不同的关键词去匹配。初期设置以精确为主,提升商品的质量分,后期以流量为主,提高商品的流量。

**7. 京东快车的推广策略**,如图6-3-46所示。

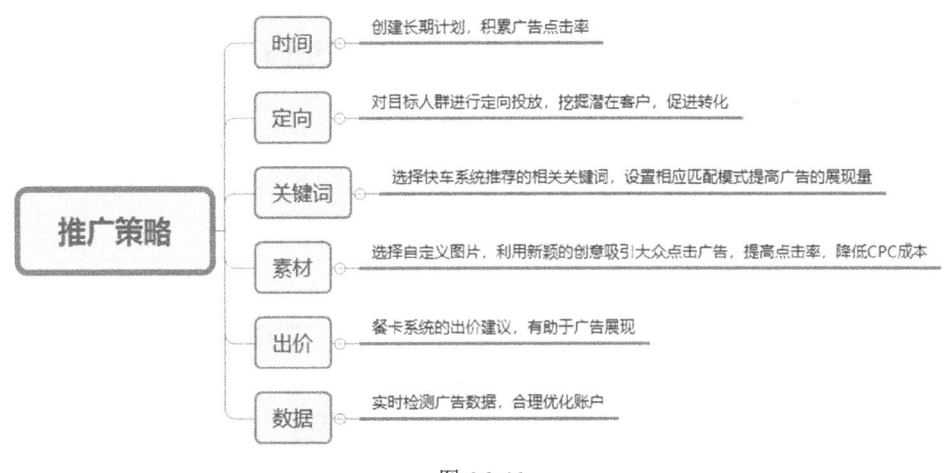

图6-3-46

**↳ Tips**

京东快车的推广一定是长期的,店铺在不同的运营周期推广的费用也是不一样的,因此,要根据店铺的实际情况去做好京东快车的运营规划。

## 6.3.2 品牌聚效

品牌聚效推广按访问人次收费(CPM)。在品牌聚效中投放推广单元后,通过实时竞价展现资源,依据访问人次和报价进行收费,适合品牌的曝光与活动推广。

(1)品牌聚效展现位置,如图6-3-47至图6-3-49所示。

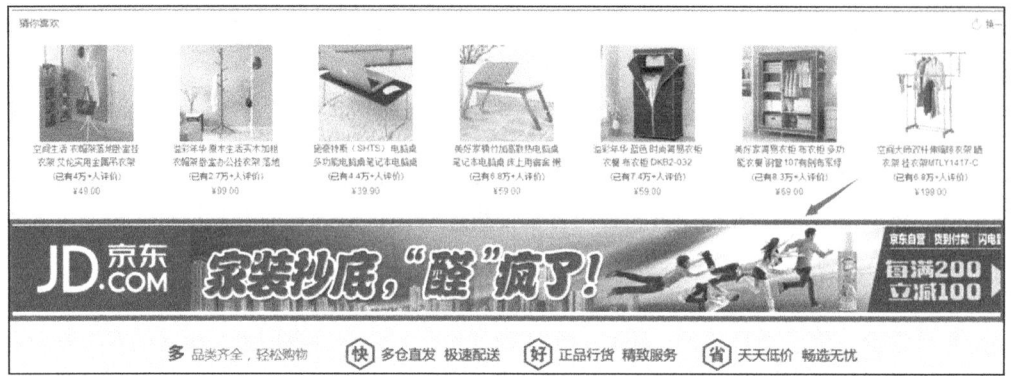

图 6-3-47

图 6-3-48

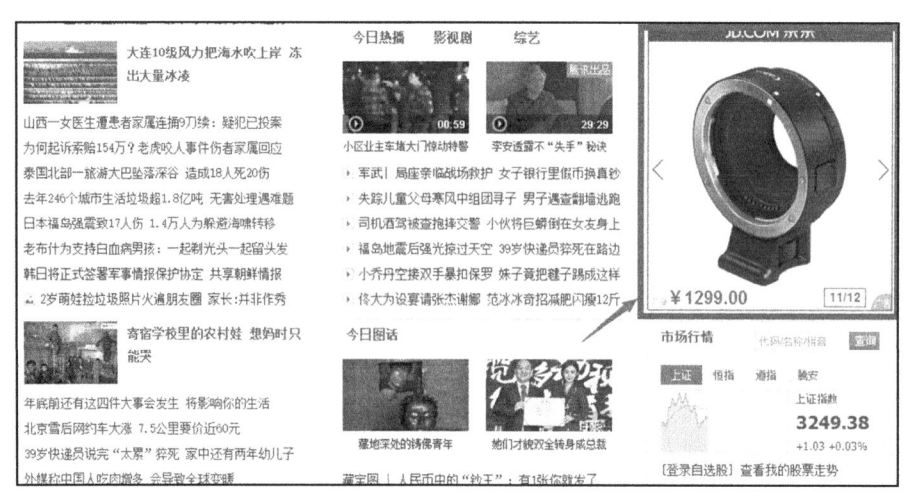

图 6-3-49

（2）品牌聚效的优势，如图 6-3-50 所示。

图 6-3-50

（3）品牌聚效投放流程，如图 6-3-51 所示。

图 6-3-51

（4）品牌聚效在 PC 端京东站内的广告位置，如图 6-3-52 所示。

| 资源位名称 | 创意尺寸限制 | 投放平台 | 媒体名称 | 媒体类型 |
| --- | --- | --- | --- | --- |
| 我的订单一底部通栏1069×00 | 1069×100 | 站内 | 京东 | 电子商务 |
| 我的订单一底部通栏849×100 | 849×100 | 站内 | 京东 | 电子商务 |
| 我的订单一底部通栏90 | 990×150 | 站内 | 京东 | 电子商务 |
| 帮助中心详情页底部通栏 990×150 | 990×150 | 站内 | 京东 | IT垂直类 |
| 帮助中心详情页左侧button 210×210 | 210×210 | 站内 | 京东 | IT垂直类 |
| 帮助中心首页底通下 990×70 | 990×70 | 站内 | 京东 | IT垂直类 |
| 帮助中心首页底通上 990×70 | 990×70 | 站内 | 京东 | IT垂直类 |
| 我的京东页底部通栏下 1090×90 | 1090×90 | 站内 | 京东 | 电子商务 |
| 夺宝岛首页底部通栏（宽版）475×120 | 475×120 | 站内 | 京东 | 电子商务 |
| 夺宝岛首页底部通栏（窄版）390×120 | 390×120 | 站内 | 京东 | 电子商务 |
| 搜索结果页底部通栏 1390×115 | 1390×115 | 站内 | 京东 | 电子商务 |
| 三级列表页底部通栏 1210×115 | 1210×115 | 站内 | 京东 | 电子商务 |
| 【即将下线】搜索结果页底部通栏 1210×115 | 1210×115 | 站内 | 京东 | 电子商务 |
| 京东团购生活汇页面底部 990×115 | 990×115 | 站内 | 京东 | 电子商务 |
| 京东团购单品团底部 990×115 | 990×115 | 站内 | 京东 | 电子商务 |
| 京东团购首页页面底部 990×115 | 990×115 | 站内 | 京东 | 电子商务 |
| 【即将下线】搜索结果页页底部通栏 990×115 | 990×115 | 站内 | 京东 | 电子商务 |
| 京东自营商品终端页-左侧下(6位编码) 211×261 | 211×261 | 站内 | 京东 | 电子商务 |
| 在线客服页面一底部 990×150 | 990×150 | 站内 | 京东 | 电子商务 |
| 支付完成页面 990×80 | 990×80 | 站内 | 京东 | 电子商务 |
| 售后服务页面一底部 830×150 | 830×150 | 站内 | 京东 | 电子商务 |

图 6-3-52

品牌聚效在移动端京东站内广告位置，如图 6-3-53 所示。

↳ Tips

对商家来说，进行品牌聚效推广可以获得红包返还，并且红包和现金可以一起使用。

| 资源位名称 | 创意尺寸限制 | 广告位提示信息 | 投放平台 | 媒体名称 | 媒体类型 |
|---|---|---|---|---|---|
| 无线端首焦 | 1125x549,1242x580,720x322 | 京东APP首页焦点图、微信京东购物首页焦点图、手Q京东购物首页焦点图 | 站内 | 京东 | 电子商务 |
| 无线端通栏 | 1074x300 | 微信京东购物首页通栏广告位 | 站内 | 京东 | 电子商务 |
| 无线端分类banner | 670x230 | 京东APP分类页面banner广告位、微信京东购物分类页面banner广告位 | 站内 | 京东 | 电子商务 |

图 6-3-53

### 6.3.3 品牌展位

品牌展位推广按天收费（CPD）。签订品牌展位合同后，店铺的推广在相应的广告位上曝光一整天，无竞价，其适合大型活动推广、品牌推广。

（1）品牌展位展现位置，如图 6-3-54 至图 6-3-56 所示。

图 6-3-54

图 6-3-55

第 6 章 店铺引流

图 6-3-56

（2）品牌展位的优势

① 汇聚京东站内外优质展位和资源，突出强曝光，无论是品牌造势还是活动推广，都能游刃有余。

② 商家自主投放素材，可以随时更换，更灵活，时效性更强。

③ 品牌展位投放流程，如图 6-3-57 所示。

图 6-3-57

↘ Tips

对商家来说，品牌展位的价格较为优惠，框架和散单客户都会享受相应的折扣，且框架客户还会根据推广额度得到相应比例的配送广告位，广告投放更划算。

## 6.3.4 京挑客

京挑客（原京东联盟）于 2010 年建立，汇聚了购物分享、返利、娱乐等 15 种流量资源，致力于为京东的自营商品及 POP 商家提供一种按照实际成交额向推广者支付服务费的广告投放模式，即 CPS 销售分成（Cost Per Sales）。

CPS 属于效果类广告，该类广告的显著特点为免费展示，免费点击，成交后支付一定比例的技术服务费；按效果付费，风险相对较低，如图 6-3-58 所示。

图 6-3-58

### 1．广告主如何参加京挑客推广

POP 商家可以直接使用京东商家账号登录京准通，选择对应的京挑客入口进入，勾选同意服务协议选项后即可参加推广。

对于除 POP 商家外的其他广告主，请联系对应的京挑客运营人员，开通京挑客权限后即可进行推广。

### 2．京挑客操作指南

第一步，进入京挑客首页，链接地址：https://jtk-jzt.jd.com。

左侧导航中提供了对应二级页面入口：

① 首页：提高当前账户的京挑客账户概况。
② 计划管理：提高当前账户的京挑客计划列表，以及"创建计划"快捷入口。
③ 效果报表：提供京挑客计划的推广效果数据。
④ 结算中心：提供当前账户的京挑客结算情况。
⑤ 消息公告：京挑客消息公告内容列表。
⑥ 帮助中心：包含京挑客简介、操作指南、常见问题、服务协议。

第二步，新建计划。

方法一：进入京挑客首页，通过"新建计划"快捷入口直接进入对应的创建计划页面。

方法二：在"计划管理"页面中，通过列表页右上角的"新建计划"入口进入"新建商品计划"页面，如图 6-3-59 所示。

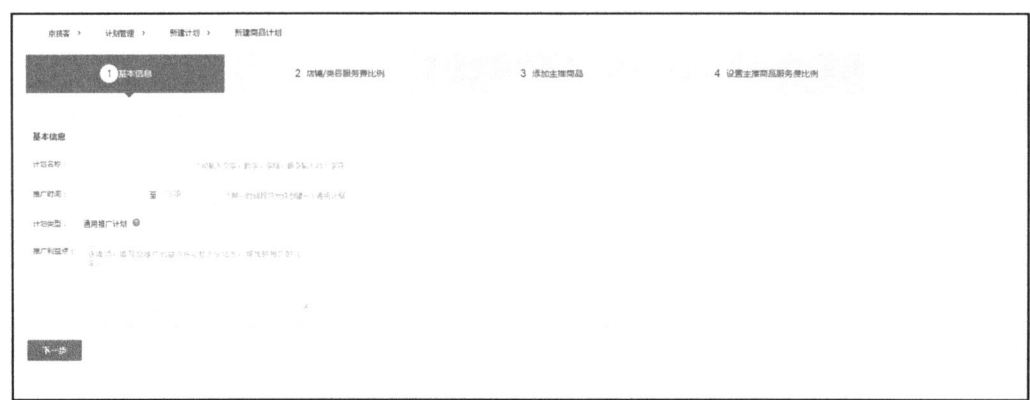

图 6-3-59

具体步骤及注意事项介绍如下。

① 填写计划名称：可输入汉字、数字、字母，最多可输入 25 个字符。
② 设置推广时间：注意同一时间段只允许执行一个计划。
③ 填写备注说明：为当前计划配置说明提示文字，从而方便管理，此项为非必填项。
④ 设置服务费：如图 6-3-60 所示。

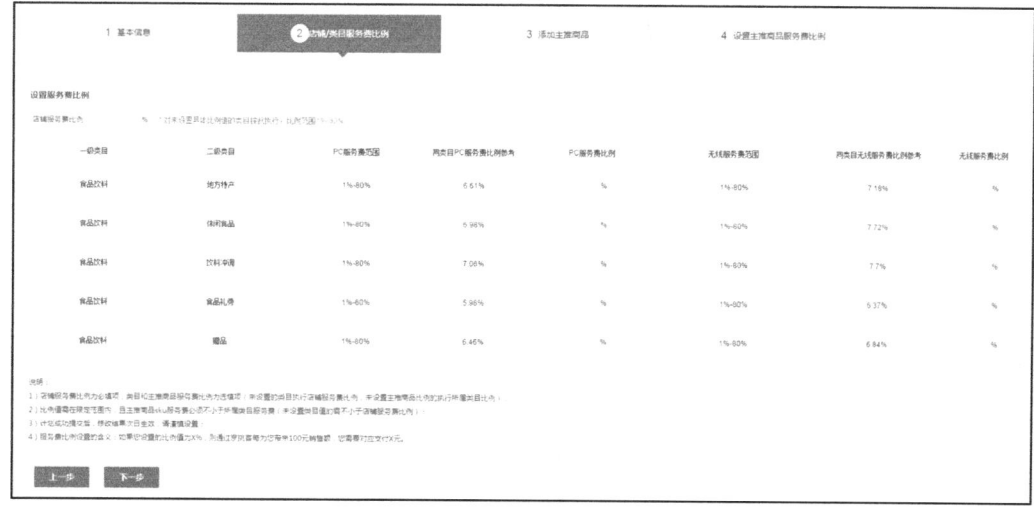

图 6-3-60

具体说明如下。

- 基础比例为必填项，类目和爆款服务费比例为选填项（未设置服务费比例的类目执行基础比例，未设置爆款服务费比例的执行所属类目服务费比例）。
- 比例需要设置在限定范围内，且爆款服务费比例必须不小于所属类目服务费比例（未设置类目服务费比例的需要不小于基础比例）。
- 计划成功提交后，修改结果次日生效，请谨慎设置。
- 服务费比例设置的含义：如果设置的比例为 $X$%，则京挑客每为你带来 100 元的销售额，你需要支付 $X$ 元。

⑤ 添加爆款：如图 6-3-61 所示。

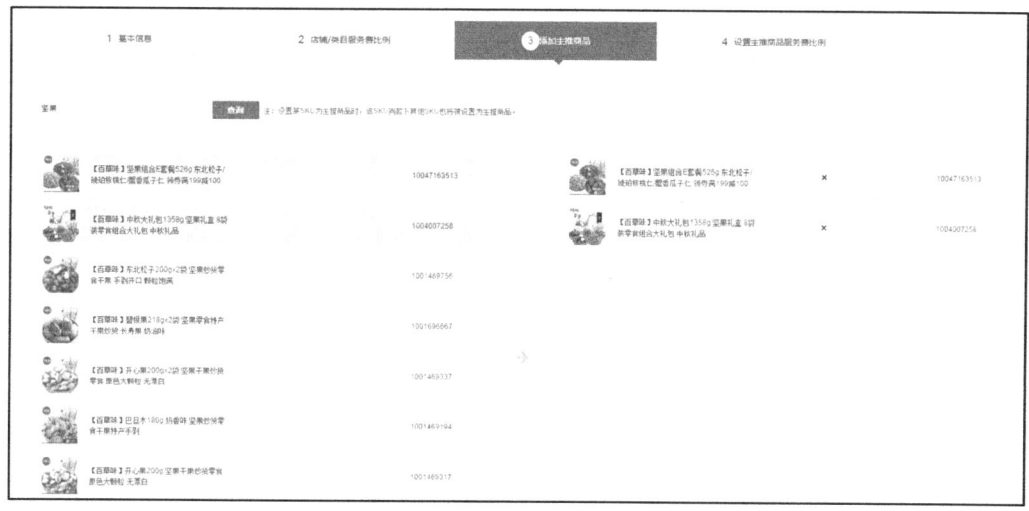

图 6-3-61

- 根据商品 SKU、商品关键字搜索店铺内的商品。

- 单击搜索结果将其添加到已选商品中（已先商品可删除）。
⑥ 设置爆款服务费比例，如图 6-3-62 所示。

图 6-3-62

对已选爆款设置服务费比例，且爆款的服务费比例必须不小于所属类目的服务费比例（未设置服务费比例的类目需要不小于基础比例）。

单击"添加完成"按钮提交推广计划。

第三步，计划管理。

商家可以通过京挑客首页左侧导航中的"计划管理"选项进入"计划管理"页面。

在这里可以根据计划的不同状态进行"查看""修改""继续设置""删除"等操作，如图 6-3-63 所示。

图 6-3-63

第四步，查询报表及结算情况。

可以通过京挑客首页左侧导航中的"效果报表"和"结算中心"选项查看计划效果报表和账户结算情况，如图 6-3-64 所示。

图 6-3-64

### 3．京挑客常见问题

商家在操作京挑客时会遇到很多问题，下面列出有代表性的问题，供商家参考学习。

（1）如何支付服务费

每一笔京挑客订单完成后，系统即记录一笔应付的服务费，每日京挑客会将商家在 26 天前产生的服务费推送至 POP 平台结算，可以关注 POP 平台中的"商家后台"—"结算账单"页面中的"京挑客服务费"一项。

> **Tips**
> 具体扣费时间可能因为实际情况有所延迟，具体以结算中心扣费时间为准；26 天前完成的订单产生的退换货不会再进行服务费重算。

（2）什么情况下商家需要支付服务费

推广方式为按成交付费，展示、点击均无须付费时，商家需要支付服务费。应付服务费=京挑客推广的有效成交金额×对应的服务费比例。

（3）在创建、修改推广计划的时间时，部分时间为什么不可选

京挑客在一个时间段内只允许执行一个推广计划，即同一个商家的计划之间不允许有时间重叠；出现部分时间不可选的情况时，请确认不可选的时间是否已经创建了推广计划。

（4）创建京挑客计划后，如何知道具体在哪些网站推广并成交

京挑客推广很大比例是京东站长通过自有小型网站、论坛、SNS 等社交途径进行推广，集合了发散的长尾价值流量，很多是没有具体落地网站的；只有在京挑客点击系统有 Cookie 记录、在有效期内结算并且最后有效成交的订单，才会进行服务费结算。

（5）如果对商品、类目、店铺都同时设置了基础比例，同一款商品会不会结算多次服务费

不会结算多次服务费。服务费计算时优先执行商品（爆款）比例，未单独设置商品比例的才会执行所属类目比例，所属类目也未设置时才会执行店铺基础比例；商品、类目及店铺基础服务费不会重复计算。

> **Tips**
> 基础比例为必填项，类目和爆款服务费比例为选填项；在进行设置时，爆款 SKU 服务费比例必须不小于所属类目服务费比例（未设置类目服务费比例的需要不小于基础比例）；建议仅为重点商品设置爆款服务费比例，以作为重点推广对象；普通商品执行所属类目服务费比例即可。

（6）服务费比例修改后何时生效

成功提交计划后，修改结果会在次日生效。系统在每天的凌晨会执行一次数据同步，即当日的修改结果会在次日生效，请谨慎设置。

（7）设置服务费比例的实际意义

服务费比例是商家实际需要支付给京挑客的费用比率，例如，如果商家设置的服务费比例为 $X\%$，则京挑客每为商家带来 100 元的有效成交额，需要对应支付服务费 $X\%\times100=X$ 元。

（8）在初次进行京挑客推广时，服务费比例设置为多少比较合适

初次参与京挑客推广的商家，建议不要把服务费比例设置得过高，可以参考服务费比

例范围最低值和类目的平均比例。

(9) 如果计划设置得不合理或者想要提前结束计划,该如何操作

可以进入"计划管理"界面,选择想要修改的京挑客计划,然后调整服务费比例或推广时间即可。

为了保证推广者的利益,计划的修改有对应的限制条件,如服务费比例的调整为次日生效。具体限制条件可以关注操作界面的相关提示,请谨慎设置。

(10) 京挑客计划已经结束,为什么报表中还会显示有服务费被扣除

京挑客服务费是在提交订单时计算的,订单完成时才会扣除服务费,所以在计划执行期间提交、计划结束后完成的订单依然需要结算服务费。

(11) 支付的京挑客服务费是否可以开发票,如何开取发票

京挑客服务费可以开发票,具体要到"POP 卖家平台"—"结算管理"—"发票管理"页面中提交发票申请。

(12) 哪些商品不可以投放京挑客推广

根据国家广告法的相关规定,部分类目禁止投放站外广告,相关信息可在 http://xjzt.jd.com/guanggaosucai/722.jhtml 中查询。

(13) 为什么 POP 平台结算管理中的京挑客费用与京挑客后台对不上

京挑客当日结算的服务费为 26 天之前完成订单的费用,所以建议将对账日期调整为同一时间段后再进行比对。

(14) 为什么推广计划处于推广中,但没有效果呢

京挑客推广是一个长期推广和积累的过程,首先要确保推广计划是长期有效的,另外,计划的服务费比例也不能低于同类目的平均水平。

(15) 推广计划下线并完成充值后,为什么还是不能新建推广计划(针对自营商家)

首先要确保账户中的金额充足,在充值后的第二天才可以新建推广计划。

(16) 为什么充值后第二天还是不能新建推广计划(针对自营商家)

建议在充值前查看计划下线当天引入订单的预估服务费,账户的充值金额需要大于此费用,才能新建推广计划。

(17) 为什么某些 SKU 搜索不到(针对自营商家)

请确认此 SKU 存在并已经成功绑定于该店铺。

### 4. 京挑客——京任务

(1) 工具简介

京任务就是商家可以发布任务并招募达人完成的平台,如图 6-3-65 所示。

图 6-3-65

(2)扣费方式

任务完成按 CPA（Cost Per Action）计费。

按任务完成进行一次性扣费，任务总费用=单任务价格×承接人数，可以在账户报表中查看 CPA 扣费情况，如图 6-3-66 所示。

(3)广告优势

① 任务类型多样。包含多种类型任务，满足商家多样的需求。

② 定价自由，完全由商家自己定价，达人响应。

③ 达人完成的文章将会发布在京东站内的多个资源位。为商家带来更多的引流效果。

④ 数万名达人参与，带来几亿曝光和 GMV。

⑤ 京东 APP 的发现、发现好货等多个频道优先展示。

(4)展示位置

京东 APP 及"PC 觅 Me""发现好货"等多个频道优先展示，如图 6-3-67 和图 6-3-68 所示。

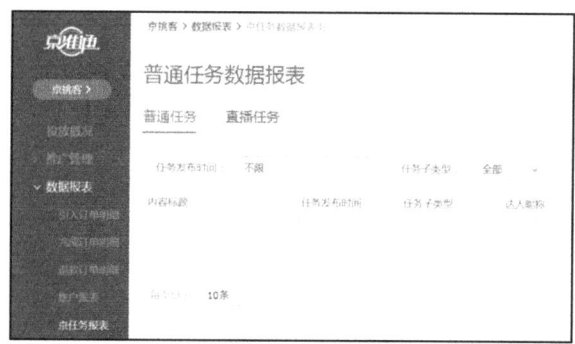

图 6-3-66

图 6-3-67

图 6-3-68

（5）推广流程

第一步，登录京准通首页 https://jzt.jd.com，单击首页"营销产品"—"京挑客"—"京任务"，如图 6-3-69 和图 6-3-70 所示。

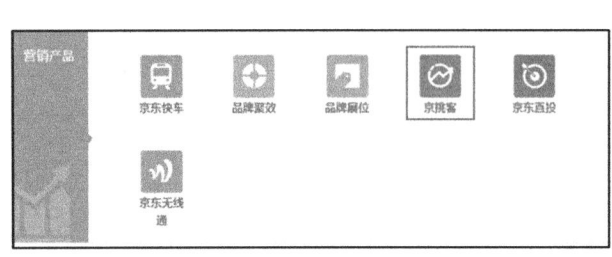

图 6-3-69　　　　　　　　　　　　图 6-3-70

第二步，单击"新建单篇任务新建打包任务"。如图 6-3-71 所示。

第三步，填写任务信息，如图 6-3-72 所示。

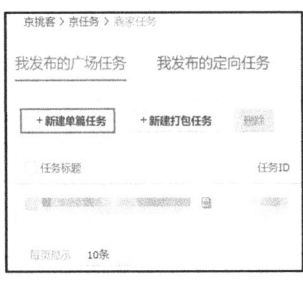
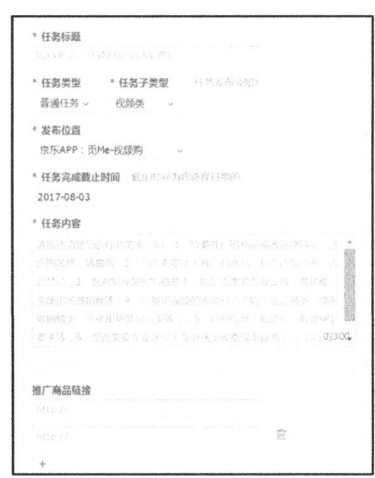

图 6-3-71　　　　　　　　　　　　图 6-3-72

① 任务标题：除帮助商家区分推广任务目的外，推广标题还会展示给达人，帮助达人快速了解商家推广任务的概况。

② 任务类型：包含两大类，普通任务有文章类、单品类、清单类、视频类；直播任务有普通直播、VR 直播。

③ 任务子类型：

- 文章类：较为自由的形态，可做品牌宣传，也可做产品导购。图文、视频，各种内容素材都加入的全能型形态，但是也非常考验作者的内容功底
- 清单类：较为轻量，用于推荐多件产品的内容，一般用作场景化产品导购或同系列产品盘点
- 单品类：较为轻量，为单品推荐设计的内容形态，旨在为用户推荐优质的产品
- 视频类：较为重量，常见视频形式为应用场景，主题代入、产品试用等
- 普通直播类：较为重量，以主播在直播过程中推荐产品为常见直播表现形式，类似电视导购
- VR 直播类：较为重量，以 VR 直播形式进行类似普通直播类产品推荐，能全方位探视主播推荐产品

结合不同任务子类型的特点，根据商家自身产品特征，以及推广需求，合理抉择即可。

④ 发布位置：选择不同的子任务，发布位置出现具体子任务流量入口及具体展示样式，如图 6-3-73 所示。

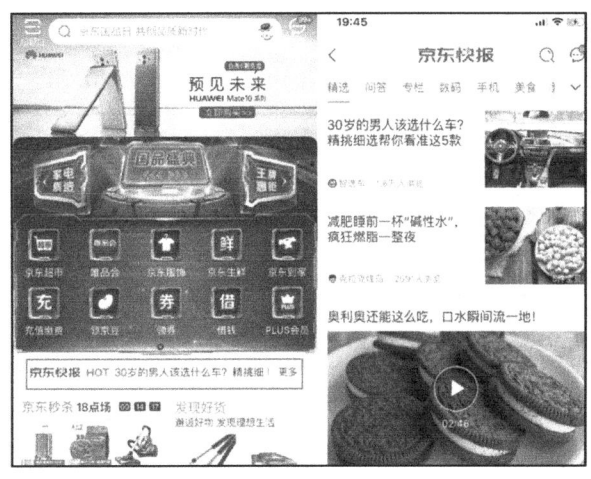

图 6-3-73

⑤ 任务完成截止时间：任务完结时间。

⑥ 任务内容："任务内容"的撰写方向、撰写格式，在"任务内容"输入框有详细提示，请按提示，认真填写，方便达人更加快速、深入地了解您的品牌、产品，以及个性化推广需求。

⑦ 推广商品链接：输入需要进行推广的商品链接。

⑧ 上传附件：可以上传产品推广素材、产品资质文件、任务补充内容等。

第四步，设置达人报名条件，如图 6-3-74 所示。

图 6-3-74

① 单任务价格：出价 50 元~100 万元之间，自行根据预算，合理出价即可。
② 报名截止时间：根据自己的推广计划，合理设定报名截止时间。
③ 您的联系电话：输入负责人联系电话，方便达人与您取得联系。
以上内容设置完成后，单击"发布到任务广场"按钮即可。

### 6.3.5 京东直投

京东直投是一款与腾讯合作的精准定向的付费引流产品。商家通过京东直投后台系统上传广告素材，即可获得百亿级腾讯系优质流量。京东直投是按照点击扣费（CPC 模式），广告展示免费，发生点击才扣费，扣费金额为在下一名商家的出价基础上加价，每次点击产生的实际扣费小于或等于商家的出价，产品介绍如图 6-3-75 所示。

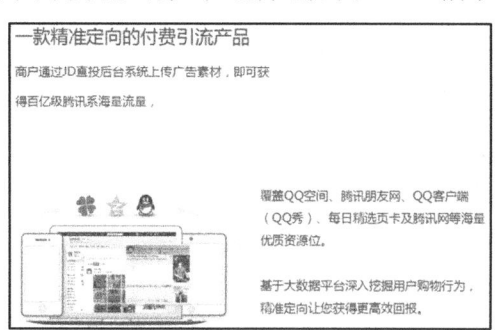

图 6-3-75

**1．京东直投的优势**

（1）具有优质的资源和亿万的活跃用户：提供多方位广告展现平台，拥有涵盖从 PC 端到移动端的社交平台资源，覆盖 QQ 空间、朋友网、QQ 客户端（QQ 秀）及腾讯网等优质资源位。

（2）精准聚焦：基于大数据平台，深入挖掘用户购物行为，精准定向，让商家获得更高效的回报。轻松建立多个用户群，可以分群管理潜在用户及目标用户，以及按产品市场定位分群管理。

(3)高效传播:京东直投具有智能广告竞价机制,商家通过实际带来的推广效果进行付款,大幅节约广告成本。其按广告单次点击扣费,结合出价及广告相关质量得分算出扣款,广告实际扣费不超过商家的出价。

(4)防恶意点击技术:具有多重措施防止异常点击,保证点击数据有效;智能化数据监控提供多维度的测评数据反馈,保证数据的有效性。

**2.京东直投的展示位置**

(1)微信端订阅号广告展示,如图 6-3-76 所示。

(2)手机 QQ 端和空间动态广告展示,如图 6-3-77 所示。

(3)手机 QQ 新闻插件广告展示,如图 6-3-78 所示。

图 6-3-76　　　　　图 6-3-77　　　　　图 6-3-78

(4)QQ 空间广告图片展示,如图 6-3-79 和图 6-3-80 所示。

图 6-3-79

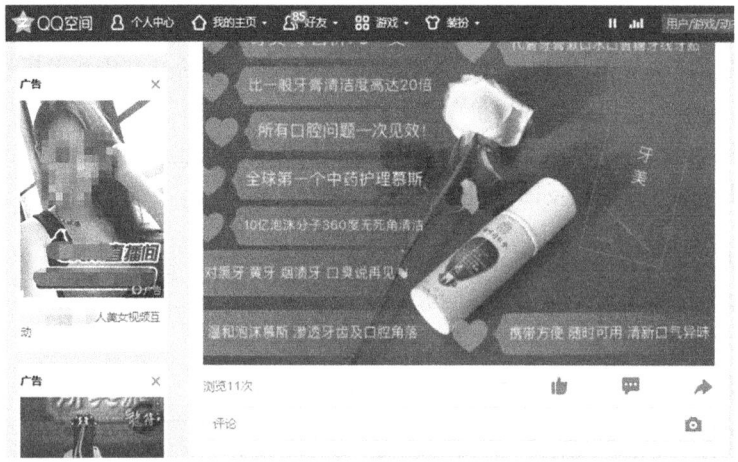

图 6-3-80

（5）QQ 聊天窗口和 QQ 群聊天窗口广告展示，如图 6-3-81 和图 6-3-82 所示。

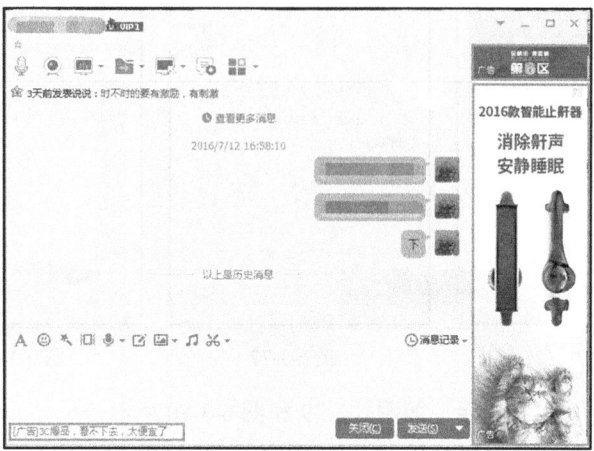

图 6-3-81

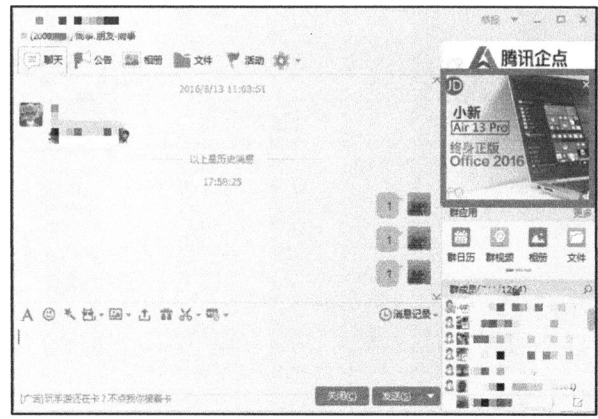

图 6-3-82

(6)京东直投广告展示,如图 6-3-83 所示。

| 展现形式 | 广告展示位置 | 特性 | 曝光量级 |
| --- | --- | --- | --- |
| 展示推广标题和图片 | 空间-猜你感兴趣 | 展示位突出,曝光量大,点击转化高 | 十亿级曝光 |
| | 空间及朋友网-农牧场右侧 | 曝光大,点击转化中等,竞争较弱 | 亿级曝光 |
| | QQ客户端-临时对话框右下方 | 点击转化较好,竞争较弱,性价比较高 | 亿级曝光 |
| | 每日精选-逛逛 | 流量质量最高,转化最好,竞争激烈 | 千万级曝光 |
| | 腾讯网等优质媒体资源 | | 亿级曝光 |
| 展示图片 | 空间-精彩生活 | 展示位突出,曝光大,点击转化高 | 十亿级曝光 |
| | 空间-应用页上方 | 大图,承载信息量大,点击率较高 | 千万级曝光 |
| | 空间-应用页上方 | | |
| | 朋友网-左下 | 转化效果好,竞争激烈较小 | 千万级曝光 |
| | QQ客户端-QQ秀大图 | 曝光量级最大,转化率较高,但整体竞争较弱 | 十亿级曝光 |
| | QQ客户端-QQ秀小图 | | |
| | QQ客户端-QQ群右上方 | 文字样式图片投放效果好,且制作简单 | 亿级曝光 |
| | QQ客户端-临时对话框右上方 | | |
| | QQ客户端-讨论组右上方 | 文字样式图片投放效果好,且制作简单 | 亿级曝光 |
| | QQ客户端-C2C聊天窗口右上方 | | |
| 文字链(展示推广标题) | QQ客户端-聊天窗左下角文字链 | 文字样式图片投放效果好,且制作简单 | 亿级曝光 |

图 6-3-83

### 3. 京东直投后台操作流程

京东直投后台操作流程,如图 6-3-84 所示。主要包括 6 大步骤:账户充值、推广计划设置、用户群管理、广告投放、广告管理、数据分析。

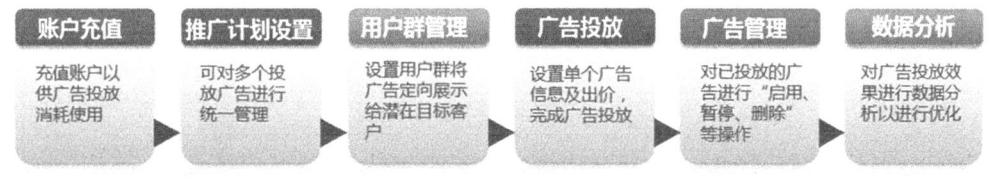

图 6-3-84

第一步,账户充值。

登录京准通账号后,直接进行充值,更详细的充值介绍详见京准通充值部分介绍内容,如图 6-3-85 所示。

充值到账后,需要进入京准通账户中将费用转账到直投账户中。

在"我的账户"页面中可以看到现金账户中的可用余额,在广告投放期间要及时查看账户余额,避免因余额不足导致广告暂停,影响转化。

在"我的账户"页面中不仅有现金账户,还有赠送账户(赠送金不能提现)、无线补贴账户、返点账户。"我的账户"中的可用余额不低于 500 元,否则会影响广告的曝光。

第二步,推广计划设置。

进入京东直投首页后,单击"广告投放"—"推广计划"—"新建推广计划"选项,如图 6-3-86 所示。

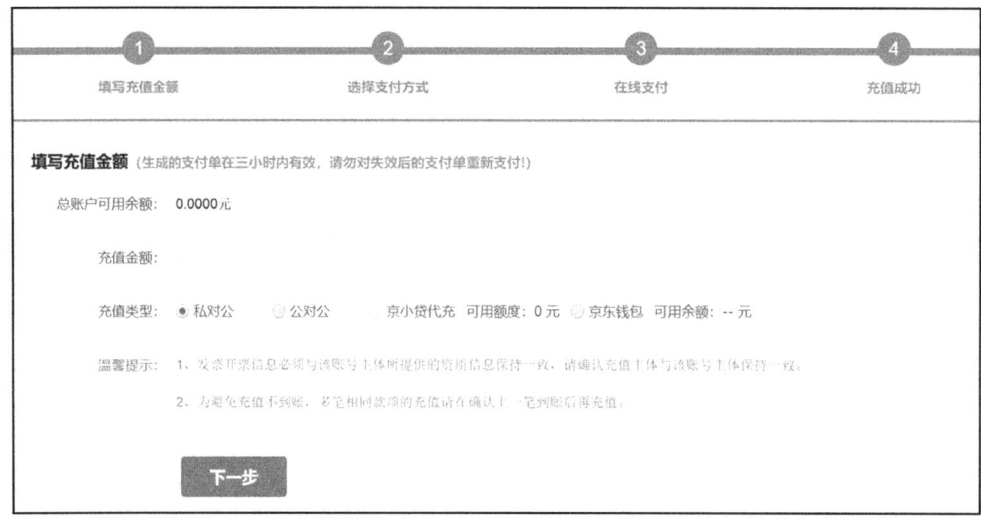

图 6-3-85

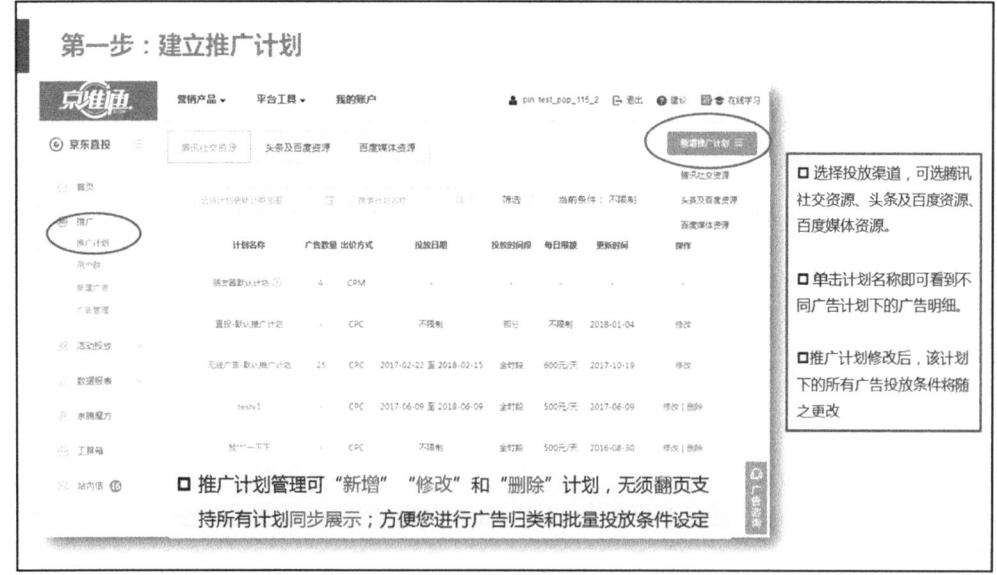

图 6-3-86

此时进入如图 6-3-87 和图 6-3-88 所示的页面。

新增计划时，可设置推广计划的起止日期、每日限额及投放时间段，时间段精确到以半小时为单位。还可以进行高级规则设置，根据需求来决定是否启用匀速消耗。

所有设置完成后，单击"完成设定"按钮，开始投放。

图 6-3-87

图 6-3-88

> **Tips**

(1)推广计划限额不低于 300 元,否则会影响广告的曝光。

(2)建议推广计划不设置为匀速消耗,匀速消耗会导致广告在流量高峰期不能抢到高曝光的位置,没有优质的流量会影响店铺的转化。

第三步,用户群管理。

创建推广计划后,单击"广告投放"—"用户群"—"新建用户群"选项,如图 6-3-89 所示。

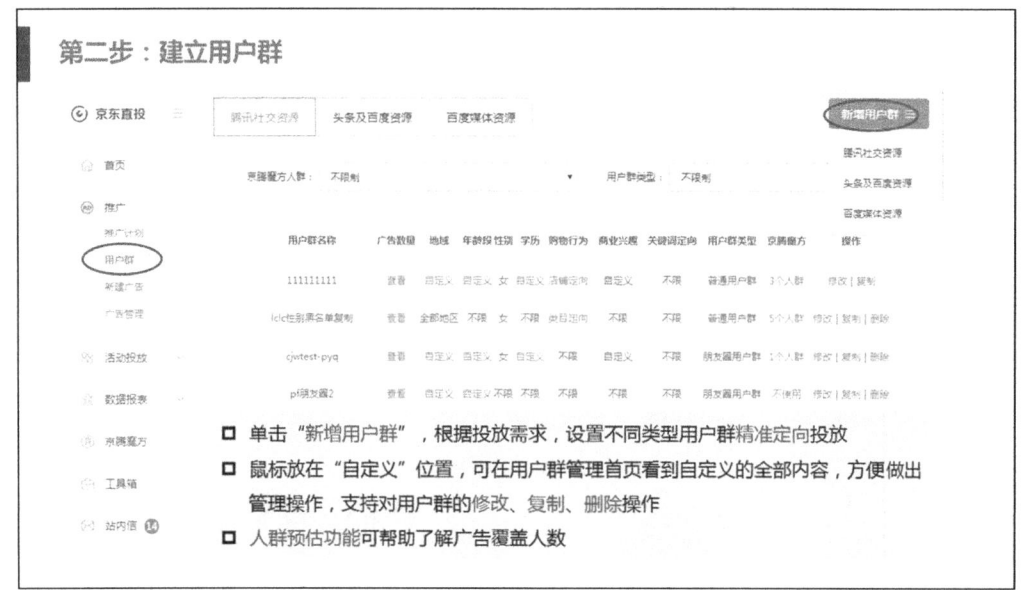

图 6-3-89

此时进入如图 6-3-90 至图 6-3-92 所示的界面。

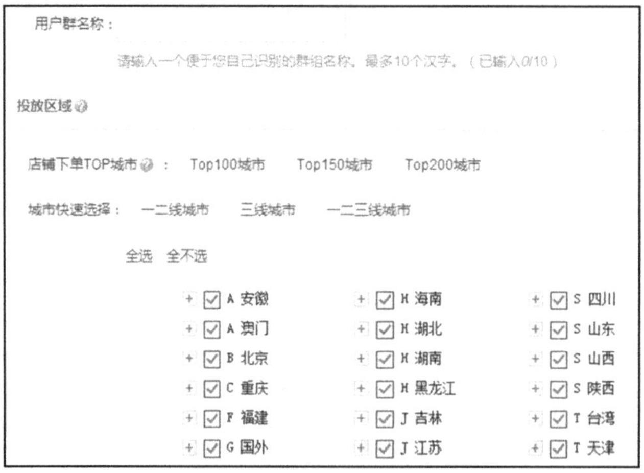

图 6-3-90

单击"完成设定"按钮后，本步骤操作结束。

不管广告想展示给哪些目标人群，都需要设置定向，目前京东直投不仅有基础定向，还有三大高级定向——购物行为定向、商业兴趣定向、关键词定向，深挖京东+腾讯用户的购物行为，可以为店铺强引流。

第四步，广告投放。

建立用户群后，进入"广告投放"—"新建广告"—"立即推广"页面，如图 6-3-93 所示。

# 第6章 店铺引流

图 6-3-91

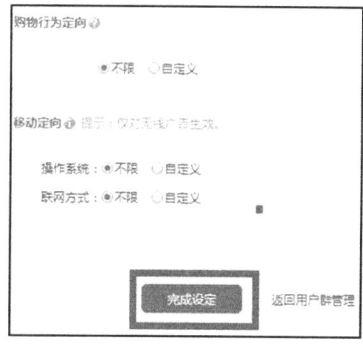

图 6-3-92

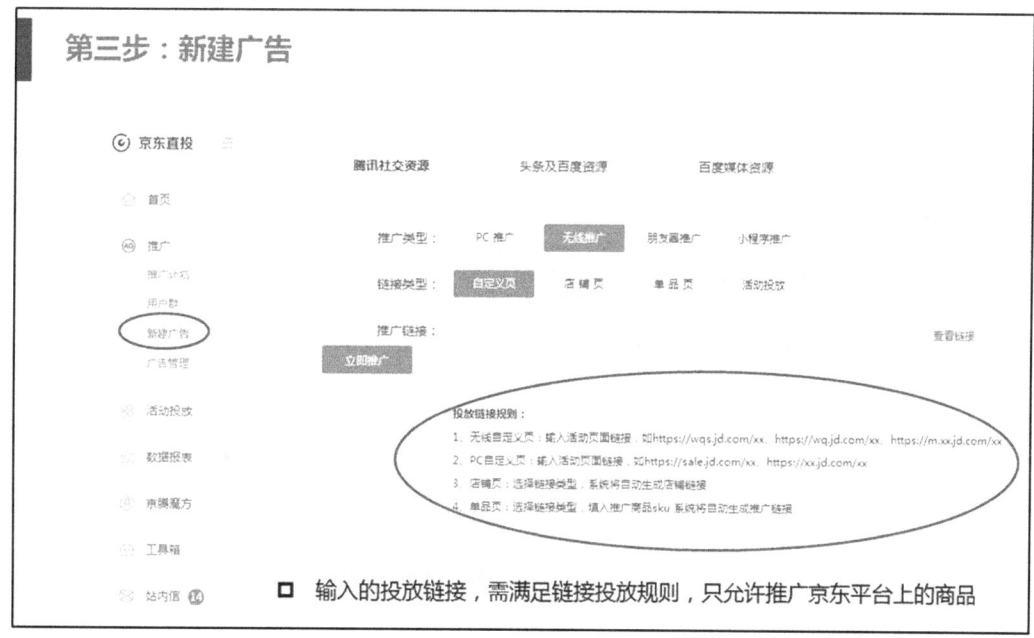

图 6-3-93

➘ **Tips**

（1）广告投放的无线推广链接要注意按照无线投放链接规则来设置。

（2）京东直投的广告投放支持批量上传广告素材。

（3）广告出价不能盲目，应参考每日市场行情，按类目和规格行情合理出价，建议新广告出价高于行情的 20%~30%。

　　第五步，广告管理，如图 6-3-94 所示。

图 6-3-94

> **Tips**
>
> (1)在"广告管理"页面中可查看广告是否审核通过,建议及时删除没通过审核的广告。
>
> (2)如果商家需要对某个广告进行对比测试,则可复制该广告,选择新的用户群投放。

第六步,数据分析。

京东直投数据报表分为整体数据概况、推广计划数据、单个广告数据、定向数据分析,每一类数据报表可根据不同的查看目的去下载,如图 6-3-95 至图 6-3-96 所示。

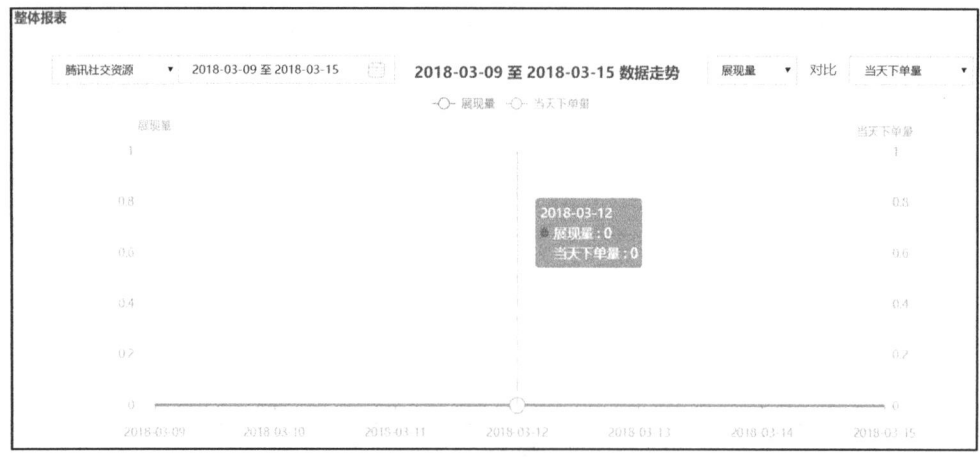

图 6-3-95

> **Tips**
>
> (1)在数据报表中如果需要查看转化数据,则可选择数据时段,包括过去 7 天或过去 30 天。
>
> (2)在推广计划数据报表中可查看每个推广计划的具体数据,可查看哪些计划为店铺带来了高的投资回报率。
>
> (3)单个广告数据报表提供查看某一个广告的具体数据详情,如果需要查看具体某条广告的转化,也可以选择数据时段:"过去 7 天"或"过去 30 天"。
>
> (4)定向数据分析可用于分析过去投放的广告用户所在的地域、年龄、性别,之后在投放广告设置定向时就可以参照分析的数据进行设置。

下载报表

| 时间 | 展现量 | 点击量 | 点击率 | 广告消耗 | 点击单价 | 当天下单量 | 当天下单额 | 当天下单转化率 | 当天下单ROI | 15天加购量 | 15天加购 | 查看 |
|---|---|---|---|---|---|---|---|---|---|---|---|---|
| 总计 | 0 | 0 | 0.00% | 0.00 | 0.00 | 0 | 0.00 | 0.00% | 0.00 | 0 | 0.00% | - |
| 实时 2017-07-13 | 0 | 0 | 0.00% | 0 | 0 | 0 | 0 | 0.00% | 0 | 0 | 0.00% | [illegible] |
| 2017-07-12 | 0 | 0 | 0.00% | 0 | 0 | 0 | 0 | 0.00% | 0 | 0 | 0.00% | [illegible] |
| 2017-07-11 | 0 | 0 | 0.00% | 0 | 0 | 0 | 0 | 0.00% | 0 | 0 | 0.00% | [illegible] |
| 2017-07-10 | 0 | 0 | 0.00% | 0 | 0 | 0 | 0 | 0.00% | 0 | 0 | 0.00% | [illegible] |
| 2017-07-09 | 0 | 0 | 0.00% | 0 | 0 | 0 | 0 | 0.00% | 0 | 0 | 0.00% | [illegible] |
| 2017-07-08 | 0 | 0 | 0.00% | 0 | 0 | 0 | 0 | 0.00% | 0 | 0 | 0.00% | [illegible] |
| 2017-07-07 | 0 | 0 | 0.00% | 0 | 0 | 0 | 0 | 0.00% | 0 | 0 | 0.00% | [illegible] |

图 6-3-96

### 4．京东直投操作流程

京东直投操作流程包括以下 6 步，如图 6-3-97 所示。

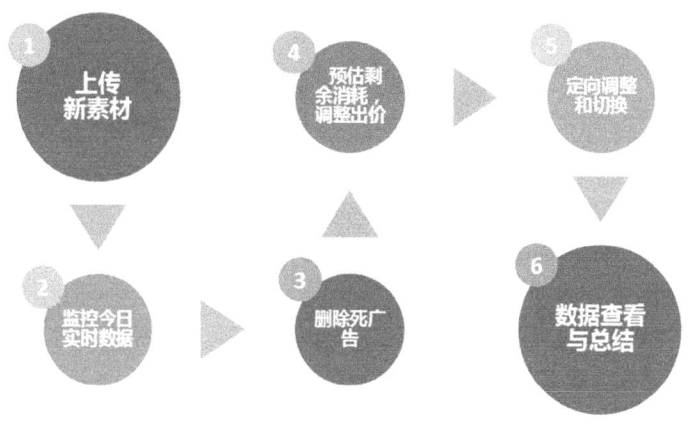

图 6-3-97

（1）京东直投常见问题

在选择商品的时候，可以考虑选择大众款和转化率高的商品，此类商品更能被大多数买家所接受。另外，也可以考虑选择应季、应时的商品。当商品推广一段时间后，建议更换推广的商品及素材，以免引起买家的视觉疲劳。

有成交量的商品可以增加买家的信任感，但不少新店铺也能通过京东直投迅速成长为销售额达百万元级别的店铺。

（2）京东直投广告素材审核时间

所有上传的素材广告将在 24 小时内审核完毕，在工作时间（9:00—17:00）上传的素材一般会在 4 小时内审核完毕，所以要尽量在工作时间上传素材。

（3）京东直投学习交流专区

京东直投自助学习专区地址 http://zt.jd.com/edu/edu_home.shtml。

商家需要熟悉京准通中 3 种不同模式的推广方式，根据自身类目与商品选择最适合自己的推广方式。这 3 种推广模式可以兼容并用，也可以根据环境、季节等因素选择一种适合自身的最佳推广方式。

### 6.3.6 京东无线通

京东无线通是京东基于京准通平台与优质信息流媒体深度合作，为广大商家提供的实时竞价服务的精准营销产品。京东无线通与优质信息流媒体合作，通过实时竞价的方式对推广内容进行曝光展示，同时利用京准通 DMP 实现让推广信息直接触达核心用户和潜在用户。其付费类型为按点击计费（CPC），即推广内容展示免费，用户点击扣费，或按展现付费（CPM）。同时京准通平台和合作媒体平台共同协助商家优化素材点击率，进一步提升推广效果。

信息流（Feeds）广告是原生广告的一种表现形式，其自然地出现在用户浏览内容的主路径上，并且展示形式与用户浏览的内容非常接近，因此吸引的关注度更加有效，展示效果也更好。京东无线通的优点体现在以下 6 个方面，如图 6-3-98 所示。

图 6-3-98

**1．京东无线通的资源位举例**

京东无线通产品对接新闻资讯类媒体——今日头条 APP，其中：

（1）广告展示位置为今日头条 APP 中的某个位置；

（2）广告展示样式为图文形式，包括信息流小图、文章详情页大图，具体展示样式如图 6-3-99 所示。

**2．京东无线通的优势**

（1）优质信息流媒体资源

合作媒体具有稳定的高曝光量及高日活跃用户数。

移动端流量碎片化、多样化、互动性强且精准度高。

媒体标签和用户标签体系完善。

（2）科学的计费模式

按点击计费（CPC）或按展现付费（CPM）。

京准通平台和合作媒体平台共同协助商家优化素材点击率。

图 6-3-99

（3）先进防恶意点击技术

使用多重无效点击辨别方法，有效滤除无效点击，保证点击数据真实有效。

（4）定制化交易体验

用户点击广告后可打开京东 APP，简化用户登录过程，缩短用户下单路径。

（5）精准受众定向

京东电商属性数据与合作媒体的流量数据及用户数据充分结合，深度挖掘，打造强大数据管理平台。

基于整合数据提供个性化精准定向服务，定向条件可选，直达目标客户，实现高效营销推广，如图 6-3-100 所示。

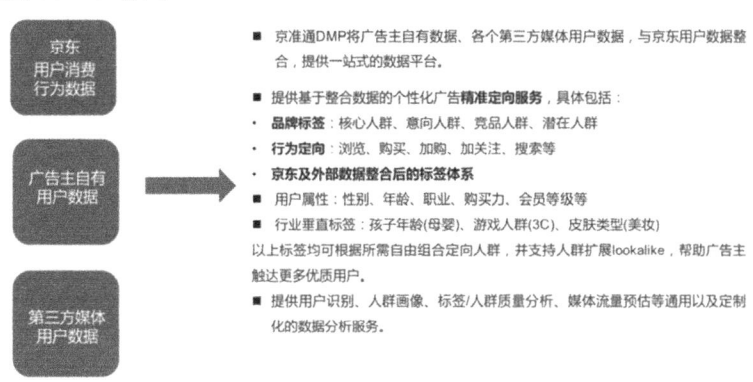

图 6-3-100

（6）维度实时数据监控

实时反馈广告效果数据，辅助商家优化投放策略，如图 6-3-101 所示。

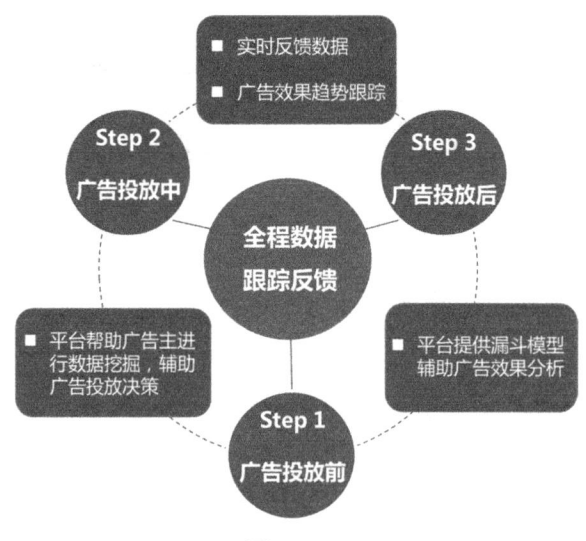

图 6-3-101

**3．京东无线通的竞价逻辑**

（1）针对重定向流量和人群扩展（lookalike）流量提供实时竞价服务，价高者可获得广告展示机会。

（2）广告展示免费，用户点击扣费，扣费金额小于或等于商家的出价加 0.01 元：PPC（单次点击扣费金额）=下一名出价×（下一名质量分/自己质量分）+0.01 元。

（3）影响竞价成功与否的主要因素包括：出价（广告主结合预算和媒体流量质量决定）和点击率（由素材质量、定向人群包、选品属性、账户结构和账户表现等决定）。

**4．京东无线通投放流程**

（1）进入京东无线通产品页面

登录京准通商家操作平台（https://jzt.jd.com/），登录成功后，在导航栏中单击"营销产品"选项，选择"京东无线通"选项进入京东无线通产品页面。

默认进入"投放概况"页面，如图 6-3-102 所示，具体选项介绍如下所示。

- 昨日概况：前一天账户消耗及引流相关数据，包括花费、展现、点击和点击率。
- 审核结果通知：显示最新素材审核结果通知。
- 最新公告：显示最新京东无线通产品相关信息通知。
- 数据趋势图：默认显示该账号昨日投放数据，分别为花费、展示数、点击数、点击率 4 种指标。时间粒度从小时切换至分钟，时间范围从天至月，可增加环比数据。

（2）新建推广计划

在"推广管理"模块中单击"普通推广"选项，进入计划编辑页面，如图 6-3-103 所示。

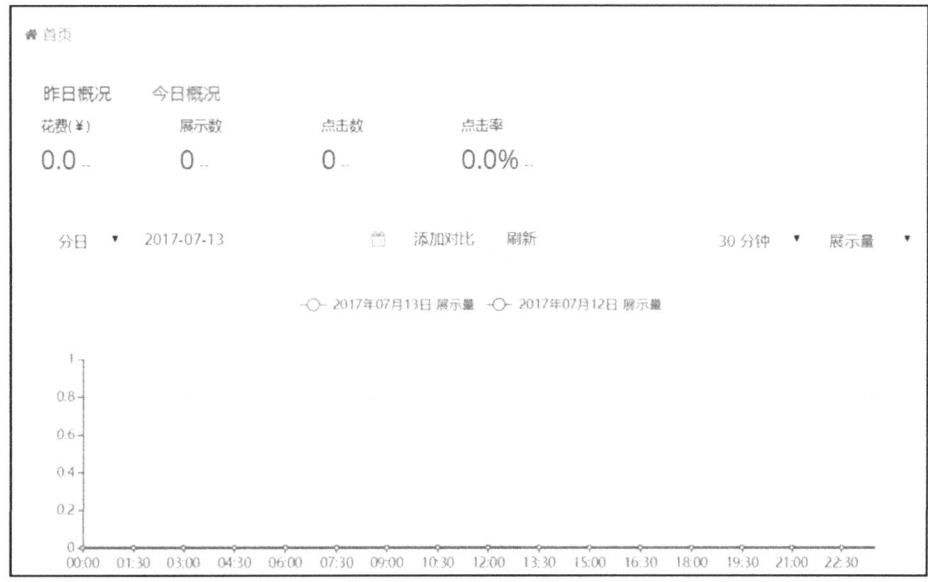

图 6-3-102

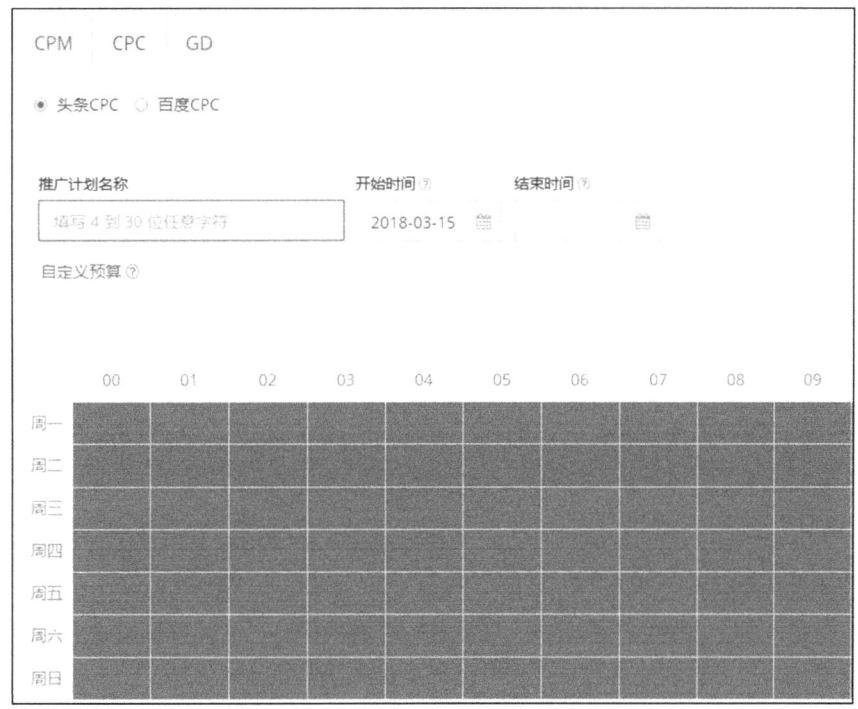

图 6-3-103

- 推广计划名称：显示活动、推广类型、商品说明等，越详细越便于日后的计划管理，要求为 4~30 个字符。
- 开始时间：显示计划开始投放时间，不能早于今日。

- 结束时间：显示计划结束投放时间，不能早于开始时间。
- 每日预算设置：显示商家自定义输入 1~7 位正整数，预算设置不能低于当前账户已花费金额。
- 计费类型：CPC 竞价或者 CPM 竞价。
- 时段设置：显示系统默认全日程展示，商家可自定义相应播放的时间段，精确到小时。
- 匀速投放：显示匀速投放可以让时间段内的广告曝光趋于平滑和均匀，开启则需要设置每日预算金额。

（3）新建推广单元

创建推广计划后，单击"下一步"按钮，进入"建立推广单元"页面，如图 6-3-104 所示。

图 6-3-104

- 推广单元名称：显示活动、商品、具体分类等，越详细越便于日后计划管理，要求为 4~30 个字符。
- 流量包：每个流量包中包含多个资源位，可以根据自己的需要选择适合的流量包。
- 资源位：资源位和流量包可以同时选择，也可以单独分别选择。
- 区域定向：可定向选择广告投放区域，支持最细粒度为市。
- 定向设置：支持通投及广告主通过京准通 DMP 定向选择目标用户（需要至少选择 1 个定向人群包）。定向介绍以及定向设置可查看京准通 DMP 产品介绍及操作指南：https://xjzt.jd.com/dmp1/index.jhtml。
- 人群预估：根据以上引用的人群包，预估出此定向设置覆盖人群。

## ↘ Tips

京东无线通已上线百度推广,如图 6-3-105 所示。

如需手机百度 APP 推广,可以在"京东无线通"里,直接选择"百度推广",如图 6-3-106 所示。

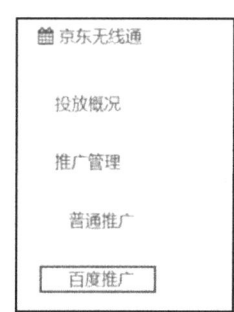

图 6-3-105　　　　　　　　　　　　　　图 6-3-106

(4)上传推广创意

创建推广单元后,单击"下一步"按钮,进入"推广创意"上传页面。

- 尺寸:显示为该推广单元下系统可以接收的所有图片尺寸类型,只能在此范围内上传符合尺寸的素材。
- 上传素材:仅支持符合广告位尺寸的素材,可支持批量上传素材,素材上传成功后创意图片处会显示。

(5)素材审核

- 提交素材时间:项目上线日前 3 个工作日(部分站外媒体审核较慢,如果超过 3 个工作日未反馈,则请主动联系运营同事,避免影响图片投放计划)。
- 素材审核时间:工作日 9:00—18:00。
- 单元状态:确定素材是否通过审核,投放是否正常。
- 图片驳回说明:将鼠标放在审核不通过字样上,即可查看驳回原因。

驳回后,请按照结果详细说明要求进行修改,请勿重复上传未通过的素材,如图 6-3-107 所示。

新手商家可参考京东官网图片素材的文案,或联系相关京准通运营同事,获取素材审核说明。

素材审核规定下载地址:http://learn.jzt.jd.com/guanggaosucai/722.jhtml。

(6)数据报表

在"数据报表"页面中,单击账户报表或效果报表,即可查看相应的数据,如图 6-3-108 所示。

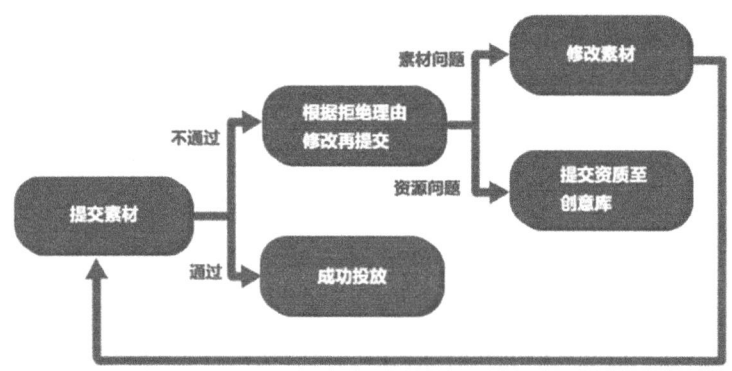

图 6-3-107

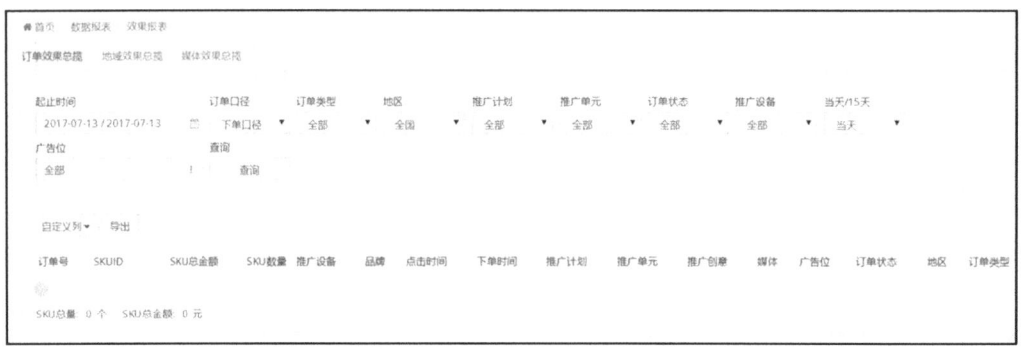

图 6-3-108

在账户报表中可查看账户、推广计划、推广单元、推广创意的流量数据和效果数据。

- 流量数据：包括展现数、点击数、总费用、点击率、千次展现成本、平均点击成本等消耗指标。
- 效果数据：包括按下单口径统计的直接订单量（金额）、间接订单量（金额）、转化率、ROI 等转化指标。

在效果报表中可查看订单效果总揽和地域效果总揽。

- 订单效果总揽：支持查看订单信息数据和投放状况信息。
- 地域效果总揽：支持查看各省/直辖市流量数据。

数据报表可支持自定义选择数据列以及报表下载功能。

## 6.4 活动引流

### 6.4.1 了解京东活动

京东已逐步开放出越来越多的活动，商家要紧跟京东平台的发展节奏，积极参加活动，为店铺引入更多、更优质的活动流量。同时，京东活动带来的流量具有见效快、爆发强的特点，适合打造爆品及提高店铺曝光。

**1．京东活动的类型**

京东活动一般分为 3 类：日常活动、频道活动、全站活动。

（1）日常活动

此类活动具有很明显的类目特征，一般又称作类目日常活动。类目日常活动的常见入口有各类目一级、二级的 banner 资源位，如图 6-4-1 所示。类目日常活动呈现的形式大多都是由不同商家的同一类目的商品组合而成的活动专题页。

图 6-4-1

日常活动报名的进入路径如图 6-4-2 所示，单击"日常活动"选项后，会出现日常活动列表。如图 6-4-3 所示，以箱包为例，这里会出现各箱包类目的日常活动。在默认状态下，此页面会显示出所有类目日常活动，包含"可报名活动"与"不可报名活动"。商家可以单击"可报名活动"选项，对全部类目日常活动信息进行筛选，只显示当前商家具备报名资格的活动信息。单条活动信息展示的内容分别为活动报名时间区间、活动审核时间区间、活动展示时间区间。

在提报类目日常活动时，要熟知活动的主题，不要盲目提报。所提报的商品要尽量符合活动主题，这样才能大大提高活动的通过率。

（2）频道活动

频道活动一般为固定类型的活动资源，如京东新发现、京东好东西、京东品牌街等。每个频道活动都有鲜明的活动特点。以京东品牌街为例，此活动页面以品牌导购为主要呈现形式，其中穿插个别大品牌的优质单品，具有很强的品牌消费气息。频道活动的常见入口为京东首页中的"京东·品质生活"专区，如图 6-4-4 所示。频道活动报名进入路径如图 6-4-5 所示，单击"频道活动"按钮后，会出现频道活动列表，如图 6-4-6 所示，可以根据频道活动的不同特点，有选择性地进行活动提报。

图 6-4-2　　　　　　　　　　　　　　　　图 6-4-3

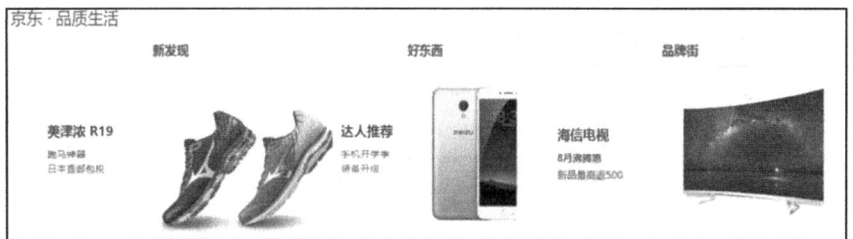

图 6-4-4

 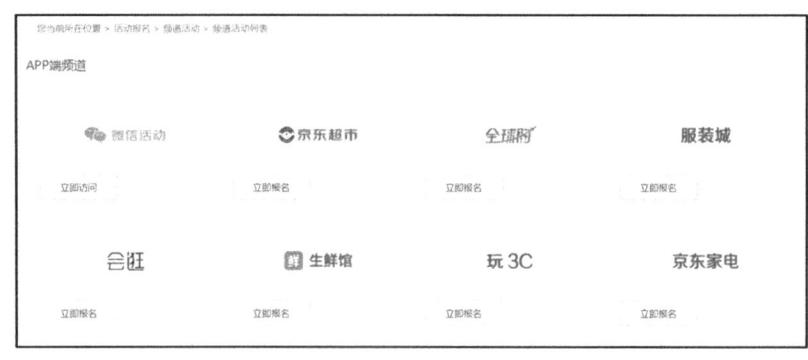

图 6-4-5　　　　　　　　　　　　　　　　图 6-4-6

**↪ Tips**

掌上秒杀是京东在 APP 端流量最大、爆发力最强的频道活动，如果想快速打造爆品，则参加此活动是不二之选。

（3）全站活动

此类活动具有覆盖类目广、针对人群广、流量大、折扣大（简称"两广两大"）的特点。例如京东"618"大促、"11.11"大促、"12.12"大促、年终大促、年货节等。对京东商家来说，一年一次的"618"大促和"11.11"大促是两次冲击销售额的大好机会。更有甚者，店铺全年的销售额有一半都是由这两次大促来完成的。同时，随着我国电商产业链的逐步完善，电商大促不再是一二线城市网购人群的狂欢节，而已逐步发展成全国性质的网购狂欢节。可见此类全站活动在店铺运营中的重要性。

全站活动常见的入口为京东商城首页顶部通栏、首页焦点图、全平台全渠道场景渲染等，几乎可以把所有流量都引入活动会场。在大促期间，京东商城会根据主题，设计大促的节奏和玩法，所以，商家要熟知活动详情，并要通过各种方式，积极提报大促活动，参与活动。

在大促前夕，要充分、有效地预热活动，这样能给活动当天带来更多的订单。

2. 京东商城各种活动介绍（见图6-4-1）

表6-4-1

| 活动名称 | 活动入口 | 活动地址 | 活动特点及覆盖人群 |
| --- | --- | --- | --- |
| 闪购 | 京东首页导航 | red.jd.com | 适合品牌活动特卖推广，覆盖人群为：依赖品牌信任感购物及追求轻购物模式的消费人群 |
| 领券中心 | 京东首页导航 | a.jd.com | 适合高性价比单品，覆盖人群为：追求物美价廉的消费人群 |
| 京东秒杀 | 京东首页导航 | miaosha.jd.com | 适合高性价比单品，覆盖人群为：追求物美价廉的消费人群 |
| 天天低价 | 京东首页底部 | xuan.jd.com | 适合高性价比单品，覆盖人群为：追求物美价廉的消费人群 |
| 发现发货 | 京东首页 | fxhh.jd.com | 适合新品或急需优质晒单、晒评价的单品，覆盖人群为：追求物美价廉的消费人群 |
| 会买专辑 | 京东首页 | ypzj.jd.com | 适合3C数码类产品，以及科技类新品，覆盖人群为：数码达人、科技控等 |

### 6.4.2 提报京东活动

#### 1. 使用商家后台进行活动提报

下面以一家箱包类目商家提报一次类目日常活动为例来介绍提报活动的具体操作步骤。

首先登录到商家后台，单击"活动报名"—"日常活动"选项，进入如图6-4-7所示的页面。

图6-4-7

这里以成功报名"男装节"活动为目标，如图 6-4-8 所示，单击右侧的"立即报名"按钮，进入本次类目日常活动的提报流程。

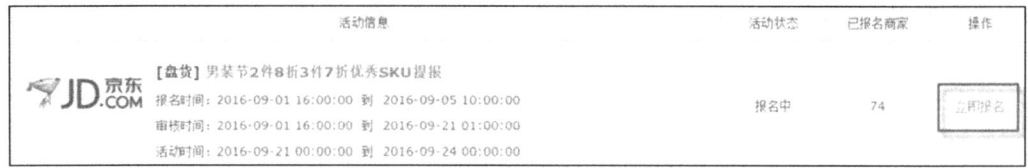

图 6-4-8

单击"立即报名"按钮后，可以看到活动开始时间区间，以及活动报名时间区间，单击查看"活动描述"按钮，即可查看此活动的详细要求，如图 6-4-9 所示。

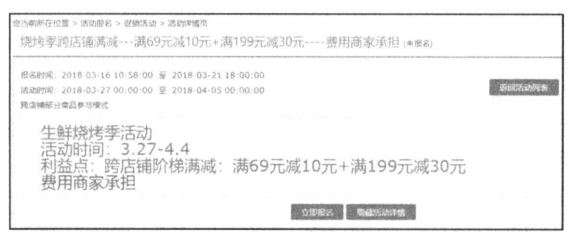

图 6-4-9

单击"活动报名"按钮，再次单击"立即报名"按钮，正式提报此活动，如图 6-4-10 所示。

单击"立即报名"按钮后，可以查看活动服务协议，审阅无误后，单击"同意"按钮，如图 6-4-11 所示。

图 6-4-10

按要求填好报名信息，审核无误后，单击"确定报名"按钮，如图 6-4-12 所示。此处报名信息大致分为三类：整店提报、活动专题页提报、单品提报。

⤷ **Tips**

要时刻关注活动中心中最新的日常类目活动的动态，把握每一次提报活动的机会，积极参与各种活动。

# 第6章 店铺引流

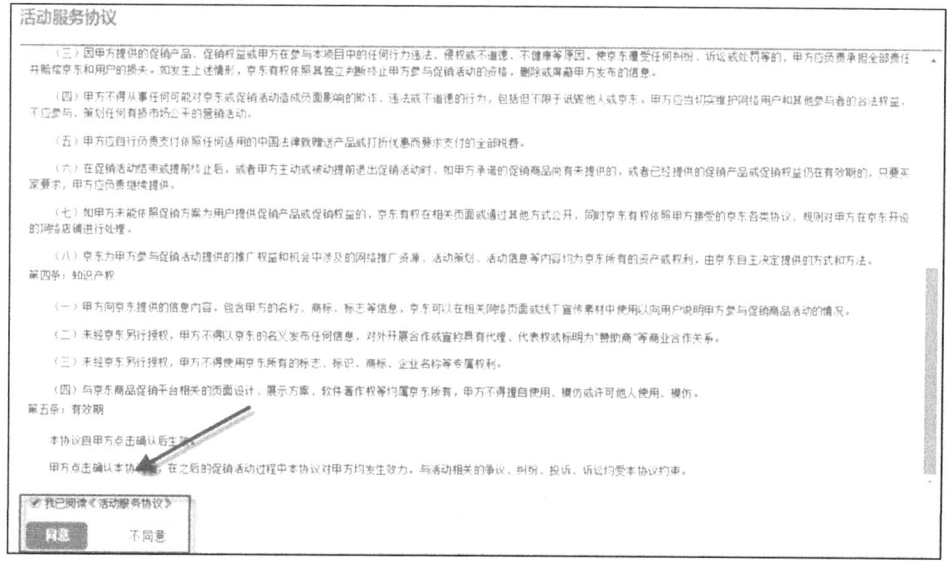

图 6-4-11

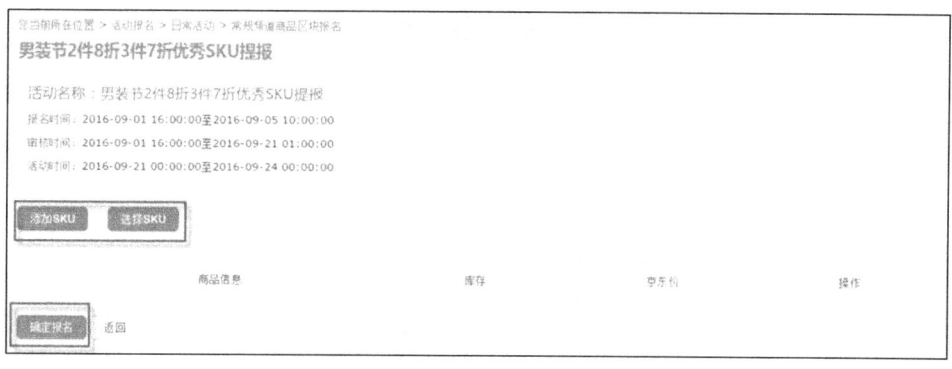

图 6-4-12

## 2. 使用 Excel 表格进行活动提报

使用 Excel 表格提报活动时，活动收集者大部分为京东类目对接运营人员，以及微信、手机 QQ、类目活动对接人。此类活动具有 3 个特征：短、平、快。短：即活动收集时间很短，一般情况下，短则 10 分钟，长则半天；平：即活动针对人群和覆盖类目，与提报商品的匹配度高；快：即活动收集者要求商家选品快，提报快，同时，审核通过后，活动上线也很快。

下面以提报箱包类目的"618 一口价"活动为例来介绍具体的操作步骤，如图 6-4-13 所示。

如图 6-4-13 所示的表格是用来收集"618"活动当天，箱包类目分会场一口价专区单品报名信息。其中依次需要提交的内容为：

二级品类：此处内容需要根据自己提报的商品，选择相对应的二级品类，例如商家提报的商品为拉杆箱，那么此处填写"功能箱包"即可，如图 6-4-14 所示。

| 序号 | 二级品类 | 商品编码 | 商品名称 | 参考价 | 京东价 | 一口价 | 上架后 | 库存 | 商品链接 | 所属店铺 | 店铺id | 家id | 负责人 |
|---|---|---|---|---|---|---|---|---|---|---|---|---|---|
| 1 | 潮流女包 | 1E+09 | K | 72 | 24.3 | 6.18 | 6.18 | 100 | http://iten | 箱包旗舰 | 31 3 | 0 | 国 |
| 2 | 潮流女包 | 1E+09 | K | 88 | 29.4 | 16.8 | 16.8 | 200 | http://iten | 箱包旗舰 | 3 | 3 | |
| 26 | 功能箱包 | 1E+09 | | 756 | 336 | 168 | | 10000 | http://iten | 包旗舰店 | 4 | 9 | |
| 122 | 功能箱包 | 1.2E+09 | a | 3490 | 1458 | 618 | 658 | 5000 | http://iten | 舰店 | 8 11 | 9 7 | |
| 124 | 功能箱包 | 1.2E+09 | a | 1860 | 1336 | 618 | | 5000 | http://iten | 包专营店 | 3 3 | 346 | |
| 99 | 功能箱包 | 1.5E+09 | | 4506 | 1352 | | | 3000 | http://iten | 包旗舰店 | 80 7 | 308 7 | |
| 7 | 斜挎包 | 1.4E+09 | | 6 | 286 | 16.8 | | 50 | http://iten | Diploma | 53 | 5 1 | |
| 8 | 斜挎包 | 1.4E+09 | D | 318 | 286 | 16.8 | | 50 | http://iten | Diploma | 537 | 578 | |

图 6-4-13

图 6-4-14

商品编码：此处应填写"商家后台"—"商品管理"—"在售商品管理"页面中的商品编码，如图 6-4-15 所示。

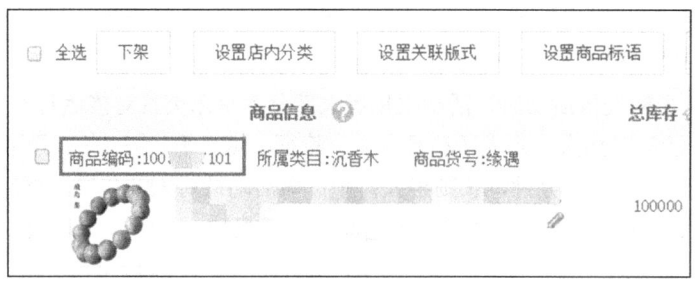

图 6-4-15

商品名称：此处填写商品当前的标题即可，一般情况下，此处收集的商品名称不强制要求和商品当前的标题一致，但是建议商家把商品品牌、商品品类、商品卖点写清楚。

参考价及京东价：此处的两个价格信息应分别填写商品的市场价、京东价，此价格信息可到商品属性页面查看，如图 6-4-16 所示。

图 6-4-16

一口价：此处的"一口价"指的不是具体活动的售价，而是"618 一口价"活动专区中可提报的活动价格。可提报的活动价格分别为：6.18 元、16.8 元、61.8 元、168 元、618 元，如果提报的活动一口价为 6.18 元，那么此处就选择"6.18"。

上架后：此处填写活动上线后的商品售价，如果商品的最终活动售价为 6.18 元，那么此处就填写"6.18"。

库存：商家要如实填写库存信息，如果库存信息虚多，则可能让商品超卖，不能按时发货，导致客户投诉，拉低店铺的评分；如果库存提报过少，则可能影响活动效果。所以，如实填写库存信息，是保证顺利完成活动的一个重要环节。

店铺 ID 和商家 ID：这两处信息请查看商家后台首页，如图 6-4-17 所示。

最后要再次核对一下自己的提报信息，确认无误后，回传给类目对接运营。

至此，一场活动就提报成功了！

图 6-4-17

看到复杂的表格不要慌，要认真阅读表格里的内容并填写每一处提报信息。实在有不懂的地方，可以在类目对接的 QQ 群里进行提问。熟能生巧，要多多操练。

### 3．提报活动时的注意事项

（1）提报活动前

准备提报的活动商品不要和其他已排期的活动在时间上发生冲突。

准备提报的活动商品库存一定要充足，防止出现超卖现象。

（2）提报活动中

要熟知活动要求，例如报名截止时间、审核时间、上线时间等。

提报信息要准确无误，提交的活动素材要符合活动要求。

### (3) 提报活动后

及时记录活动报名信息，可包含活动名称、活动入口、活动地址、上线时间、提报商品、活动价格等方便后续快捷地查询商品预参加活动的状态。

审核通过并顺利排期的活动，要及时在后台设置促销，如图 6-4-18 所示。设置促销时，需要注意以下几点。

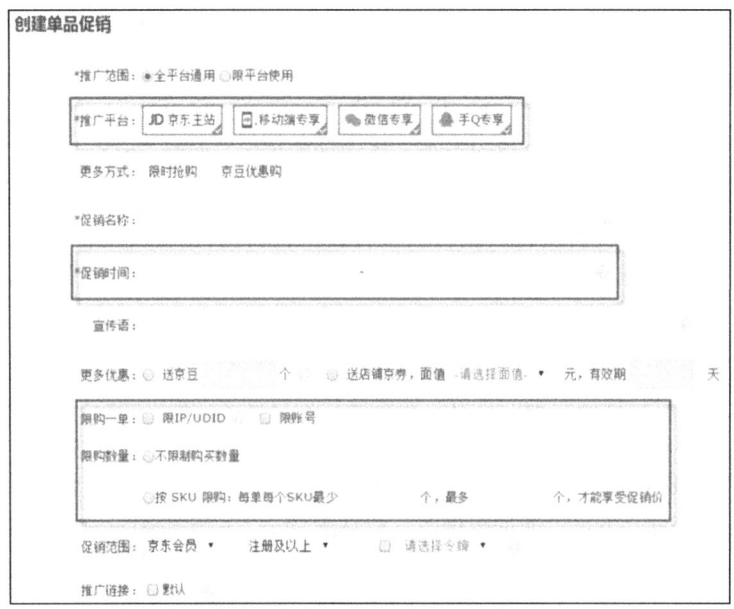

图 6-4-18

- 推广平台：如果提报的是微信活动，那么促销需要设置成只推广微信端即可。
- 促销时间：一定要和提报的活动要求的时间符合，但在设置分钟时，可能不能设置成整点，有 1 分钟的误差可忽略。
- 限购设置：对于活动价格比较低的商品，建议设置限购，防止一个 IP 或一个账号多次下单或恶意抢购超低活动价商品。

**Tips**

每次活动都有可能成就一个爆品，合理地规划商品布局才能让活动商品成为店铺业绩激增的秘密武器。

### 6.4.3 "玩赚"京东活动

**1. 如何做好一场活动**

首先，商家要把活动的定义分清楚。本节只从提高流量和提高转化这两个不同的目的来划分活动，重点讲解引流类活动。

提高流量类活动：指商家提报的日常活动、频道活动、全站活动等。

提高转化类活动：指商家在自家店铺创建的促销类活动和主题类活动，例如全店满减、

APP 专享价、清仓甩卖等。

参加一场活动可以分为 3 个步骤，即活动前、活动中、活动后。

（1）活动前：熟知活动、优选商品、制作素材。

① 熟知活动

如果提报的活动为日常类目活动，则通过分析此类活动入口，如图 6-4-19 所示，商家大致能了解到此类消费人群对于购买类目是比较确定的。此类消费人群进入类目活动页面后，大多希望查看到同一类目下更多不同款式的商品。通过浏览更多的同类目商品后，最终确定目标购买商品。如图 6-4-20 所示为类目活动"遇见早秋美好"的入口图。

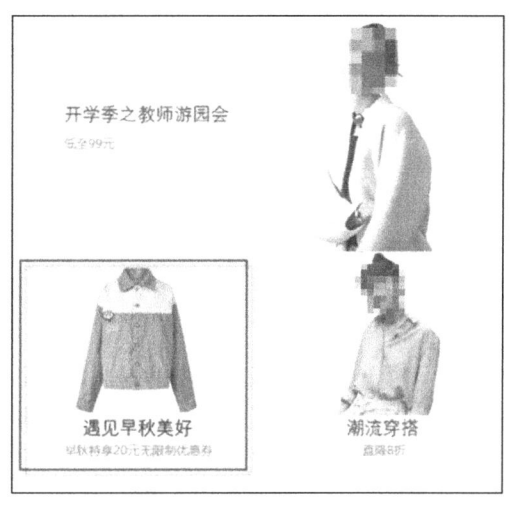

图 6-4-19

图 6-4-20

通过简单分析后，建议商家在提报此类活动时，选择具有较强竞争优势的商品。如图 6-4-21 所示，如果要体现商品的性价比，建议选择图 6-4-21 中标注框中的商品。同时，在提报频道活动、全站活动及其他活动时，都要对活动数据进行简单分析，以此确定此类活动针对的是哪类人群。

图 6-4-21

② 优选商品

选择提报活动的商品时，需要注意以下几个细节。

- 符合预提报活动所针对的人群。
- 尽量避免提报无评价或者差评较多的商品。
- 具有库存深度，不要出现断货情况。

③ 制作素材

活动素材大致可分为两类。第一种为承接类活动素材，比如活动承接页、活动预热素材等。第二种为推广类活动素材，比如单品活动图、京准通推广素材、活动引流 banner 等。对于承接类活动素材，以活动承接页为例，页面制作要遵循布局合理、色调搭配、活动利益点明确、打开速度快等基本原则。对于推广类活动素材，推广活动单品时，商品展示要清晰，卖点要明确。推广活动专题页时，banner 图要吸引人，利益点要明确。如图 6-4-22 所示，这两个活动推广图的利益点分别为"秋装上新满 699 元免邮"及"应季秋品低至 4 折"。

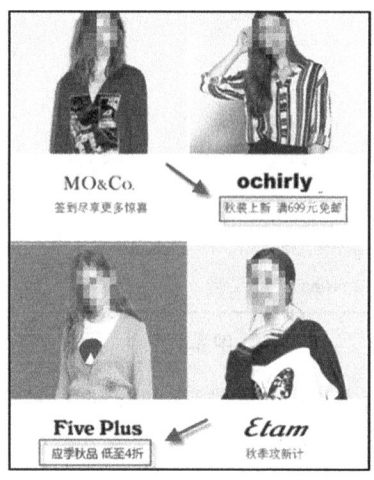

图 6-4-22

(2）活动中：活动监控、活动推广、团队协作。
① 活动监控
活动进行时，建议商家提前做好监控工作，需要监控的内容有以下几点。
- 活动商品实时售价：防止因为促销异常，导致活动价与商品实时售价不符。
- 活动商品实时状态：防止因为意外情况，导致活动商品异常下架，或者因为库存不足，导致消费者无法正常下单。
- 活动专题页图文信息：防止因为专题页图文信息错误，导致消费者无法正常打开对应的商品。
- 实时访客数据：可以从多个维度得知当前活动的访客特征。如图 6-4-23 所示，通过监控"入店来源"，可以实时监控当前活动商品的活动引流效果；通过监控"访客位置"，可以实时监控当前活动访客位置特征。

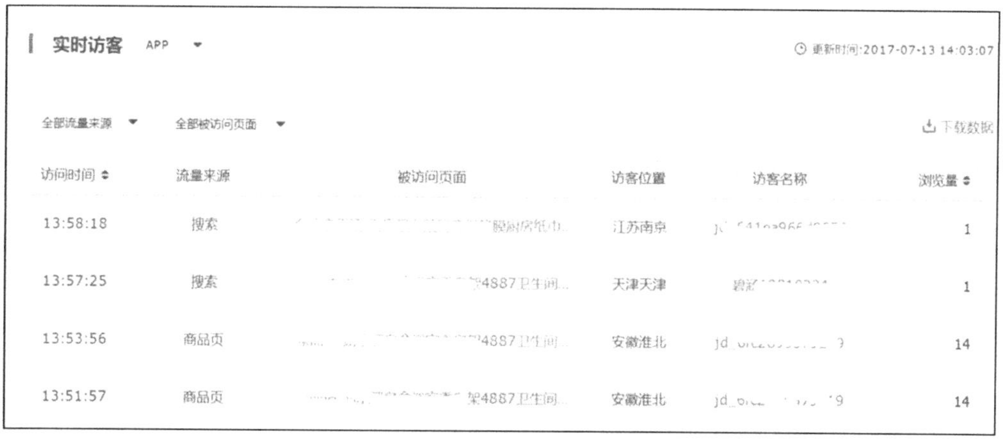

图 6-4-23

→ **Tips**

通过分析访客位置的分布情况，可以实时调整快递策略。个别访客量大的地区，也意味着此地区的预下单消费者较多，商家可以根据实时下单情况，灵活调整发货快递，从而在保证发货时效的前提下，降低物流成本。

② 活动推广
商家可以利用京东快车进行活动的预热与推广。
③ 团队协作
做一次活动，如同打一场硬仗，而团队就是我们的军队。以下是团队协作的具体建议，如图 6-4-24 所示。

运营人员要监控活动相关信息，包含图文信息、活动数据，以及熟知活动相关要求、活动上线时间区间、活动销售额考核节点等。

美工要提前制作好活动所需素材。

客服要提前设置好快捷回复，整理好活动期间常用话术。

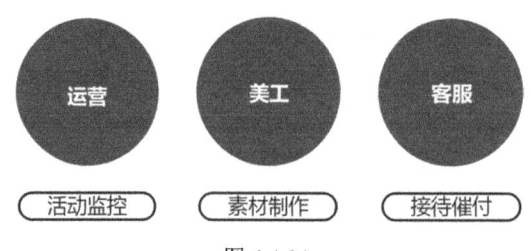

图 6-4-24

（3）活动后：数据收集、数据分析、改进方案。

① 数据收集

活动的数据收集，同样可以参考电商销售黄金公式：销售额=流量×转化率×客单价。

活动结束后，要记录好当期的活动销量、活动销售额、活动访客量、活动浏览量、活动转化率、活动客单价等信息。

② 数据分析

通过对比活动期间与活动之前的店铺转化率，可以得知在活动期间，店铺转化率的提升幅度。通过分析活动页面的访客量和浏览量，可以计算出人均浏览页面量，从而进一步得知，活动页面对消费者的吸引度。

③ 改进方案

通过分析活动的覆盖人群、活动销售商品、活动预热情况、活动推广情况、团队协作效果，能清楚地了解哪个环节出现了问题，同时，可制定行之有效的改进方案，如图 6-4-25 所示。

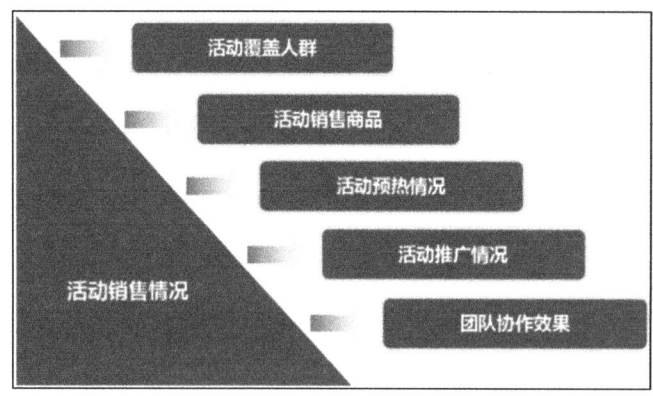

图 6-4-25

### 2. 京东 APP 端秒杀案例分享

（1）案例活动销售概况

如图 6-4-26 所示，一个女性子母包三件套商品举行的一次时长为两小时的秒杀活动，活动期间销售了 900 多套商品，活动价为 69 元，销售额将近 6 万元。活动浏览量在 1 小时内突破两万人次。整场活动的转化率高达将近 9%。能有如此之高的转化率，不是碰运气，而是经过了缜密的策划，以及多维度的数据分析。

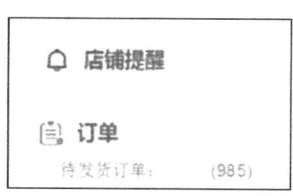

图 6-4-26

（2）实操心得分享

① 分析京东商城 APP 端秒杀活动针对人群以及此类人群的购物特征。

秒杀活动主要针对的人群为喜欢打折促销类商品的购物人群，此类人群大多具有从众心理，并对价格比较敏感。从而可以得知，商家在参与秒杀活动时，要做好以下几点。

- 提报活动的商品一定要性价比高。
- 提报活动的商品，尽量是大众日常消费商品，因为此类活动带来的流量均为"逛街"类型的流量，属于非计划型消费者。

② 分析行业数据、竞品数据、活动数据，进行数据化选品和选择秒杀时段。

行业数据：通过分析女式单肩包全年品类的人气指数走势，如图 6-4-27 所示，可以了解到女式单肩包这个品类在不同月份的销售情况。如果商家选择女式单肩包这种商品提报秒杀活动，要尽量选择女式单肩包的热销月份，即 7 月份，这样能获得更多的流量和订单。

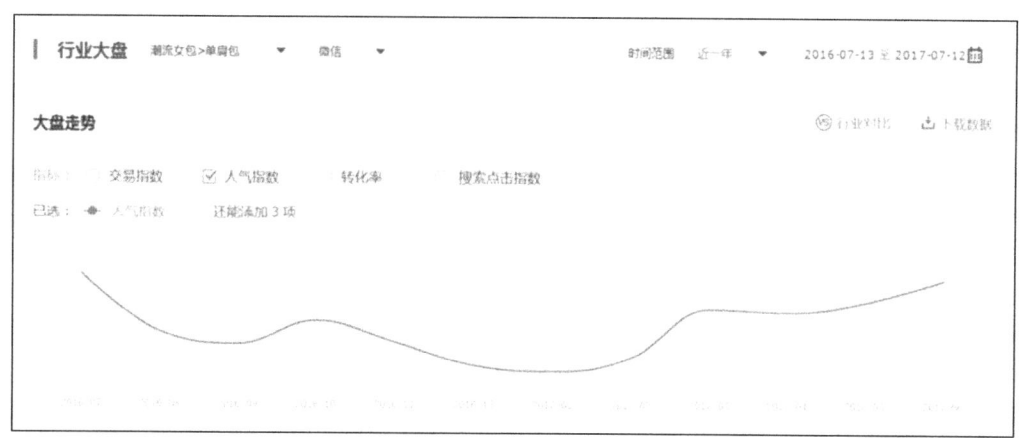

图 6-4-27

竞品数据：通过分析竞品的价格、材质、款式等信息，可以选择比竞品有优势的商品提报秒杀活动，即使与竞品的价格、材质、款式等都相差无几，商家仍可以通过提升服务质量来博得竞争优势，例如发顺丰快递免运费、前 100 名下单的客户送小礼物等。

活动数据：通过分析京东商城 APP 端的秒杀活动，可以得知京东的秒杀活动分为 10 个场次，其中有 9 个场次均为两小时一场，而凌晨场为 0 点至 6 点。

熟知京东秒杀活动的场次后，还要分析商品在一天中的热卖时段。秒杀大部分类目热卖的分布时段为：上午 6 点场、下午 16 点场、晚上 20 点场。

参与秒杀的商品：秒杀促销时长为自活动开始起 24 小时。

秒杀活动坑位排序简介：当前场次在售商品（BI）>当前场次售罄商品>推荐类目标签商品>历史场未售罄商品（BI）。

分析完以上数据，商家可以得出以下信息：在提报秒杀活动时，商家可以选择活动商品的热销月份；在场次方面，商家可以选择一天当中热销时段的所属场次；在选品方面，商家可以选择性价比高、卖家服务有优势且趋向于大众消费类的商品。

本章主要介绍了京东平台的店铺引流方式，有免费流量、付费流量、活动流量等，商家可以根据店铺的现状和需求选择引流方式。

# 第 7 章

# 京东移动端

## 7.1 移动端的现状与趋势

中国早已进入移动互联网时代。电子商务作为互联网的重要表现形式，也快速地迎合了移动互联网的发展需要。根据 Analysys 易观发布的《中国移动网购市场季度监测报告 2017 年第 1 季度》数据显示，2017 年第 1 季度，中国移动网购市场交易规模达 10376.2 亿元，同比增长 38.8%，如图 7-1-1 所示。

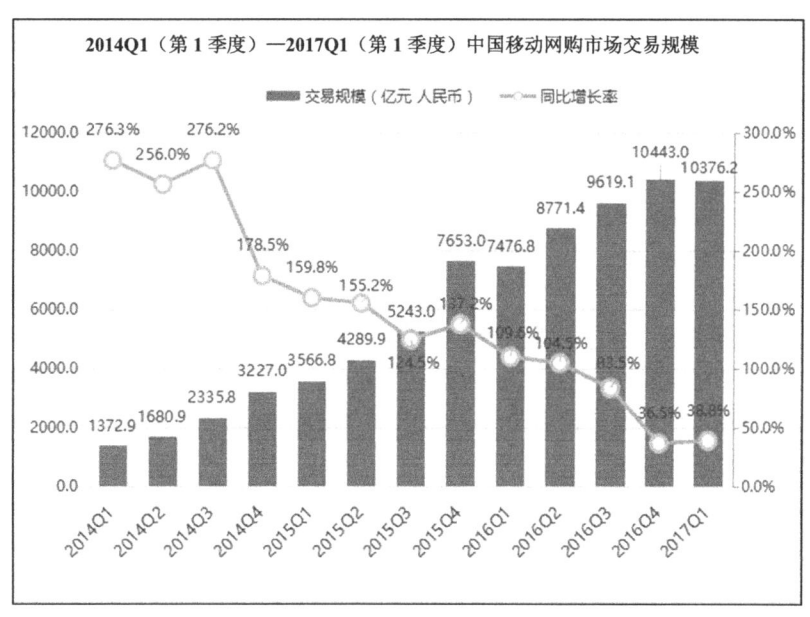

图 7-1-1

中国移动网购市场从2014年起一直处于高速增长的态势,2017年第1季度,移动网购交易规模增速继续保持放缓趋势,占网上零售总额的比重提升至76.9%,如图7-1-2所示。

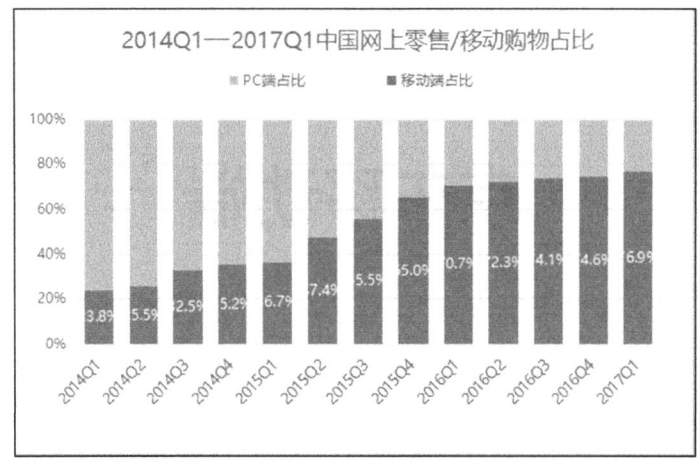

图 7-1-2

京东目前已成长为中国领先的自营式电商企业,京东移动端的交易量从2014年起快速增长,根据京东2016年财报显示,剔除虚拟商品,2016年全年完成订单量为16亿。通过移动端渠道完成订单量约占总完成订单量的78.3%,同比增长超过110%。京东2017年第1季度财报显示,2017年第1季度完成订单量为4.771亿,与2016年第1季度的3.421亿订单量相比,同比增长39%。2017年第1季度通过移动端渠道完成订单量约占总完成订单量的81%,同比增长56%。2017年京东"618全民购物狂欢节"期间,京东商城累计下单金额已超1100亿元,其中移动端占比达88%。

回顾2016—2017年的京东购物狂欢节,移动端发展势头迅猛。以京东在2016年的"618"活动为例,相比2015年"618"期间,京东的下单量在PC端和移动端各占50%,2016年"618"当天,京东的移动端下单量占比达到85%,是2015年的2.2倍,如图7-1-3所示,并且在京东新增的下单用户中,来自微信购物和手机QQ购物的新用户数量比2015年同期增长了2.6倍。这些数据的背后,是消费者移动生活的生动写照。

京东平台在移动端营销工具方面不断地推陈出新,全面助力商家营销。2016年3月22日,京东开普勒项目正式上线,其利用无线互联网技术,整合了京东的技术,以及商品交易、物流运营及金融服务等方面的能力并将其产品化。

同时京东在2016年推出了DMP(大数据管理平台),有效地帮助商家精准挖掘潜在目标消费者并开展精准的电商营销活动。在2016年"618"期间,京东分享了在"618"期间用户参与互动活动的性别属性、城市用户数量排行、用户年龄分布等信息,这正是用大数据为用户画像的直观例子。这意味着商家可以根据用户画像,精准地进行按细分人群的产品研发和推送。商家也能结合更多的用户信息进行更加精准的广告信息"专线投放",直达目标消费者。

## 第 7 章 京东移动端

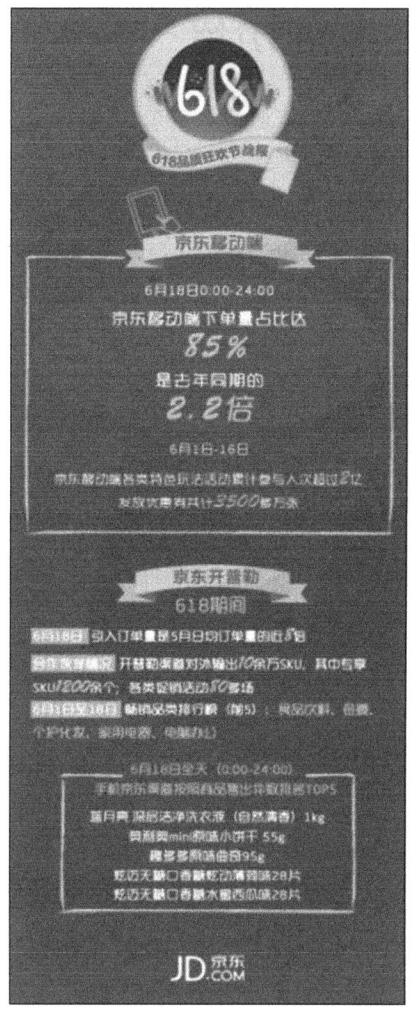

图 7-1-3

> **Tips**
> 
> 京东开普勒项目主要面向 3 类合作伙伴开放邀请制注册：

（1）拥有流量，但是变现能力尚达不到预期的移动客户端，例如社交类、工具类应用。京东能够为它们提供上亿元级别的京东账户、技术组件支持和闭环交易与完整的分佣模式。

（2）拥有高黏性应用场景，但是不具备电商能力的移动客户端，例如垂直社区类或生活服务类应用。京东能够提供的是针对应用场景的选品与交易支持，帮助其进一步提高用户黏性，并实现灵活的支付结算体系，与合作伙伴共享平台资源。

（3）已经具备电商能力，但是想进一步升级的合作伙伴，如垂直电商或积分商城类应用。京东能够提供的是支持海量正品行货和灵活的自建交易体系、特色仓配服务与开放的综合实力。

## 7.2 京东移动端各入口介绍

京东移动端包含京东APP端、京东微信、京东M端、手机QQ端共4大入口。

### 7.2.1 京东APP端

易观智库的数据显示，截至2016年2月19日，京东APP的下载次数达到1.3亿次，共有4025万人安装。在应用排名TalkingData（TalkingData的监控设备为安卓手机）2016年2月20日的购物类APP排名中，京东位居第三；易观智库的数据显示，截至2017年6月30日，京东APP的活跃用户数达7473万。启动次数达101 195万次，在2017年6月综合电商APP排名中，京东位居第二。

#### 1．APP入口

京东APP指的是京东商城手机端独立入口，同时它也是京东移动端的重要销售平台。消费者可以直接从各大手机应用市场中搜索"京东商城"自行下载。京东APP首页如图7-2-1所示。

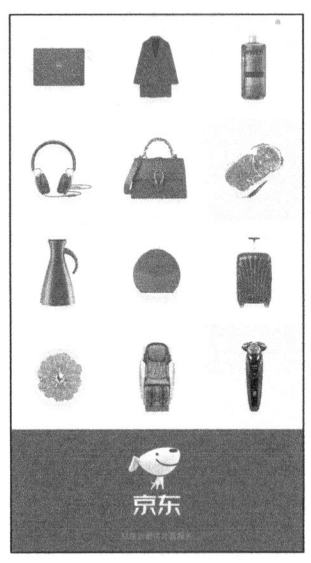

7-2-1

#### 2．人群画像及特点

（1）京东APP所面向的人群偏向于中青年群体，并且在消费者性别分布上男女比例分布均衡。这部分消费者经济实力雄厚，对于"品质"的要求更高。2017年，京东V6.1.3版的APP基于京东大数据的挖掘能力，实现了更个性化、更精准的在线购物体验，为消费者提供了更有品质的智能购物管家服务。

（2）京东APP的最大特点就是便捷、个性化、内容更丰富，可以满足消费者个性化的购物资讯需求。根据京东服务帮2016年的官方统计，京东APP核心入口资源日均PV达到

5千万次以上，APP端静默下单率高达80%以上，位居京东移动端销售额首位，如图7-2-2所示。

图 7-2-2

### 3．APP前台布局

京东APP在前台有几个重要的模块，每个模块及重要资源位给商家带来的流量、转化以及效果也不尽相同。京东APP第一屏包含5大板块：首页焦点图、导航栏、京东快报、秒杀活动、精品栏目，如图7-2-3所示。

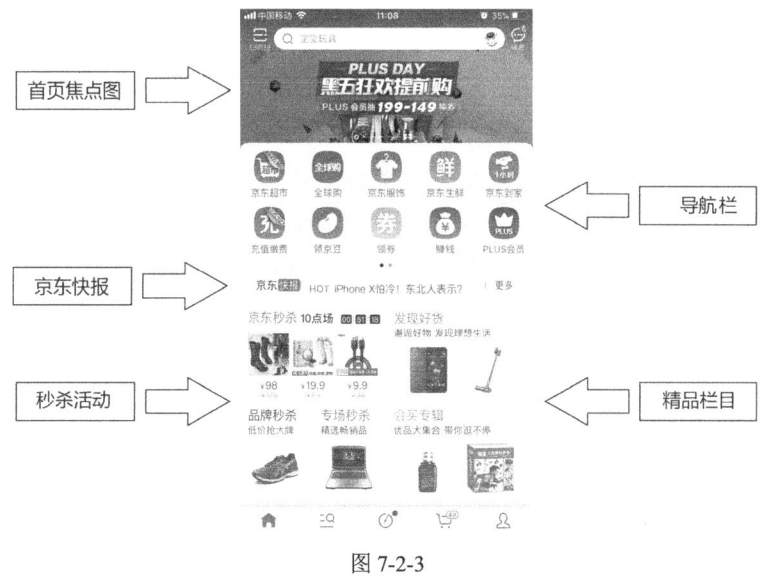

图 7-2-3

在京东APP首页中，首页焦点图是重要的资源位展现，商家在满足条件的情况下需要与京东运营人员进行对接提报；导航栏能够使消费者在最短的时间内找到自己的需求点，减少查询时间,降低跳失率;京东快报中展现的是近期较为热门的类目频道促销;秒杀活动的流量最大,同时对店铺提报活动的要求也比较高。

> **Tips**

对商家来说,京东 APP 的资源位的确能够给商家带来巨大的流量,但资源位的获得是需要京东运营人员根据店铺实际发展情况进行提报的。

### 4．京东 APP 后台布局及基础设置

京东 APP 后台布局路径:"商家后台"—"营销中心"—"内容营销"—"店铺动态",如图 7-2-4 和图 7-2-5 所示。

京东 APP 的后台设置主要包括店铺动态与无线店铺装修,店铺动态有发布动态、购物圈优评筛选、动态管理、评论管理、店铺数据 4 大功能,无线店铺装修则可为无线店铺定制专属营销页面。详细的玩法请参考店铺的互动玩法。

图 7-2-4

图 7-2-5

(1)店铺动态

① 发布动态中包含了 10 大动态,商家需要进入后台自主设置,如图 7-2-6 所示。

- 发热文
- 发买家秀
- 发商品
- 发视频

- 发搭配
- 发预售
- 发试用
- 发秒杀
- 发优惠券
- 发直播

②购物圈优评筛选：此页面中所有评价均来源自微信用户购物圈，审批通过后，在微信店铺头条、APP 品牌头条及店铺动态展示，如图 7-2-7 所示。

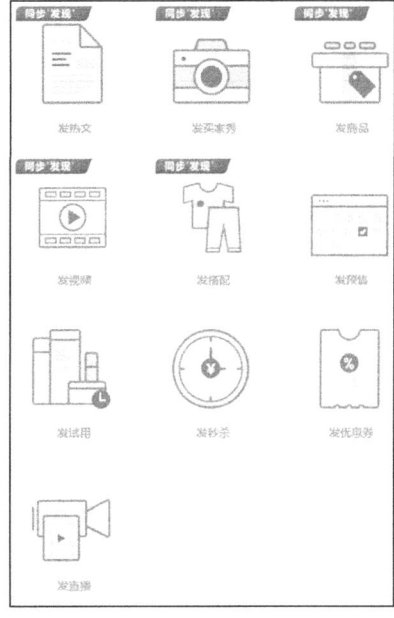

图 7-2-6

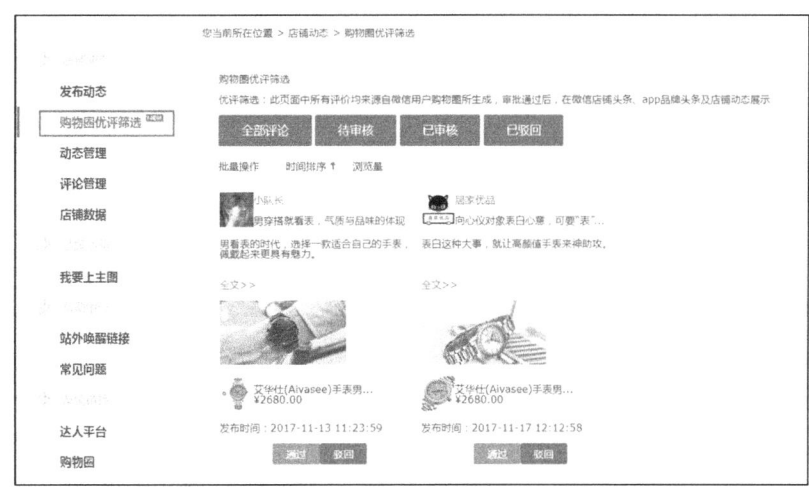

图 7-2-7

③ 动态管理主要对自动和手动生成的动态进行管理，其中自动生成的状态仅有删除操作功能，手动生成动态有编辑、下线、置顶功能，如图 7-2-8 所示。

图 7-2-8

④ 评论管理主要对消费者可参与评论的动态内容进行管理，如图 7-2-9 所示。

图 7-2-9

⑤ 数据管理现阶段包含累计粉丝数（人）和动态曝光量（人），可根据不同时间维度分析数据，如图 7-2-10 所示。

图 7-2-10

（2）无线店铺装修设置路径："商家后台"—"营销中心"—"首页"—"页面装修"—"无线店铺装修"，如图 7-2-11 所示。

第 7 章 京东移动端

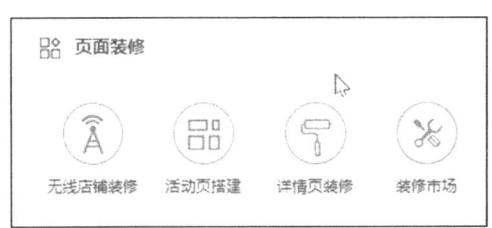

图 7-2-11

### 7.2.2 京东微信端

**1．入口**

京东微信端的流量入口被称为京东微信购物。京东微信购物是京东与腾讯合作后获得的在腾讯微信中的"一级入口",此入口带来的是从微信界面跳转过来的流量。在京东移动端的销量占比中,京东微信购物位居第二。京东微信购物分为两大入口,分别是一级入口和二级入口。

一级入口为:"微信"—"发现"—"购物",如图 7-2-12 所示。

图 7-2-12

二级入口为:"微信"—"我"—"钱包"—"京东优选",如图 7-2-13 所示。

**2．京东微信购物人群画像及特点**

(1)人群画像

由于京东微信购物的承载体是社交软件微信,因此微店的用户人群也具有一定的特点。2018 年 3 月 5 日,马化腾表示微信活跃用户数全球超过 10 亿人。根据相关数据统计,截至 2018 年年初,微信使用人群的男女比例为 1.1∶1,男性用户约占 53%,女性用户约占 47%,

如图 7-2-14 所示。

在年龄方面，微信用户的平均年龄只有 28 岁，98%的用户在 50 岁以下，70%的用户在 18~35 岁，如图 7-2-15 所示。

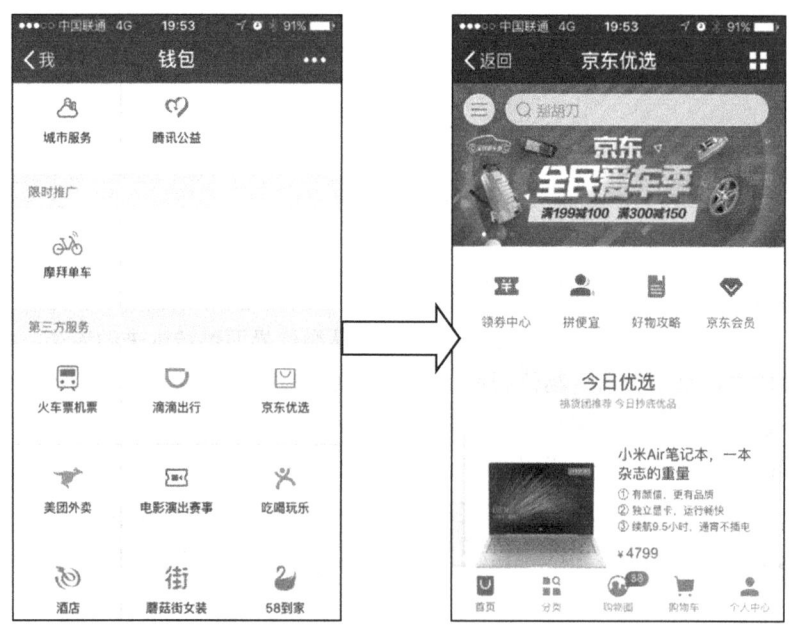

图 7-2-13

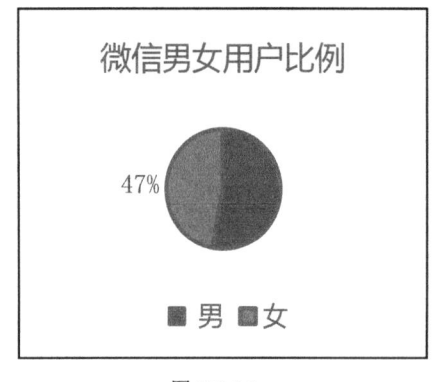

图 7-2-14　　　　　　　　　　　　　　图 7-2-15

在职业方面，企业职员、个体户和自由职业者、学生、事业单位员工这 4 类共占据了 80%，此外，80%的中国高资产净值人群在使用微信。

（2）特点

京东微信购物的承载体为社交平台，在腾讯的支持下，其将巨大的流量引入京东微信购物。对微信端用户来说，使用京东微信购物比其他方式更加便捷，因为有微信支付、京东支付、白条支付、货到付款、好友代付、好友筹款等多种支付形式供消费者选择。对商家来说，玩转京东微信购物的社群营销及互动最为关键。

## 3．前台布局

京东微信购物前台第一屏包含 5 个重要的模块，分别为首页焦点图、中部导航栏、活动通栏、微选好店、京东拼购&京东秒杀、精品栏目，如图 7-2-16 和图 7-2-17 所示。

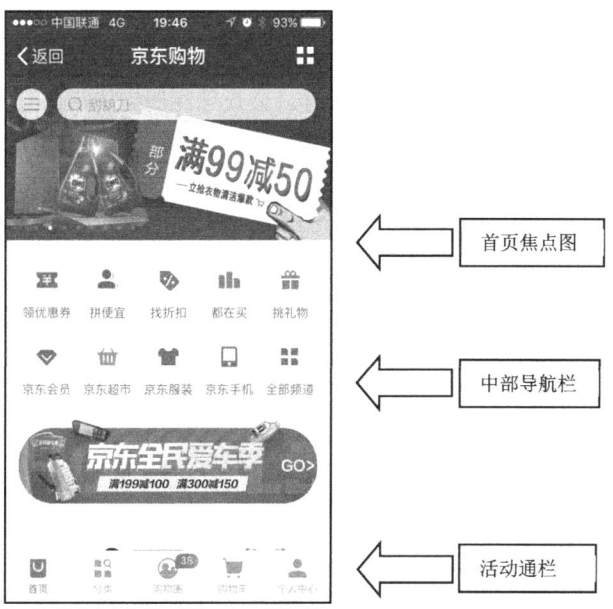

图 7-2-16

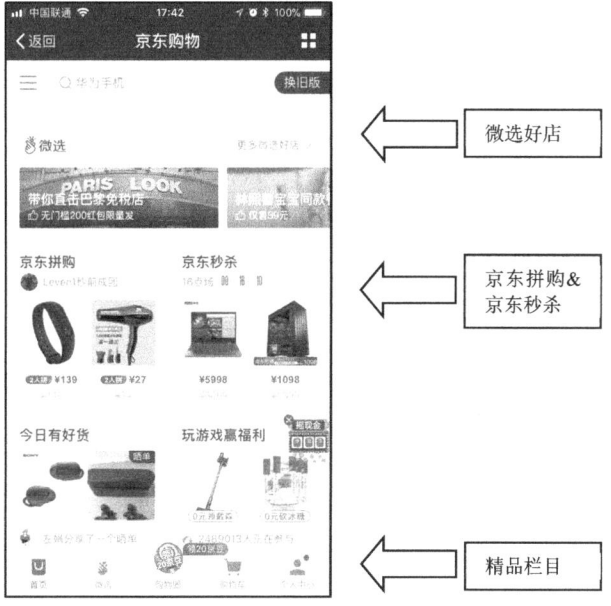

图 7-2-17

**4．京东微信购物开通设置**

商家在京东完成开店之后，在微信购物会自动生成一个微信端 H5 微店，按照以下步骤操作，可以将微信公众号与微店绑定，通过经营自己的品牌公众号粉丝，利用公众号提高店铺订单量。

（1）微信公众号绑定京东店铺的流程

第一步，首先需要注册并开通微信公众号。公众号注册完毕后，开始进入京东后台。

第二步，选择"营销中心"，再选择"内容营销"选项，如图 7-2-18 所示，进入"微店后台"，如图 7-2-19 所示。

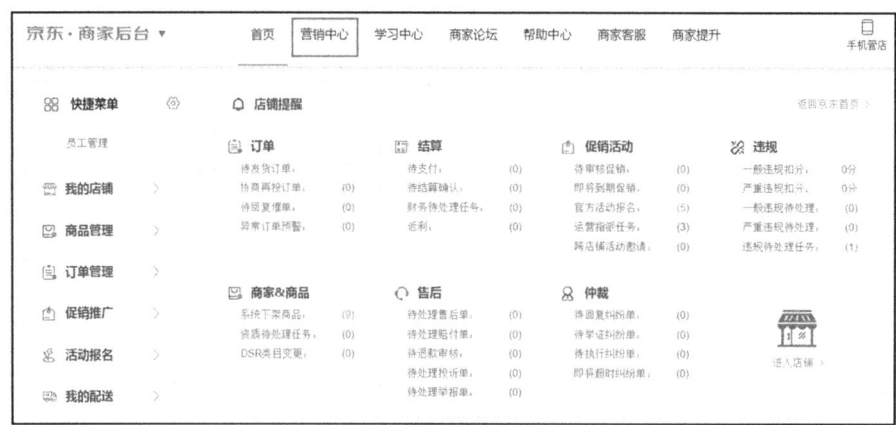

图 7-2-18

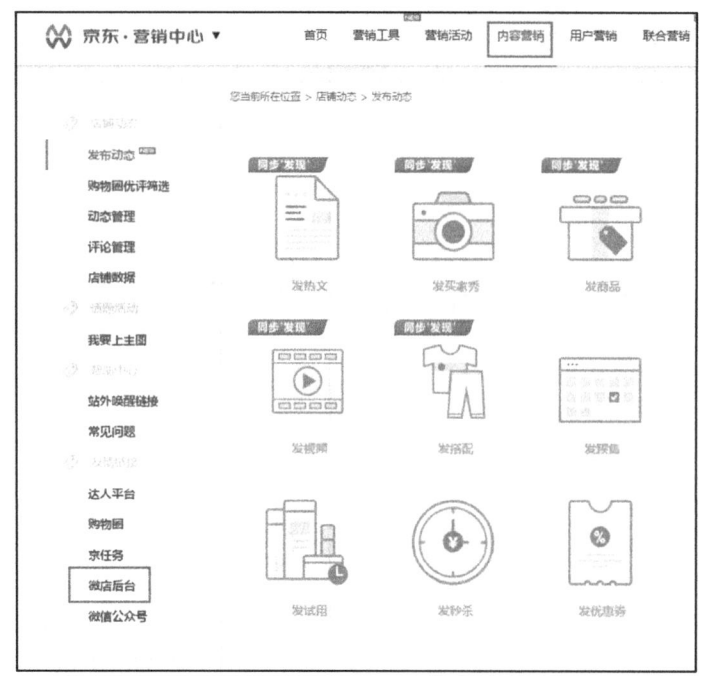

图 7-2-19

第三步，微信开通服务号后，需要进入京东后台进行授权绑定。首先需要授权绑定微信号并填写相关信息，其中包含：申请人姓名、申请人联系 QQ、申请人电话号码、申请人邮箱、申请人身份证号码等信息，如图 7-2-20 所示。填写完毕后单击"点击授权绑定"按钮，然后系统会出现一个二维码，商家需要用之前开通好微信公众号的管理员个人微信号扫描这个二维码，即可实现京东店铺与微信公众号的绑定。

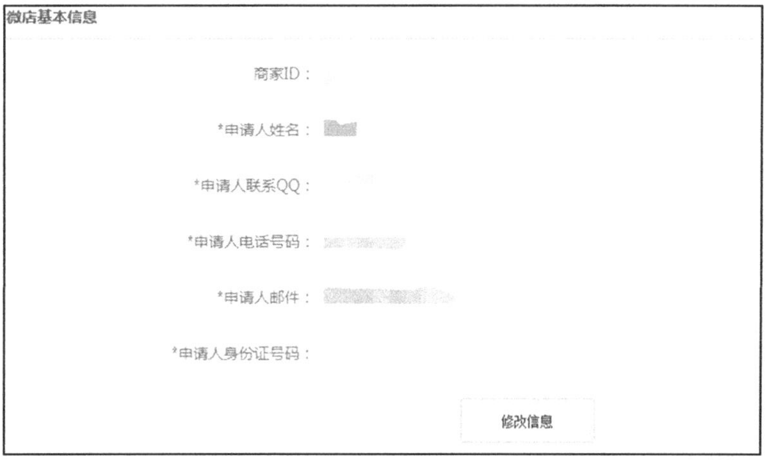

图 7-2-20

（2）京东微信购物的公众号菜单设置

公众号开通后需要设置京东微信购物的必备选项，在京东微信购物管理平台的左边菜单栏中单击"微信公众号"选项，如图 7-2-21 所示。

图 7-2-21

出现 3 个子菜单：管理、功能、设置，如图 7-2-22 所示。建议对这 3 个子菜单进行统一设置。

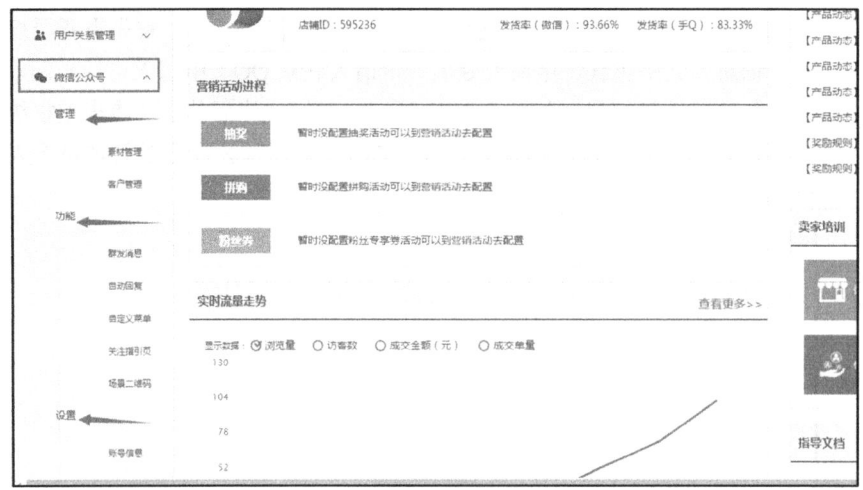

图 7-2-22

① 关注回复设置

关注回复是指在用户关注店铺的公众号之后,系统自动回复的内容信息。设置关注回复可以与用户形成简单的互动。关注回复必须要设置,否则会让用户的体验有欠缺。设置系统自动回复时首先要在京东微信购物后台进行手动编辑。注意一定要手动编辑内容而非复制并粘贴内容,因为复制并粘贴内容会形成乱码,造成重复工作。编辑之后选择相应的素材后即可设置成功,如图 7-2-23 所示。

图 7-2-23

② 群发消息功能设置

群发消息是指将所有信息以批量的形式同时发送给店铺中的客户。如果需要群发消息,则需要在京东微信购物后台进行手动编辑。首先要选择素材,图文消息需要提前在"素材管理"中制作完毕,如图 7-2-24 所示。

(3)京东微信购物营销设置

京东微信购物必备设置完成后,建议商家可以进行一些基础的营销设置,营销设置包括互动报名、奖品报名、营销管理,直接登录京东微信购物后台设置即可,如图 7-2-25~图 7-2-27 所示。

图 7-2-24    图 7-2-25

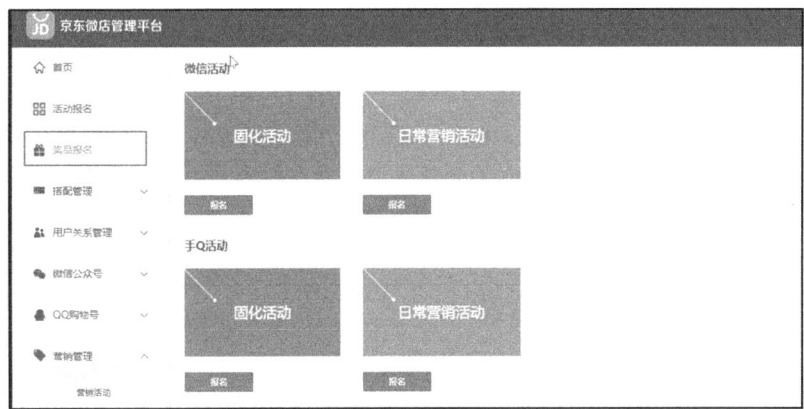

图 7-2-26

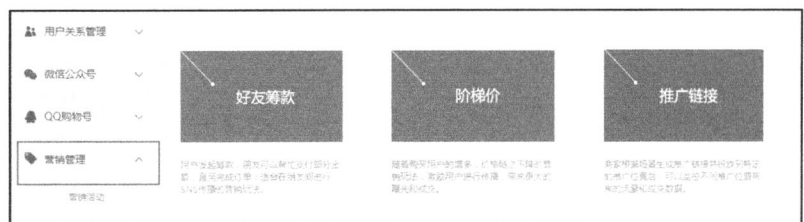

图 7-2-27

### 7.2.3 手机 QQ 端

**1. 入口**

手机 QQ 购物指的是用户通过手机 QQ 进入京东平台，进入途径为：打开"手机 QQ"

—"动态"—"京东购物",如图 7-2-28 所示。

图 7-2-28

### 2．流量

腾讯 2017 年第 1 季度财报显示,QQ 月活跃账户数达到 8.61 亿,QQ 最高同时在线账户数(季度)达到 2.66 亿,手机 QQ 的流量入口主要在搜索、第一屏和第二屏位置,如图 7-2-28 所示。

### 3．人群画像及特点

(1)人群画像

手机 QQ 面对的人群偏青年群体居多,学生群体占比 39%。这部分人群的特点是热爱探索,理性消费,并且有大量的闲暇时间来"逛街"。下面分析一下手机 QQ 用户的年龄分布,让商家了解消费者的特征,从而更好地运营手机 QQ 店铺,如图 7-2-29 所示。

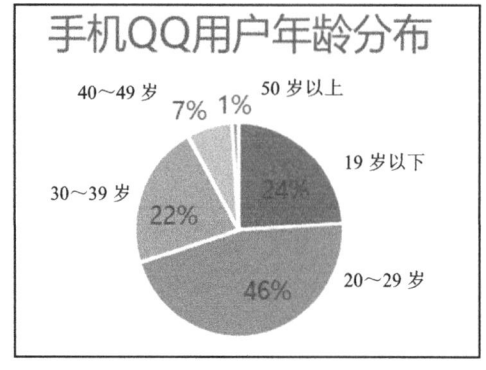

图 7-2-29

（2）手机 QQ 的特点

京东手机 QQ 服务（简称"手机 QQ"）于 2016 年推出"四化战略"（社交购物生态化、数据智能化、渠道增值化、品牌标杆化），利用手机 QQ 消费者的特点，进行全面的功能提升。除了提升和完善社交购物平台的生态体系，还为消费者带来更佳的购物体验。针对手机 QQ 用户的这些特点，商家需要考虑的是以互动模式带动店铺发展。

4．手机 QQ 前台布局

进入路径："手机 QQ"—"动态"—"京东购物"。第一屏包含 4 个部分：首页焦点图、导航栏、活动通栏、京东秒杀，如图 7-2-30 所示。

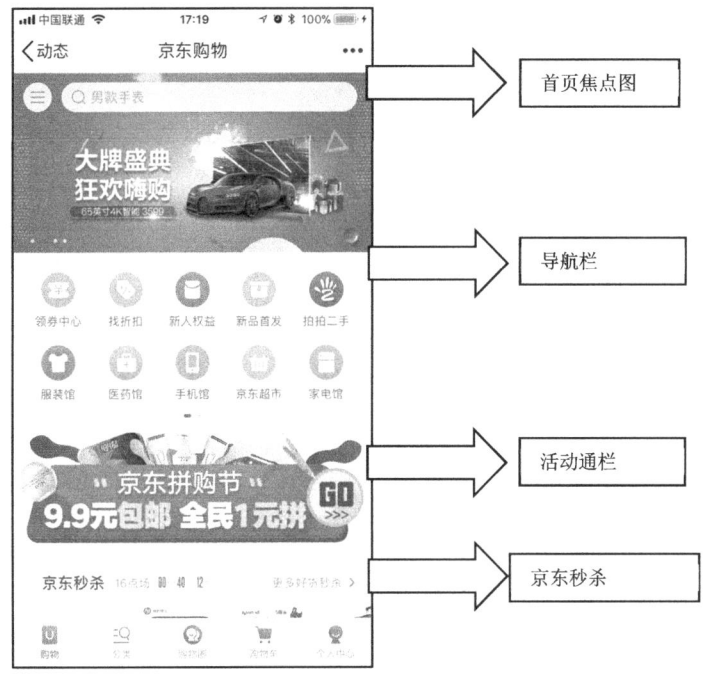

图 7-2-30

在手机 QQ 中，"惠品牌""超划算""限时购"模块所引进的流量占绝大部分。

5．手机 QQ 后台布局及基础设置

进入"京东微信购物管理平台"，在活动报名中选择手机 QQ 活动并提报即可，如图 7-2-31 所示。

### 7.2.4　京东 M 端

京东 M 端指的是用户通过手机浏览器打开京东商城页面，如图 7-2-32 所示。

京东 M 端的页面布局与 APP 端基本一致，当用户访问 M 端时可跳转至 APP 端。

图 7-2-31

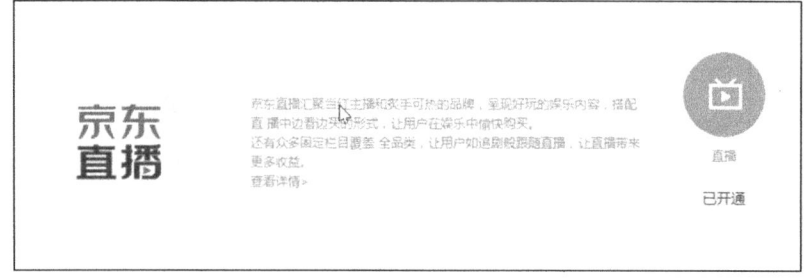

图 7-2-32

**↘ Tips**

京东 M 端平时的流量并不明显，但是在京东大促或节日到来之前，京东 M 端的流量会急剧上升。此时的流量大部分是因为大促或节日前京东所投放的广告所带来的。

## 7.3 移动端运营玩法

京东移动端的流量很大，在腾讯的辅助下，引入的流量可以逐渐偏向社群营销及内容营销。

### 7.3.1 内容玩法

京东移动端的内容玩法聚集在京东 APP 端、京东微信端及京东手机 QQ 购物中。2016年是自媒体爆发元年，自媒体人纷纷涌现。2016 年 3 月，随着刘强东宣布京东启动"达人计划"，京东传统的自营+开放式平台模式已经取得了相当可观的成绩，同时京东也拥有了众多的流量。京东"达人计划"不仅可以带动消费多元化，并且可以使消费者轻松找到自己喜欢的"网红"或者自媒体人。这些"网红"和自媒体人一直活跃在各大社交网络，他们拥有大量的忠实粉丝，这些人加入京东的"达人计划"，不仅会带来粉丝效应，同时也给京东的内容产品的多元化带来新的机会。下面介绍各个模块达人的活动玩法。

1. 达人分类

（1）达人平台

达人平台路径为："京东商家后台"—"营销中心"—"内容营销"—"首页"，或直接登录网址（dr.jd.com）。

商家可以直接使用商家主账号进行登录，不需要进行额外注册，达人平台将直接同步店铺头像及店铺名自动创建账号（见图7-3-1）。

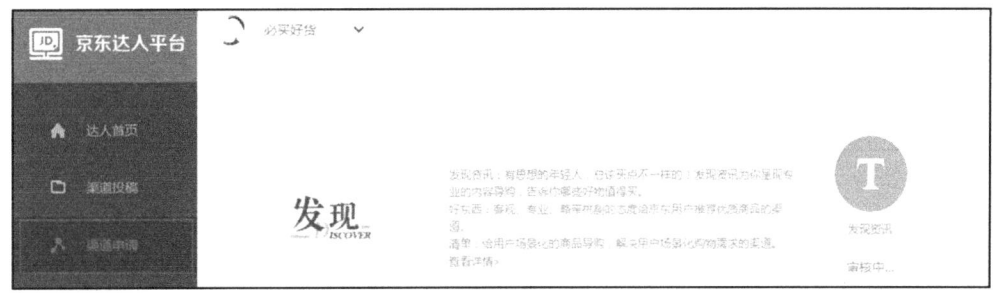

图 7-3-1

在注册时需要填写真实的信息并提交审核（注册流程如图7-3-2所示）。

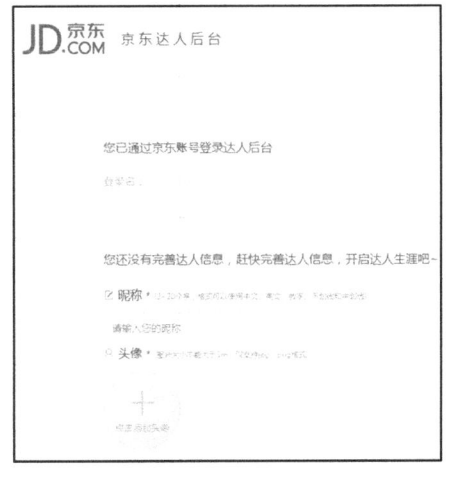

图 7-3-2

（2）购物圈达人

"购物圈"达人入口，如图7-3-3所示。

成为购物达人，进入购物圈，单击"达人推荐"，进入可看到右上"达人说明"，具体规则以实时状态为准，如图 7-3-4 和图 7-3-5 所示。

图 7-3-3　　　　　　　　图 7-3-4　　　　　　　　图 7-3-5

（3）京东手机 QQ 购物

① 服务号入口如图 7-3-6 所示，进入服务号后可以进行关注。② 动态达人入口：在手机底部导航"动态"中，单击"兴趣部落"按钮进入，如图 7-3-7 所示。

图 7-3-6　　　　　　　　图 7-3-7

### 2. 如何成为达人

（1）登录网址 dr.jd.com，进行注册发布信息即可。

（2）在微信端的"购物圈"中有两个路径可成为达人。

路径一：这也是最简单的方法，即直接单击页面上的"发表"按钮即可，如图 7-3-8 所示。

路径二：单击"达人推荐"按钮，在里面选择"我要当达人"即可，如图 7-3-9 所示。

 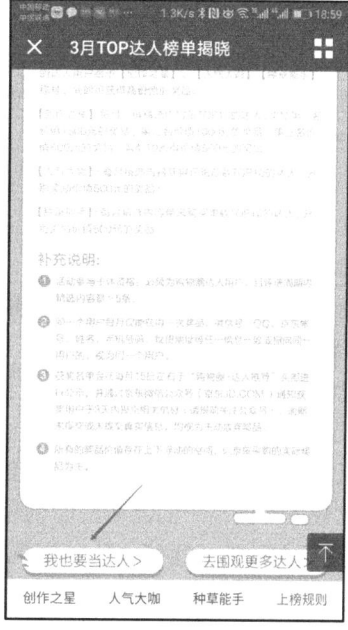

图 7-3-8　　　　　　　　图 7-3-9

（3）"商家后台"—"营销中心"—"内容营销"—"购物圈"，如图 7-3-10 所示。

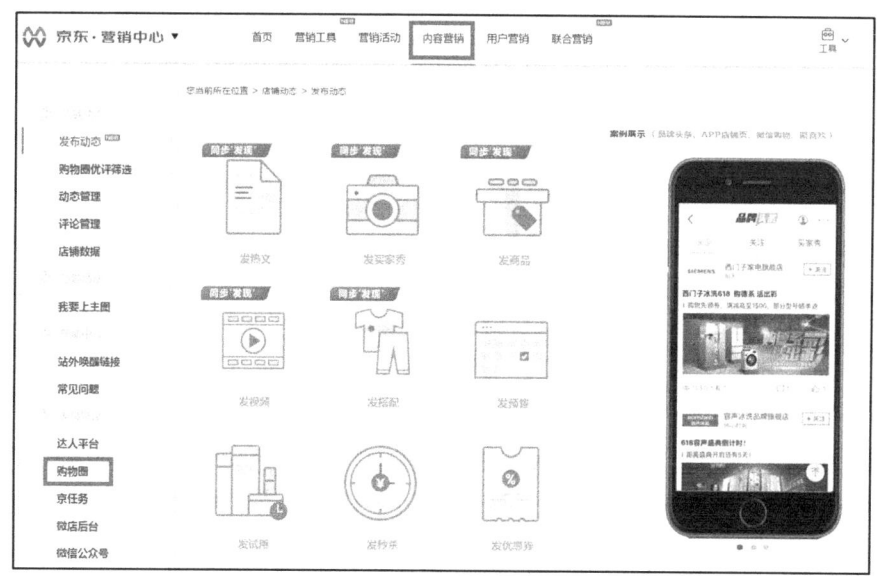

图 7-3-10

### 3. 内容展示

达人及互动最终的目的是引进流量以及起到宣传的效果。在内容展示中需要注意以下几个方面。

(1) 商品基本调性要求

① 小众品牌：品质好，受一部分高端小众人群的推崇。

② 大品牌、奢侈品的限量款：具有一定稀缺性或收藏价值。

③ 海淘商品：挖掘国外口碑好、有品质、有品位、有调性的品牌或商品，已经在国内泛滥的商品除外。

(2) 不符合商品基本调性的情况

① 各大促销平台常见品牌及商品。

② 线下热门品牌及款式。

③ 高仿商品，商品外观、名称与大牌商品类似或雷同，即所谓的明星同款商品、大牌仿款商品、山寨货等。

④ 假货商品。

⑤ 普通红人款商品。

⑥ 价格低廉、外观粗糙、品质感差的商品。

⑦ 品牌比较集中或单一的品类，如奶粉、尿不湿等。

除以上这些具有共性的注意点外，每个模块还有自己的特点。

(1) 京东 APP 端的"觅 Me"

基于京东 APP 端的客户人群特性。在"觅 Me"中描写的内容需要注重这部分人群的关注点，要题目新颖，结合时事热点（案例如图 7-3-11 所示）。

图 7-3-11

(2) 京东 APP 端的"发现好货"

"发现好货"的位置出现在京东 APP 首页的第二屏，在"秒杀"模块的下方，这个位置的流量很大。在这里发表的内容就要具有专业性，语言要正规，不要带有故事及论坛的味道，如图 7-3-12 所示。

(3) 微信端的"购物圈"

基于微信的社交性属性，在微信端的"购物圈"中所发布的内容和图片风格可以轻松一些，如图 7-3-13 所示。

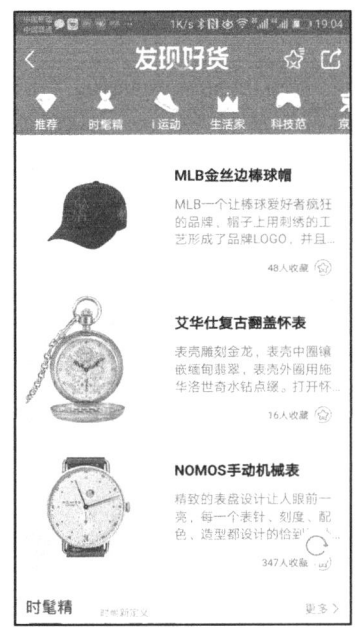
图 7-3-12

图 7-3-13

### 7.3.2 移动端互动玩法

进入后互联网时代，人与人之间的信息传播从"一对多"的大众传播转变成以社会（社群/社区）成员之间平等、分享为主要特征的社交化、网络状传播。也就是说，现代的信息传播是以平等主体之间的互动、分享、交流为主要特点的传播关系。在这种关系中，传播过程中的参与者之间是平等主体之间的互动关系。这种新的传播关系比以往具有更大的活力和更强的黏性，如图 7-3-14 所示。

营销方式的变革

| | 营销1.0时代<br>产品中心营销 | 营销2.0时代<br>消费者定位营销 | 营销3.0时代<br>价值驱动营销 |
|---|---|---|---|
| 营销目标 | 销售产品 | 满足并维护消费者 | 消费者积极参与互动 |
| 企业看待市场的方式 | 具有生理需要的大众买方 | 有思想和选择能力的聪明消费者 | 具有独立思想精神的完整个体 |
| 营销方针 | 产品开发和细化 | 企业定位和产品差异化 | 企业愿景和价值观 |
| 价值主张 | 功能性 | 功能性和情感化 | 功能性、情感化和精神化 |
| 与消费者互动情况 | 一对多交易 | 一对一关系 | 多对多合作 |

图 7-3-14

具体到电商平台中，这种新的传播关系决定了商家和消费者之间的沟通方式，即商家的营销方式和商品信息的传播也不能再像之前那样简单地一对多推送、一对一互动，而是要多对多地互动、分享、交流。

在京东平台中，商家与消费者之间互动分享的方式多种多样，下面介绍京东移动端营销的 5 大玩法，分别是移动端店铺动态、店铺签到、京码中心、互动分享和京享街。

**1. 移动端店铺动态设置**

移动端店铺动态是针对店铺粉丝营销的重要方式，一方面可获取本店的流量，另一方可获得平台级的流量。从展示位置可以体现，具体位置为商家移动端店铺首页中的店铺动态（见图 7-3-15）和京东 APP 品牌头条位置，如图 7-3-16 所示。

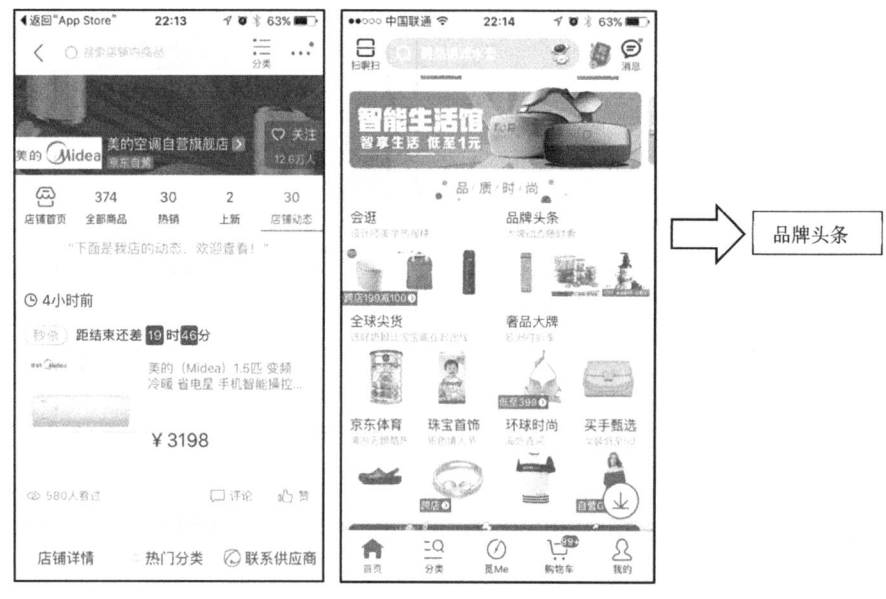

图 7-3-15　　　　　　图 7-3-16

店铺动态共包含了 10 大动态，分别为发热文、发买家秀、发商品、发视频、发搭配、发预售、发试用、发秒杀、发优惠券、发直播）商家需要进入后台自主设置（路径："商家后台"—"内容营销"—"首页"—"店铺动态"），以下分别介绍。

（1）发热文

① 填写动态标题

必填项，要求输入 14 个汉字或 28 个字母以内的标题。

② 副标题

选填项，要求输入 25 个汉字或 50 个字母以内的标题。

③ 设置封面

必填项，封面（图片尺寸必须为 702px×280px，要求格式：JPG、JPEG、PNG、BMP、GIF）在设计封片图片时应做到能吸引客户注意和点击，客户进入专题后才能浏览动态内容。

④ 选择热文类型

热文类型包括图文详情、引用 Jshop 活动页面、自定义链接，其中图文详情需要设置内容顶部通栏图片，并在正文输入内容。

具体流程如图 7-3-17 和图 7-3-18 所示。

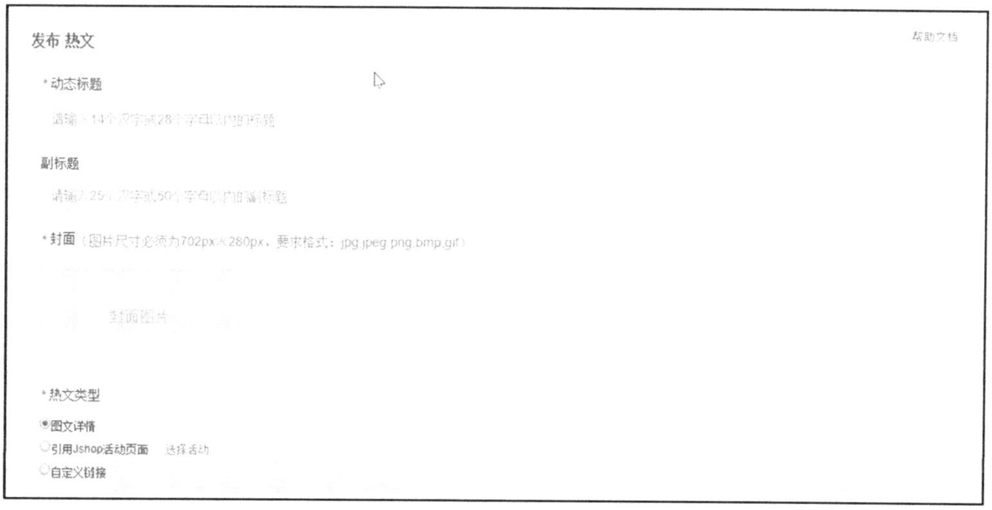

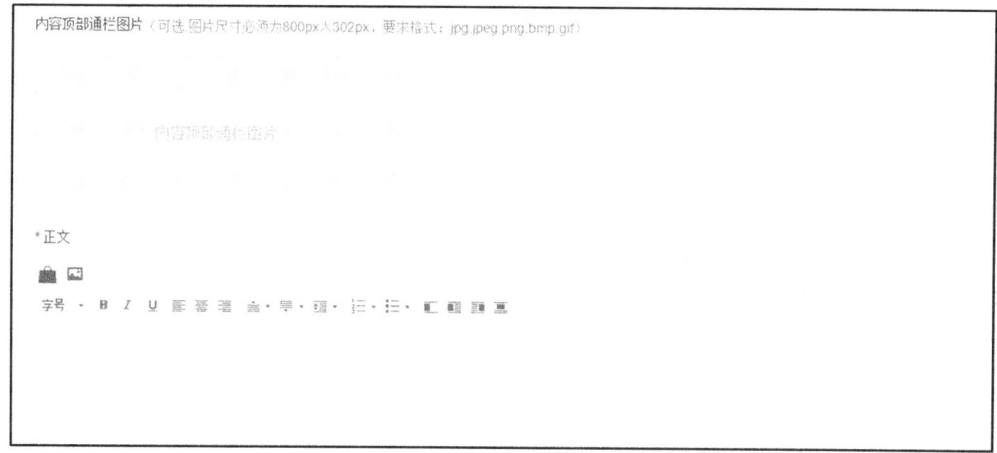

图 7-3-17

图 7-3-18

（2）发买家秀

① 输入标题

必选项，输入 14 个汉字或 28 个字母以内的标题，因为内容在店铺动态展示，所有标题需要尽可能地吸引眼球。

② 输入副标题

选填项，输入 25 个汉字或 50 个字母以内的标题。

③ 商品 SKU

必填项，要求输入有晒单的 SKU。

④ 选择晒单评价

晒单评价为单选项，选择最能代表产品的卖点且同时富有特点的产品。

⑤ 设置动态时间

必填项，时间设置不能早于当前时间。

以上步骤如图 7-3-19 和图 7-3-20 所示。

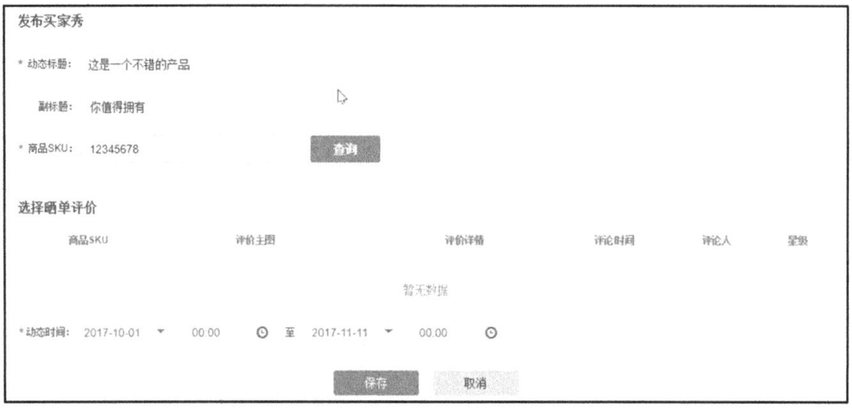

图 7-3-19

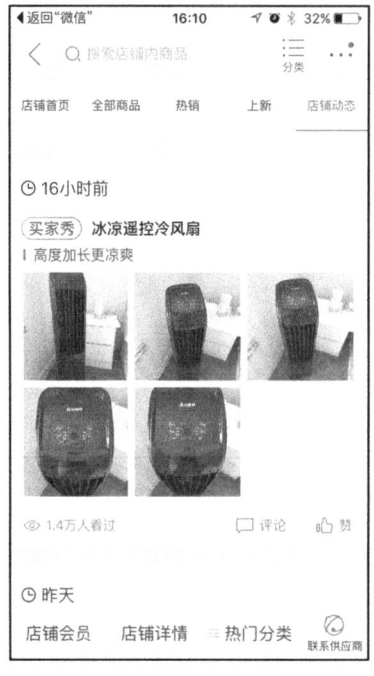

图 7-3-20

（3）发商品

发商品的前台展示效果如图 7-3-21 所示。该动态以天为单位，自动展示近 30 天的上新记录，只要店铺上架了新商品，就能自动关联到前台进行展示。建议商家手动排序上新动态，以便将最重要的商品展示到客户面前。

图 7-3-21

（4）发预售

发预售要求有正在预售的商品，可选择该商品发布预售的动态，下发形式分为单独商品下发和热文形式下发，如图 7-3-22 所示。

图 7-3-22

（5）发试用

发试用流程与发预售的流程基本相似，要求有正在试用的产品，如图 7-3-23 所示。

图 7-3-23

（6）发秒杀

秒杀动态能自动关联京东官方的 APP 秒杀活动，如果店铺参加了京东官方的手机秒杀活动，则一定要编辑秒杀动态。如图 7-3-24 所示，在这里可以通过新建标题，添加参加秒杀的商品，设置动态时间（与秒杀时间一致）自定义秒杀动态。该操作能大大增加活动的露出率。

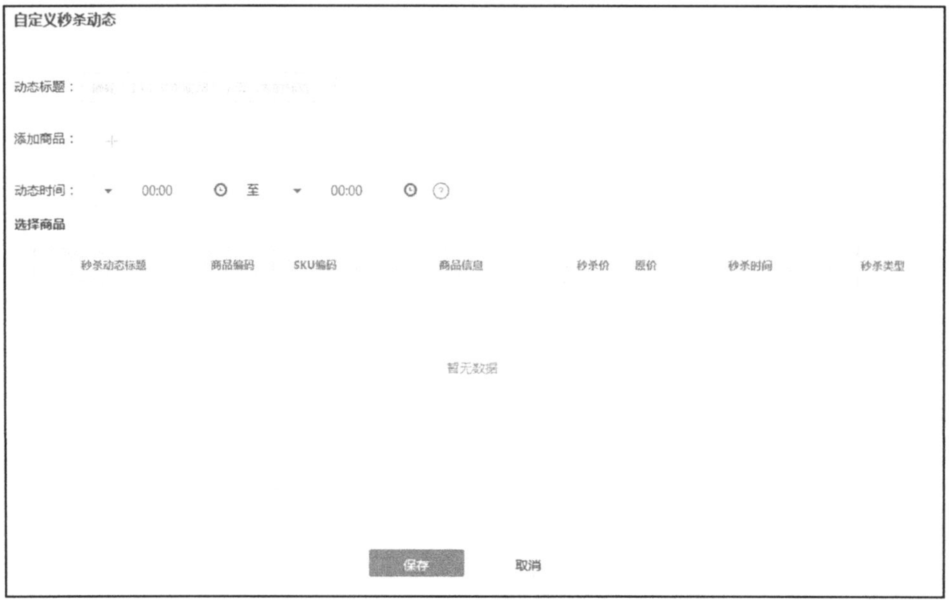

图 7-3-24

(7) 发优惠券

当商家有单品优惠券或店铺优惠券时,可以发优惠券动态,如图 7-3-25 所示。

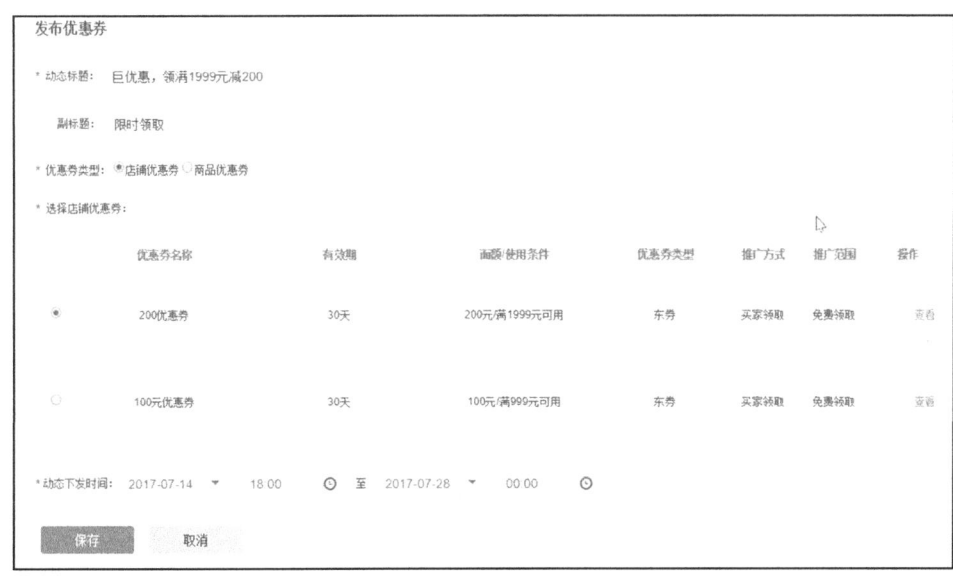

图 7-3-25

(8) 发视频

① 选择发布频道,默认勾选"发现-关注",每日可推广 10 条,目前仅支持买家秀、商品上新、热文、发视频、发搭配、发单品、发清单和发专辑,其他类型正在升级。

② 编辑视频内容,包括三个部分,第一部分为视频标题,标题要求 14 个字以内;第二部分为添加视频,视频可以添加完整版视频(5s~180s),预览视频(5s~10s);第三部分为添加视频封面(图片宽:高比例要求为 16:9,图片最低尺寸要求为 800:450,单张图片不超过 500KB,图片格式:GIF、JPG、PNG)

③ 关联商品,首先输入导购文案,然后添加商品,最多可添加 10 个商品

④ 添加话题标签,该标签为场景标签,最多可添加 5 个标签

⑤ 以上内容准备就绪后,即可单击"发布"按钮,发视频了。

(9) 发搭配

① 选择发布频道,默认勾选"发现-关注",每日可推广 10 条,目前仅支持买家秀、商品上新、热文、发视频、发搭配、发单品、发清单和发专辑,其他类型正在升级。

② 设置搭配,首先输入标题,然后输入搭配描述,之后添加搭配图片,最后可添加一个搭配

③ 添加话题标签,该标签为场景标签,最多可添加 5 个标签

④ 以上内容准备就绪后,即可单击"发布"按钮,发搭配。

(10) 发直播

发布直播动态的前提条件是有直播预告或直播正在进行中,具体流程如图 7-3-26 所示。

图 7-3-26

**2．店铺签到**

店铺签到活动旨在增加店铺每日的客户活跃度。商家为每天进店浏览的客户发放奖品或者赠送抽奖的机会，可以让客户养成访问店铺的习惯，促进成交。客户在 PC 端和 APP 端的店铺首页都能领取到签到福利。但是要注意，签到福利不宜设置得过于丰厚，尤其是客单价低的商品，更要谨慎设置，否则可能发生客户免费购买商品的情况。

（1）签到设置

签到设置的第一步是设置活动名称、活动时间、签到渠道，如图 7-3-27 所示。截至目前，活动模式是每天签到有礼，对于连续签到有礼活动模式，京东仍在开发，有望在将来投入使用。

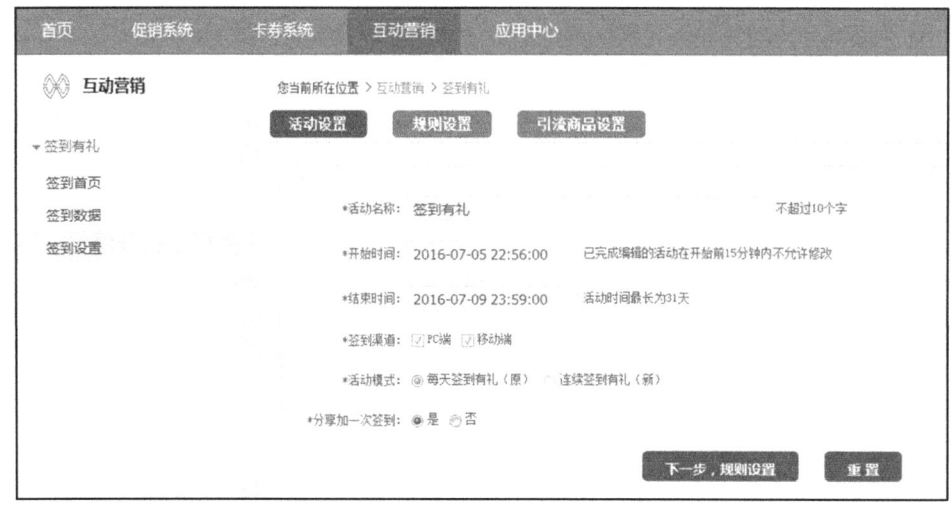

图 7-3-27

# 第 7 章 京东移动端

→ **Tips**

如果担心发放过多的优惠券会给店铺带来不利的影响,则可以通过缩短签到时间的方法限制礼品的发放数量。

设置完活动的基础信息后,就可以开始设置活动的规则了,如图 7-3-28 所示。如果商品的客单价较低,则建议取消设置保底奖,以免发生不必要的损失。

保底奖奖品默认是京券,京券的作用等于现金,并且没有金额的限制,可以在京东平台中购买任意的商品。如果需要设置保底奖京券,则可以选择 1~10 元面值的京券,有效期在 3~8 天。除此之外,还可以限定购买入口,对指定客户端的消费者发放京券。

→ **Tips**

惊喜奖只有客户抽中才会生效,相对于保底奖来说,风险较小。惊喜奖奖品分为京券、东券和专享价。

东券的性质与京券不同,它是满减券,即需要客户购买一定的金额后才能使用,并且不支持与京券叠加使用。

京券和东券都可以设置优惠券的有效期,系统的要求为:100 天≤有效期≤300 天,京券的面值是 5 元的倍数,最大可设置到 500 元。而东券的面值只需要大于 5 元即可。

惊喜奖专享价是针对单一 SKU 的折扣价格,输入 SKU 编码并设置商品折扣和奖品数量即可。

完成规则设置后,商家可以选取参与活动的商品,完成签到有礼设置。

图 7-3-28

(2)签到数据

签到数据中会展示日签到人数、保底奖发放数、惊喜奖发放数、签到粉丝总数、奖券使用数等基础数据及数据走势图,从而帮助商家分析签到活动的效果。

### 3. 京码中心

(1) 二维码创建

目前京码应用中心网址为 ma.jd.com,京码中心支持二维码包括包裹码、商品码和活动码共 3 种。其中包裹码可以统一打印在商品包装上,客户收到货后扫描二维码可获得一定优惠。商家需要提前设置好发放在互动平台的优惠券,这样客户扫描二维码、确认收货、给予好评时均能获得优惠券,如此设置能提高商品的评价率,也方便商家快速回收货款,非常实用。

创建包裹码的操作如图 7-3-29 所示,其中公司 Logo 和 banner 都是必填内容。因为公司 Logo 会展示在二维码中间,所以不宜过大,简单清晰即可。而 banner 图片在客户扫描二维码后打开的页面顶部展示,所以可以设计一些符合店铺运营计划的宣传标语,从而达到营销推广的目的。在设置二维码时,"扫码关注店铺"选项一定要选择"是",因为让客户关注店铺不仅能为店铺增加人气,还能让店铺在后期推送各种动态,提升受众人数。最后一步是设置优惠券,让客户每操作一步都能获得相应的优惠。二维码设置完成后,商家便能将二维码打印在包裹上,开启全方位的营销之旅了!

图 7-3-29

商品码,顾名思义就是让客户扫描二维码后直接跳转到商品详情页,其适用于单品促销。如图 7-3-30 所示,选定促销单品 SKU 后,输入扫描二维码的理由,即可下载二维码。

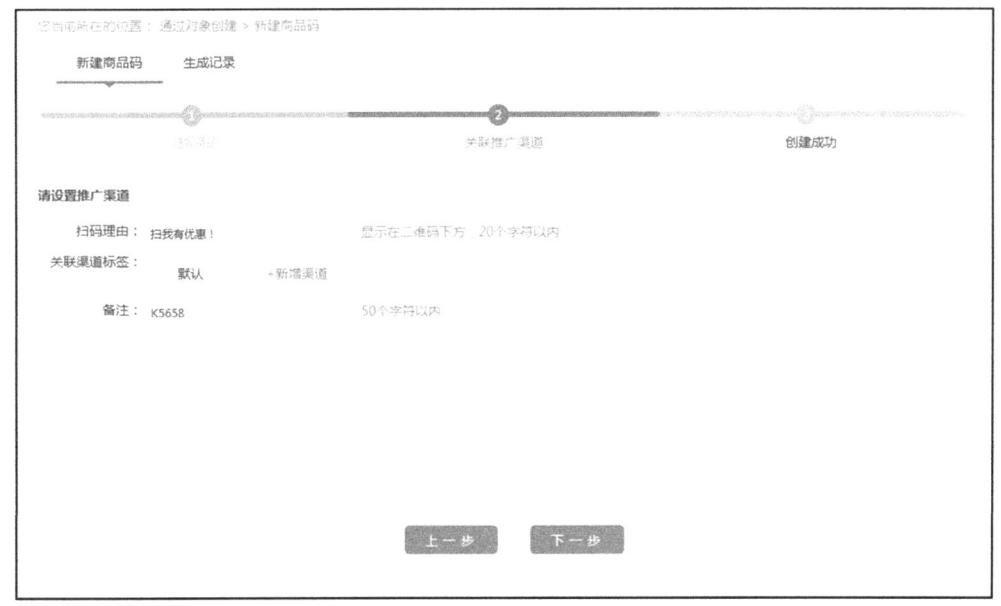

图 7-3-30

扫描二维码除了可以跳转到商品详情页,还可以跳转到相关的活动页面,在活动开始之前集中推广这类二维码,能有效地为活动拉升人气。活动二维码的设置方式与商品码类似,此处不做讲解。

(2)二维码管理

二维码的管理包含两个部分:删除过期的二维码和为二维码新建渠道标签。其中渠道标签能对二维码进行分类管理,为后期统计二维码数据打下基础。一般根据活动的类型和特点新建渠道标签,二维码分类越清晰,收集的信息越准确。

(3)二维码数据

二维码数据目前只包括商品码和包裹码的扫码数据,通过二者均能统计扫描二维码的人数,其中商品码还能监控扫描二维码的客户的转化数据,这些数据将为店铺的运营提供持续的数据支持。

**4.互动分享**

如上文所述,京东移动端分为 APP 端、微信端、手机 QQ 端和 M 端共 4 个端口,每一个端口都在显著位置为商家提供了分享出口,以便在不同的流量出口和客户进行分享、互动和交流,如图 7-3-31 至图 7-3-34 所示。这同时也意味着京东移动端将商品信息送达至消费者的方式是丰富多样的,如图 7-3-35 所示。

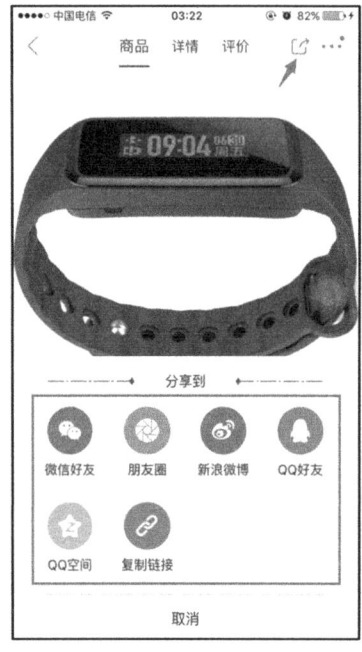

APP 端单品页分享图

图 7-3-31

微信端店铺页分享图

图 7-3-32

手机 QQ 端活动页分享图

图 7-3-33

M 端店铺页分享图

图 7-3-34

无线端分享形式及出口

| 无线端端口 | 链接形式 | 分享出口 |
|---|---|---|
| APP端 | 店铺/活动页/单品页 | 微信好友/朋友圈/QQ好友/QQ空间/复制链接/新浪微博…… |
| 微信端 | 店铺/活动页/单品页 | 微信好友/朋友圈/QQ好友/QQ空间/复制链接/邮件分享…… |
| 手机QQ端 | 店铺/活动页/单品页 | 微信好友/朋友圈/QQ好友/QQ空间/复制链接…… |
| M端 | 店铺/活动页/单品页 | 微信好友/朋友圈/QQ好友/QQ空间/复制链接/邮件分享/新浪微博/短信/钉钉好友…… |

图 7-3-35

在店铺日常的运营活动中，可以将店铺页、活动页、单品页发送到不同的出口，为店铺日常的活动推送、流量提升和互动营销提供多种形式的支持，例如：

- 将店铺促销活动推送给微信、QQ 好友；
- 采用问答、猜谜等形式将店铺活动推送到微信朋友圈，引发互动话题，为新品上架做铺垫，如促销前夕的短信推送；
- 将店铺活动分享给微博中的关键意见领袖等。

**5. 京粉**

（1）系统介绍

京粉是京东联盟旗下推出的一款分享型赚钱工具，其充分发挥了专业客户商品挑选的技能，为客户打造属于个人的京粉店铺。专业客户可以把单品、店铺分享到 QQ、微信等渠道，一旦有其他客户购买，便可轻松获得佣金。

京粉有京东商城强大的仓储与物流体系做支撑，所有商品均由京东商城或其商家提供货源、发货，正品保障，优势明显。

**↳ Tips**

要想时刻关注京享街的动态，记得关注微信公众号"京粉儿订阅号"（微信号是 jd_jxj）。

（2）进入路径

进入京粉的详细路径是京粉 APP，如图 7-3-36 和图 7-3-37 所示。

（3）操作指引

① 登录/注册。如果商家有京东账号则可直接登录，如果没有京东账号，则可通过手机号码注册登录，如图 7-3-38 和图 7-3-39 所示。

② 装饰店铺。进入"我的店铺"首页，单击底部菜单栏的"店铺"—"装饰店铺"按钮，在打开的页面中按照店铺风格，填入店铺名称、简介、Logo、招牌信息，单击"确认提交"按钮后即可拥有漂亮的店铺。其中店铺 Logo 和店铺招牌可以上传自定义照片，如图 7-3-40 和图 7-3-41 所示。

图 7-3-36

图 7-3-37

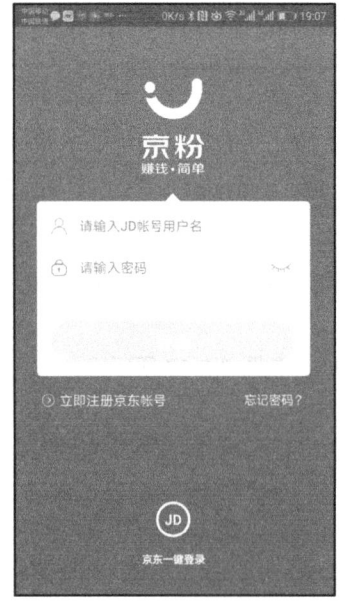

图 7-3-38

图 7-3-39

装修完的页面如图 7-3-42 所示。

③ 绑定个人收款银行信息，如图 7-3-43 和图 7-3-44 所示。

进入"我的店铺"首页，单击底部的"店铺"—"个人收款银行信息"按钮，在打开的页面中填入个人信息、收款账户信息，单击"确认提交"按钮后即可为提取佣金做好准备。

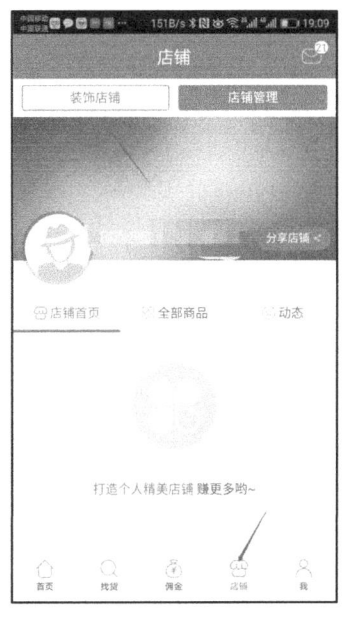
图 7-3-40

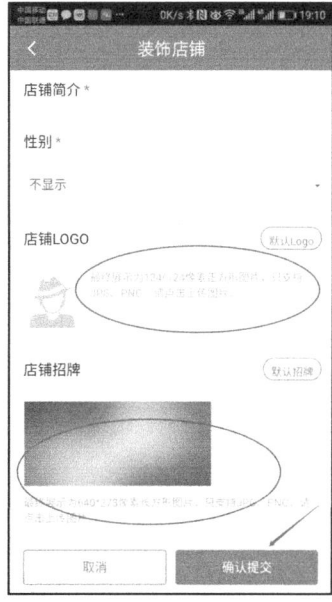
图 7-3-41

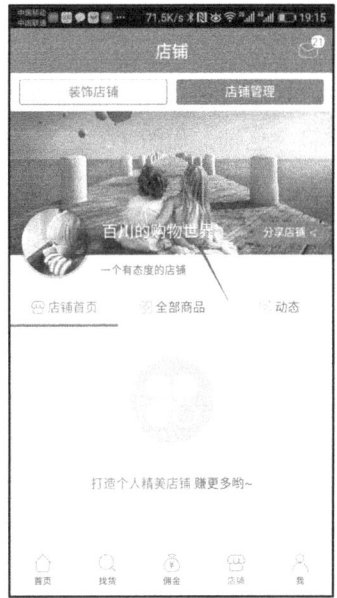
图 7-3-42

### ↘ Tips

使用"税率优惠代办"功能并上传个人身份证和委托书扫描件(系统提供模板),同意由京东代办税务事宜可免去 500 元以内佣金税费的支出。

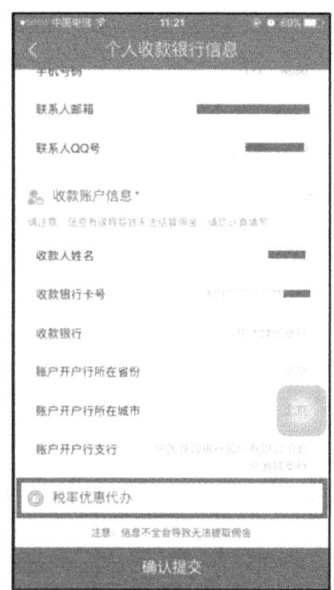

图 7-3-43　　　　　　　图 7-3-44

（4）分享推广

① 推广方式

首页推广：可到顶部 banner、主题街、人气之选模块分享单品；可到热门卖场模块分享卖场；可到精选商家模块分享商家店铺，如图 7-3-45 至图 7-3-49 所示。

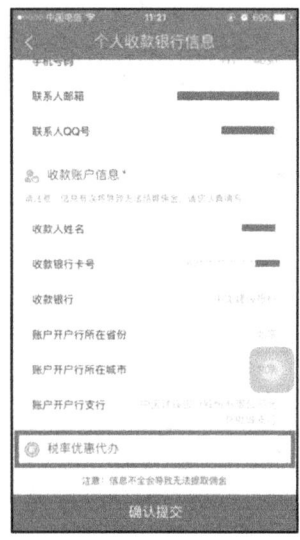

图 7-3-45

搜索推广：可进入京粉首页，单击底部菜单栏中的"找货"按钮，选择类目关键词或者在搜索框中输入关键词搜索，挑选喜爱商品，分享单品；同时也可以把单品加入店铺分享自身的个人京粉店铺，如图 7-3-50 和图 7-3-51 所示。

第 7 章 京东移动端

图 7-3-46                图 7-3-47

图 7-3-48                7-3-49

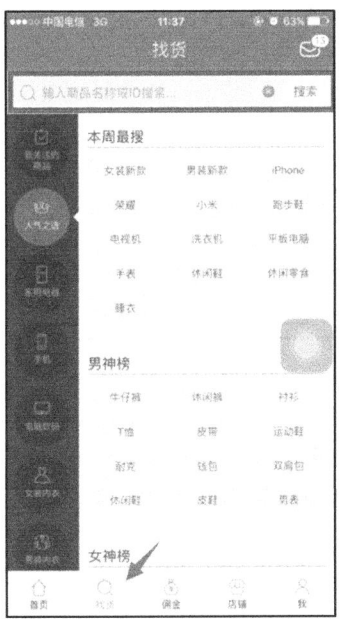

图 7-3-50                图 7-3-51

② 分享渠道

单品、店铺、活动、商家、卖场可分享到微信、朋友圈、QQ、QQ 空间、微博这 5 个渠道中，如图 7-3-52 所示。

单品、店铺动态可分享到微信购物圈中，如图 7-3-53 至图 7-3-54 所示。

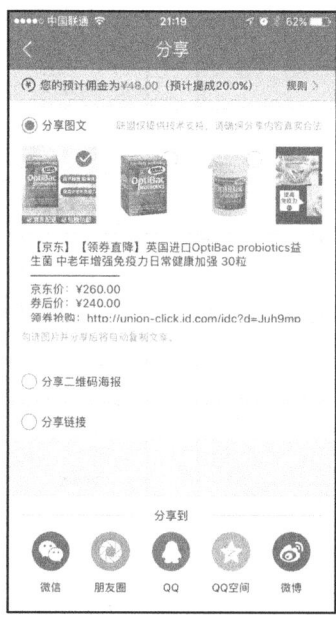

图 7-3-52

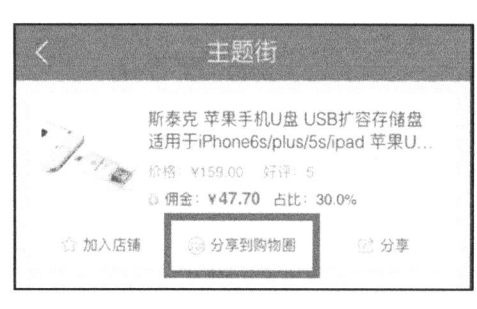

图 7-3-53

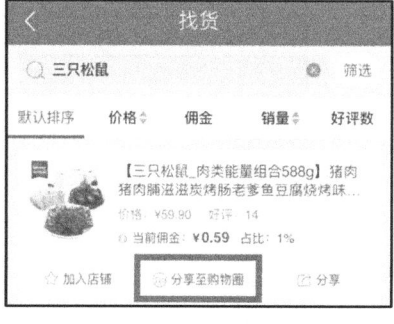

图 7-3-54

▶ Tips

关于京粉的玩法，目前非常普遍的方式是组建微信群，通过微信群营销。商家可采用自主组建群、与优质推手合作推广、对接事业部京粉运营人员（具体可咨询京粉产品运营人员获取事业部QQ群号）。

（5）分享管理

进入京粉首页，单击"我"—"分享管理"按钮，可查看和管理分享的商品、活动、商家店铺、卖场。可对单品进行"加入店铺""分享至购物圈""分享""删除"操作；还可以对活动、商家店铺、卖场进行"删除""再分享"操作，如图 7-3-55 和图 7-3-56 所示。

图 7-3-55

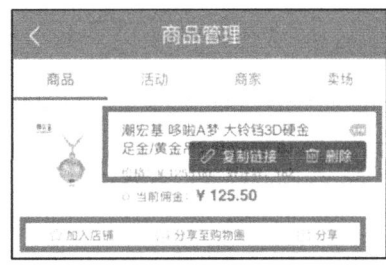
图 7-3-56

（6）佣金查看

进入京粉首页，单击底部菜单栏中的"佣金"按钮，通过分享到微信、朋友圈、QQ 等渠道获得收入，可在"佣金"页面中查看具体的数据，同时可以申请提现；通过分享到微信购物圈渠道获得的收入，可在"京豆"页面中查看具体的数据，如图 7-3-57 所示。

图 7-3-57

这里有部分名词需要解释一下。

（1）佣金模块

- 历史已到账佣金：即历史 26 天之前平台已结算的完成订单（客户已确认收货）所产生的佣金，包括已提现和未提现的佣金。
- 近 45 日预估佣金：最近 45 天（不包括今天）平台还未结算的订单所产生的佣金。最终结算金额以"历史已到账佣金"为准。
- 今日实时订单：今日产生的订单明细，预估佣金由商品价格计算得出，最终结算佣金以"历史已到账佣金"为准。
- 可提现佣金（单击"提现"按钮即可查看）：即未提取的"历史已到账佣金"。

（2）京豆模块

- 购物圈：该功能在手机 QQ 环境下不适用。
- 历史已到账京豆：即历史 28 天之前平台已结算的完成订单（客户已确认收货）所产生的京豆奖励。例如，买家在 1 号收货，该笔订单将在该月 27 号结算佣金。
- 近 45 日预估京豆：最近 45 天（不包括今天）平台还未结算的订单所产生的京豆奖励，最终结算京豆请以"历史已到账京豆"为准。

（3）签到任务

- 已到账京豆：每日签到和做任务所获得的京豆奖励（每日签到获得的京豆当日实时到账，做任务所获得的京豆第二天到账）。

**Tips**

每月的 1 号至 5 号可申请提现"未提取佣金"，只可申请提现 1 次，提现金额最少为 100 元。

### 7.3.3 京东直播

（1）直播简介

直播是通过京东直播平台进行内容传播，以品牌宣传或产品销售为目的的实时播放的视频内容。可以是网络综艺，也可以是个人主播，也可以是品牌发布会等内容。

（2）付费方式

CPA 或 CPS 模式付费。

（3）广告优势

① 展现形式更多样：主要为内容推广+专享优惠。

② 直播任务主要由机构完成，入驻机构都是通过审核和考核过的，更有品质保证。

直播可以设置的推广坑位如下所示。

- 直播主界面
- 浮标（可以设置店铺入口、活动页）
- 大店铺入口（可以配置店铺）
- 推广坑位（可以配置活动页、店铺页、领取红包页）
- 商品坑位（设置主推商品）

（3）直播任务主要由机构完成，目前已有 100 多家机构入驻，活跃机构达 30 家。推送主播 1000 多人。

（4）展示位置

京东 APP 及 PC 端"觅 Me""发现好货"等多个频道优先展示，如图 7-3-58 至图 7-3-59 所示。

图 7-3-58

图 7-3-59

（6）推广流程

京东直播推广流程图，如图 7-3-60 所示。

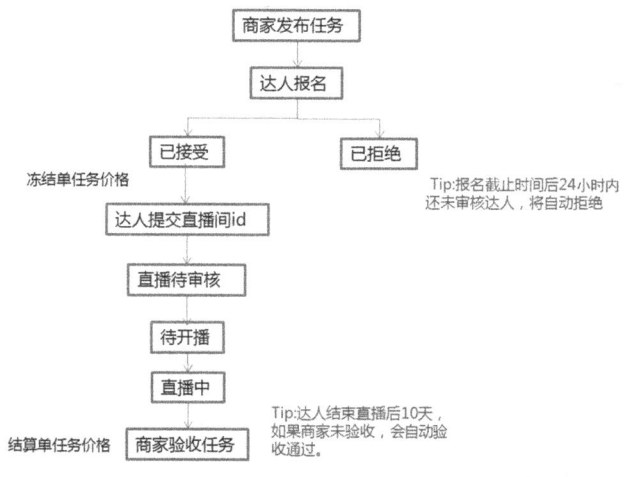

图 7-3-60

① 任务。填写任务信息，如图 7-3-61 所示。

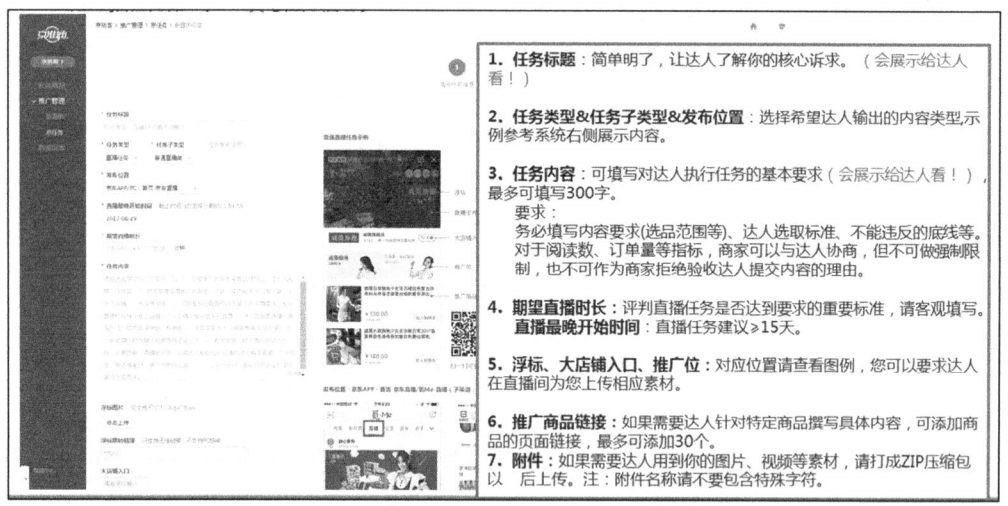

图 7-3-61

② 新建任务。设置达人报名条件，如图 7-3-62 所示。

③ 查看任务列表。单击菜单栏"京任务"，进入任务列表页，如图 7-3-63 所示。

- 单击某个任务标题，进入任务详情页。
- 单击"快速了解京任务""京任务平台运营规则"可以自助学习。

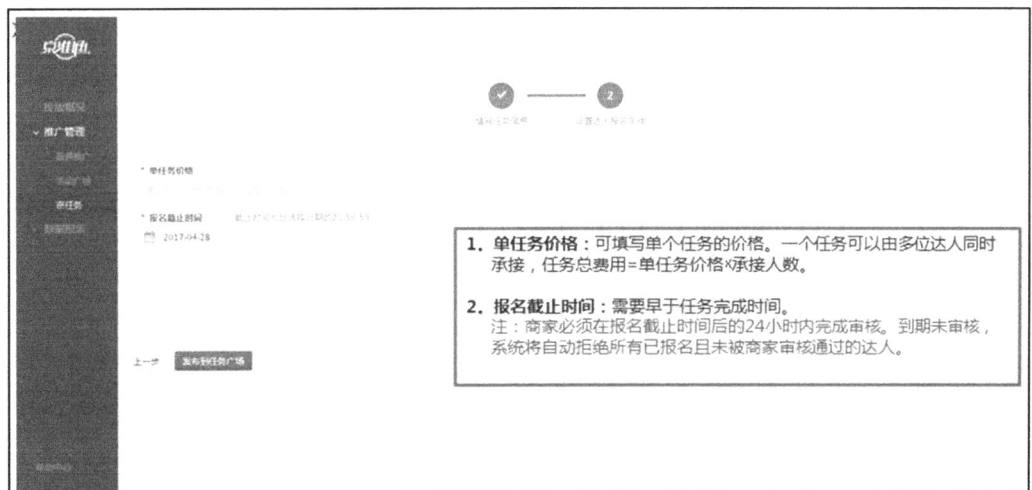

图 7-3-62

图 7-3-63

④ 任务需求页。单击任务标题后的小图标,可以查看已经发布过的任务内容,如图 7-3-64 所示。

⑤ 任务详情页。单击任务标题,进入任务详情页,可以查看所有报名达人的状态,可选择接受或拒绝达人、验收任务、查看任务内容详情等,如图 7-3-65 所示。

⑥ 京任务报表。单击左侧"京任务报表",然后单击直播任务页签,即可查看直播任务效果数据,如图 7-3-66 所示。

图 7-3-64

图 7-3-65

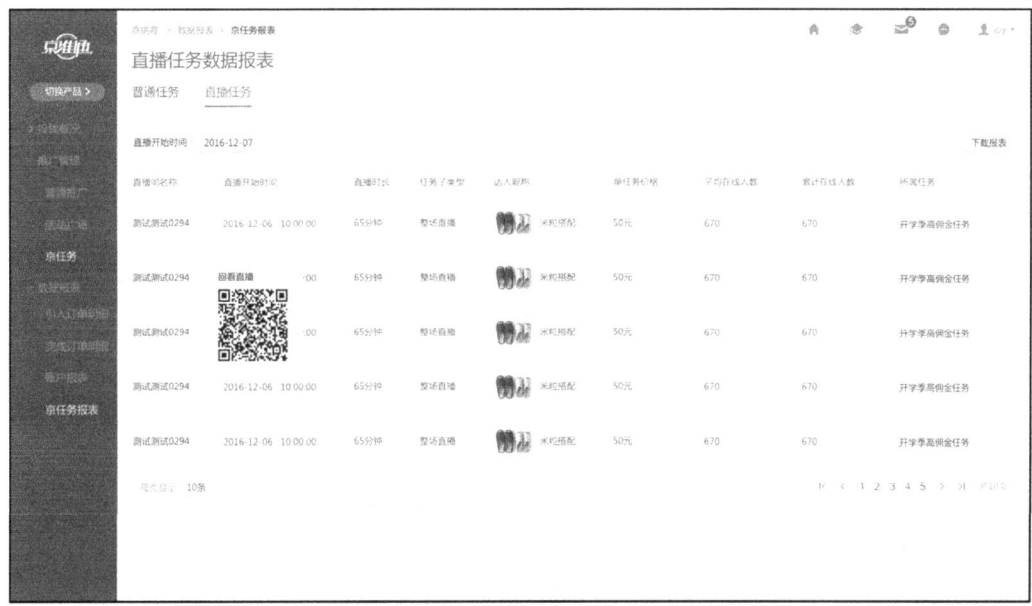

图 7-3-66

任务状态介绍如下所示。
- 待审核：在报名截止前 24 小时内可以审核，如果未审核，过期自动变为已拒绝。
- 已接受：商家已接受该达人完成任务，金额冻结。
- 已拒绝：商家已拒绝该达人完成任务，不会产生扣费。
- 直播待审核：达人上传直播间 ID 后，需要运营审核内容并上线，运营上线之前状态为内容待上线。
- 待开播（仅限直播任务）：直播开始前 1 小时内会短信提醒商家。
- 直播中（仅限直播任务）：可以查看正在直播的任务。
- 待验收：达人作品成功上线后，商家有 10 天时间可以验收作品。如果过期未验收，则自动验收通过。
- 验收通过：验收通过后，冻结的单任务金额将会产生实际扣费。
- 验收不通过：如果是商家验收不通过，需要填写不通过原因，费用继续冻结，将由运营人员介入处理。

### 7.3.4 视频购

（1）工具简介

通过 3~5 分钟的短视频介绍并推荐商品，视频制作风格不限，内容可以情景化、生活化、诙谐化或含有大量干货。

（2）扣费方式

① 任务完成按 CPA（Cost Per Action）计费。

按任务完成进行一次性扣费,任务总费用=单任务价格×承接人数,可以在账户报表中查看 CPA 扣费情况。

② 订单效果按 CPS 付费

如果您在京挑客中设置了普通推广计划,由京任务带来的订单转化,会按照 CPS 付费(激励达人完成高质量任务)。可以在账户报表中查看 CPS 扣费情况。

(3)广告优势

视频购是指时长 3 分钟左右,以推荐产品为目的的短视频,视频类型可以是产品展示、评测,也可以是多场景下的使用体验,还可以是有剧情的微电影。帮助客户从情境中选择并购买商品。

(4)广告位置

"觅 Me 精选"—"视频购",如图 7-3-67 所示。

图 7-3-67

(5)推广流程

① 如果没有短视频资源,则在"京任务"中发布任务,由达人确认任务后,提供主题相关的商品,如图 7-3-68 所示。

② 如果部门或商家有现成的短视频资源,则按照附件流程,在后台注册达人账号并自行发布视频购内容,如图 7-3-69 至图 7-3-70 所示。

第 7 章 京东移动端

图 7-3-68

图 7-3-69

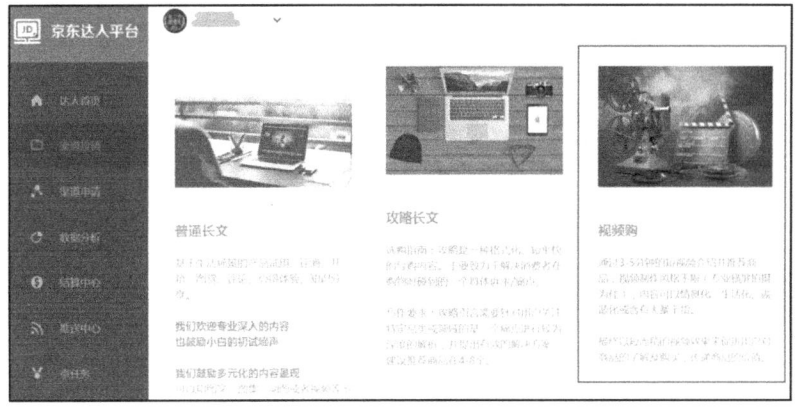

图 7-3-70

# 第 8 章

# 订单处理

店铺开好了,商品也上架了,是不是就可以接单了?俗话说"基础不牢,地动山摇"。了解在订单处理中可能遇到的各种问题,妥善处理好售前、售中、售后、店铺数据管理这4个部分所面临的问题及应对策略,才可以有效地接待客户,提高转化率,完善售后问题,避免产生纠纷和出现违规的行为。

## 8.1 售前

### 8.1.1 工具使用

在商品上传之后,以及正式开始销售商品和处理订单之前,首先需要安装一款店铺运营管理平台软件——京麦工作台(如图 8-1-1 所示为京麦工作台 PC 端和移动端的下载页面)。京麦卖家工作台是为京东商家提供的店铺运营管理平台,分为 PC 客户端与移动客户端,轻松实现一站式生意管理,接下来,具体介绍一下这两个客户端。

图 8-1-1

京麦 PC 客户端作为针对京东商家使用的店铺运营管理平台，整合了京东及第三方软件服务商（ISV）优质资源，提供了更多的店铺运营工具。同时，整合了经营咨询信息、店铺运营数据、京东咚咚商家版等信息，使商家更加及时高效地管理店铺，提供一站式服务。

京麦 PC 版客户端支持：XP、Windows 7、Windows 8、Windows 10 系统，Mac 系统暂时不支持。注：建议商家在 Windows 7 系统上使用，显示器分辨率在 4K 以下。

京麦工作台移动端是京东唯一官方移动端商家工具，京麦移动端主要给商家提供了丰富的店铺管理工具，提供店铺关键信息提醒，以及京东咚咚商家版、商品、交易、数据、论坛等常用操作的快捷入口。消息中心：客户咨询信息、商品信息、订单信息、官方公告等，第一时间推送到手机。支持手机和电脑同时登录。数据罗盘：提供店铺的健康日报、流量、销量趋势等数据随时可查询。工单：即时处理工单，避免超时。促销管理：方便管理促销活动，即时掌握活动状态。订单管理：随时随地查订单，发货更容易。

支持系统：安卓系统支持 Android 2.2 以上，苹果支持 iOS 7.0 以上版本。

京麦卖家工作台可以通过结合第三方软件授权，实现对店铺订单的快速处理、商品的上下架管理、流量推广、商智数据查看、客户管理、账户权限管理等功能。

> **Tips**
> 京东咚咚商家版与京麦工作台已经融合，商家下载京麦工作台即可对店铺实现一站式运营与管理。

### 8.1.2　账号管理

（1）在商家开始接待客户之前，需要在京东店铺后台的账号管理页面中帮每个客服开通一个客服子账号，并授权给客服必要的消息提醒、订单管理、售后服务、在线客服（IM）等权限，如图 8-1-2 所示。

（2）使用客服子账号的好处包括以下 3 个方面。

- 方便主账号管理各功能子账户。
- 子账号根据需要可以开通不同的功能。
- 如果员工离职了，则商家主账号可以修改子账号和绑定的手机号及密码，也可以停用和删除子账号。

（3）账号安全设置界面，如图 8-1-3 所示，具体包括以下 3 个步骤。

- 设置登录密码。
- 开启手机保护功能。
- 开启数字证书验证功能。

> **Tips**
> 在设置店铺账号过程中，一般会根据员工分工的需要，设置好各岗位的权限，其中包括美工、客服、运营专员、活动专员、财务结算等。然后在添加同岗位子账号时可以直接选定人员岗位分配权限，不用每次都要设置子账号的权限，对于个别需要特别权限的员工，可以另外单独添加。

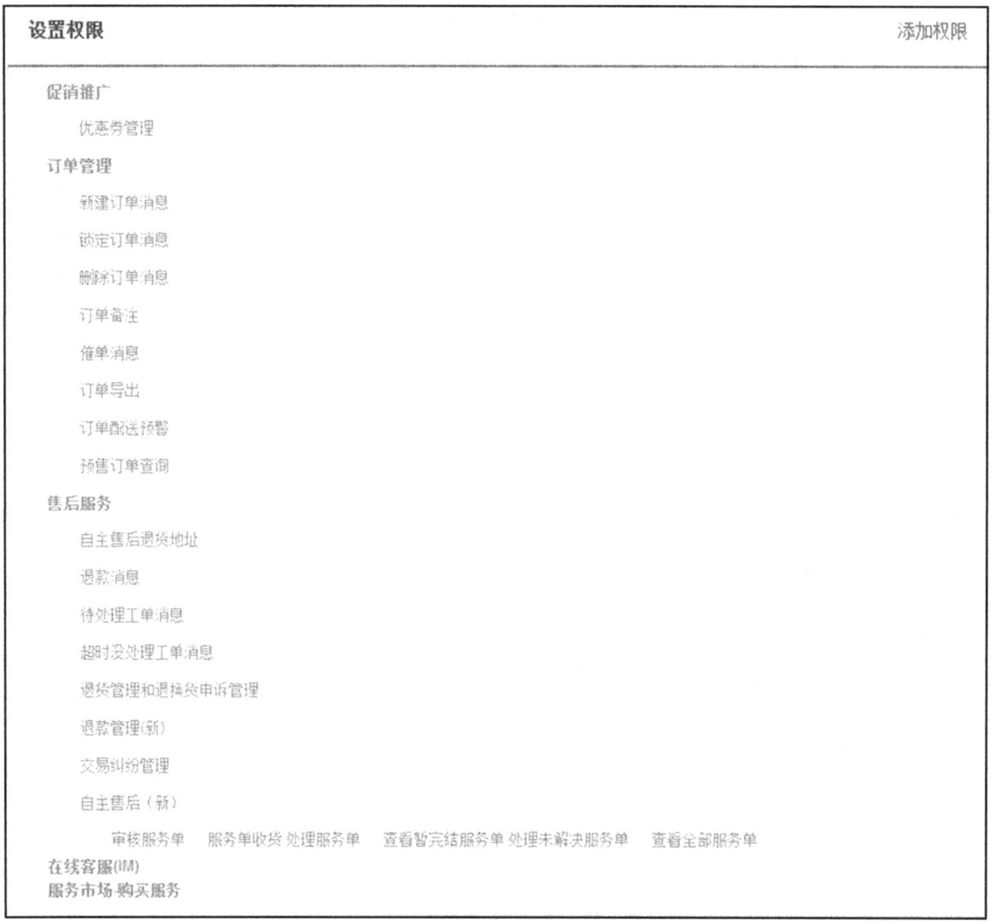


图 8-1-2

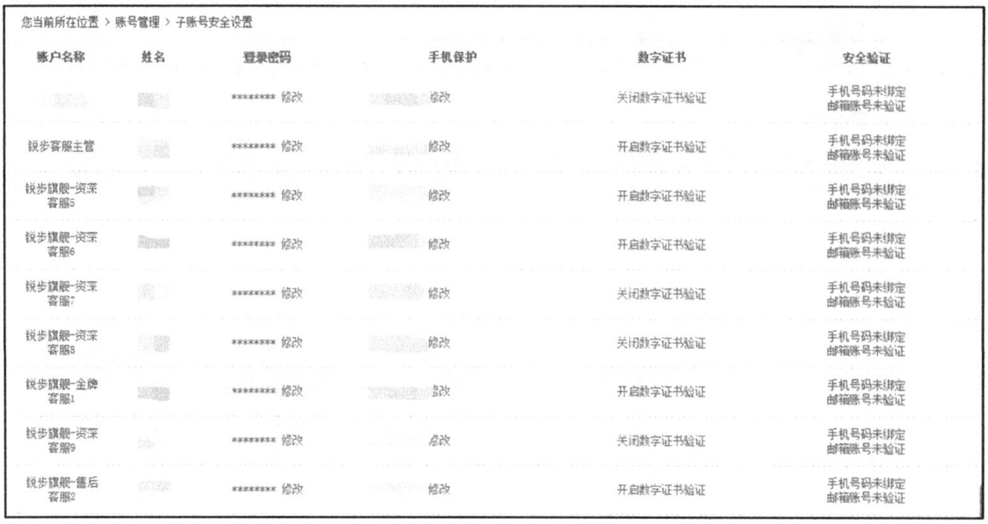
您当前所在位置 > 账号管理 > 子账号安全设置

| 账户名称 | 姓名 | 登录密码 | 手机保护 | 数字证书 | 安全验证 |
|---|---|---|---|---|---|
| | | ******** 修改 | 修改 | 关闭数字证书验证 | 手机号码未绑定<br>邮箱账号未验证 |
| 锐步客服主管 | | ******** 修改 | 修改 | 开启数字证书验证 | 手机号码未绑定<br>邮箱账号未验证 |
| 锐步旗舰-资深客服5 | | ******** 修改 | 修改 | 开启数字证书验证 | 手机号码未绑定<br>邮箱账号未验证 |
| 锐步旗舰-资深客服6 | | ******** 修改 | 修改 | 开启数字证书验证 | 手机号码未绑定<br>邮箱账号未验证 |
| 锐步旗舰-资深客服7 | | ******** 修改 | 修改 | 关闭数字证书验证 | 手机号码未绑定<br>邮箱账号未验证 |
| 锐步旗舰-资深客服8 | | ******** 修改 | 修改 | 关闭数字证书验证 | 手机号码未绑定<br>邮箱账号未验证 |
| 锐步旗舰-金牌客服1 | | ******** 修改 | 多改 | 开启数字证书验证 | 手机号码未绑定<br>邮箱账号未验证 |
| 锐步旗舰-资深客服9 | | ******** 修改 | 彪改 | 关闭数字证书验证 | 手机号码未绑定<br>邮箱账号未验证 |
| 锐步旗舰-售后客服2 | | ******** 修改 | 修改 | 开启数字证书验证 | 手机号码未绑定<br>邮箱账号未验证 |

图 8-1-3

### 8.1.3 快捷回复

(1)在客服接待客户的聊天界面中可以对客服接待回复内容进行提前设置,如图 8-1-4 所示,这让客服在同时接待多个客户时,可以有效地降低客服响应时间,提高客户的满意度,并且可以有效地实现客服接待服务的标准化,优化客户体验,提高整体客服接待的成交率。

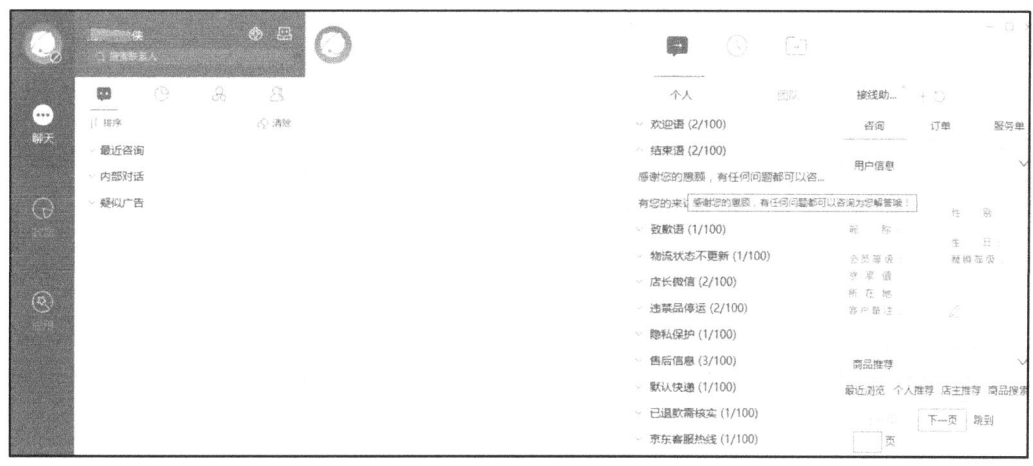

图 8-1-4

(2)自动回复的设置方式,如图 8-1-5 所示,通过京东咚咚聊天软件的设置界面客服可以设置聊天自动回复的内容。设置自动回复的内容后,当客服接待量大或暂时离开时,仍然可以保持较好的客服响应时间和客户体验,不至于出现短时间的无客服响应或响应时间太长的情况。

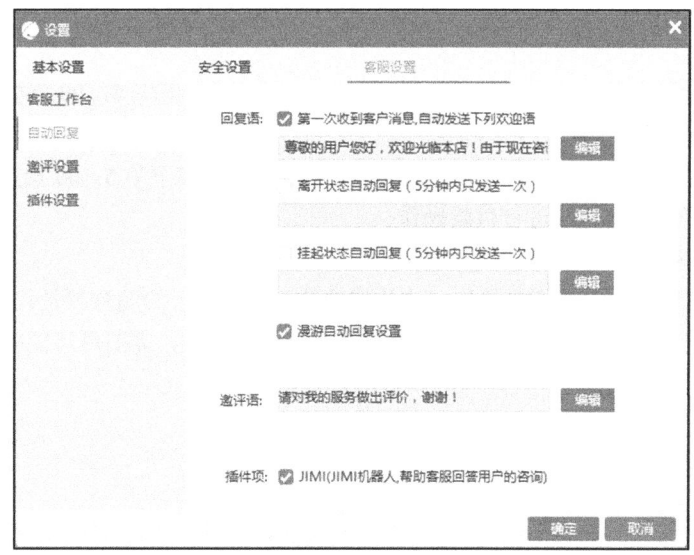

图 8-1-5

（3）常用快捷回复举例

① 欢迎语

- 您好！请问有什么可以为您效劳的？
- 您好！请问您有什么问题需要咨询？我们很乐意为您解答。
- 您好！由于目前客服接待人数较多，请您先描述问题并耐心等待片刻，我马上就来解答您的问题（忙时设置的问候）！

② 常用发货与物流相关的快捷回复

- 发货时间：16：00之前的订单当天都可以发出，16：00之后的订单在第2天发出。
- 现在正在帮您查询，请稍等一下，谢谢您的理解！
- 我非常理解您的心情，请放心，我们一定会查证清楚，给您一个满意的答复。
- 请您不要着急，非常理解您现在的心情，我们一定会竭尽全力为您解决好。

③ 与商品相关的快捷回复

- 提前将客户可能咨询的商品功能、优势和其他竞品区别、商品促销信息等内容设置快捷回复。当客户问到这些问题时，就可以迅速回答，缩短了客户等待的时间，也提高了工作效率，同时保证不同客服回复客户的都是同样的答案，可以有效地避免客户产生歧义。

④ 催拍话术

- 因为您是第一次购买（或老客户），我为您申请了赠品，这个赠品只赠送给VIP客户，我们下午5：00就要发货了，您今天下单就可以同时得到这个赠品。

⑤ 催付相关的快捷回复

- 您好，您在我们店里拍下的商品还没有付款，我们已经将您的商品打包完毕，不知道您是不是遇到什么付款问题，如果有问题请及时联系我，支付成功后立即为您发出商品。
- 您好，您在我们店里拍下的商品还没有付款，因为您是第一次购买（或老客户），我为您申请了赠品，这个赠品只赠送给VIP客户，我们下午5：00就要发货了，晚了只能明天发货了。
- 您好，您在××店铺拍下的商品还没有付款，我们会在下午5：00发货，晚了就要到明天发了，请您尽快进行付款操作。

⑥ 结束语相关的快捷回复

- 感谢您的惠顾，愿我们带给您一次愉快的购物之旅，您的满意就是我们最终的目标，祝您购物愉快，欢迎下次光临！（在与客户聊天的时候，需要尽可能确保最后一句话是由客服发出的。）

### 8.1.4 客服规则

**1. 客服高压线**

（1）不得使用"淘系"用语，不得在聊天过程中称用户为"亲"。

（2）不得在聊天信息中向客户承诺不可达成的商品和服务内容。

（3）不得在聊天中出现不文明语言，包括但不限于诽谤、骚扰、跟踪、诋毁、谩骂客户，以及使用任何引起客户不满的字句或以其他方式侵犯客户的合法权益的行为。

（4）禁止引流，不得在京东咚咚发布第三方信息。

（5）在与客户聊天时，不得发布包括但不限于非京东开放平台购物链接或未经京东许可的第三方非京东开放平台链接、银行账号、第三方支付账号、二维码、非京东开放平台咚咚或 400 电话、即时通信账号、电子邮箱地址、实体店地址及未经京东备案许可的联系方式、广告商品信息等。

（6）原则上禁止将京东用户加入黑名单，可以明确确认聊天对象发布广告等京东视为违规信息的除外。

**2．客服违规申诉**

如图 8-1-6 所示，当因客服问题出现一般违规扣分时，可以在 7 个工作日内提出申诉。申诉路径为："商家后台"—"首页"—"奖惩管理"（左侧导航）—"违规管理"。申诉时商家需要按照京东开放平台的要求提供完整、真实、有效的证明材料，包括但不限于聊天记录、截图、链接、照片、录音、快递单凭证等以及事情的处理说明，交由京东开放平台判定是否违规，申诉成功会撤销相关违规处罚，申诉失败将不能再次申诉了，处罚会不可逆地生效。

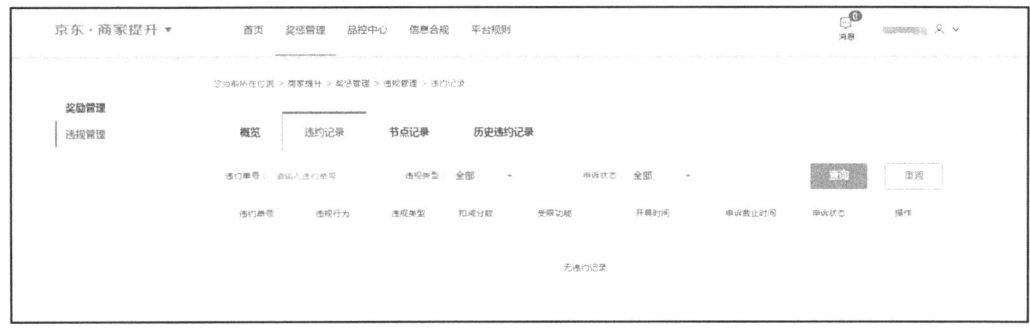

图 8-1-6

## 8.2 售中

### 8.2.1 客服接待注意事项

（1）在接待客户的过程中，需要全程保持良好的心态，向客户提供优质的咨询服务。

（2）对待客户要热情尊重，切忌冷淡、所答非所问。

（3）如果无法满足客户的要求，则在拒绝客户的时候，一定要说抱歉的话。

（4）不要替客户下断言，要引导客户做出决定。

（5）用自己承担责任的方式说话。

（6）多用赞赏和感谢的词汇。

（7）避免用命令式、反问式的语句，少用否定语句。

### 8.2.2 客服接待技巧

**1．客服的专业知识和基本素质**

（1）熟悉商品属性，合理引导客户做出客观的选择。

（2）客服不是在卖商品，而是陪每位客户逛自己的店铺，要从客户的角度考虑问题，提高客户的体验。

（3）客服在销售的过程中一定要说明商品的属性效果，不要夸大，也不要过分强调商品的好坏，要理性客观地介绍自己的商品，让客户正确认识自己所购买的商品。

**2．客服的话术要求**

（1）要符合京东商家客服规范话术。

（2）售前沟通需要快速、礼貌、热情、不敷衍。

① 首先要根据具体情况肯定客户的眼光。

② 要把商品的优点介绍给客户。

③ 不可向客户胡编乱造，所有的商品销售都离不开商品本身。

④ 注意沟通语气。

- 不要吝啬对客户的赞美，一定要肯定客户的眼光，要适当地赞美客户。人都是有感情的，给客户带来良好的购物心情可以减少很多不必要的麻烦，例如中差评，这也可以称为情感销售。
- 要注意说话的语气，要晓之以理，动之以情，再送上一些额外的礼物，很快就会博得客户对于商品和店铺的认同。

（3）关于赠品及客户的讨价还价

① 当客户购买多个商品或者成交金额比较大时，在成交前可以给予一些赠品以促成交易。

② 不要刻意地围绕商品的价格与客户沟通，要多强调服务和商品性能。

③ 多与客户沟通商品本身的价值和带给客户的好处。

④ 根据客户的需要和购买目的，有针对性地进行相关商品推荐。

**3．响应时间**

在开始接待客户之前一定要设置好自动回复，确保客户在线上的首次提问能得到回复，并且响应及时。

**4．掌握聊天的主动权**

在与客户聊天时，需要遵守"七分问、三分听"的原则，及时准确地了解客户的需求，掌握聊天的主动权，能有效地引导客户做出购买决定。

### 5．跟单催付

对于已下单但未付款的客户，需要及时与客户进行联系和催付，订单的催付工作要尽可能在 6 小时内完成。在京东后台中未付款订单正常的保留时效是 24 小时，超过时效后就无法查看到客户的信息了，在跟单催付过程中有以下注意事项：

（1）挑选催付订单。一是按照客户拍下订单的时间排序进行催付的，即优先选择刚下单的订单开始催付；二是按订单金额催付，即在未付款订单量比较多时，可以优先选择订单金额比较大的订单进行催付。

（2）催付人选。在经营店铺的过程中，一般都是由接待的客服进行催付。因为同一个客服跟客户有过沟通，对客户的情况很了解，可以增加成交的概率。对于静默下单没有咨询过任何客服的客户，客服要及时刷新后台，发现有静默下单的客户就要及时催付。

（3）选择催单时机。要根据店铺所售商品的具体情况选择合适的时机进行催付，在正常情况下拍下商品后 10 分钟还未付款的客户，可以直接使用京东咚咚联系客户核对地址及商品信息并进行催付，如果客户的京东咚咚不在线，则可以用电话或者短信催付。

客户的下单时间不同，催付的时间也不同。上午下的订单建议中午催付，下午下的订单建议下午发货前催付，傍晚下的订单建议在 20 点之前催付，半夜里下的订单建议在次日 10 点以后催付，一定不要打扰客户休息。另外要注意，大订单不要用同一种方法重复催付，要把握好分寸，催付频率不可过高。

（4）制定催付话术。在进行订单催付时需要注意以下事项。

① 服务要贴心，在话术上一定要贴心、细心、耐心。

② 给客户造成一种紧迫感，当客户犹豫不决时，可以发一些信息，如"现在买就可以马上发货，快递正在等着"等。

③ 通过发送活动、赠品信息，让客户觉得过了这个村就没这个店了。

④ 在向客户介绍商品的卖点及活动优惠等内容时，要尽量给客户营造商品很抢手，很超值的感觉，从而促使客户下单。

⑤ 掌握短信催付技巧。发给客户的催付短信的前 7 个字需要出现客户的名字，用词用字一定要简明扼要，要体现店铺的名字或购买商品及享受的优惠信息；短信催付适合发送给上班族（在午休时、下班前）、时间比较零散的青年人群。短信催付的发送频率不要太高，一般控制在两次（条）以内，以免骚扰到客人，引起客户的反感。

> **Tips**
> 
> 根据"京东 JD.COM"客户的特性，大多数京东客户更希望购买的商品可以支持货到付款，在正常情况下，货到付款的拒收率一般在 1.5%~3%，不同类目、不同地区、不同客单价的商品会存在一定差异。在"京东 JD.COM"交易中，如果货到付款的商品被客户拒收了，则会产生 1.5 倍的运费，同时也会对退回商品的包装和店铺评分存在一定的负面影响。故如果商品可以提供货到付款服务，就需要采取一些措施来降低货到付款的拒收率。
> 
> （1）采用货到付款的商品在发货前，要先打电话或发短信与客户核实订单信息及联系方式的有效性，并说明预计的到货时间，以便客户对到货日期有正确的预估，减少因此造成的误会引起退货。

（2）对于无法联系上客户的订单，可以按京东的规定申请删除订单。

（3）对于个别退货拒收率较高的类目，建议购买运费险，购买入口如图8-2-1所示。

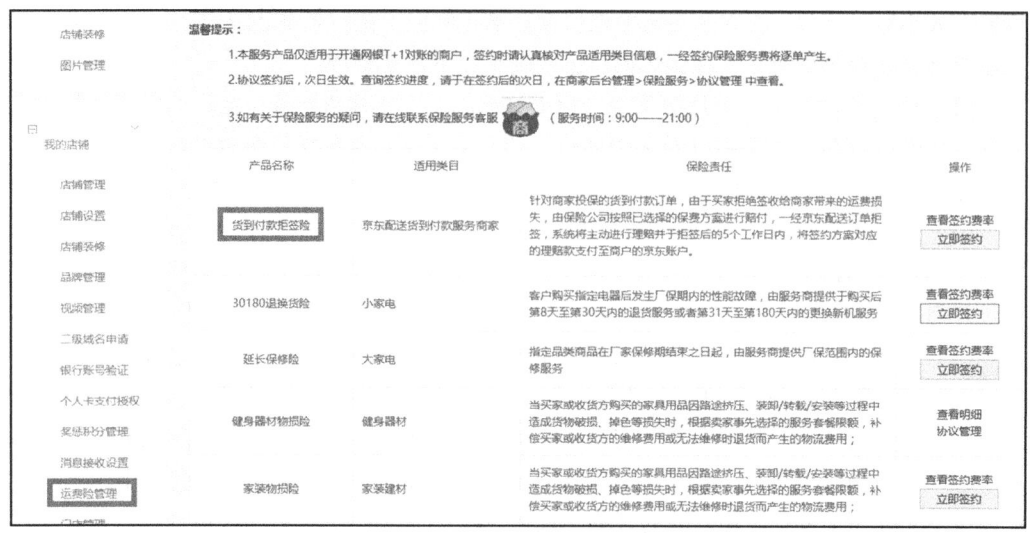

图 8-2-1

### 8.2.3 订单出库

**1．核对订单**

当收到客户的订单后，需要核实客户的付款情况、联系方式、订单备注、发票开具要求等内容，确认后再打印订单信息，交由仓库进行发货处理。订单处理页面如图8-2-2所示。

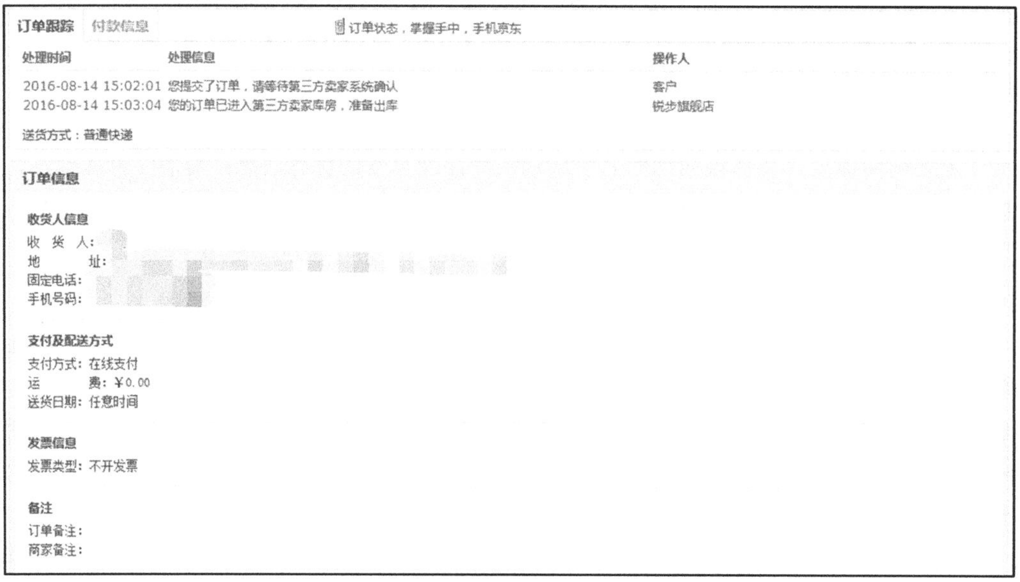

图 8-2-2

## 2. 选择快递

客户订单信息确认后，根据客户购买的商品、收货地、送达时效要求选择合适的快递或物流并安排发货。

## 3. 订单取消

客户在付款后，且商家未发货时取消订单申请退款的，商家审核退款时效为 1 个工作日，如果商家 1 个工作日内不进行审核，系统将自动审核通过，之后进入退款流程。

消费者在商家发货后，且确认收货前申请退款的，商家审核退款时效为 3 个自然日，如果商家 3 个自然日内不进行审核，系统将自动审核通过，之后进入退款流程。

消费者在确认收货后申请进行售后的，商家审核退款时效为两个工作日，如果商家两个工作日内不进行审核，系统将自动审核通过，之后进入退款流程。

图 8-2-3

以上退款款项会原路退还至客户付款的账户中，退款审核界面如图 8-2-3 所示。

## 8.2.4 发货时效及平台规则

（1）交易达成（指在线付款的订单消费者成功付款；货到付款的订单消费者成功提交订单）后 24 小时内商家应将消费者商品订单发货的快递运单号上传至京东系统并点击"出库"按钮（以京东系统内记录的出库时间为准）；特殊商品商家在商品页面承诺的发货时间与以上不同的，或与消费者有特殊约定的，适用其承诺或约定。

（2）揽收：交易达成后 48 小时内消费者可以查询到订单的快递公司揽件跟踪信息（以快递公司系统揽收时间为准。

（3）进行承诺时效设置的，商家应在设置时效内完成对相应消费者订单的发货及揽件。

（4）由开放平台官方发起的促销活动及特定节假日以开放平台通知或公告的发货时间为准。

（5）延迟发货处罚：

① 商家违反本规则发货及揽收时效要求的，被认定为延迟发货，将根据《京东开放平台商家积分管理规则》中延迟发货条款进行处理，每单扣1分（7日内不超过25分）；

② 超过发货时效未单击"出库"按钮且没有正当理由的订单，引起消费者投诉的，京东开放平台将按照《发货问题纠纷处理判责标准（商家版）》进行处理；

③ 对于超时发货的订单，就算没有引起客户的投诉，也会对店铺的综合评分造成一定的影响，故商家应提高订单响应速度，及时出库发货。

### 8.2.5　发票及赠品纠纷处理

#### 1. 发票处理原则

客户在京东开放平台购买商家的商品后，有权要求其提供购物发票。商家在开具发票时应按照客户实际支付的货款金额及客户申请开具发票时填写的发票内容（抬头、金额、数量、发票公章等）进行填写，如果有疑问，则可以联系客户进行确认，以避免后期产生不必要的纠纷。

（1）交易过程中若商家提供了发票给消费者，后期交易发生了退货退款的，消费者需要将发票一并退回。若消费者未将发票退回或发票丢失的，商家处理退款时可按照实际情况要求消费者承担相应的发票税款金额。

（2）若消费者下单时已要求商家开具发票，或咚咚提出要求并且商家已承诺为消费者开具发票的，因商家的原因（如未开具或推延开具等）导致消费者未收到发票的，自消费者反馈之日起商家在30天之内（如商品详情页面标注开票时间的，以商品详情页面标注时间为准顺延30天）仍无法开具的，消费者有权申请退货退款，相关的发货及退回运费由商家承担。

（3）若消费者要求商家补开发票的，商家应在24小时内反馈开具及邮寄发票时间，如消费者对开具时间有异议的，商家应在消费者要求开具发票之日起10个工作日内为消费者开具发票并寄出（寄出时间以快递公司系统记录的时间为准）。商家不得使用平信或挂号方式邮寄，补寄发票产生的运费由商家承担。

（4）若商家因当月发票使用完毕等情况无法及时开具，商家须和消费者协商具体的开具时间。如商家和消费者未达成一致的，针对增值税普通发票，商家应在消费者要求开具发票之日起30至45天内为消费者开具并寄出，针对增值税专用发票，商家应在消费者要求开具发票之日起45天内为消费者开具并寄出）。

（5）对于非包邮商品需要消费者支付运费的，如消费者要求开具运费发票，商家有义务协助消费者提供运费发票。

#### 2. 赠品问题的处理原则

（1）若商家的商品描述中注明附送赠品，或未注明但买卖双方协商确认一致有赠品附送的，商家应按商品描述及协商结果为消费者寄出赠品。

（2）后期交易最终发生了退货退款的，消费者应当确保赠品完好且一并退回，因消费者原因导致赠品无法退回，或退回途中损毁、灭失的，商家不得以此为由拒绝消费者退货要求，但可在处理退款时扣除赠品实际标注价值的相应价款。

赠品的价款计算：商家应事先对赠品的价值予以明示说明。如商家已对赠品价值进行说明，按赠品实际价值计算；如商家未对赠品价值予以明示说明的，如需要扣除消费者赠品价款，应提供真实准确的依据证实赠品的价值。

（3）若商家的商品描述中注明附送赠品，或未注明但买卖双方协商确认一致有赠品附送的，交易商品无问题而赠品存在问题，商家有权只受理赠品问题。

（4）如赠品作为商品单独产生交易生成订单的，相应的纠纷问题按正常商品的纠纷处理规则进行处理。

#### 3．发票和赠品纠纷的举证

（1）需要举证的情况

如果交易商品最终退货退款，并且商家表示未收到客户退回的发票或赠品，则在申请京东介入纠纷处理后，商家需要提供证明。

（2）有效证明的资料

- 快递公司加盖公章的收货证明，可证实商家收到的货物确实无发票或赠品。
- 客户承认未退回发票或赠品的咚咚聊天记录等其他有效凭证。

## 8.3 售后处理

### 8.3.1 物流问题处理

（1）物流跟踪

发货后，商家需要主动、及时跟进商品的物流信息，积极协助客户查询商品运送状态，并安抚好客户，让其耐心等待，避免产生退货和拒收订单的情况。

（2）与快递公司的纠纷处理办法

① 遗失问题
- 联系快递公司发件站点进行赔偿。
- 提供发货面单照片及交易记录截图。

② 破损问题
- 联系快递公司发件站点进行赔偿。
- 提供发货面单照片及交易记录截图。

③ 缺货、少货问题
- 联系快递公司发件站点并调取发货和派送时货物的重量。
- 如果是快递公司的原因，则由快递公司补偿。

- 如果是商家的原因，则给客户补发。
- 如果是客户的原因，则协商解决。

④ 延误问题
- 催快递公司。
- 联系快递公司发件站点做问题件处理并催单。
- 打快递公司总部的投诉电话。

④ 虚假签收问题
- 联系对方快递站点，落实商品签收信息，提供签收面单，查实签收人是否是客户或客户所在小区的保安室签收了，或者是否是快递人员虚假签收。
- 找到商品后及时联系客户并再次派送。

（3）对快递公司处理结果不满意的纠纷投诉途径

国家邮政局申诉网站：http://sswz.spb.gov.cn/。

### 8.3.2 纠纷单处理

客户针对订单向商家发起的催单或投诉等内容的纠纷单及违规处罚，商家须及时处理以提升客户的购物满意度，相关处理界面如图8-3-1所示。

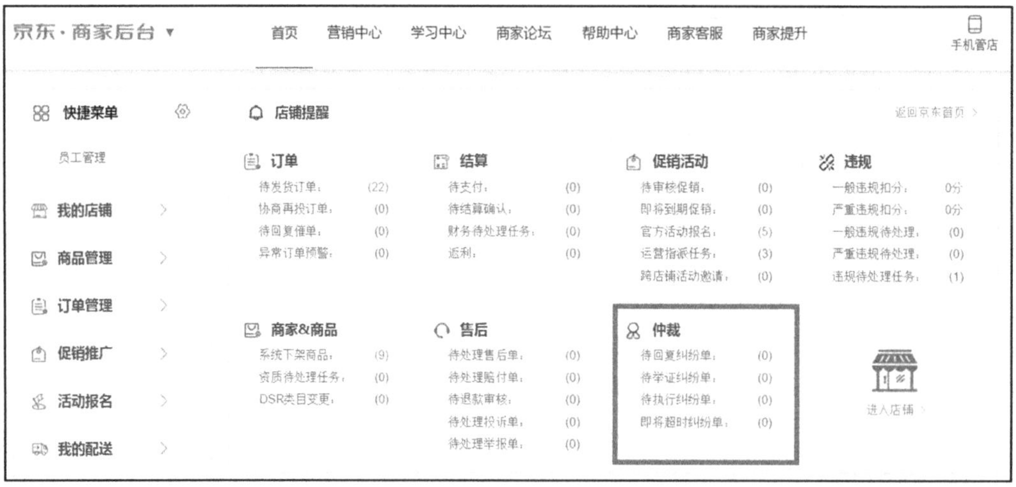

图 8-3-1

**1. 按时回复纠纷单**

纠纷单的处理时效为36小时，在此时效内必须与客户达成一致，找到合适的解决方案，并完结纠纷单，否则平台将介入由双方举证的仲裁阶段。在此期间，京东客服人员介入后，可以根据举证资料直接做出裁决结果，商家对仲裁结果有异议的，可在 7 个自然日内提出申诉。

（1）商家接到纠纷单后，应与客户取得联系，需要在36小时内明确回复相关的处理意见，相关处理界面如 8-3-2 所示。

# 第 8 章 订单处理

图 8-3-2

（2）待举证纠纷单处理，当纠纷单发起超时未及时处理或未与客户达成一致的处理方案时，纠纷单将进入京东介入仲裁阶段，此阶段的处理时效为 1 个工作日，在 1 个工作日内商家和客户必须各自提交相关的举证资料，交由京东仲裁人员审核。

（3）待执行纠纷单，京东客服已判责，判定商家需执行，若商家 1 个自然日内未进行主动执行并回馈执行说明，则将由京东根据判责结果进行处理。

（4）执行纠纷单申诉，对于经京东仲裁专员裁定的执行纠纷单，商家可以在 7 个自然日内提出申诉并提出相关举证，在申诉期内商家无法提出有力证据改变执行纠纷单结果或逾期不申诉的，京东开放平台将按照执行纠纷单强制执行相关结论，这对商家而言就是很不利的了。

> **Tips**

在与客户沟通或处理纠纷的过程中，需要尽可能地找到一个折中的方案私下处理，以降低店铺的纠纷率。如果确实是客户有意刁难商家，商家需要保存好所有的聊天记录及物流发货证据，以便在必要的时候向京东开放平台的客服提起申诉。

### 8.3.3 售后退换货处理

客户在收到货物后，因商品质量原因或个人喜好原因要求退换货的订单，可以指导客户进入其个人账户中心进行退换货操作，商家则需要进入售后订单处理中心进行退换货处理流程审核，自主售后处理界面如图 8-3-3 所示。

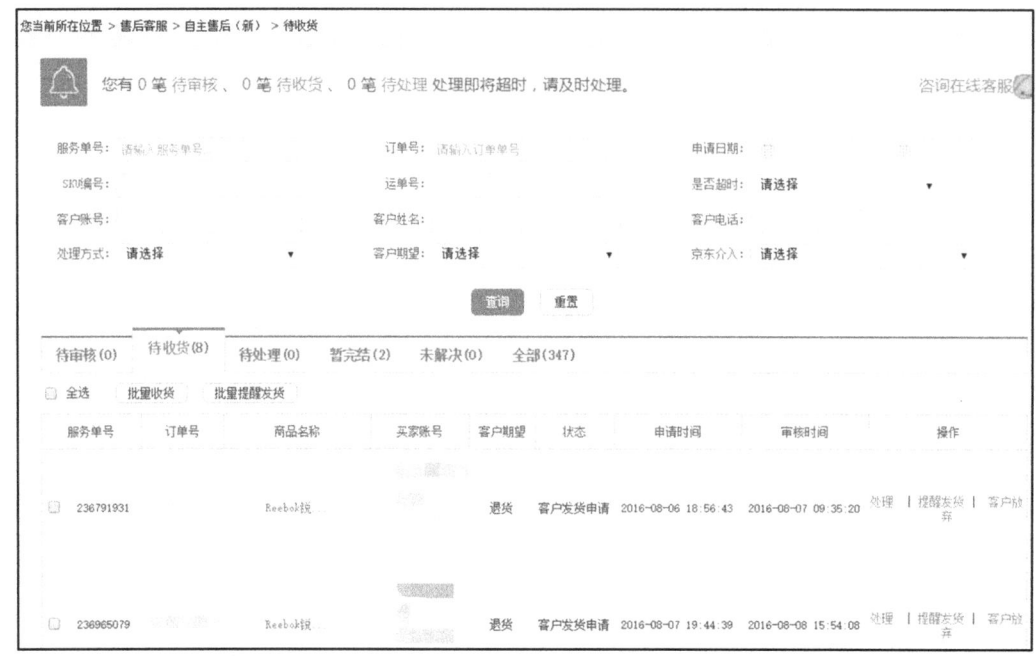

图 8-3-3

**1．服务单审核时效**

（1）客户申请退货、换货或维修后，商家应在 48 小时内给出审核结果；消费者申请理由为 7 天无理由退货的，商家应在 24 小时内完成。

（2）审核结果分为不退货补发新品、审核通过、审核不通过和用户放弃。

**2．换货、退款处理时效**

为客户提供换货、退款等售后服务的商品，商家应于在收到商品或上门取回用户退回的商品后 48 小时内明确给出售后处理意见，协助客户退货或换货。

**3．退换货地址**

如果商家逾期未处理，服务单将自动审核通过，系统会以商家最后维护的地址作为退货地址推送给消费者，如商家有多个退货地址，请及时修改准确信息，避免无法正常收到退货。

**4．售后满意度**

商家需对整体售后消费者满意度负责，月度消费者满意度指标应大于或等于 80%（满意度=（非常满意量+满意量）/参与满意度调查的总量×100%）；如商家未达到该标准，京东有权按照《京东开放平台商家积分管理规则》中的"售后违规"条例对商家进行相应处理。

### 5．售后问题纠纷处理判责标准

（1）如果商家表示未收到退货，而消费者确认已经退货的，消费者应提供相关证明（如快递发货单、签收底单等），若商家仍未收到退货的，请自行联系承运人处理；如果消费者表示商家提供的退货地址是错误的，京东有权根据商家系统填写的退货地址进行核实，并进行判定。

（2）消费者未填写发货信息，且在商家审核后 15 天内仍未收到退货，服务单将自动关闭。

（3）如果商家对消费者退回的商品有异议，拒绝签收商品或签收后对退货商品本身有异议的，商家应提供相关证明文件（如：物流公司加盖公章后的证明）证实商品退回时状态。

（4）商品在退货过程中被损毁，或者商品退回客户或在商品返回客户时客户无理由拒签的交易订单，按订单完成处理。

（5）消费者提出退货并在系统中上传快递单号后，10 天内如商家未确认收货或收货后未处理的，京东视商家同意京东先行退款给消费者，在结算时京东扣除商家相应货款。

## 8.3.4 商品评价管理

京东商品评价是指客户在购买了商品后，给予商品的使用评价或使用心得的表述，其主要呈现在商品详情页中，如图 8-3-4 所示。

图 8-3-4

### 1. 京东评价的重要性

（1）京东评价会呈现在商品详情页中，为后续购买商品的客户提供重要的参考，评价中的内容会对商品的转化率产生非常重要的影响。

（2）客户对商家的服务评分还会对商品的质量分和店铺评分造成很大的影响。

（3）商品的好评率还会成为参与京东官方活动的硬性指标，对于低于 90%好评率的商品很多京东官方活动都是不能参与的。

### 2. 京东评价的时效性

消费者可以在订单完成后 90 日内进行商品评价，可在 180 天内对商品进行追加评价。

### 3. 客户评价内容分类

（1）文字评价是最常见的客户评价形式，如图 8-3-5 所示。

图 8-3-5

（2）晒图评价是指客户在使用商品后，对商品进行拍照评价展示的形式，如图 8-3-6 所示。

（3）服务评价是指客户在评价过程中，对商品的总体评分和对商品符合度、店铺服务态度、物流发货速度、配送员服务态度等维度进行评分的操作。如图 8-3-7 所示为客户对已完成的订单进行评价晒图的操作。

第 8 章 订单处理

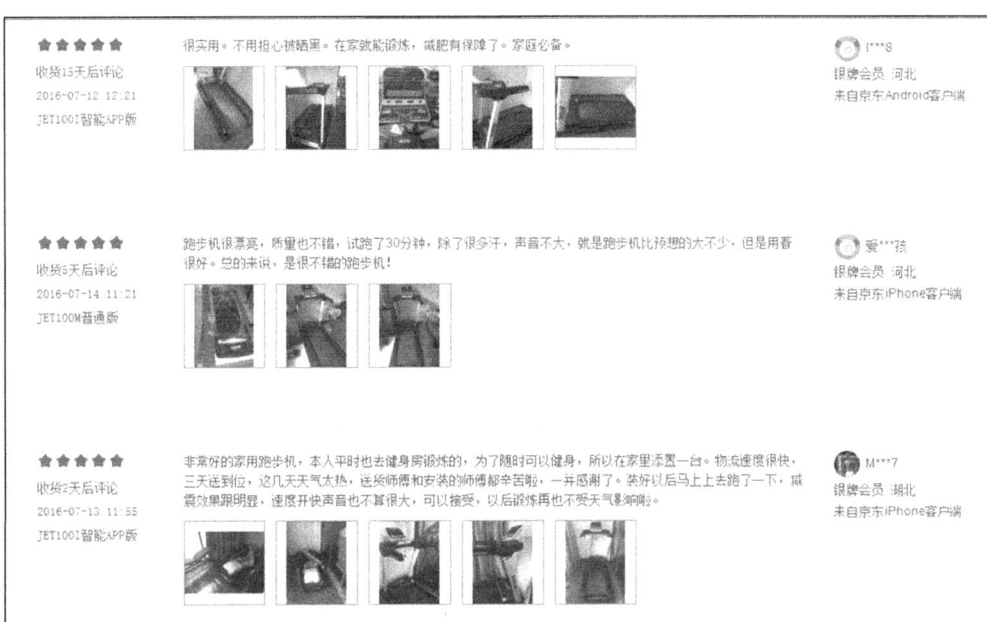

图 8-3-6

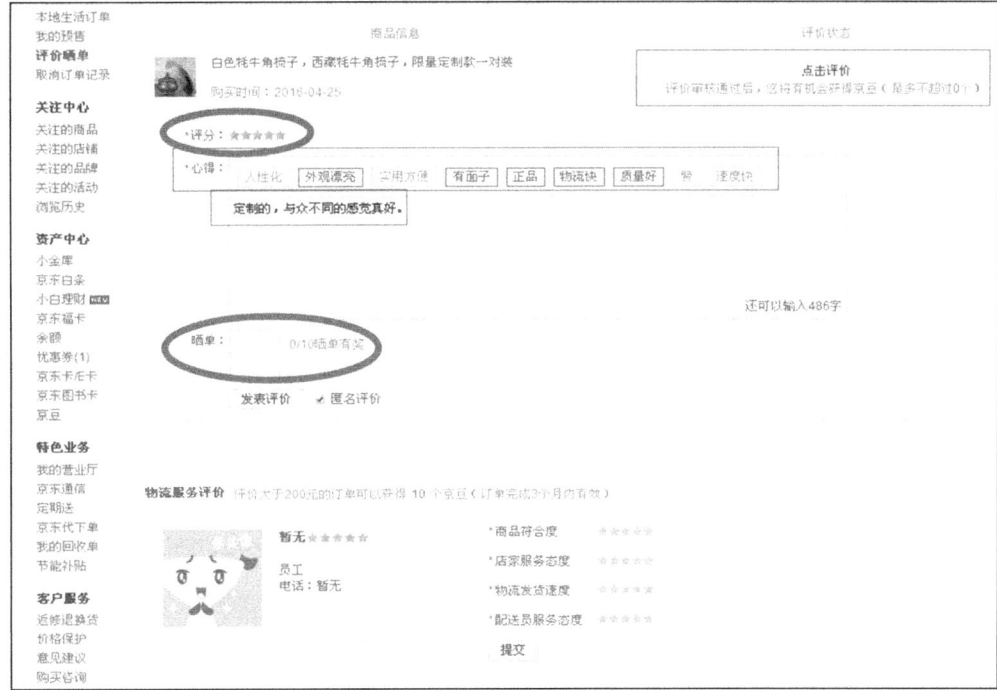

图 8-3-7

### 4．评价的维护与管理

（1）评价展现规则
- 涉及非京东内部店铺等信息会被屏蔽。
- 涉及非京东咚咚的联系方式会被屏蔽。
- 涉及商品价格的信息会被屏蔽。

（2）评价内容和积分删除规则
- 客户退货后该商品的评价积分将被京东扣除。
- 客户换货后不会对该商品所获得的评价积分产生任何影响。
- 如果是通过不正当的方式提高商品的销量，则京东将删除该商品及虚假交易产生的店铺评分。
- 京东对有虚假交易的店铺或商品会进行搜索降权处理。

（3）中差评维护

① 对于中差评的回复

要以"您好"为开头进行回复，结尾使用"感谢您的支持，祝您购物愉快"，中间内容为针对该评价的回复，回复时请务必使用敬语，不得出现任何引起客户不满的字句。

② 中差评处理

对于客户中差评的问题，要指定专人与客户取得联系，协助客户解决问题，必要时可以协助客户办理退换货，或者送给客户一些赠品，平息客户的不满，并改善此方面的服务。在取得客户的谅解后，要请客户进行补充评价，以减少中差评对商品的负面影响，但是绝对不可以强迫客户追评，也不可以骚扰客户，否则被客户投诉后，会受到平台更严重的处罚。

（4）商家常用的对于客户评价的回复参考

客户评价：物流特别慢，不过商家态度挺好。

商家回复：您好，非常抱歉给您带来不便，感谢您的评价，我们会继续努力完善物流服务，感谢您的支持，祝您购物愉快！

客户评价：感觉不错，不过需要试用后才知道具体效果，先给好评吧。

商家回复：您好，非常感谢您！如果您在使用过程中有任何问题，可以随时联系我们，我们将竭诚为您服务，感谢您的支持，祝您购物愉快！

客户评价：商品已收到，很好。

商家回复：感谢您对京东的支持和关注！如果您在使用中有需要咨询的问题，可随时与我们联系，我们将竭诚为您服务，欢迎下次光临！

（5）回复客户评价操作

商家可在如图8-3-8所示的页面中回复客户评价。

# 第 8 章 订单处理

图 8-3-8

客户评价对新客户来说是重要的购买参照依据，同时也是京东官方活动和商品质量得分的重要参照因素，所以必须要作为每天监控的重点。一旦发现商品有中差评，就必须要设专人跟进处理，直到问题解决。同时店铺需要自查内部客服体系和售后服务环节是否存在可优化和改进的地方，以杜绝此类情况再次发生。

## 8.4 店铺数据监控

### 8.4.1 店铺服务监控

#### 1. 店铺服务监控平台

通过店铺后台快捷导航中的售后客服栏目下的服务监控选项，可以全面监控店铺的各项考核指标。如果某些指标出现异常或偏离行业平均值太多，就需要及时调整相关工作。店铺服务监控平台，如图 8-4-1 所示。

> **Tips**
> 关于京东风向标，京东平台上线京东风向标，通过京东大数据建模算法，结合京东流量的发展应用，京东商家后台上线了"京东开放平台风向标"。风向标明确了店铺综合服务能力提升指标的考核方向，有助于商家提升消费者认可度并获得更多的平台支持，也为消费者购买商品提供了决策依据。

#### 2. 售后监控

从业务监控和服务评价这两个维度可以对店铺的售后退换货数量、审核处理速度、客户评价等方面进行全面的监控，从而有助于店铺运营人员快速、全面地了解当前店铺的状态和趋势，如图 8-4-2 所示。

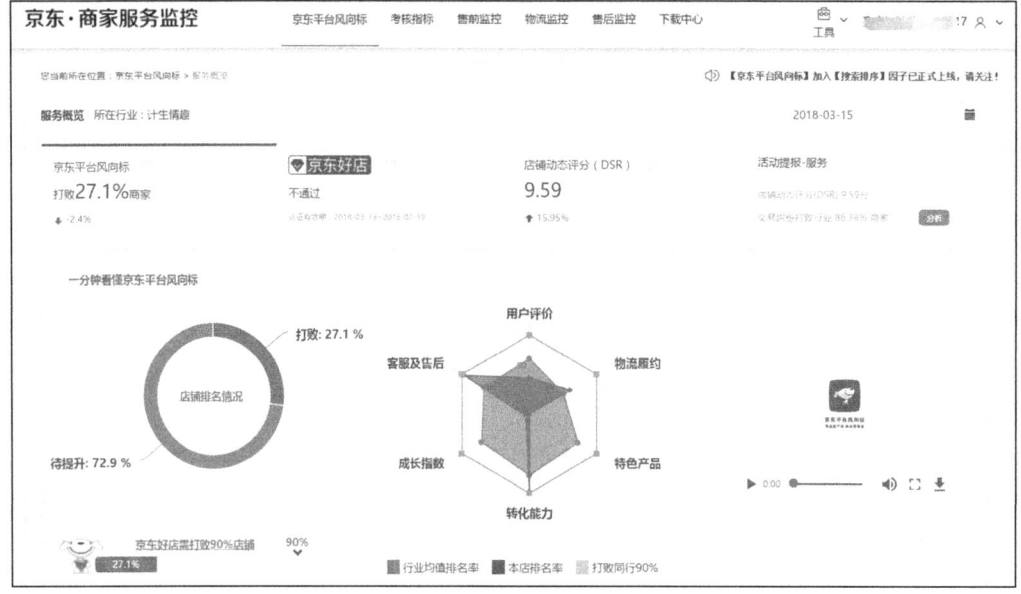

图 8-4-1

图 8-4-2

## 8.4.2 咚咚管家数据监控

京东的咚咚管家是一个用于监控、统计客服聊天质量及工作量的管理后台,咚咚管家可以对不同客服的各项数据进行有效的监控及分析,是客服管理的重要工具,其进入方式为咚咚即时聊天工具主界面上的快捷入口。咚咚管家后台进入界面如图 8-4-3 所示。

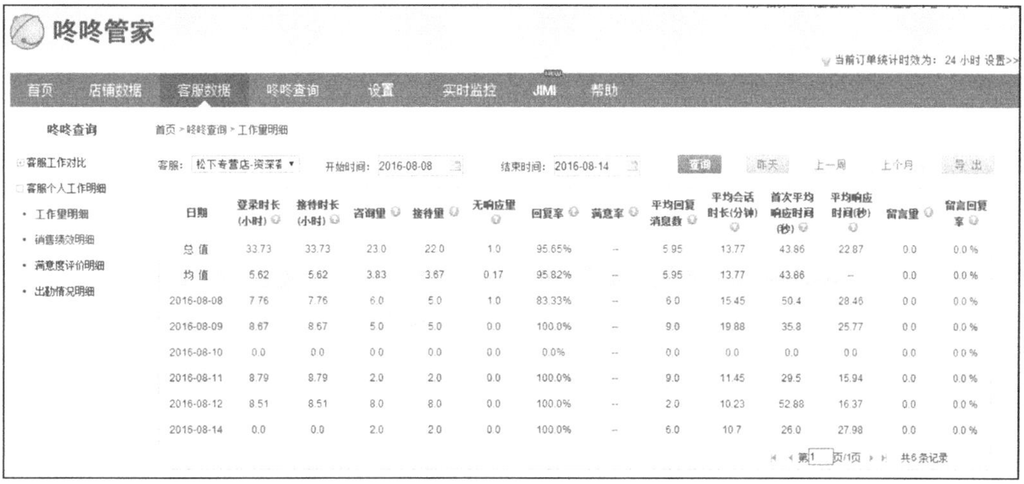

# 第 8 章 订单处理

图 8-4-3

在使用咚咚管家对客服进行绩效考评时，可以参照的核心指标有：

（1）平均响应时间

（2）咚咚满意度

（3）客服接待量

（4）下单转化率

（5）首次响应时间

**↘ Tips**

正常情况下，考核客服的主要指标是下单转化率，但是此项指标在某些时候会受到平均响应时间和首次响应时间的影响，为了让客服可以养成良好的工作习惯和积极的服务态度，此两项因素也会在日常管理中作为重点考核内容。而客服接待量也从侧面反映了客服工作的饱和度和承受的工作压力。而咚咚满意度则反映了客户对客服工作的认可程度。

订单处理作为店铺运营中重要的一环，担负着极其重要的承上启下的作用；承上，即订单处理需要将进店的每一个客人服务好，并转化成为店铺真实的销售额；启下，即担负着为已下单的客户提供发货跟踪、售后处理、工单处理、纠纷处理、退换货处理乃至评价管理与维护等方方面面的工作。这些工作中的任何一环出现问题，都会影响到销售商品的质量得分和销售转化，进而影响全店的质量得分，甚至影响到店铺运营端的推广及活动提报。鉴于订单处理在整个店铺运营操作中的重要作用，建议所有商家都要对此章内容进行深入的学习。

# 第 9 章

# 数据分析——京东商智

本章主要介绍通过京东常用的数据分析软件——京东商智来进行数据分析。数据分析的目的是帮助商家找到在销售过程中所产生的相关问题的原因，比如流量问题、转化率问题、商品问题等。找到症结之后，可以有针对性地解决相关的问题，以数据化的方式来提高店铺的运营质量。

京东商智提供全方位的数据服务，维度包含了流量分析、销售分析、行业分析、主题工具、揽客计划，时间粒度从分钟、小时、天、周到月，全面覆盖，为京东商家提供专业、精准的店铺运营分析，大幅提升店铺运营效率、降低运营成本、增强用户体验，是商户"精准营销、数据掘金"的强大工具。

要想学会使用商智，就要先了解商智中的每一个模块的数据含义以及这个模块的功能作用。下面我们具体介绍一下数据分析常用的 6 个模块。

## 9.1 首页

进入商智的第一个模块就是首页，首页模块又分为 6 个板块，分别为实时指标、核心指标、流量分析、商品分析、交易分析、行业分析，是针对店铺数据的综合体现，方便商家更加快速全面地了解店铺数据情况，发现问题并解决问题。

### 9.1.1 实时指标

下单金额（首页—实时指标）：统计时间内（按天、周、月统计）用户付款的总金额，包括先款订单的金额（在线支付、公司转账、邮局汇款等）和货到付款的金额。

访客数（首页—实时指标）：店铺各页面的访问人数。00:00~24:00 内，同一访客多次访问只被计算一次。

转化率（首页—实时指标）：转化率=下单客户数/访客数。

无线转化（首页—实时指标）：无线转化率=无线端下单客户数/无线端访客数。

PC 转化（首页—实时指标）：PC 转化=PC 下单客户数/PC 访客数。

本月累计下单金额（首页—实时销售进度）：从本月 1 日开始，截至当前时间的下单金额总和。

本月目标（首页—实时销售进度）：用户设置的本月销售目标。

本年累计下单金额（首页—实时销售进度）：从本年 1 月 1 日开始，截至当前时间的下单金额总和。

本年目标（首页—实时销售进度）：用户设置的本年销售目标。

如图 9-1-1 所示，从实时指标可以了解到实时下单金额、访客数、转化率等这些指标，一般在大促、大型活动期间，有利于商家对店铺的活动节奏进行把控。另一方面如果某些数据浮动较大，例如转化率突然降低很多，就需要去查看相应数据的浮动原因。月销售额完成比和年销售额完成比，可以更清楚地了解店铺实时完成比，有利于商家制定相应的店铺规划。

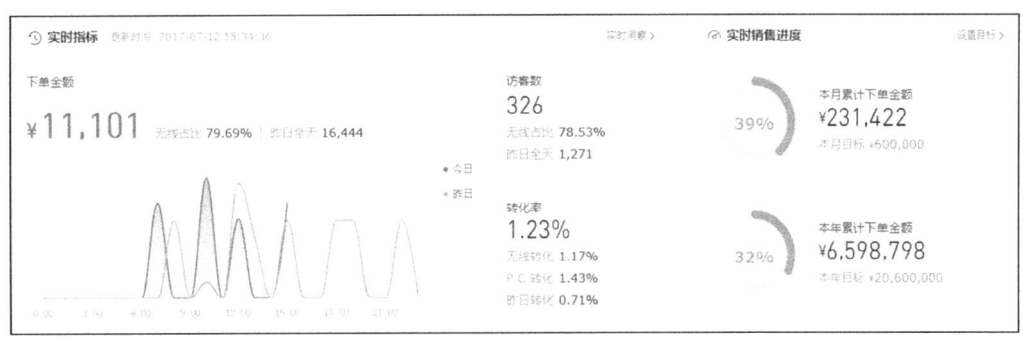

图 9-1-1

## 9.1.2 核心指标

访客数（首页—核心指标）：店铺各页面的访问人数。00:00~24:00 内，同一访客多次访问只被计算一次。

浏览量（首页—核心指标）：店铺各页面被用户访问的次数。用户多次打开或刷新同一个页面，浏览量累加。

下单金额（首页—核心指标）：统计时间内（按天、周、月统计）用户付款的总金额，包括先款订单的金额（在线支付、公司转账、邮局汇款等）和货到付款的金额。

下单转化率（首页—核心指标）：下单转化率=下单客户数/访客数。

客单价（首页—核心指标）：客单价=下单金额/下单客户数。

所属行业（首页—店铺级别）：根据店铺二级类目的在售 SPU 数量和近 30 天销售额综

合判断，综合得分最高者为店铺主营类目。

行业级别（首页—店铺级别）：店铺整体下单金额的行业级别。将店铺按照下单金额由低到高排序后，共分为五级，第一级别至第五级别的店铺数量分别占行业店铺总数的50%、30%、15%、4%和1%，第五级别最高。

级别排名（首页—店铺级别）：店铺整体下单金额的级别排名。

访客、浏览量、下单金额、转化率，直接影响店铺的销售额，是分析数据的核心指标。不同的店铺级别，代表店铺在这个二级类目的销售排名。如图9-1-2所示，店铺级别为B+，说明该店铺为这个类目销售额前15%的商家。

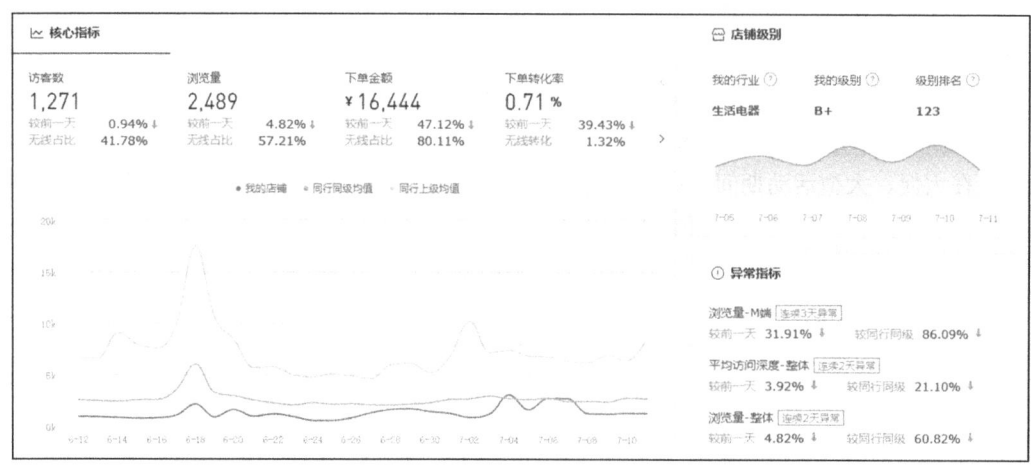

图 9-1-2

### 9.1.3 流量分析

访客数（首页—流量分析）：店铺各页面的访问人数。00:00~24:00内，同一访客多次访问只被计算一次。

浏览量（首页—流量分析）：店铺各页面被用户访问的次数。用户多次打开或刷新同一个页面，浏览量累加。

跳失率（首页—流量分析）：该来源带来的访客入店后只访问了该店铺1个页面就离开的次数占该来源访客总入店次数的比例。

人均浏览量（首页—流量分析）：统计时间内，每个客户平均浏览页面数量。

如图9-1-3所示，在流量分析板块中两个重要指标流量来源和入店关键词，流量来源可以让我们了解，我们的产品流量大概从哪些入口进来。入店关键词是查找产品核心关键词的一个因素。核心关键词往往是商家在使用快车推广时用作的首推词。

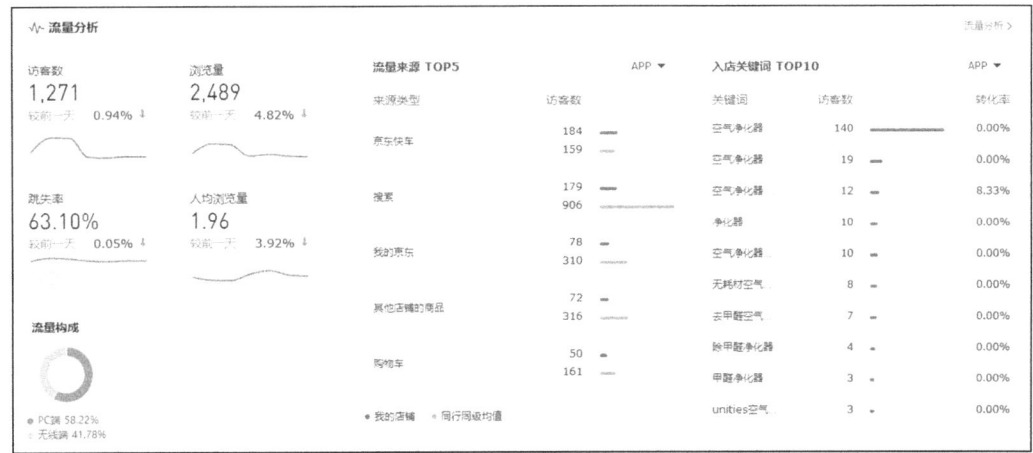

图 9-1-3

### 9.1.4 商品分析

关注商品数（首页—商品分析）：用户访问商品页面新添加商品关注的总次数。

下单商品件数（首页—商品分析）：统计时间内，先款订单（网上支付、转账）按付款时间统计，货到付款按订单提交时间统计，每个商品计为一件。

销售件数（首页—商品分析）：统计时间内，商品用户下单的总件数。

如图 9-1-4 所示，商品分析可以让我们对店铺主推款的销售数据进行清晰的了解，可以及时了解店铺关注商品数、加购客户数，制定出相应的销售策略。

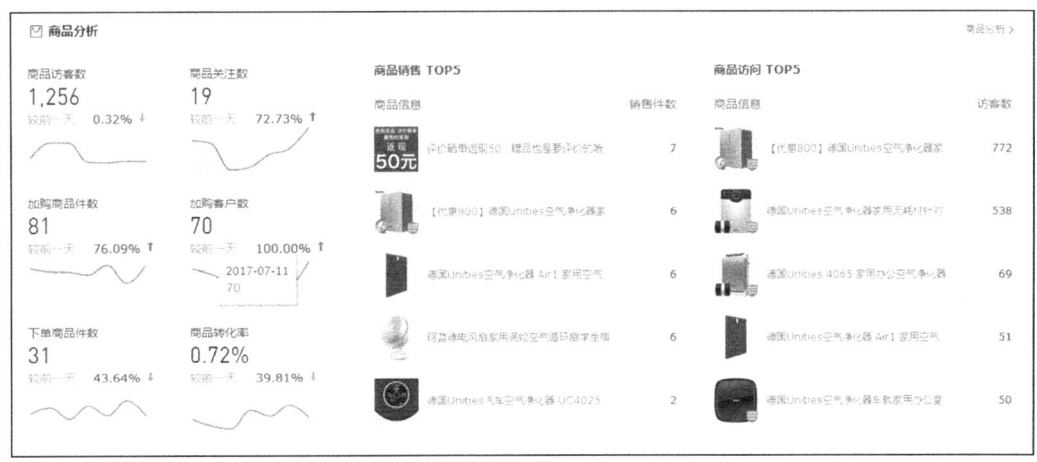

图 9-1-4

### 9.1.5 交易分析

下单金额（首页—交易分析）：统计时间内（按天、周、月统计）用户付款的总金额，包括先款订单的金额（在线支付、公司转账、邮局汇款等）和货到付款的金额。

下单单量(首页—交易分析):统计时间内(按天、周、月统计)用户付款的总订单量,包括先款订单量(在线支付、公司转账、邮局汇款等)和货到付款订单量。

下单客户数(首页—交易分析):统计时间内(按天、周、月统计)付款的用户数量,包括先款订单的用户数量(在线支付、公司转账、邮局汇款等)和货到付款的用户数量。所选时间段内同一用户发生多笔成交会进行去重计算。

下单商品件数(首页—交易分析):统计时间内(按天、周、月统计)用户付款的商品总件数,包括先款订单的商品件数(在线支付、公司转账、邮局汇款等)和货到付款的商品件数。

客单价(首页—交易分析):客单价=下单金额/下单客户数。

下单转化率(首页—交易分析):下单转化率=下单客户数/访客数。

新客户(首页—交易分析):为保证数据准确性,商智只为店铺追溯从 2015 年 7 月 1 日(含)开始的店铺下单记录,从该日期开始,在所选时间周期之前,没有过下单记录的用户为新客户。

老客户(首页—交易分析):为保证数据准确性,商智只为店铺追溯从 2015 年 7 月 1 日(含)开始的店铺下单记录,从该日期开始,在所选时间周期之前,有过下单记录的客户为老客户,下单记录不包含取消订单。

如图 9-1-5 所示,交易分析是针对一天交易情况相关指标进行解析,包括销售额、下单量、下单客户数、转化率、客单价这几个指标。新客户和老客户的占比,考量的是我们店铺老客户的回头率,同类目中老访客占比越的多,说明产品越好,客户更喜欢购买。销售构成是针对我们店铺销售额在不同的几个渠道的销售占比,我们往往会把推广重点放在成交最大的两个渠道中。

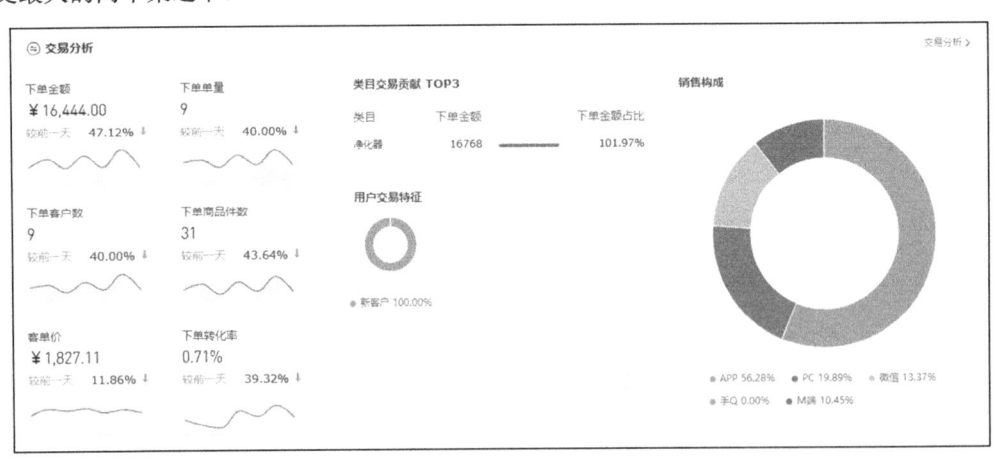

图 9-1-5

## 9.1.6 行业分析

交易指数(首页—行业热销店铺):统计周期内,下单金额、下单件数综合加权后的指数化指标。

# 第 9 章 数据分析——京东商智

交易指数（首页—行业热销商品）：统计周期内，下单金额、下单件数综合加权后的指数化指标。

搜索人气（首页—行业热门搜索关键词）：统计周期内，访客的指数化指标。

如图 9-1-6 所示，简单的行业分析，可以让我们了解行业店铺销售排名、产品销售排名以及搜索关键词的销售排名。我们可以从产品销售排行中，发现热销产品的属性共性、价格共性等，从热搜关键词可以找到当季客户的最大需求点。

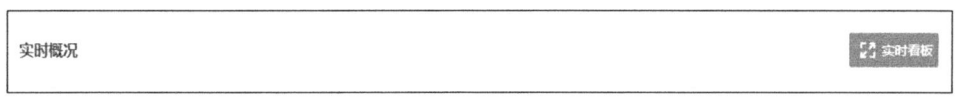

图 9-1-6

## 9.2 实时洞察

实时洞察分为实时概况、实时来源、实时榜单、实时访客、实时单品监控几大模块。主要功能是展示店铺实时数据、实时查看店铺流量销量、判断异常情况，方便商家对店铺实时运营状况有一个最快捷直观的了解。

### 9.2.1 实时概况

功能简介：实时概况为您展示店铺整体销量流量数据及当日趋势、店铺热销商品 TOP5 和人气商品 TOP5 的数据，如图 9-2-1 所示。

图 9-2-1

**1. 详细说明**

渠道选择框选择相应渠道数据，包括全部渠道、PC 端、APP 端、微信端、手机 QQ 端、M 端，右侧实时看板进入大屏模式。大屏作为一个店铺销售实力的展示，非常适用于各种促销活动期的数据共享场景。涉及店铺主要营销数据展示，包括指标及当日变化趋势，店铺热销人气商品排行，如图 9-2-2 和图 9-2-3 所示。

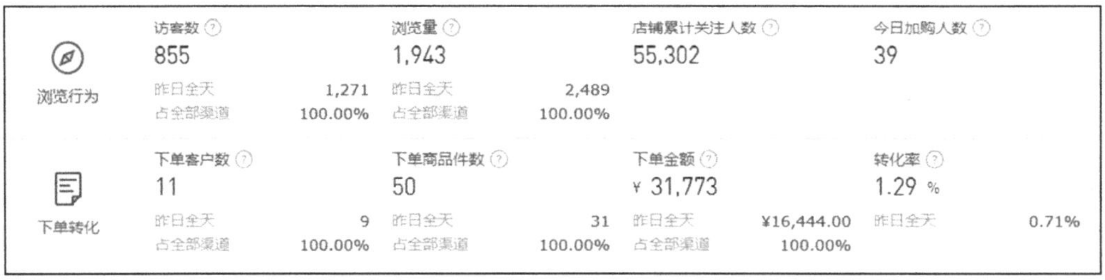

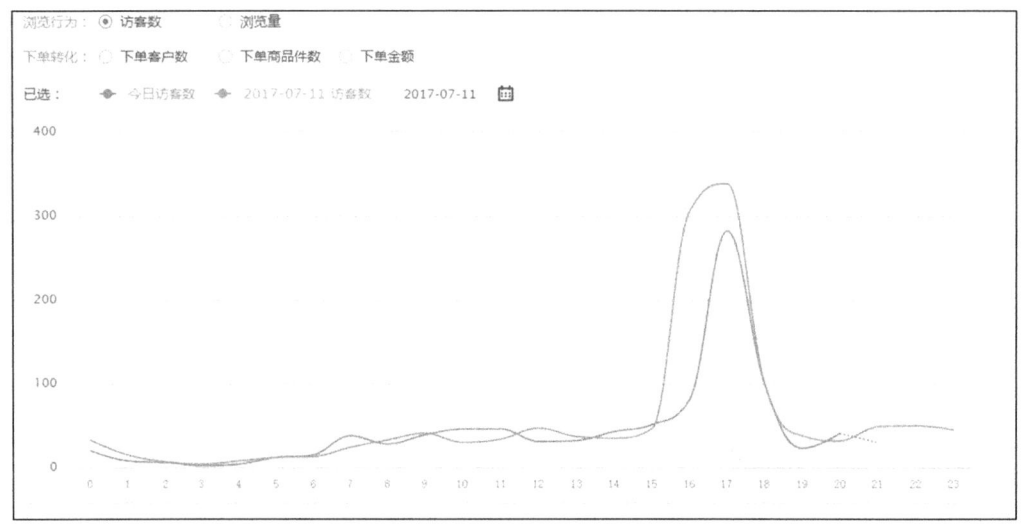

图 9-2-2

图 9-2-3

### 2．使用场景介绍

（1）日常运营：日常工作中观察数据趋势，当有明显的升高或下降时，可以通过查看实时其他模块和商家后台的订单来分析问题所在，也可以根据日流量的高峰期做好售后客服工作量安排，提高工作效率。

（2）活动及促销：在有活动或大促期间，通过实时数据查看活动效果，实时调整活动策略，预测活动完成情况。

## 9.2.2 实时看板

### 1．功能简介

实时看板将店铺主要销售数据以可视化大屏显示出来，在大促期间或店铺活动中可以作为效果实况投影在大屏上。

### 2．详细说明

实时看板包括实时数据概况、下单金额趋势和实时销售榜单展示，店铺在售 SKU 数量最多的二级类目即为主营类目，展示您在某类目下的店铺热卖排行和店铺人气排行，单击右上角设置按钮进行设置，设置项中包括类目的选择、效果间隔的设置、日目标的设置以及对比日的选择，对比日选择功能和实时概况保持一致。如图 9-2-4 所示。

图 9-2-4

### 3．使用场景介绍

在"618""11.11""12.12"这种大促期间，通过实时数据显示，比如下单金额曲线，访客实时增长数据，来预测目标达成比例。

## 9.2.3　实时榜单

### 1．功能简介

实时榜单包含了店铺内各个渠道下实时销售明细数据，可以查看 SPU 和 SKU 的实时销售和流量数据，如图 9-2-5 所示。

### 2．详细说明

渠道选择框，可以选择不同的渠道数据进行查看。按行业类目筛选分为按行业类目展示和按店铺分类展示店铺销售前 1000 名的商品实时信息。

### 3．使用场景说明

（1）日常运营：日常运营中，当发现销售订单突增或骤减时，可以在实时榜单中查找是哪个商品的销售出现了明显的波动，可以简单查看是否是商品的流量出现了问题，还可以点击到商品详情页看是否是商品的价格或库存出现了问题。

（2）大促期间：在大促期间，通过实时关注店铺销售榜单预测商品销量，做到有计划地补货，避免因无货可卖而损失流量的情况发生。

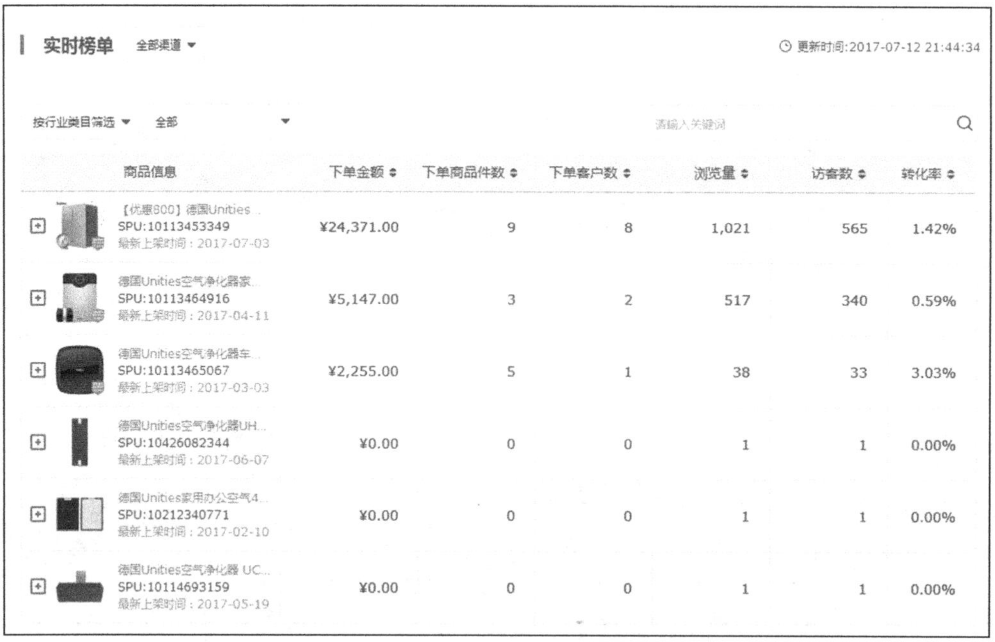


| 商品信息 | 下单金额 | 下单商品件数 | 下单客户数 | 浏览量 | 访客数 | 转化率 |
|---|---|---|---|---|---|---|
| 【优惠800】德国Unities… SPU:10113453349 最新上架时间：2017-07-03 | ¥24,371.00 | 9 | 8 | 1,021 | 565 | 1.42% |
| 德国Unities空气净化器家… SPU:10113464916 最新上架时间：2017-04-11 | ¥5,147.00 | 3 | 2 | 517 | 340 | 0.59% |
| 德国Unities空气净化器车… SPU:10113465067 最新上架时间：2017-03-03 | ¥2,255.00 | 5 | 1 | 38 | 33 | 3.03% |
| 德国Unities空气净化器UH… SPU:10426082344 最新上架时间：2017-06-07 | ¥0.00 | 0 | 0 | 1 | 1 | 0.00% |
| 德国Unities家用办公空气4… SPU:10212340771 最新上架时间：2017-02-10 | ¥0.00 | 0 | 0 | 1 | 1 | 0.00% |
| 德国Unities空气净化器 UC… SPU:10114693159 最新上架时间：2017-05-19 | ¥0.00 | 0 | 0 | 1 | 1 | 0.00% |

图 9-2-5

## 9.2.4 实时来源

### 1. 功能简介

实时来源主要是店铺各个渠道下的实时流量来源展示和区域流量情况展示。方便商家对店铺实时流量情况有更及时的监控，在特定活动下也可做各来源的效果分析。

### 2. 详细说明

（1）实时来源说明：展示店铺各渠道的来源，离线来源记录的是店铺的入店来源，和离线不同的是，实时来源记录店铺实时流量页面的上一页来源，按照浏览量和访客数进行展示。

（2）地域排行：店铺流量的地域来源，可以实时查看各个省份对店铺的浏览热度。

### 3. 使用场景说明

（1）活动推广效果分析：参与活动后，可以实时查看各类活动汇入店铺的流量数据情况，当活动效果欠佳时可以及时调整推广。

（2）异常流量监控：店铺遭受了恶意流量的侵扰，或店铺忽略了某些活动，但活动效果却很好时，通过实时流量可以查看店铺流量变化，及时调整店铺运营策略。

（3）区域营销效果查看：在做区域性营销时，可以实时查看各个省份地区的流量效果。

## 9.2.5 实时访客

**1．功能简介**

实时访客可以查询入店用户实时的流量路径，并且通过筛选查看不同来源下或不同到达页下的访客浏览记录，不仅可以查看店铺的异常流量，也可以通过对用户访问习惯的分析来指导营销。

| 访问时间 | 流量来源 | 被访问页面 | 访客位置 | 访客名称 | 浏览量 |
|---|---|---|---|---|---|
| 21:46:35 | 商品页 | 【先领800券】德国Unities空气净化器家用... | 北京北京 | jd_5014c574998fa | 2 |
| 21:46:14 | 搜索 | 【先领800券】德国Unities空气净化器家用... | 天津天津 | liushuangmei010 | 1 |
| 21:46:05 | 搜索 | 【先领800券】德国Unities空气净化器家用... | 北京北京 | jd_5014c574998fa | 2 |
| 21:46:04 | 购物车 | 德国Unities空气净化器家用无耗材针对重污... | 安徽芜湖 | 小情绪0411 | 1 |
| 21:45:33 | 搜索 | 【先领800券】德国Unities空气净化器家用... | 内蒙古 | jd_7cdbb834388b3 | 1 |
| 21:42:44 | 搜索 | 德国Unities空气净化器家用无耗材针对重污... | 辽宁沈阳 | alwl515253 | 2 |
| 21:42:17 | 搜索 | 德国Unities空气净化器家用无耗材针对重污... | 辽宁沈阳 | alwl515253 | 2 |

图 9-2-6

**2．详细说明**

如图 9-2-6 所示，实时访客可以选择不同渠道进行查看，可以通过筛选查看访客从哪个来源访问店铺，也可以通过输入被访页面 URL 查看某个页面的来源都是哪些。

通过点击访客名称可以查看用户的浏览记录，如图 9-2-7 所示为访客追踪内容，表示某个访客在店铺内的浏览路径。

**3．使用场景说明**

（1）恶意订单及恶意流量：当有大额订单时可以通过用户名称进行搜索查看其浏览轨迹，通过浏览记录判断其入店来源及访问轨迹，及时调整商品和订单，避免损失。遇到恶意流量可以通过实时访客模块进行查看，如遇到相同 IP 地址时间间隔过小的情况下的访问，或同一个访客访问次数过高时，可以判断此用户有很大可能是恶意访问。

（2）流量分析：通过下载可以得到每日最原始的流量数据，可以分析实时关键词、实时来源，以及实时商品被访问情况的基础数据。

图 9-2-7

### 9.2.6 单品监控

**1．功能简介**

单品监控是通过监控爆款和测款的实时数据，来直观观察单品的销量流量数据。

**2．详细说明**

（1）添加监控：通过输入 SKUID 来监控相应的单品，如图 9-2-8 所示。

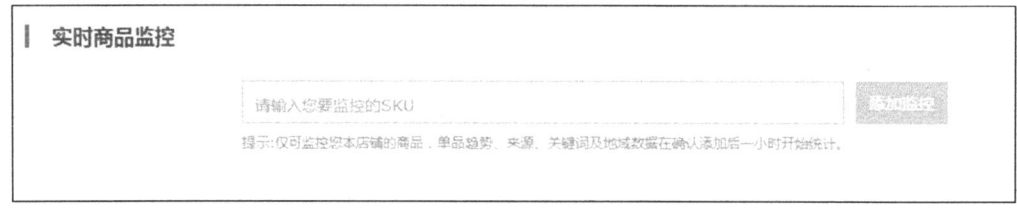

图 9-2-8

（2）添加监控的商品，当商品被添加之后系统就开始搜集这个商品的实时流量数据，除基础概览数据外，指标趋势及来源、热词、地域信息等是从添加监控后一个小时开始展示的。监控的商品数量最高可达 20 个。直接点击商品主图可以进入到该商品的单品监控页面，如图 9-2-9 所示。

（3）单品监控模块主要是为了给商家展示单品的详细实时数据，包括流量数据、销量数据，以及当日的累计加购和商品的关注人数。同时展示了单品主要流量来源、主要引流词，以及各地域流量数据。

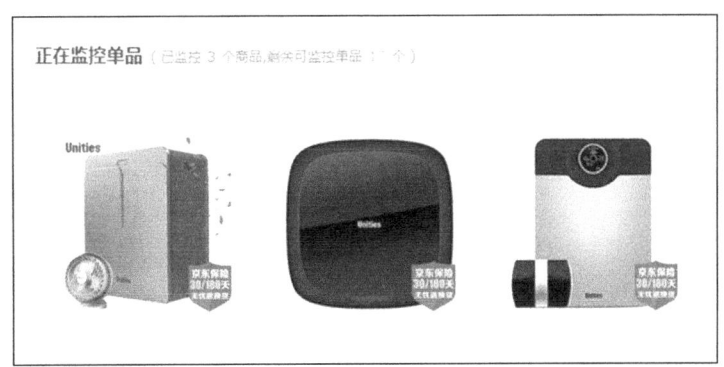

图 9-2-9

**3．使用场景说明**

（1）测款：新上架商品的测款可以在单品监控功能下完成，通过访客数查看流量情况，通过下单金额查看销售情况，通过加购人数和关注人数查看商品的热度，通过流量来源查看不同流量推广效果，通过热词查看商品的自然流量能力，也可以通过流量变化来测试商品主图的设置效果。

（2）爆款监控：对于店铺的实力引流爆款，单品监控可以实时记录这类商品的数据，当数据出现波动和异常时要及时查看商品的各种设置，查看是否有降权、缺货、价格错误等情况发生，及时处理才能减少损失。

## 9.3 经营分析

### 9.3.1 流量分析

流量分析是日常工作中必不可少的基础工具。流量分析包括 3 个功能：流量概况、流量路径和关键词分析。

**1．流量概况**

（1）核心指标

确定统计时间后，可以看到各渠道的核心浏览指标及其环比变幅，如图 9-3-1 所示。

① 渠道
- 京东的 5 大渠道：PC 端+APP 端+M 端+微信店+手 Q 端；
- 对于其他指标，以跳失率为例，全部渠道=各渠道的跳失人数总和/各渠道的访客数总和。

| 流量概况 | | | | | 时间范围 按日查询 ▼ 2017-07-11 | |
|---|---|---|---|---|---|---|
| 核心指标 | | | | | | ↓ 下载数据 |
| 渠道 | 访客数 | | 浏览量 | 跳失率 | 人均浏览量 | 平均停留时长（秒） |
| 全部渠道 | 1,271 | 0.94%↓ | 2,489 4.82%↓ | 63.10% 0.05%↓ | 1.96 3.92%↓ | 133.85 7.31%↓ |
| APP | 435 | 2.11%↑ | 1,226 4.67%↓ | 50.80% 3.38%↓ | 2.82 6.64%↓ | 102.31 7.52%↑ |
| PC | 740 | 4.15%↓ | 1,065 7.95%↓ | 69.32% 0.60%↑ | 1.44 3.97%↓ | 155.16 9.14%↓ |
| 微信 | 51 | 88.89%↑ | 131 67.95%↑ | 70.59% 27.06%↑ | 2.57 11.09%↓ | 138.75 32.67%↓ |
| 手Q | 3 | 0.00% | 3 0.00% | 100.00% 0.00% | 1.00 0.00% | 47.67 0.00% |
| M端 | 42 | 27.59%↓ | 64 31.91%↓ | 69.05% 2.69%↑ | 1.52 5.98%↓ | 85.10 32.79%↓ |

图 9-3-1

② 变幅
- 环比变幅=（本期-上期）/上期；
- 如果变幅>0，则箭头向上且为红色；如果变幅<0，则箭头向下且为绿色。

需注意，在周/月对比中，假设本周/月仅过了两天，则把这两天的汇总数据，对比上周/月相同两天的汇总数据。

③ 风险判断
- 对于访客数、浏览量等指标，（店铺本期<店铺上期）且（店铺本期<同行同级均值本期）；
- 对于跳失率这个负面指标，则完全相反，（店铺本期>店铺上期）且（店铺本期>同行同级均值本期）。

（2）流量走势

页面上显示的指标，由渠道和指标交叉选择决定，最多可展现 4 项指标（4 条趋势线）。
- 当有且只选中 1 个指标时，下侧趋势图会同时提供这个指标和它的"同行同级商家均值"；
- 当选中多个指标时，比如整体—访客数，整体—浏览量，PC—访客数，PC—浏览量，则不再提供每个指标的同行均值。

通过此报表，如图 9-3-2 所示，可以对比店铺浏览数据和当前店铺运营策略，检验运营质量和效率，6 月 18 日，店铺访客数出现了一个小波峰，因为店铺参加了"京东 618"的活动；6 月 20 日，因为活动还有余热，访客数仍然维持在较高水平；从 21 日起，访客数虽然持续低迷，但这是合理的，因为大多数店铺忠诚型或促销敏感型消费者都已经在"618"完成了购买和囤货。

# 第 9 章 数据分析——京东商智

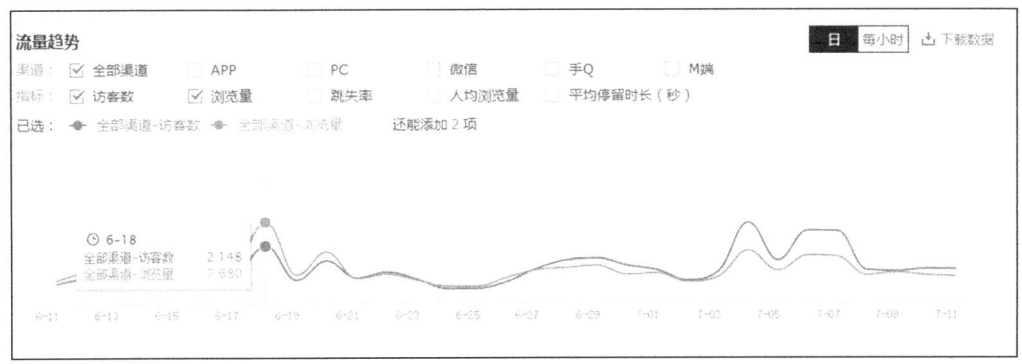

图 9-3-2

将时间维度切换到"按小时"展现后,您可以看到店铺访客在一天内 24 小时的分布。

如图 9-3-3 所示,访客数在下午 7:00 开始上升,晚上 9:00~10:00 达到峰值,这两个时间正是客户下班回到家、深夜入睡前的时间,数据和消费者的实际访问习惯相互匹配。再看跳失率,晚上 9:00~10:00 间,跳失率也是相对低的,所以,综合看来,这是个黄金时段,建议商家合理上新和安排客服资源。

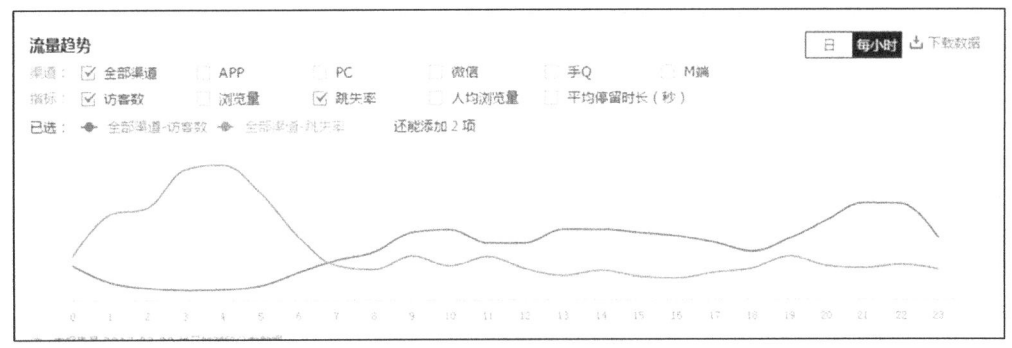

图 9-3-3

### 2. 流量路径

该菜单有 5 张报表,分别展现用户访问店铺的 5 个关键步骤。

- 来源渠道:访客是从哪个店外页面进入店铺的;
- 入店页面:访客访问店铺时的第一个页面,也就是入口页面 LandingPages;
- 店内浏览:浏览过程中发生了浏览、加购、下单行为;
- 退店页面:访客从这个店内页面退出店铺;
- 退店去向:访客退出店铺后,接下来访问的店外页面。

(1)来源渠道

通过来源渠道,可查看各个渠道的引流效果,由上而下分别是自主访问、站内免费、付费流量、站外流量和其他(无法识别具体来源的流量,则放到"其他"类别下)。对于访客数这个最重要的引流指标,用户可直接对比店铺和同行同级商家均值,从而找到不足和优化点,其他指标只展现店铺自己的数值。

如图 9-3-4 所示，店铺主要流量来源于京东的免费流量，但是京东的付费流量和栏目流量有所欠缺，未来可以多从活动付费推广做更多的资源优化。

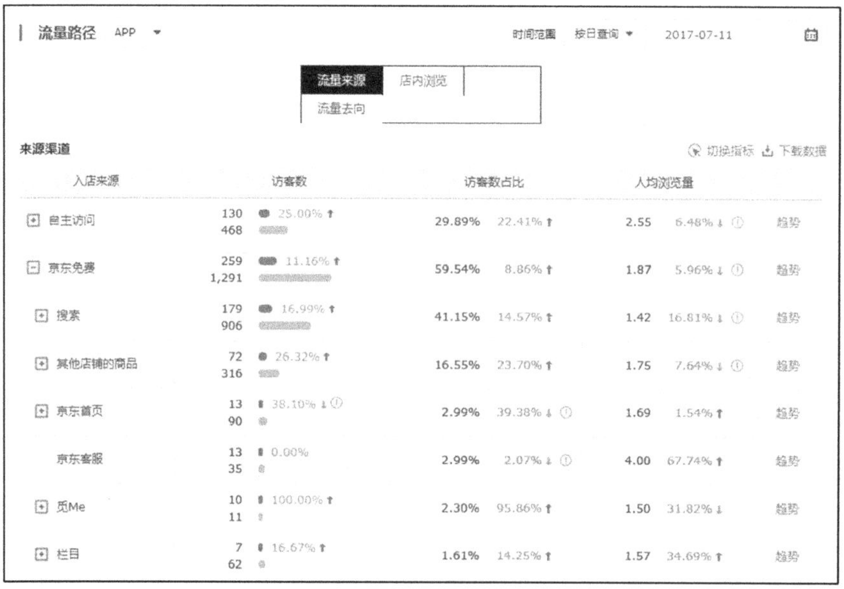

流量路径 APP　时间范围 按日查询 2017-07-11

流量来源 | 店内浏览 | 流量去向

来源渠道　切换指标 下载数据

| 入店来源 | 访客数 | | 访客数占比 | | 人均浏览量 | | |
|---|---|---|---|---|---|---|---|
| 自主访问 | 130 / 468 | 25.00% ↑ | 29.89% | 22.41% ↑ | 2.55 | 6.48% ↓ | 趋势 |
| 京东免费 | 259 / 1,291 | 11.16% ↑ | 59.54% | 8.86% ↑ | 1.87 | 5.96% ↓ | 趋势 |
| 搜索 | 179 / 906 | 16.99% ↑ | 41.15% | 14.57% ↑ | 1.42 | 16.81% ↓ | 趋势 |
| 其他店铺的商品 | 72 / 316 | 26.32% ↑ | 16.55% | 23.70% ↑ | 1.75 | 7.64% ↓ | 趋势 |
| 京东首页 | 13 / 90 | 38.10% ↓ | 2.99% | 39.38% ↓ | 1.69 | 1.54% ↑ | 趋势 |
| 京东客服 | 13 / 35 | 0.00% | 2.99% | 2.07% ↓ | 4.00 | 67.74% ↑ | 趋势 |
| 觅Me | 10 / 11 | 100.00% ↑ | 2.30% | 95.86% ↑ | 1.50 | 31.82% ↓ | 趋势 |
| 栏目 | 7 / 62 | 16.67% ↑ | 1.61% | 14.25% ↑ | 1.57 | 34.69% ↑ | 趋势 |

图 9-3-4

（2）入店页面

在此，商家可以知道消费者在店铺的访问具体是从哪里开始的，商详页和店铺首页是最常见的落地页。对于“访客数”高，但“跳失率”和“平均停留时长”表现不佳的页面，建议使用“热力图”模块，查明原因，立即优化，如图 9-3-5 所示。

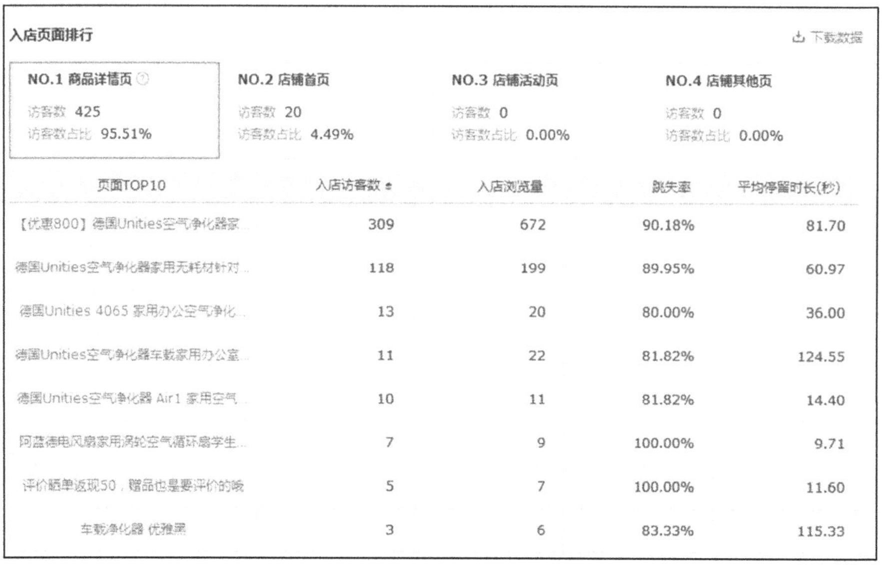

入店页面排行　下载数据

| NO.1 商品详情页 | NO.2 店铺首页 | NO.3 店铺活动页 | NO.4 店铺其他页 |
|---|---|---|---|
| 访客数 425 | 访客数 20 | 访客数 0 | 访客数 0 |
| 访客数占比 95.51% | 访客数占比 4.49% | 访客数占比 0.00% | 访客数占比 0.00% |

| 页面TOP10 | 入店访客数 | 入店浏览量 | 跳失率 | 平均停留时长(秒) |
|---|---|---|---|---|
| 【优惠800】德国Unities空气净化器家... | 309 | 672 | 90.18% | 81.70 |
| 德国Unities空气净化器家用无耗材针对... | 118 | 199 | 89.95% | 60.97 |
| 德国Unities 4065 家用办公空气净化... | 13 | 20 | 80.00% | 36.00 |
| 德国Unities空气净化器车载家用办公室... | 11 | 22 | 81.82% | 124.55 |
| 德国Unities空气净化器 Air1 家用空气... | 10 | 11 | 81.82% | 14.40 |
| 阿蓝德电风扇家用涡轮空气循环扇学生... | 7 | 9 | 100.00% | 9.71 |
| 评价晒单返现50，赠品也是要评价的哦 | 5 | 7 | 100.00% | 11.60 |
| 车载净化器 优雅黑 | 3 | 6 | 83.33% | 115.33 |

图 9-3-5

（3）店内浏览

本报表对比了各个页面的访问和引导转化数据，您可以直接对比不同商品或不同活动页的效果。引导转化的计算口径和页面分析完全保持一致，如图9-3-6所示。

| 页面TOP10 | 访客数 | 浏览量 |
|---|---|---|
| 【优惠800】德国Unities空气净化器家用无耗材... | 307 | 807 |
| 德国Unities空气净化器家用无耗材针对重污染40... | 105 | 272 |
| 德国Unities 4065 家用办公空气净化器除甲醛低... | 22 | 45 |
| 德国Unities空气净化器车载家用办公室桌内除甲... | 18 | 28 |
| 德国Unities空气净化器 Air1 家用空气净化器专... | 12 | 15 |
| 阿蓝德电风扇家用涡轮空气循环扇学生宿舍办公... | 9 | 12 |
| 评价晒单返现50，赠品也是要评价的哦 | 7 | 10 |
| 德国Unities汽车空气净化器 UC4025 香薰除异... | 4 | 8 |

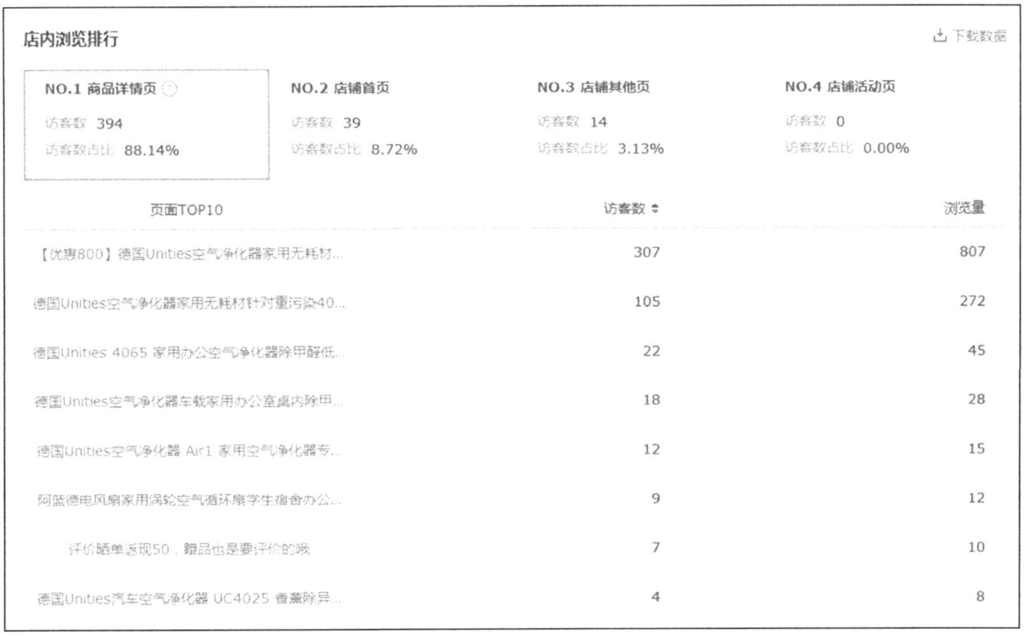

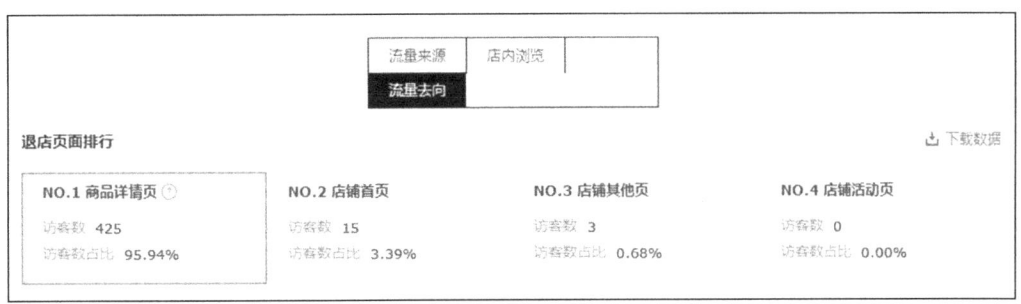

图9-3-6

（4）退店页面

如图9-3-7所示，本报表的重点是“退出率”（注：退出率=退出页面的访客/本页面的总访客数）。

图9-3-7

（5）退店去向

通过报表，商家可以知道访客离开店铺页后的去向，也能表现出此刻消费者的购物心态，如图9-3-8所示。

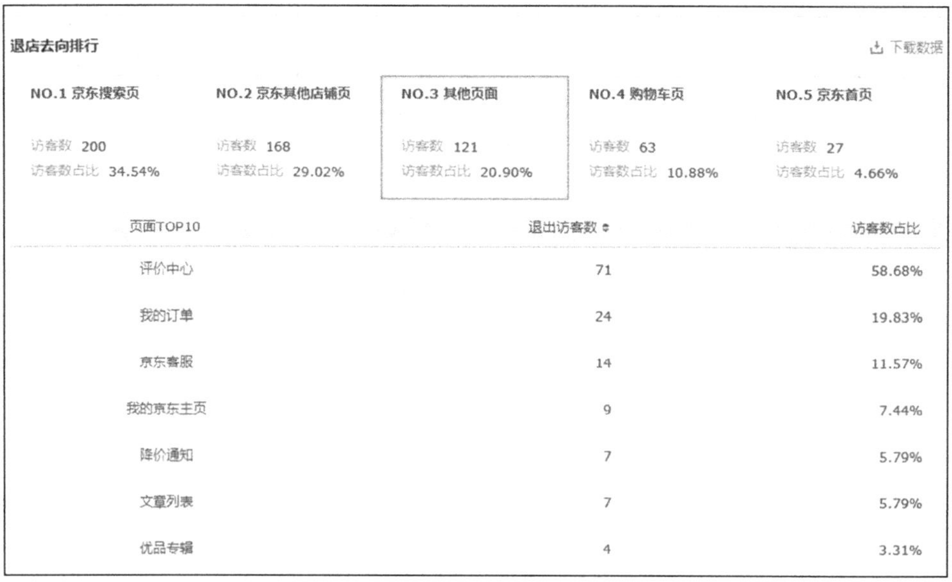

退店去向排行　　下载数据

| NO.1 京东搜索页 | NO.2 京东其他店铺页 | NO.3 其他页面 | NO.4 购物车页 | NO.5 京东首页 |
|---|---|---|---|---|
| 访客数 200 | 访客数 168 | 访客数 121 | 访客数 63 | 访客数 27 |
| 访客数占比 34.54% | 访客数占比 29.02% | 访客数占比 20.90% | 访客数占比 10.88% | 访客数占比 4.66% |

| 页面TOP10 | 退出访客数 | 访客数占比 |
|---|---|---|
| 评价中心 | 71 | 58.68% |
| 我的订单 | 24 | 19.83% |
| 京东客服 | 14 | 11.57% |
| 我的京东主页 | 9 | 7.44% |
| 降价通知 | 7 | 5.79% |
| 文章列表 | 7 | 5.79% |
| 优品专辑 | 4 | 3.31% |

图 9-3-8

整体而言，浏览概况和流量路径是针对店铺整体运营效果的。

### 3. 店铺关键词分析

访客的入店关键词，几乎是商家最关注的数据之一，因为这直接决定搜索优化该怎么做。

如图 9-3-9 所示，这里分析的是不同渠道进店关键词的排行榜，以及不同词的各种指标。

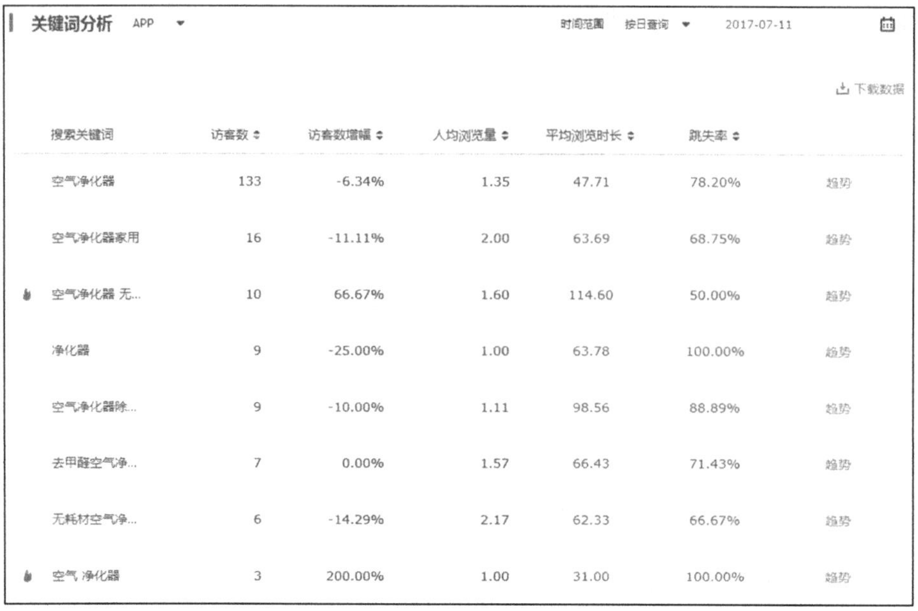

关键词分析　APP　　时间范围　按日查询　2017-07-11

下载数据

| 搜索关键词 | 访客数 | 访客数增幅 | 人均浏览量 | 平均浏览时长 | 跳失率 | |
|---|---|---|---|---|---|---|
| 空气净化器 | 133 | -6.34% | 1.35 | 47.71 | 78.20% | 趋势 |
| 空气净化器家用 | 16 | -11.11% | 2.00 | 63.69 | 68.75% | 趋势 |
| 空气净化器 无... | 10 | 66.67% | 1.60 | 114.60 | 50.00% | 趋势 |
| 净化器 | 9 | -25.00% | 1.00 | 63.78 | 100.00% | 趋势 |
| 空气净化器除... | 9 | -10.00% | 1.11 | 98.56 | 88.89% | 趋势 |
| 去甲醛空气净... | 7 | 0.00% | 1.57 | 66.43 | 71.43% | 趋势 |
| 无耗材空气净... | 6 | -14.29% | 2.17 | 62.33 | 66.67% | 趋势 |
| 空气 净化器 | 3 | 200.00% | 1.00 | 31.00 | 100.00% | 趋势 |

图 9-3-9

## 9.3.2 商品分析

众所周知，商品是经营的根本，商品的数据不可或缺。商智本期上线的商品分析功能，包含商品概况与商品明细两个模块。

**1．商品概况**

在页面的顶部，可以切换查看数据的维度。默认以 SPU 维度展开数据，如图 9-3-10 所示。

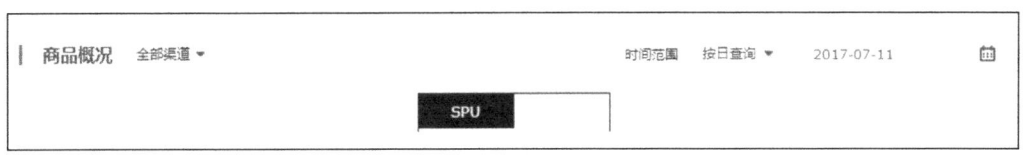

图 9-3-10

商品概况包含商品概览、商品趋势、商品榜单 3 个部分。

（1）商品概览

商品概览用来查看店铺商品的整体数据情况，包括关注浏览、加购效果、下单转化 3 个层次，如图 9-3-11 所示。

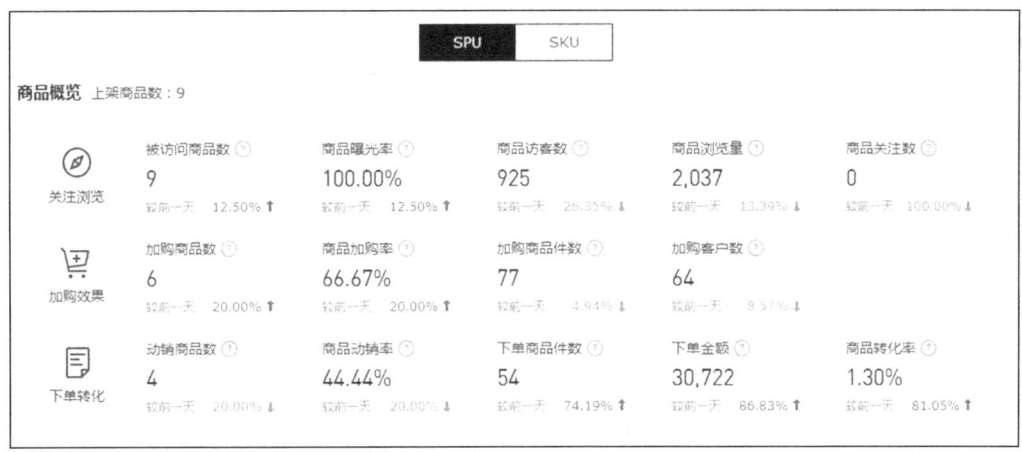

图 9-3-11

（2）商品趋势

商品趋势是对商品概览中数据的可视化，可以在本模块中通过趋势图来查看各个指标的数据趋势。系统会默认选择下降幅度最大的指标，所以在切换渠道、日期、SPU、SKU 时，可能选中指标会发生变化，如图 9-3-12 所示。

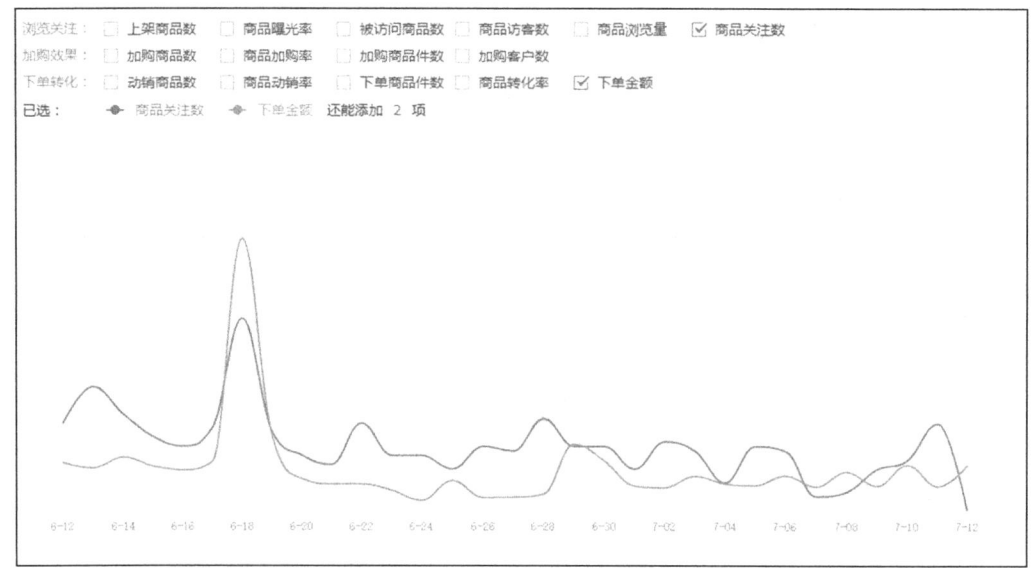

图 9-3-12

商品榜单是针对整个店铺的 TOP 商品的展示，榜单同样也支持以 SPU 与 SKU 两个维度展开，给出访客数、浏览量、加购件数、下单件数、下单金额、转化率、优惠金额 7 个榜单，展示 TOP20 商品。其中，优惠金额是指在所选周期里，商品售卖时商家承担的优惠金额汇总。在榜单中还给出了占比数据，如图 9-3-13 所示。

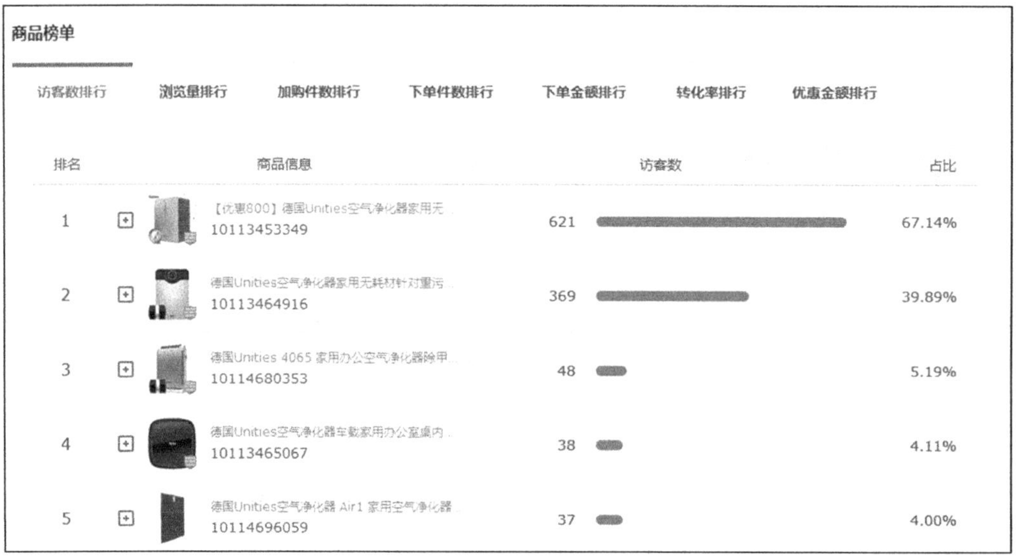

图 9-3-13

在商品概况页面中，店铺整体的商品数据可以一览无余。

### 2. 商品明细

商品明细是商品销售明细查阅和下载的页面，也提供SKU与SPU两个维度，如图9-3-14所示。

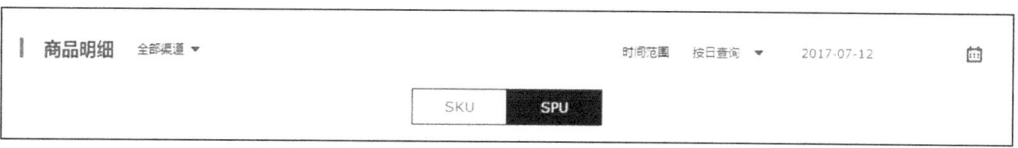

图 9-3-14

可以通过货号、SPU号、SKU号来搜索想要查看的记录，也可以通过行业类目和店铺分类来筛选记录，如图9-3-15所示。

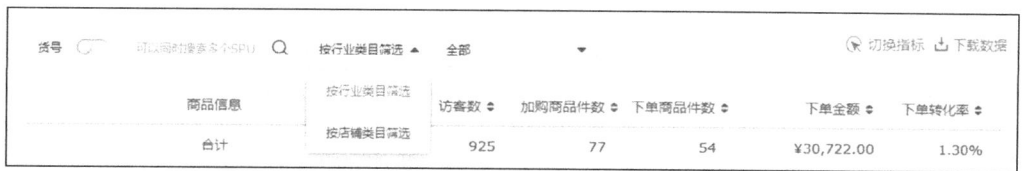

图 9-3-15

需要注意的是，在筛选店铺分类时，如果店铺分类中的SPU数超过1000条，可能会出现数据不全的情况。

筛选分类时，合计计算出来的浏览量等指标，是表格中前1000条数据的合计值，如果商品数超过1000条，下载后的表格中，才有全部记录的合计值。

### 9.3.3 交易分析

作为店主，最关注的莫过于GMV，也就是店铺内的交易情况，因此京东商智对交易相关的数据进行了更加全面的分析与呈现。京东商智的交易分析模块，就是针对店铺内交易数据（即订单数据）的分析工具。交易分析分为交易概况、交易特征和订单明细3个页面。

### 1. 交易概况

根据交易产生的流程，交易概况从浏览与购买成交两个维度来组织数据描述交易。页面分为数据概览与交易趋势两部分，如图9-3-16所示。

（1）数据概览：数据概览中提供上下两行关键指标。第1行是客户的浏览数据，包括基础的访客数与浏览量，描述用户浏览质量的人均浏览量、平均停留时长以及跳失率。第2行是客户的成交数据，包括基础的下单客户数、下单单量、下单金额、下单商品件数，以及描述客户质量的客单价。在两行数据之间，提供客户转化率指标，以衡量店铺整体的成交质量。交易概况还提供了数据下载功能，位于数据区域的右上角。

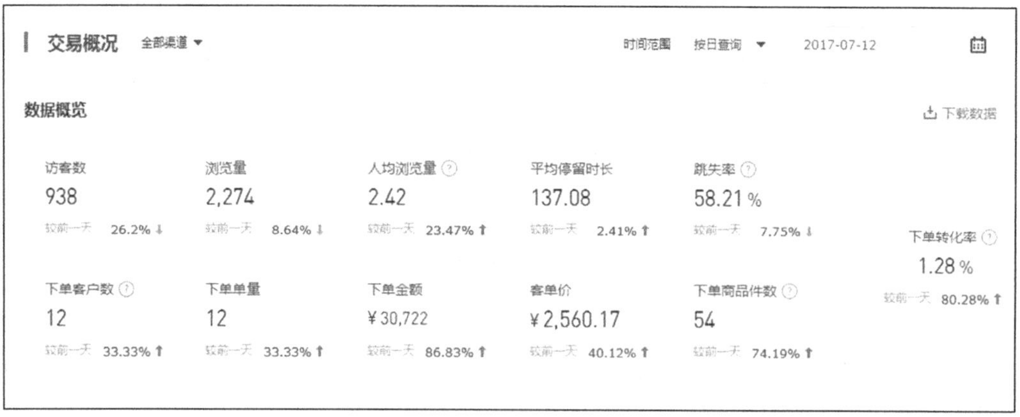

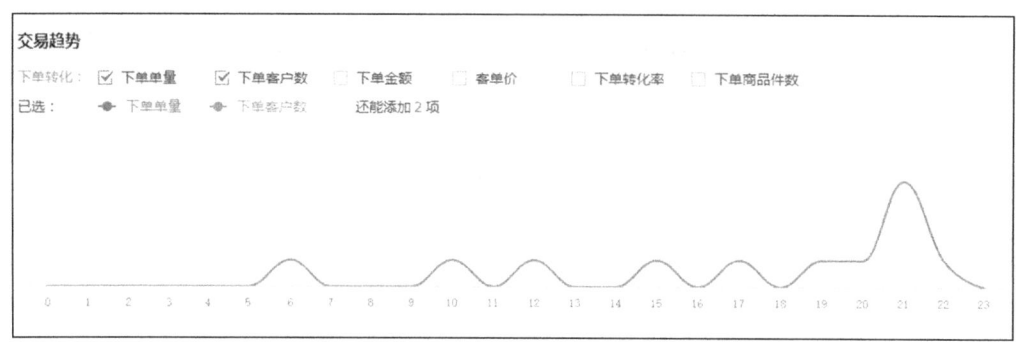

图 9-3-16

（2）交易趋势：利用曲线图来描述与成交（即订单）相关的数据指标在时间上的趋势，可选指标包含下单单量、下单客户数、下单金额、下单商品件数、转化率、客单价 6 个。在选择单个指标时，提供了同行同级店铺在该指标上的均值，用于做横向对比，以明确自己在行业相似体量商家中的竞争情况，如图 9-3-17 所示。

图 9-3-17

### 2. 交易特征

经过对店铺订单上的各项数据的提炼，一共有 5 个描述交易的特征维度，分别是渠道、类目、新老客户、支付方式与客单件数，并从时间维度上的趋势与特定时间的分布两个角度来呈现各个维度的特征。

（1）渠道特征

描述交易在 PC 端、APP 端、微信端、手机 QQ 端、M 端 5 个渠道上的分布特征，以及各个渠道中各指标在时间上的趋势特征。商家可以通过对渠道特征数据的阅读，快速获取店铺中交易的主要来源渠道的信息。便于横向对比，了解行业各个渠道上的下单金额占比，以支持商家判断友商在渠道上的经营偏重，如图 9-3-18 所示。

# 第 9 章 数据分析——京东商智

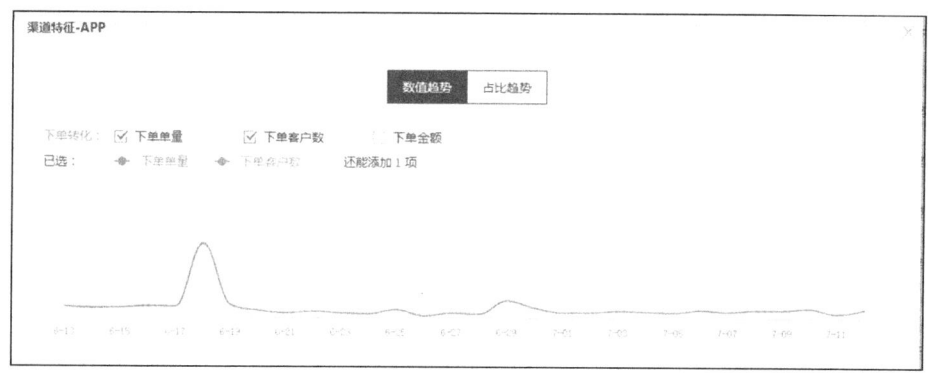

图 9-3-18

各项数据指标的右侧，有查看趋势链接，单击会打开曲线图面板，以分析各项指标在时间上的趋势特征，如图 9-3-19 所示。

图 9-3-19

（2）类目特征

类目特征呈现交易在京东三级分类上的分布特征，以及各项交易指标数据在各个类目上的趋势特征，可以快速明确交易在类目方面的构成，如图 9-3-20 所示。

图 9-3-20

（3）新老客户

作为京东商智新增的分析维度，新老客户特征呈现店铺交易在新老客户方面的分布构成特征，以及各项交易数据指标在新老客户上的趋势特征。通过新老客户特征数据，可以

319

观察店铺成交在客户类型上的构成，判断店铺新老客户营销的成效等，为店铺在客户营销方面的决策提供数据支持，如图 9-3-21 所示。

| 新老客户特征 | | | | | | 下载数据 |
|---|---|---|---|---|---|---|
| 客户类型 | 下单客户数 | 下单单量 | 下单金额 | 下单金额占比 | | |
| 新客户 | 11 | 11 | ¥28,523.00 | 92.84% | | 趋势 |
| 老客户 | 1 | 1 | ¥2,199.00 | 7.16% | | 趋势 |

图 9-3-21

（4）支付方式特征

表达店铺内交易在支付方式上的分布构成，以及各个支付方式的数据趋势。支付方式特征可以辅助您洞察交易上的支付偏好，以及各种支付方式下订单的数据特征，如图 9-3-22 所示。

| 支付方式特征 | | | | | | 下载数据 |
|---|---|---|---|---|---|---|
| 支付方式 | 下单客户数 | 下单单量 | 下单金额 | 下单金额占比 | | |
| 在线支付 | 12 | 12 | ¥30,722.00 | 100.00% | | 趋势 |

图 9-3-22

（5）客单件数特征

表达店铺内交易在客单件数上的分布构成，以及各个客单件数的数据趋势。客单件数特征可以辅助衡量店铺内商品连带销售的情况，如图 9-3-23 所示。

| 客单件数特征 | | | | | | 下载数据 |
|---|---|---|---|---|---|---|
| 件数 | 下单客户数 | 下单单量 | 下单金额 | 下单金额占比 | | |
| 3件 | 1 | 1 | ¥1,719.00 | 5.60% | | 趋势 |
| 4件 | 8 | 8 | ¥19,122.00 | 62.24% | | 趋势 |
| 大于4件 | 3 | 3 | ¥9,881.00 | 32.16% | | 趋势 |

图 9-3-23

**3．订单明细**

订单明细为商家提供便捷的店铺订单查询功能。商家可以通过指定渠道、指定时间范围以及输入确切的订单号来查询订单。出于效率的考虑，没有提供从所有时间范围内查询订单的功能，只从选定的渠道与时间之内的订单范围按订单号查询订单记录，如果需要查询订单，请前往商家后台查询。订单明细提供了订单号、商品名称、优惠前金额、下单商品件数、优惠金额、订单金额、运费、下单时间、付款时间、付款方式等 10 列信息。

表格中，订单号与商家后台订单号一致，订单号前的小图标代表订单的来源渠道（PC端、APP端、微信端、手机QQ端、M端）。如果订单中包含多个成交商品，则订单可以被展开，以查看每个商品的金额等信息。由于订单的优惠种类繁多，京东商智将金额统一划分为优惠前金额、优惠金额与订单金额。其中，优惠金额包括了由商家自己发起的满减促销、单品促销、套装促销、团购、闪团、店铺京券、店铺东券的优惠金额，不包含京东发放的优惠。订单金额与其他模块中的下单金额一致。

### 9.3.4 客户分析

电子商务无论是在运营效率还是服务体验等方面，相较传统经营都有极大的优势，但二者的本质是一致的，那就是销售商品，获取利润。那么，了解客户就是商家需要做的第一件事，这对店铺整体的运营都有至关重要的影响。

商家需要清楚地知道其主要客户群体是谁，他们需要什么，并提供他们想要的东西。假设客户群体主要是男性，那么在店铺页面装修上，可以采取简单、大方、硬朗的风格；如果您的客户对促销不敏感，那在日常运营时，可以把重心放在提升商品和服务品质等方面；如果客户对评论极度敏感，那么需要商家多关注和避免差评的出现。

**1. 下单客户分析**

（1）下单客户详情

统计时间内，全部下单客户=新下单客户+老下单客户。

京东商智如何区分新、老客户？

如图 9-3-24 所示，选中 7 月 1 日~7 月 11 日时间段，那 7 月 1 日之前从来没有过下单记录的用户是新客户，即使他/她在 7 月 1 日~7 月 11 日期间多次下单；反之，只要在 7 月 1 日之前有过下单记录的，则为老客户。

| 下单客户详情 (2017-07-01 至 2017-07-11，店铺共有17,468个访客，其中下单客户115人，潜在客户17,304人) | | | | | | | | | |
|---|---|---|---|---|---|---|---|---|---|
| 客户类型 | 下单客户数 | | 下单客户数占比 | | 客单量 | | 客单件数 | | 客单价 |
| 全部下单客户 | 115 | 45.24%↓ | 0.66% | 71.59%↓ | 1.01 | 0.87%↑ | 3.34 | 3.41%↓ | 1,915.84 8.67%↓ |
| 老下单客户 | 8 | 100.00%↑ | 6.96% | 265.22%↑ | 1.00 | 0.00% | 2.88 | 11.54%↓ | 819.14 47.19%↓ |
| 新下单客户 | 107 | 48.06%↓ | 93.04% | 5.15%↓ | 1.01 | 0.93%↑ | 3.37 | 2.52%↓ | 1,997.83 5.24%↓ |

图 9-3-24

为保证数据准确性，京东商智为店铺追溯从 2015 年 7 月 1 日（含）开始的店铺下单记录，从该日期开始，在所选时间周期之前，没有过下单记录的用户为新客户，有过下单记录的客户为老客户，下单记录不包含取消订单。

（2）下单客户趋势

这里的下单客户趋势是各指标的变化趋势。如果近期您店铺有做拉新或客户留存的活动，那通过本报表，可以检验活动效果是否达到预期，如图 9-3-25 所示。

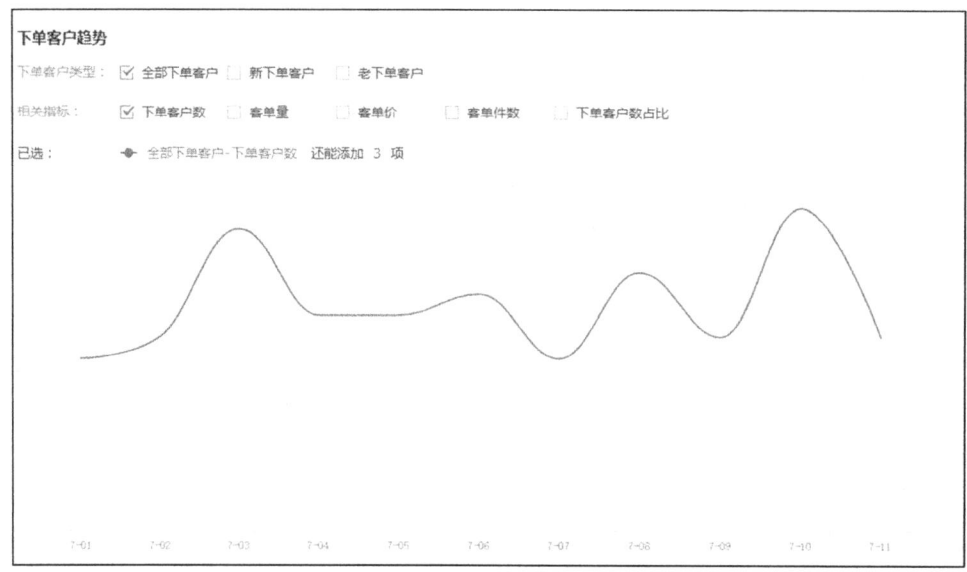

图 9-3-25

（3）下单客户特征

"客户特征"，是对您店铺的消费者在京东整站的浏览和购买行为进行的用户画像，包括性别、年龄、地区、会员等级、购买力、促销敏感度、评论敏感度和购物偏好商品品类等。

① 性别

此处的性别不同于自然性别，可理解为用户经常购买什么性别的商品。比如，一个男性用户经常为太太购买女士护肤品、女士衣裙鞋帽等，购买这些商品的数量远超过其他"男性"特质的商品，那这个账号将被识别为"女性"。

② 年龄

此处的年龄也不同于用户的自然年龄，可理解为用户经常购买什么年龄段的商品，分为：15~18 岁、19~25 岁、26~35 岁、36~45 岁、46~55 岁、56 岁以上，如图 9-3-26 所示。

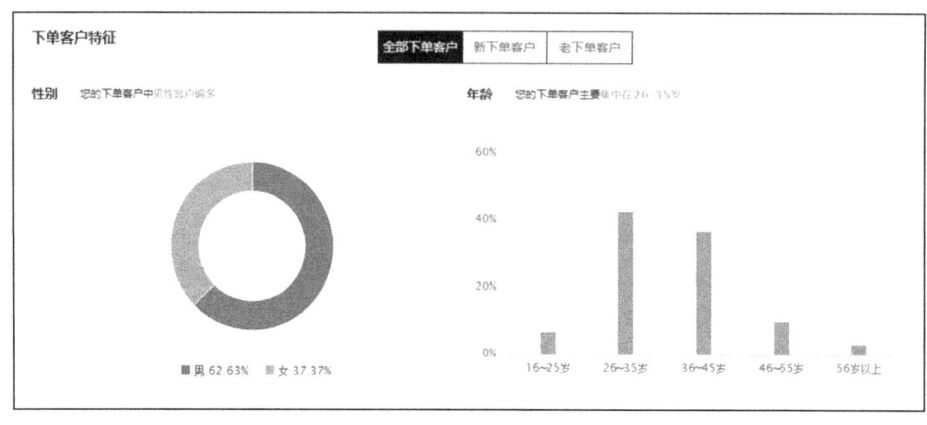

图 9-3-26

图 9-3-26 代表购买我们产品的男性账号比女性账号多，其中 26~45 岁购买人群最多。

③ 地区

这是取客户历史收货地址中出现频率最高的省份和城市，不是客户访问的电脑 IP 地址，也不是手机 GPS 地址和那笔订单的收货地址。

如图 9-3-27 所示，假设店铺主营老年保健品，商品收货地址比较分散（大中小型城市都有覆盖），而本报表中客户主要集中在北京。可以推测，这可能是居住在北京的客户，购买保健品寄回老家孝敬父母。那么，不妨以"孝敬长辈"为主题，在北京做些线上/线下的广告，刺激消费。

| 排名 | 省份 | 占比 |
|---|---|---|
| 1 | 北京 | 18.24% |
| 2 | 广东 | 17.65% |
| 3 | 上海 | 8.24% |
| 4 | 辽宁 | 6.47% |
| 5 | 江苏 | 5.88% |
| 6 | 山东 | 5.88% |
| 7 | 河北 | 4.71% |
| 8 | 四川 | 4.12% |
| 9 | 河南 | 4.12% |
| 10 | 黑龙江 | 3.53% |

图 9-3-27

④ 会员等级

这里指京东的会员等级，分为：注册会员、铜牌会员、银牌会员、金牌会员、钻石会员。

⑤ 购买力

除明显的高端商品外，对京东各三级类目商品内部划分档次，一支圆珠笔单价不高，但也有高、中、低档的区别，按照用户经常购买同类商品中哪个档次的商品对用户进行分类，不代表消费金额的高低，如图 9-3-28 所示。

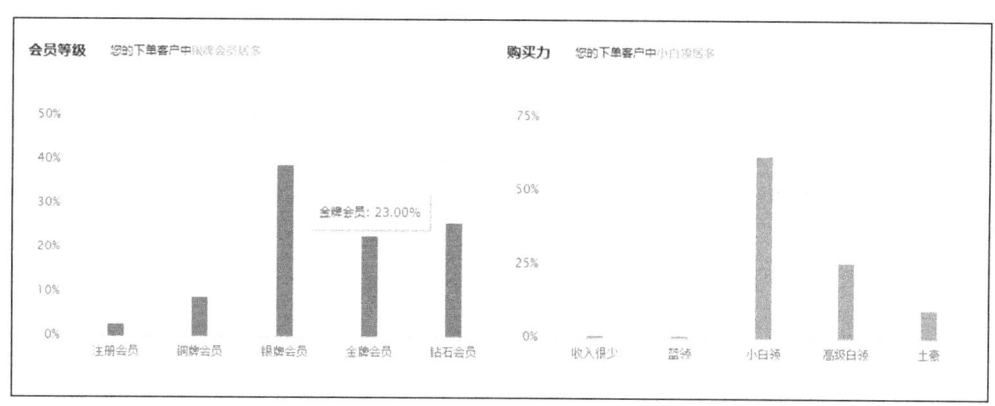

图 9-3-28

⑥ 促销敏感度

根据客户历史订单的优惠订单占比、每单优惠金额占比、优惠金额这 3 个因素，通过机器学习，将其分为非常敏感、高度敏感、中度敏感、轻度敏感、不敏感 5 类。之后在揽客计划创建营销活动时，可以根据营销目的选择不同的促销敏感度人群，方便更精准、精细化的运营。

⑦ 评论敏感度

根据客户历史购买商品的好评数和好评率这两个因素，可以将评论敏感度分为非常敏感、高度敏感、中度敏感、轻度敏感、不敏感等，如图 9-3-29 所示。

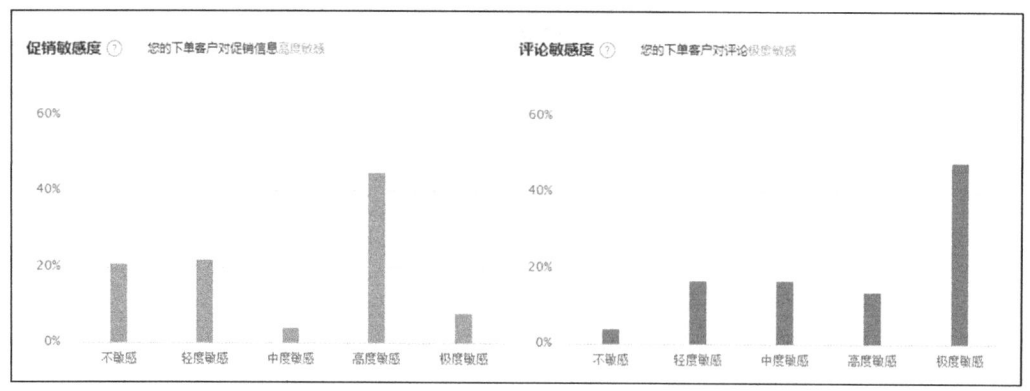

图 9-3-29

⑧ 购物偏好商品品类

如图 9-3-30 所示，这是指近 90 天内，客户在京东整站最常购买的三级商品品类。在制订品类拓展或关联销售计划时，可用作参考。

| 购物偏好商品品类 | | 您的下单客户对净化器情有独钟 | | | | | | | | |
|---|---|---|---|---|---|---|---|---|---|---|
| TOP1 | TOP2 | TOP3 | TOP4 | TOP5 | TOP6 | TOP7 | TOP8 | TOP9 | TOP10 |
| 净化器 | 手机话费充值 | 空调 | 纸品湿巾 | 冰箱 | 枕芯 | 啤酒 | 电烤箱 | 牛奶 | 净化除味 |

图 9-3-30

图 9-3-30 中购物偏好 TOP 为净化器类，不同的季节购物偏好也不一样。

## 2. 潜在客户分析

潜在客户的定义：统计时间内，潜在客户=店铺所有渠道的访客 ID−所有下单客户对应的访客 ID。由于一个下单客户可能对应多个访客 ID（比如在不同渠道浏览，或定期更换 Cookie 等），通常店铺访客数>下单客户数+潜在客户数，如图 9-3-31 所示。

潜在客户详情 (2017-07-11 至 2017-07-11，店铺共有1,271个访客，其中下单客户9人，潜在客户1,256人)

| 潜在客户数 ⑦ | 潜在客户数占比 ⑦ | 人均浏览量 ⑦ | 人均浏览时长 ⑦ |
|---|---|---|---|
| 1,256 | 98.82% | 1.88 | 130.69 |
| 较前一天 0.71%↓ | 较前一天 1.18%↓ | 较前一天 0.47%↓ | 较前一天 6.6%↓ |

图 9-3-31

### 9.3.5 服务分析

#### 1．售后分析

售后分析模块操作较为简单，旨在展示核心的售后数据，帮助您监测售后服务质量。

| 售后分析 | | | | 按日查询 ▼ 2017-07-11 |
|---|---|---|---|---|
| 数据概览 | | | | 下载数据 |
| 退货金额 ⑦ | 换良金额 ⑦ | 返修换新金额 ⑦ | 工商投诉数量 ⑦ | 工单回复率 ⑦ 交易纠纷率 ⑦ |
| ¥ - | ¥ - | ¥ - | - | - %  - % |
| 较前一天 - | 较前一天 - | 较前一天 - | 较前一天 - | 较前一天 -  较前一天 - |
| 退货量 ⑦ | 换良量 ⑦ | 返修换新量 ⑦ | 用户投诉数量 ⑦ | 工单量 ⑦ |
| - | - | - | - | - |
| 较前一天 - | 较前一天 - | 较前一天 - | 较前一天 - | 较前一天 - |

图 9-3-32

如图 9-3-32 所示，售后分析目前共提供了退货金额、退货量等 11 个核心指标。指标含义可以单击图中小问号图标查看，或者在知识中心指标说明相关位置批量查看。商家可以通过该模块分析各指标的趋势变化，从而提高自己店铺的服务评分。单击右上角时间控件可以选择您想查看的日期，支持按日、周、月三种维度的选择。单击"下载数据"会下载当前日期选择下的所有数据。

售后是一个交易行为的最后一步，"行百里者半九十"，希望商家能重视售后的数据变化，及时升级服务，让一次交易圆满地画上句号，这样回头客也会越来越多。

#### 2．店铺评分

店铺评分由于关系到搜索排名、消费者对店铺的评价，一直受到商家的广泛关注。为方便商家查看店铺评分以及评分的历史趋势，商智也加入了店铺评分模块，店铺评分分为店铺综合评分、180 天内店铺动态评分、90 天内店铺监控服务 3 个部分，每个部分都可以查看数据的历史趋势，如图 9-3-33 所示。

图 9-3-33

在查看趋势时，只提供了近 7 天、近 30 天和近 90 天 3 个时间周期，可以查看评分的短期与长期波动情况。

180 天内店铺动态评分标题的后方有查看趋势链接，单击可以弹窗查看各个指标的历史趋势，如图 9-3-34 所示。

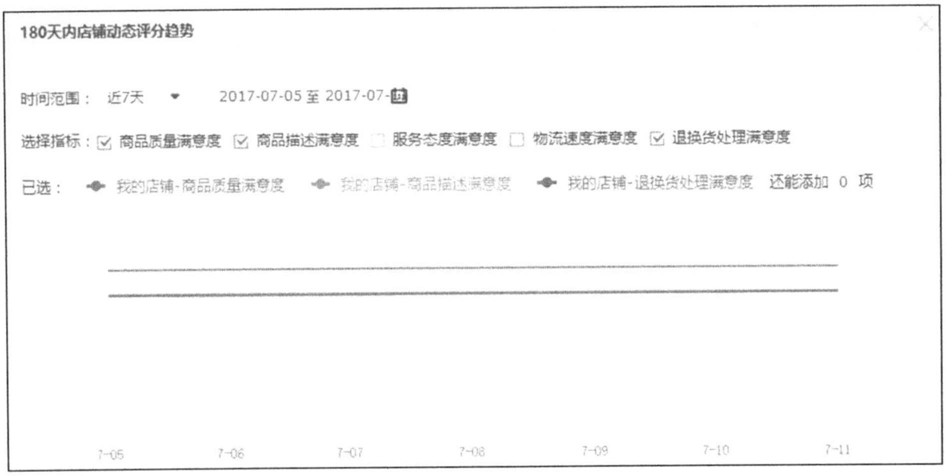

图 9-3-34

90 天内平台监控店铺服务标题的后方也有查看趋势链接，单击后也可以弹窗查看各个指标的历史趋势，如图 9-3-35 所示。

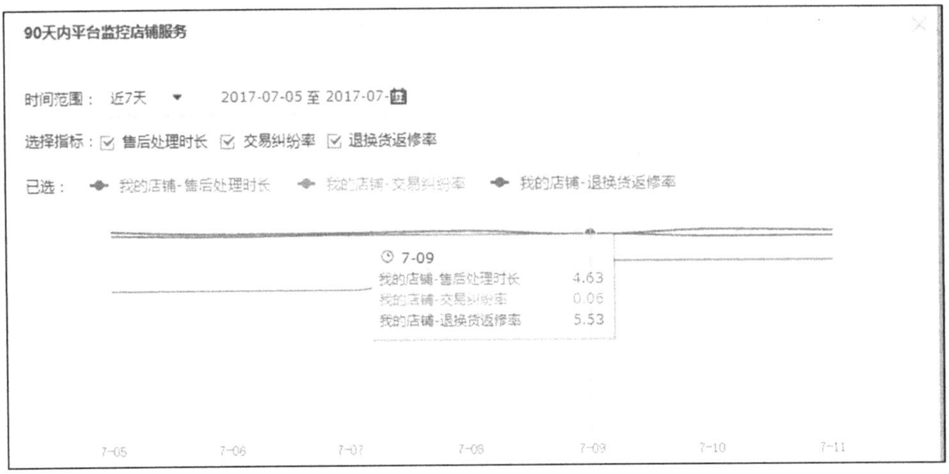

图 9-3-35

## 9.3.6 供应链分析

**1. 配送分析**

（1）权限说明

只有使用了京东配送的商家才展示这个页面。

（2）数据概况

包含配送数据，包括发货量、接单量、妥投量、破损量、拒收率、履约率、配送成功率和平均配送时长。根据配送数据，可以看到店铺京东配送时效性，根据数据结果，指导店铺商品开通京配，提升用户体验，如图 9-3-36 和图 9-3-37 所示。

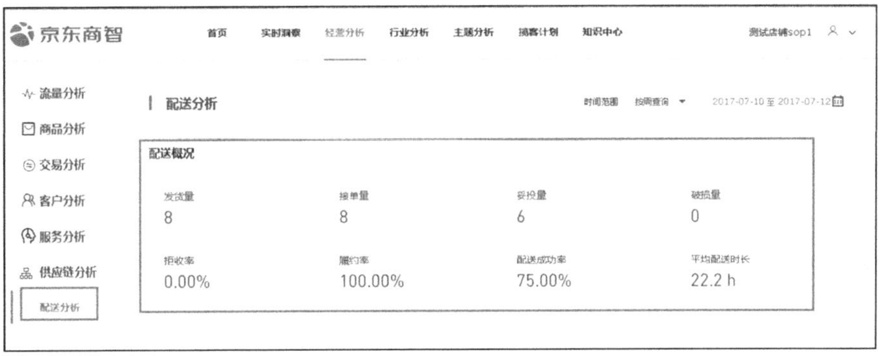

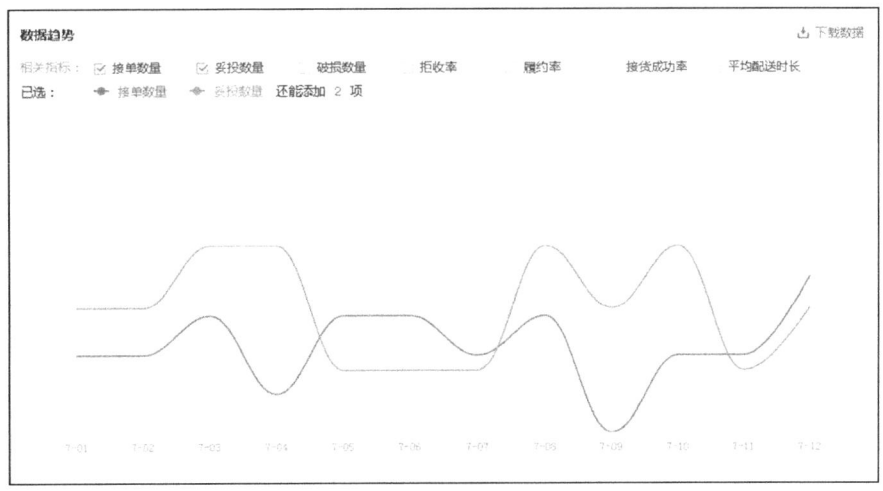

图 9-3-36

图 9-3-37

（3）区域分析

配送数据的区域分析，根据不同区域销售及配送数据，可以更清楚地查看各区域用户的配送习惯，以此来优化店铺商品卖点，京东配送是一个不错的选择。地域可以展开查看二级地域。表格可下载，做数据备份，方便后续数据分析，如图 9-3-38 所示。

图 9-3-38

单击"趋势",可以看到某个区域下的数据走向,分析用户配送需求变化,如图 9-3-39 所示。

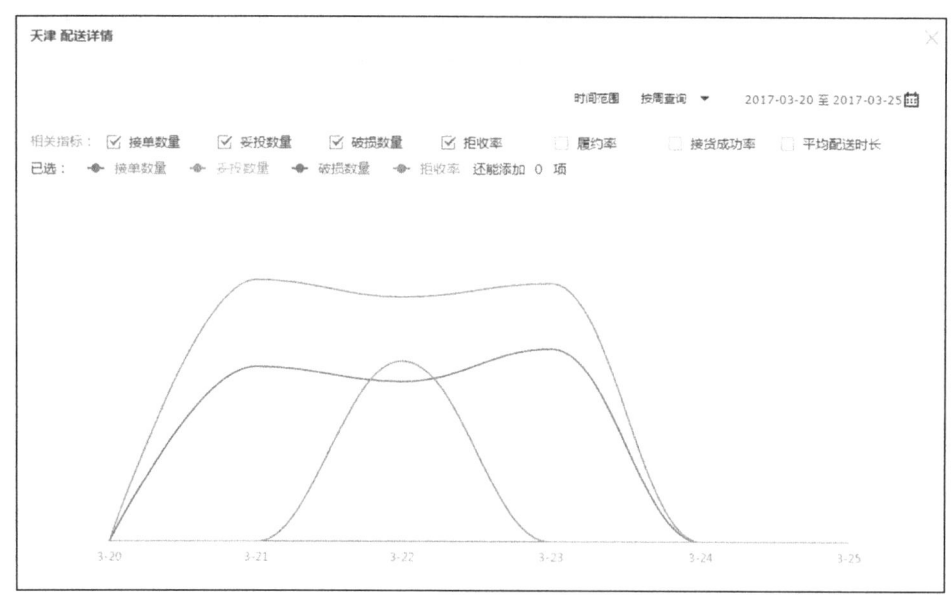

图 9-3-39

## 2. 仓储分析

(1)整体简介

库存概况、店铺维度仓储数据展示,以及店铺所在仓库的仓库列表和商品(SKU)维度的仓储情况。

（2）权限说明

商家是 FBP 或 SOP 模式，只有使用了京东仓的商家才可以展示这个模块，其他未使用京东仓的商家不展示这个模块。

（3）数据概览：

① 时间选框：时间选框灵活，可以按日、周、月查看数据，并支持近 30 天自定义时间段查询，更加方便活动前库存储备和活动后的库存分析。

② 库存概况：昨日库存展示昨日最近实际库存、昨日最新库用库存、昨日最新库存金额，昨日最新库存情况主要是为了方便各位库存管理人员记录信息，如图 9-3-40 所示。

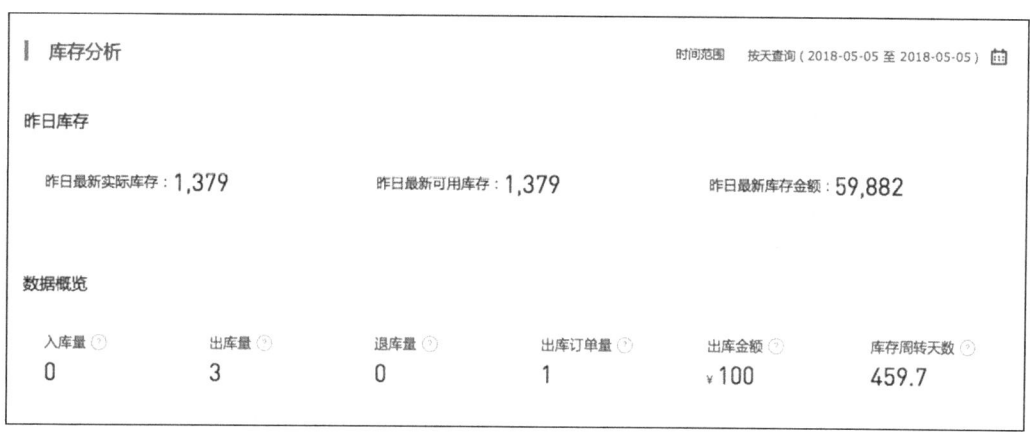

图 9-3-40

③ 数据概况：展示入库量、出库量、退库量、出库订单量、出库金额、库存周转天数，这些属于动态数据，可以查询某段时间的库存状况。

（4）商品列表

显示店铺库存商品，入库量排序前一千的商品，有商品库存的基本数据，根据昨日的可用库存，设有库存预警，设置安全库存天数，如果可用库存小于安全库存天数和近 30 天日均销量和，则会显示预警。针对预警商品，商家可以选择补货或调拨，如图 9-3-41 和图 9-3-42 所示。

图 9-3-41

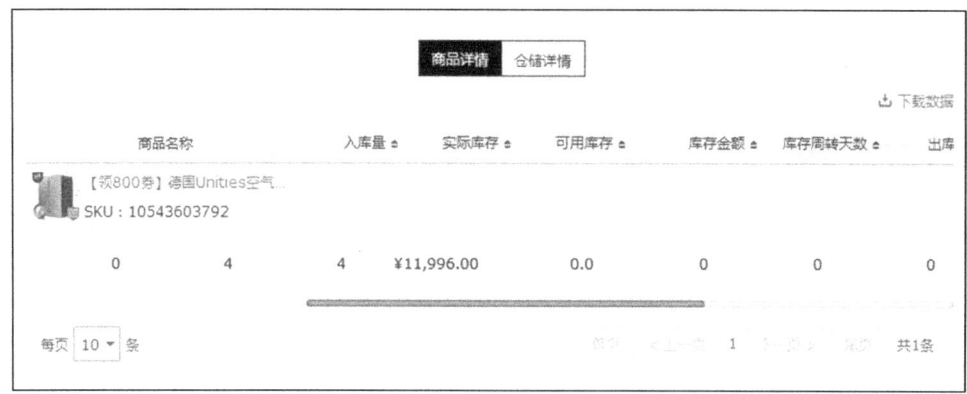

图 9-3-42

（5）仓库列表

店铺内商品在各个京东仓库的库存情况，可以做数据记录或者仓库调拨参考。仓库及商品可以做下载表格处理，数据可以留存下来，如图 9-3-43 所示。

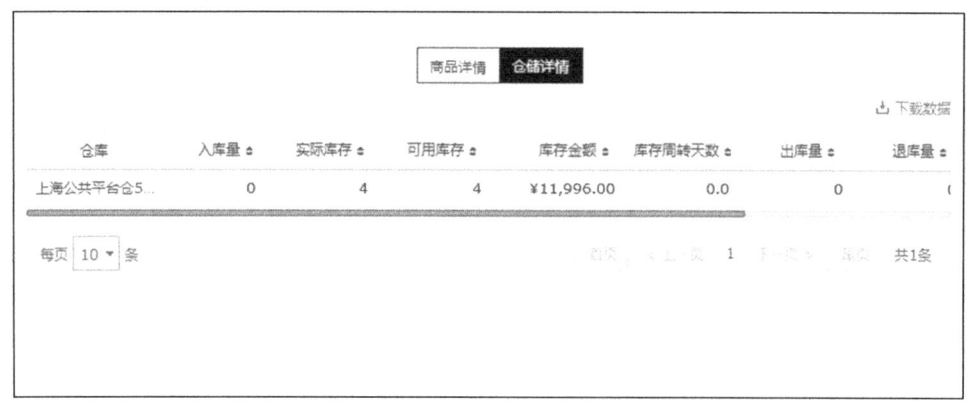

图 9-3-43

## 9.4 行业分析

在 9.3 节中重点介绍的是如何用商智查询分析自己店铺内的数据，但是商场如战场，要打好电商这种场仗，显然只了解自己店铺的数据是不够的，只有知己知彼，方能百战不殆。在行业分析中能帮助商家朋友更全面地掌握自己所处行业的走势、同行业优质商家的属性分布、行业的人群喜好等数据。

### 9.4.1 市场行情

在市场行情中是重点帮助商家了解整个行业的趋势，及这个行业中店铺、产品的销售榜单，如图 9-4-1 所示，选择"行业实时"，能查询到实时商家榜单，这里的数据大约每 5 分钟更新一次。

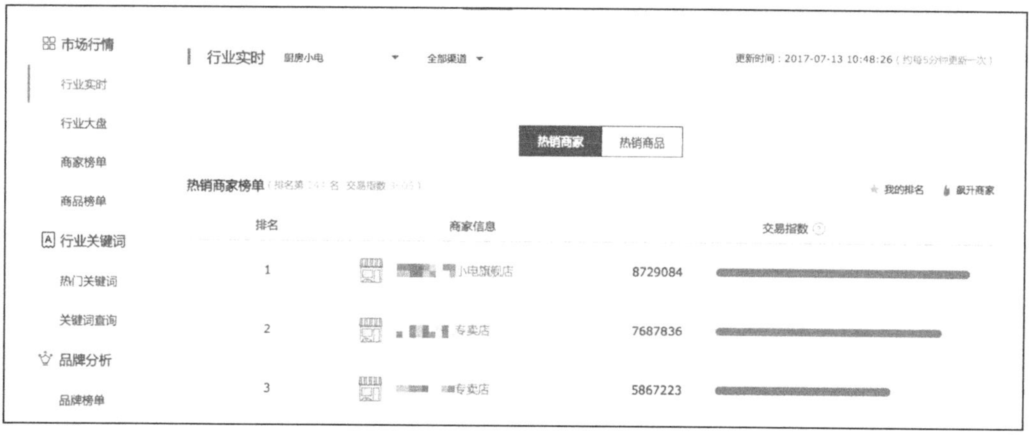

第9章 数据分析——京东商智

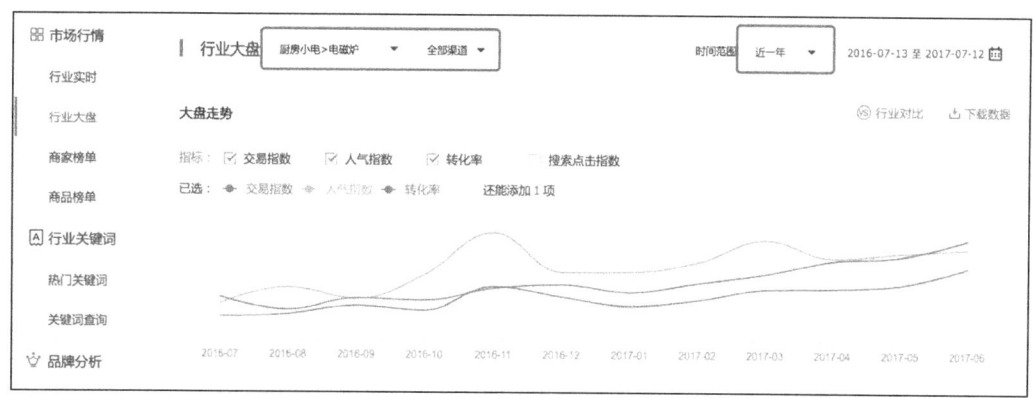

图 9-4-1

在行业大盘中，可以选择商家想查询的三级类目的数据，首先选择要查询的三级类目和渠道入口，如图 9-4-2 所示，选择的是厨房小电下的电磁炉类目在过去一年中的大盘趋势。从交易指数整体趋势就能发现，2016 年 11 月的时候有一个明显的峰值，之后整个趋势稳步上涨，这就证明电磁炉整个类目在京东过去的一年中整体还是上升趋势，市场需求还是增长的，商家可以优先考虑做此类型类目。此处商家需主动选择渠道入口，系统默认的是全渠道综合数据，如果想要单独查询 PC 或者 APP 等，则需要选择相应渠道。

图 9-4-2

在商家榜单中罗列的是在选定时间周期内的交易指数和人气指数排名前 50 的商家信息，如图 9-4-3 所示。此处商家可以知道过去一段时间内哪一个店铺销售最多，当我们知道类目里销售最优的商家后可以通过此店铺的详情查询到此店铺过去一段时间销售曲线及热销商品排行榜，如图 9-4-4 所示。这样就方便商家去分析最优店铺的数据然后结合自身店铺数据做出调整。

331

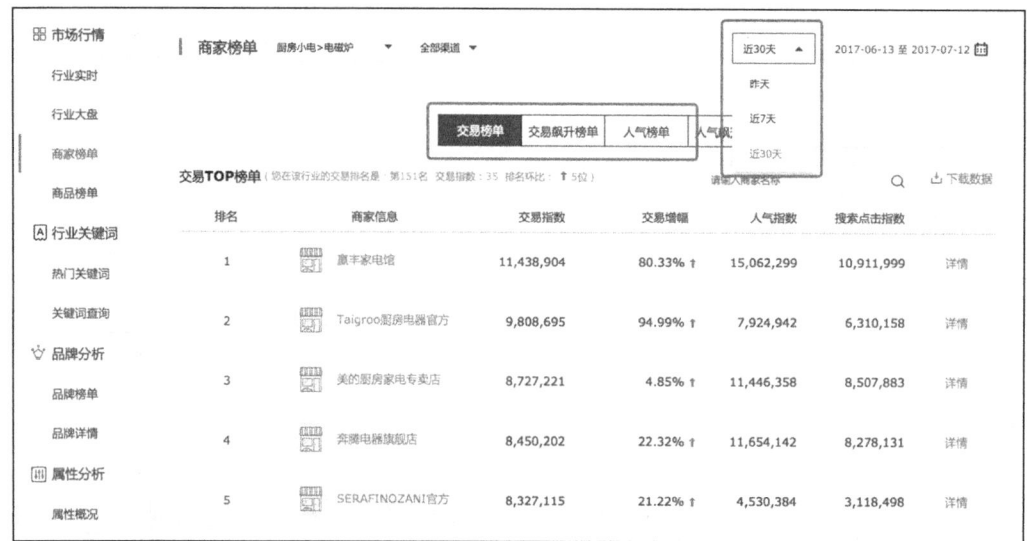

图 9-4-3

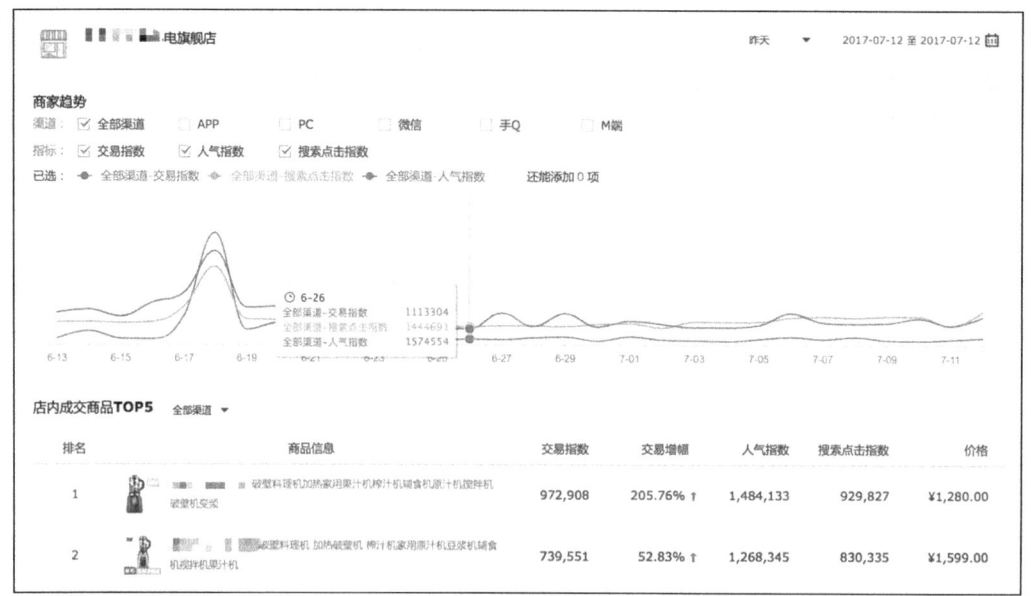

图 9-4-4

在商品榜单中，查询周期内热销排名前 50 的单品如图 9-4-5 所示。这里的数据与上文的商家榜单的区别在于更加细致地落实到单品，前面是全店铺的排行。

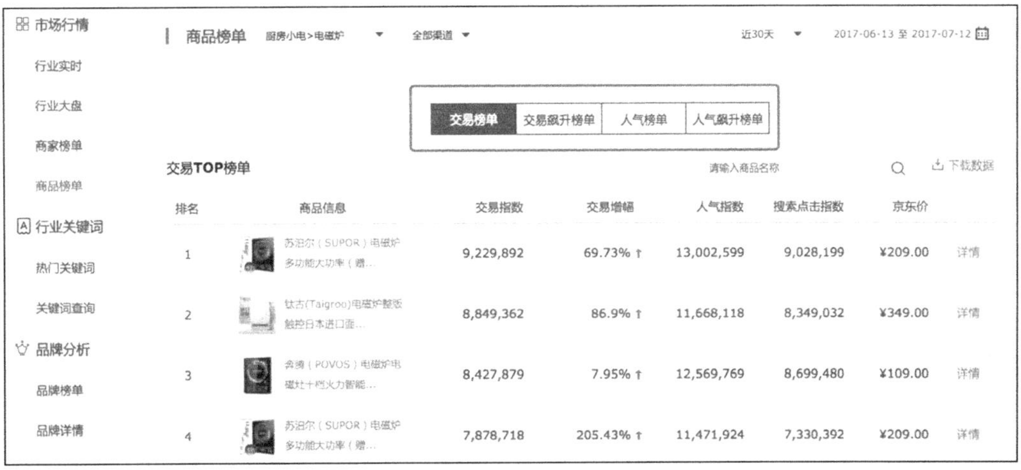


| 排名 | 商品信息 | 交易指数 | 交易增幅 | 人气指数 | 搜索点击指数 | 京东价 | |
|---|---|---|---|---|---|---|---|
| 1 | 苏泊尔（SUPOR）电磁炉多功能大功率（赠… | 9,229,892 | 69.73% ↑ | 13,002,599 | 9,028,199 | ¥209.00 | 详情 |
| 2 | 钛古(Taigroo)电磁炉整版触控日本进口面… | 8,849,362 | 86.9% ↑ | 11,668,118 | 8,349,032 | ¥349.00 | 详情 |
| 3 | 奔腾（POVOS）电磁炉电磁灶十档火力智能… | 8,427,879 | 7.95% ↑ | 12,569,769 | 8,699,480 | ¥109.00 | 详情 |
| 4 | 苏泊尔（SUPOR）电磁炉多功能大功率（赠… | 7,878,718 | 205.43% ↑ | 11,471,924 | 7,330,392 | ¥209.00 | 详情 |

图 9-4-5

如果对于热销榜中某一个产品想重点分析，单击此单品后面的“详情”即跳转到此单品的详情数据页面，如图 9-4-6 所示。此处可以查询到此单品的流量分布和搜索引流关键词，如果此商品与自己店铺商品类似，流量分布就非常有参考价值。另外，引流关键词对于本店铺打造爆款时确定主词时也有借鉴参考意义。

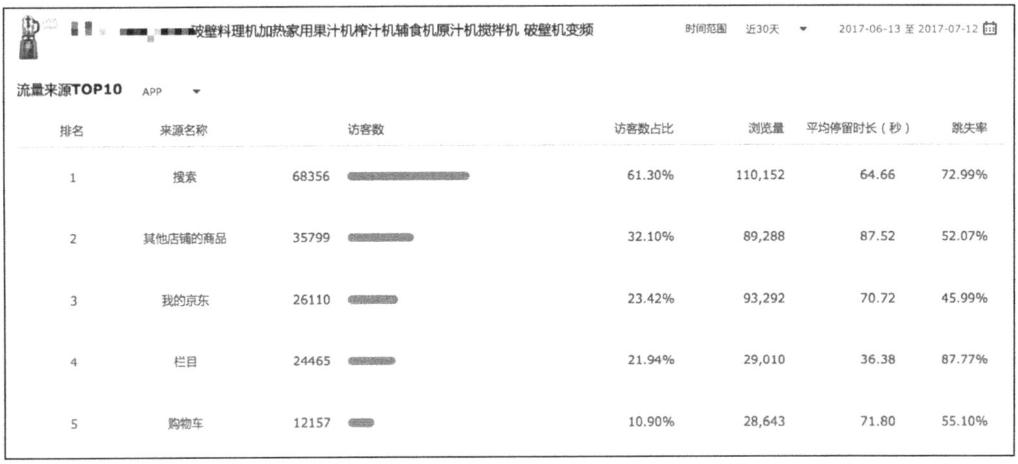


| 排名 | 来源名称 | 访客数 | 访客数占比 | 浏览量 | 平均停留时长（秒） | 跳失率 |
|---|---|---|---|---|---|---|
| 1 | 搜索 | 68356 | 61.30% | 110,152 | 64.66 | 72.99% |
| 2 | 其他店铺的商品 | 35799 | 32.10% | 89,288 | 87.52 | 52.07% |
| 3 | 我的京东 | 26110 | 23.42% | 93,292 | 70.72 | 45.99% |
| 4 | 栏目 | 24465 | 21.94% | 29,010 | 36.38 | 87.77% |
| 5 | 购物车 | 12157 | 10.90% | 28,643 | 71.80 | 55.10% |

图 9-4-6

## 9.4.2　行业关键词

众所周知，大多数网购者都习惯在购物平台上通过某个词或者短语来形容自己想要购买的商品，然后通过这个词来搜索找到自己想要的商品。那么行业关键词就代表了这个行业大多数消费者在买这类商品时用什么样的词语去描述和搜索，直接代表了搜索流量的入口。

热销关键词中显示了此三级类目下最热门的关键词，其中对关键词的搜索、点击、转化率、商品数、竞争度等维度做了明确标注，如图 9-4-7 所示。搜索量大、转化率高、商品数量又少的这类词更适合新商家去推产品，但是根据商家自身情况也可以选择一些搜索不大但是转化高的小词进行推产品。如图9-4-7框中所示品类的归属有最优次优，这个最优代表词的高相关分类，只有你的产品是归属于该类目，你选择推品时这个词才能得到最大权重（个别小类目不适用于此）。

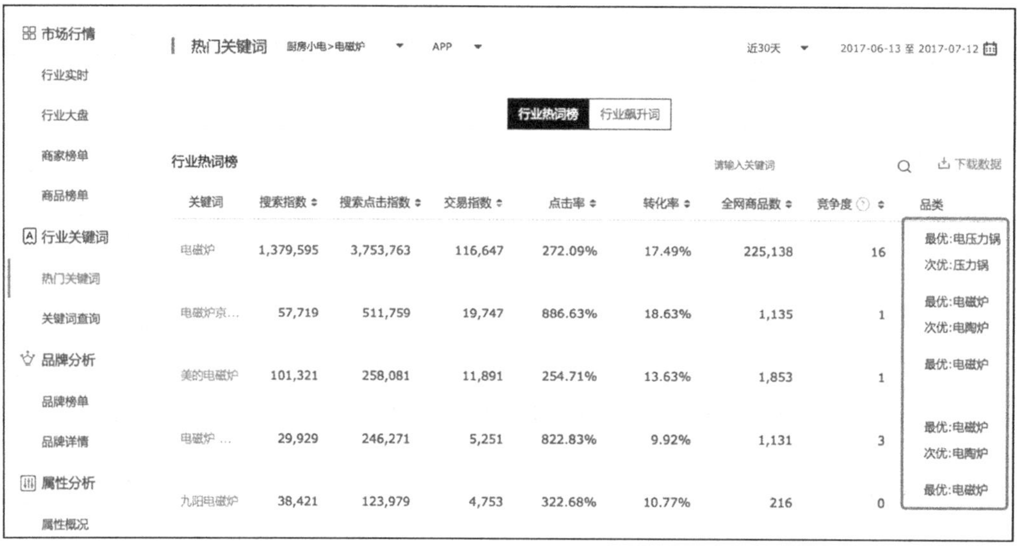

图9-4-7

在关键词查询中可以对商家想分析的某一个词进行详细数据分析。如图9-4-8所示，搜索"九阳电饭煲"这个词，这个词在过去一段时间搜索成交数据的曲线就可以查询到。

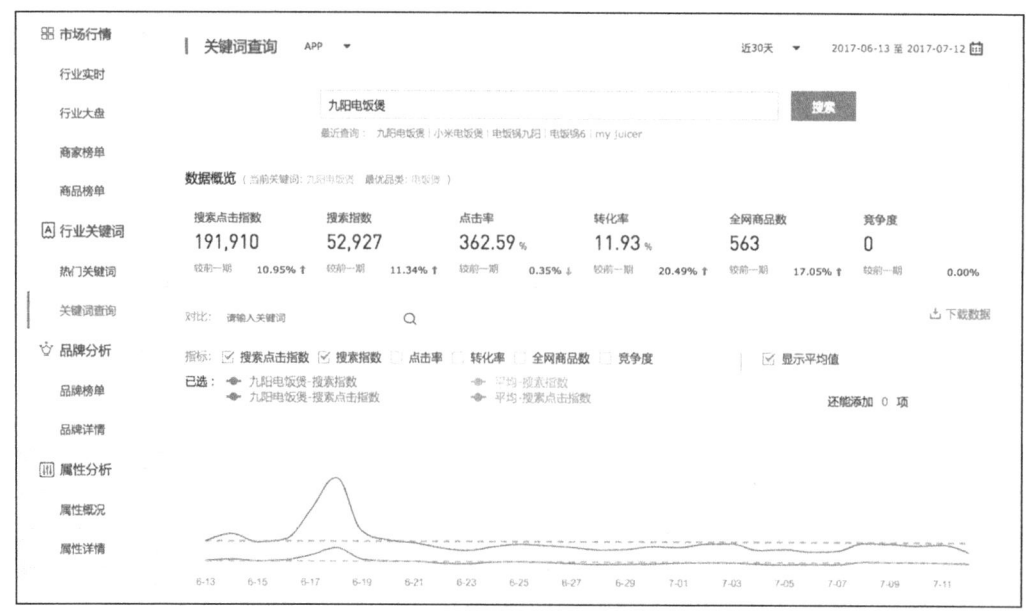

图9-4-8

## 9.4.3　品牌分析

在品牌分析中主要是按照品牌的维度去分析某一个指定品牌的数据。如图 9-4-9 所示，选择近 30 天电磁炉类目，苏泊尔就是销售第一的品牌。

| 排名 | 品牌信息 | 交易指数 | 交易增幅 | 人气指数 | 搜索点击指数 | 客单价 | |
|---|---|---|---|---|---|---|---|
| 1 | 苏泊尔（SUPOR） | 18,041,635 | 62.98% ↑ | 23,436,899 | 24,431,099 | ¥219.41 | 详情 |
| 2 | 美的（Midea） | 15,630,542 | 6.63% ↑ | 20,406,566 | 22,518,441 | ¥348.37 | 详情 |
| 3 | 九阳（Joyoung） | 13,365,011 | 8.73% ↑ | 19,511,965 | 19,821,480 | ¥260.12 | 详情 |
| 4 | Taigroo | 13,001,705 | 94.99% ↑ | 9,910,256 | 8,927,044 | ¥396.74 | 详情 |
| 5 | 奔腾（POVOS） | 11,456,251 | 28.33% ↑ | 15,847,900 | 14,644,340 | ¥168.40 | 详情 |

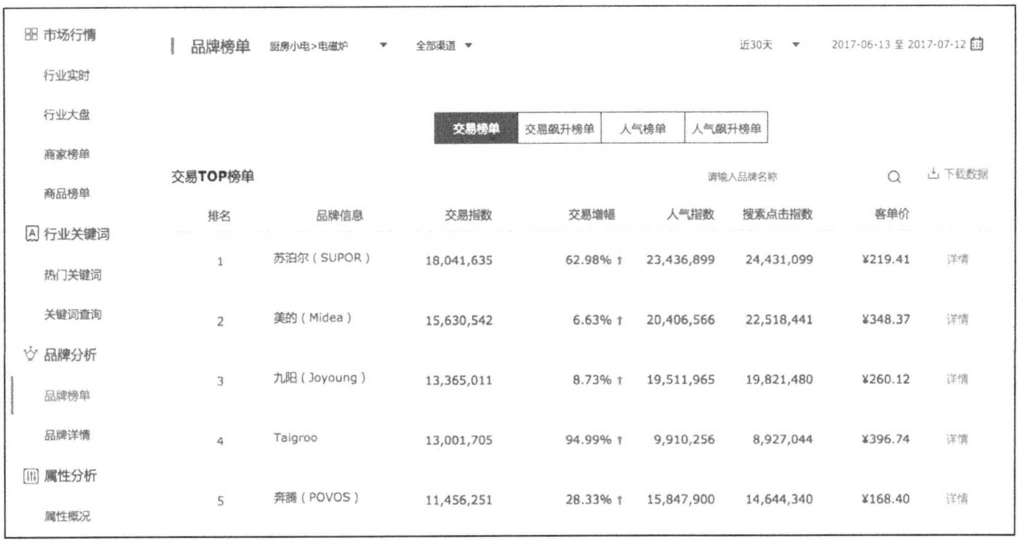

图 9-4-9

想要对某一个品牌有更详细的分析则单击品牌后面对应的“详情”按钮，即跳转到如图 9-4-10 所示页面，可以查询到此品牌的客单价、转化率等详细数据。如果选择的这个品牌在京东只有一家店铺，那么也就可以间接知道这家店铺的客单价与转化了。

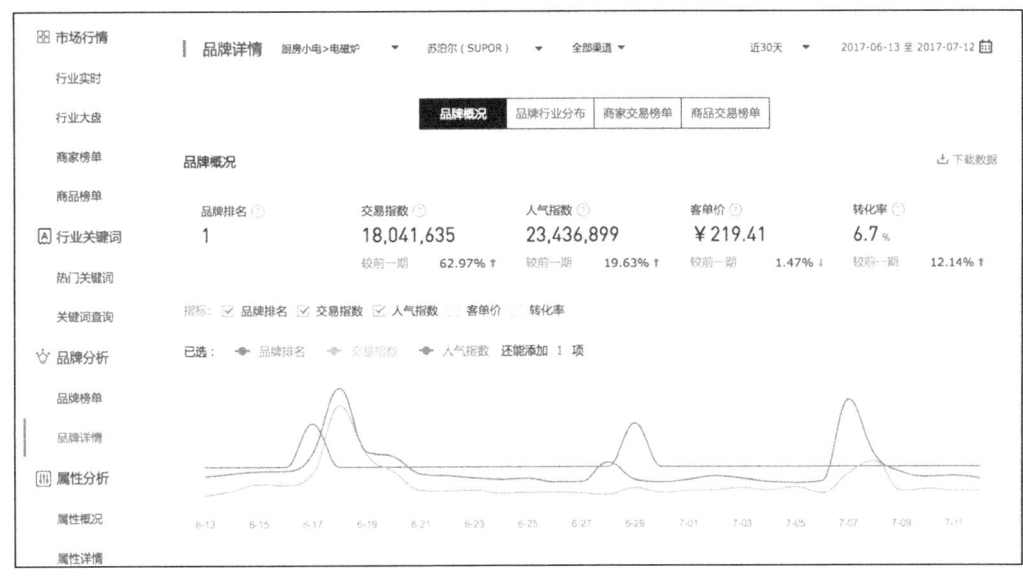

图 9-4-10

### 9.4.4 属性分析

属性分析这里面可以理解为用户画像,如图 9-4-11 所示,查看豆浆机近 30 天的属性占比分布。选择"价格"属性就可以查到近 30 天在京东买豆浆机的消费者对于价格的分布,不同品类选择的属性数量和类别不同,这里主要能为商家在选品时提供参考。

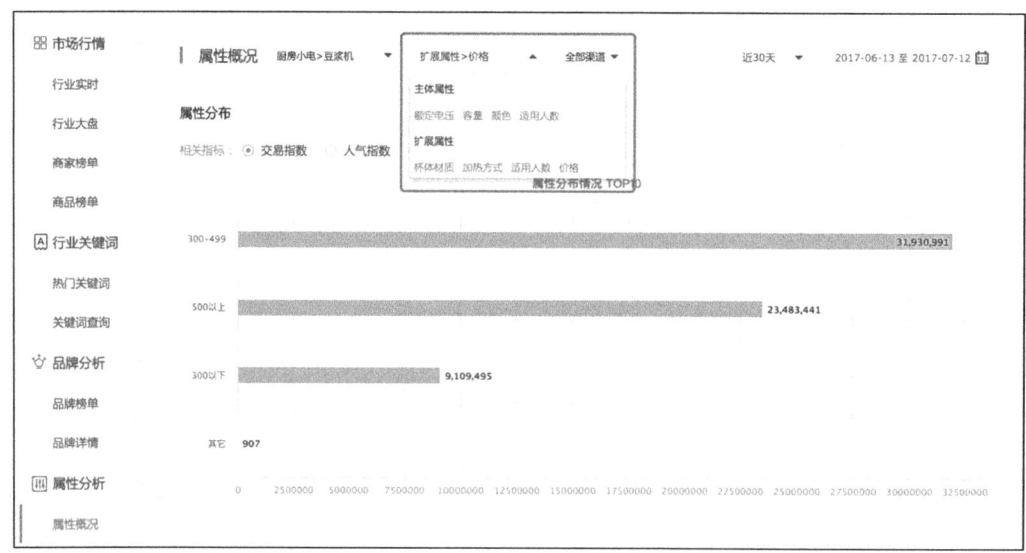

图 9-4-11

如果要对某一属性进行详细的分析,单击"属性详情",如图 9-4-12 所示,可以查询周期内的详细曲线变化。

图 9-4-12

## 9.5 主题分析

### 9.5.1 搜索分析

搜索分析中包含了排名定位、搜索诊断、标题分析 3 个板块的内容。

#### 1. 排名定位

排名定位是运营店铺的一个重要指标，商智主题分析板块排名定位，大大方便了我们对商品排名的信息了解，这里的定位有 3 个维度，渠道（PC、APP、微信、手 Q、M 端）、地点、关键词。不同地点有时候排名不一样，排名定位如图 9-5-1 所示。

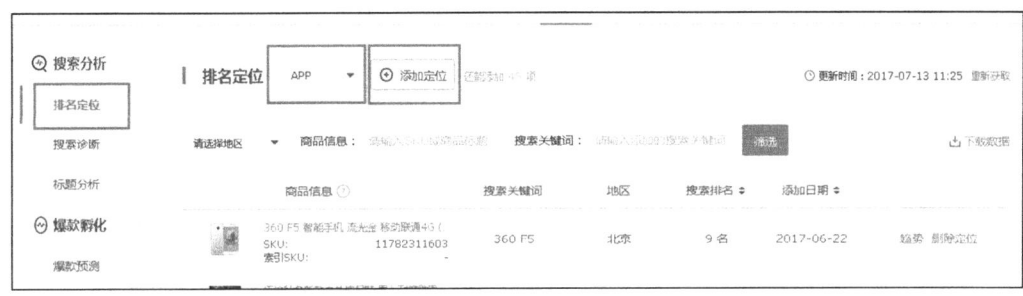

图 9-5-1

#### 2. 操作流程

第一步，添加定位，如图 9-5-2 所示。

图 9-5-2

第二步，选择定位地区、搜索关键词及关键词对应的商品 SKU 或者商品链接，然后单击"添加"按钮，如图 9-5-3 所示。

图 9-5-3

> **Tips**
> 如果所选的商品在该关键词下暂无排名,则是无法添加成功的。
> 添加排名时可以选择不同端口和不同地区,比如选择了微信入口,那么在添加成功后所展示的排名就是该关键词在微信端的排名情况。

### 3. 搜索诊断

搜索诊断是商家查看是否有品牌作弊、标题堆砌从而导致商品降权的情况,如图 9-5-4 所示。

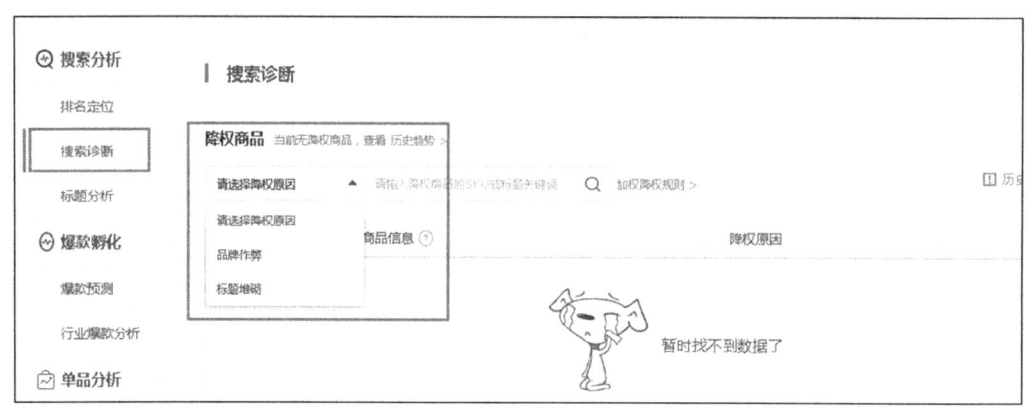

图 9-5-4

### 4. 标题分析

标题分析是针对商品的标题进行分词拆解。

第一步,输入要检测标题的商品链接,如图 9-5-5 所示,单击"确定"按钮。

# 第 9 章 数据分析——京东商智

图 9-5-5

第二步，单击"开始分析"按钮，可以分析得到标题分析结果、关键词分析结果，如图 9-5-6 所示。

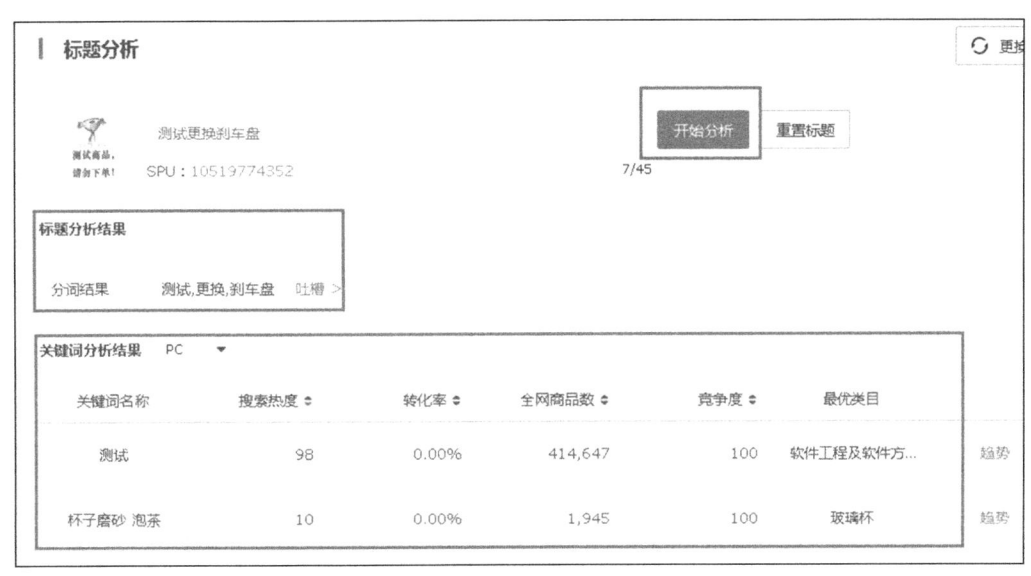

图 9-5-6

> **Tips**
> 在标题分析里可以根据分词结果和关键词分析结果对标题进行优化。

## 9.5.2 爆款孵化

爆款预测模块通过机器学习的算法，每周为您智能预测一次店铺内商品成为爆款的可能性，这项指标我们定义为"潜力值"，它是该模块的灵魂，如图 9-5-7 所示。

气泡图为您展示了 5 个维度的信息：商品基础信息（商品名称、SKUID、商品主图）、近 7 日总销量、近 7 日总访客数、潜力值、所属二级类目。

气泡的大小：代表潜力值的高低，潜力值是一个 0.00 到 1.00 之间的数值，越接近于 1 代表成为爆款的可能性越大。可能您已经发现："为什么潜力值分别为 0.96、0.97、1.00 的 3 个商品的气泡大小看起来一样呢？"由于人眼对尺寸的细微变化没有那么敏感，为了避免不必要的信息负载让您的眼睛感到疲惫，我们总共提供了 20 种尺寸的气泡大小，每 5 个潜力分为一组，统一用一种尺寸表示。

气泡的颜色：代表所属的二级类目。

气泡的坐标：气泡的横坐标代表该商品近 7 日的总销量、纵坐标代表该商品近 7 日的总访客数，两个数值共同决定了气泡圆心所在的位置。越靠近右上角的气泡，其销量、访客数表现一定越好。

打开该页面，会看到页面上出现了 5 个气泡，这是系统为您筛选出来的本周潜力值最高的 5 个商品。

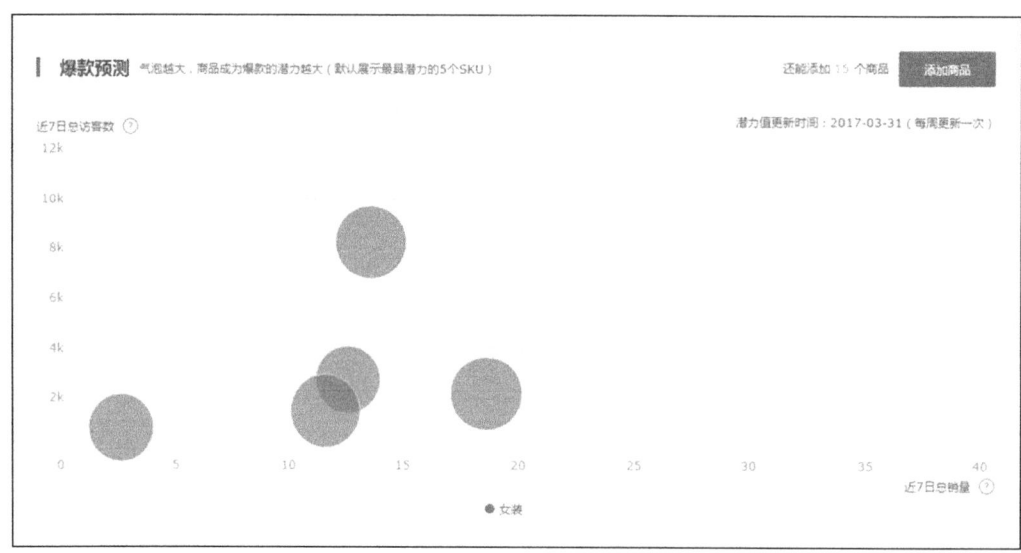

图 9-5-7

行业爆款分析为您展示了京东所有二级类目下京东开放平台商品的爆款情况，利用智能算法，我们通过商品的一系列表现数据识别出了每个二级类目下前 5 名的爆款商品，如图 9-5-8 所示。

### 9.5.3 单品分析

单品分析针对某个单品进行监控，从而达到长期监测单品数据的效果。

第一步，添加需要监控的商品 SKU 或者商品链接，如图 9-5-9 所示，单击"添加单品"按钮。

第 9 章 数据分析——京东商智

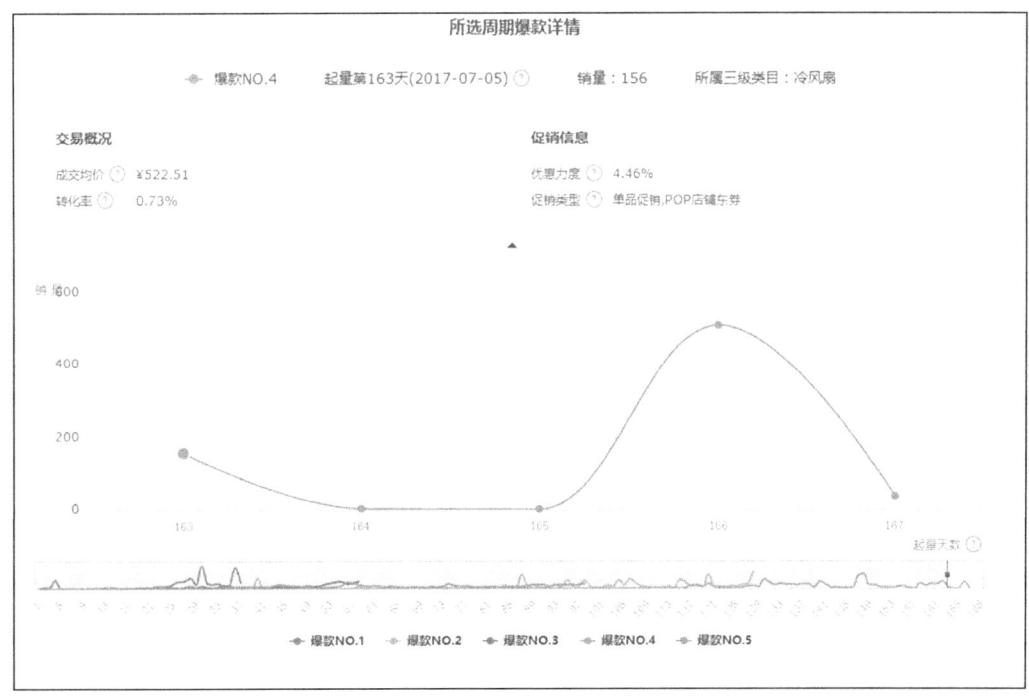

图 9-5-8

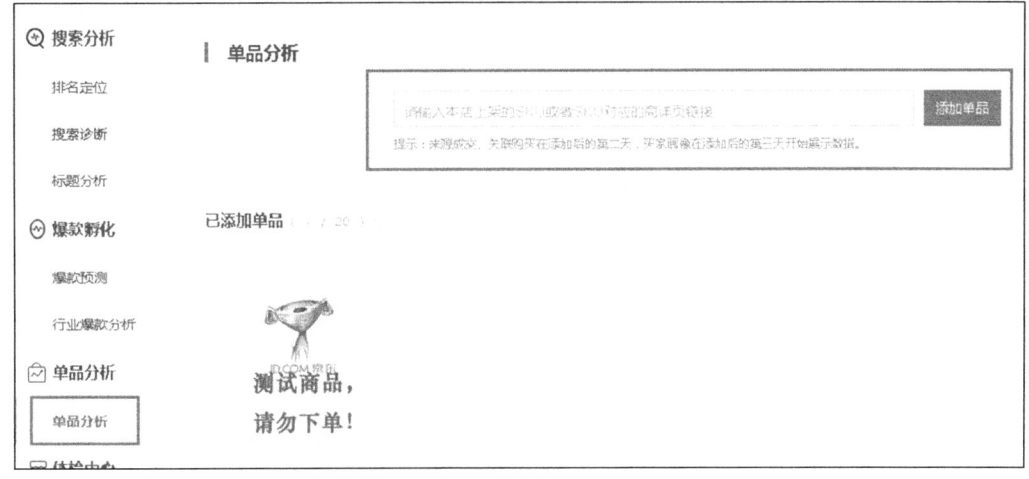

图 9-5-9

第二步，添加商品后，第二天开始展示单品数据。来源成交、关联购买在添加后的第二天，买家画像在添加后的第三天开始展示数据。

第三步，单击已添加单品，查看相关数据，如图 9-5-10 所示。

通过分析关注浏览里的访客数、浏览量、平均停留时长、商品关注数，可以让商家了解消费者对这款单品的喜好程度以及关联效果，如图 9-5-11 所示。

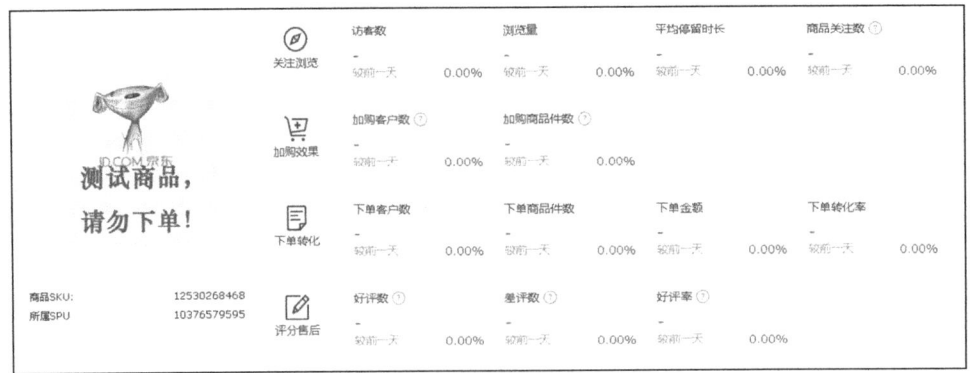

图 9-5-10

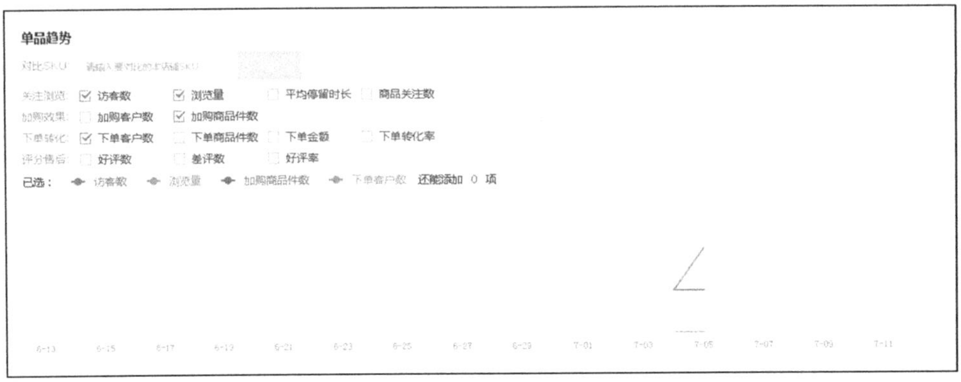

图 9-5-11

通过关键词来源成交分析，可以让商家了解关键词的访客数、下单转化率、UV 价值等，从而让商家可以更加精准地去选择推广关键词，如图 9-5-12 所示。

来源成交分析　关键词来源成交　流量来源成交　单品来源成交　下载数据

| 关键词 | 访客数 | 访客数占比 | 浏览量 | 下单客户数 | 下单商品件数 | 下单单量 | 下单转化率 | 下单金额 | UV价值 | |
|---|---|---|---|---|---|---|---|---|---|---|
| 空气净化器 | 3,648 | 54.71% | 5,148 | 16 | 16 | 15 | 0.44% | 38,055.68 | 10.43 | 趋势 |
| 空气净化器家用 | 524 | 7.86% | 679 | 3 | 3 | 3 | 0.57% | 6,794.10 | 12.97 | 趋势 |
| 净化器 | 313 | 4.69% | 388 | 2 | 1 | 1 | 0.64% | 2,264.10 | 7.23 | 趋势 |
| 空气净化器 无耗材 | 232 | 3.48% | 352 | 7 | 4 | 4 | 3.02% | 9,034.00 | 38.94 | 趋势 |
| 空气净化器除甲醛 | 179 | 2.68% | 240 | 2 | 2 | 2 | 1.12% | 4,530.00 | 25.31 | 趋势 |

1/60

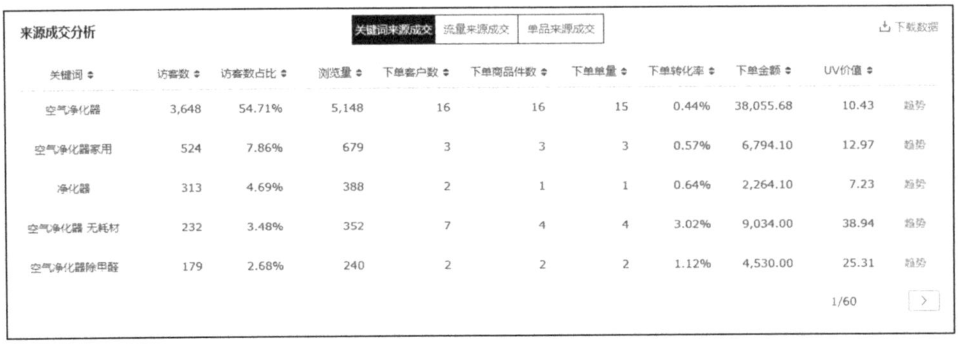

图 9-5-12

通过流量来源成交，可以让商家了解不同流量来源的访客数、下单转化率、UV 价值等，从而让商家可以更加精准地去优化不同的流量来源渠道，如图 9-5-13 所示。

## 第9章 数据分析——京东商智

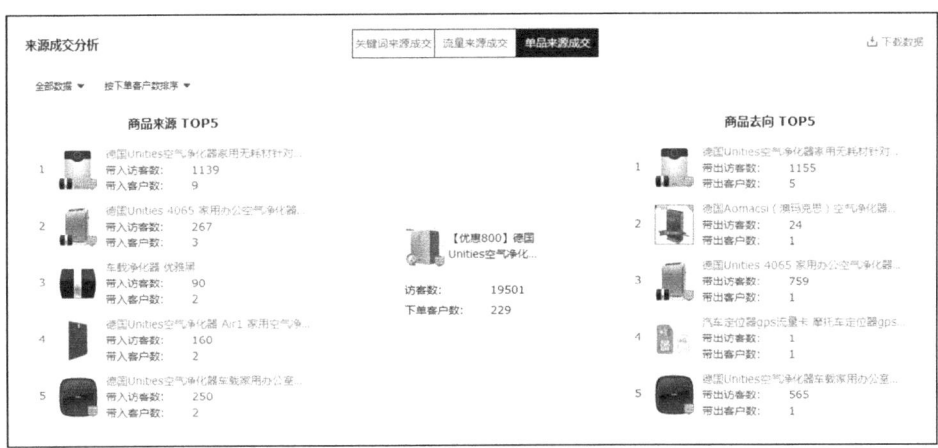

图 9-5-13

通过商品的单品来源成交分析，商家可以查看店内哪些商品带给该单品的流量，从而可以有针对性地去制作关联版式；通过商品去向，可以让商家了解到消费者浏览该单品后会继续浏览哪些商品，如果是自己店铺内的商品，可以做好关联版式；如果是流向其他店铺，那商家就需要对这些商品进行分析，如图 9-5-14 所示。

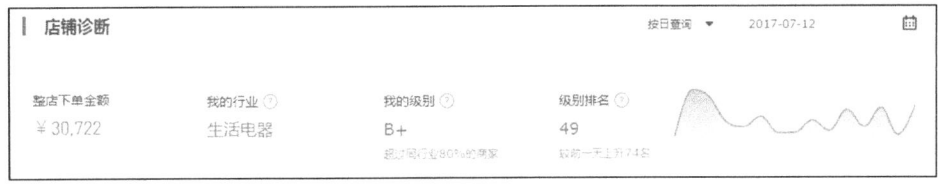

图 9-5-14

### 9.5.4 体检中心

店铺诊断是运营日常核心工作之一，店铺诊断功能能够快速地帮我们发现店铺的问题，及时解决问题。在了解店铺情况时，我们第一个了解的就是店铺在行业的数据情况。

**1. 店铺行业地位（见图 9-5-15）**

图 9-5-15

343

(1）主营行业：取店铺经营得最厉害的商品类目，由 SPU 数量和销售额共同决定。

(2）行业内的级别：将相同主营行业的所有店铺集合，按照统计时间内的下单金额，由高至低进行排序，分为 5 个级别（A+，A，B+，B，C）。

- A+级别店铺数量占行业总数的 1%，通常是著名品牌商、行业领头羊；
- A 级别店铺数量占行业总数的 4%，通常是大型商家；
- B+级别店铺数量占行业总数的 15%，通常是大中型商家；
- B 级别店铺数量占行业总数的 30%，通常是中型商家；
- C 级别店铺数量占行业总数的 50%，通常是小型或者刚加入京东的新商家。

(3）级别内的排名：将相同行业和级别的所有店铺集合，按照统计时间内的下单金额，由高至低进行排序。

**2. 指标是否存在风险**

店铺诊断功能的定位，是一个小而精的自动化运营工具。分别是流量主题、交易主题和装修主题、流量分析和装修分析，我们按浏览渠道 APP/PC/M/微信/手 Q 下钻分析，交易是按商品三级类目降维，符合运营分析的习惯。

- 流量主题：访客数、浏览量、UV 价值
- 交易主题：下单金额、下单商品件数、下单客户数、客单价
- 装修主题：跳失率、人均浏览量、平均浏览时长（秒）、店铺关注人数

以图 9-5-16 为例，整体流量下滑严重，其中 PC 端流量下滑最多。商家需要去查找流量下滑的原因，是整体类目流量下滑，还是 PC 免费流量下滑或者是 PC 推广流量下滑等。找到流量下滑的症状并解决问题，如图 9-5-17 所示。

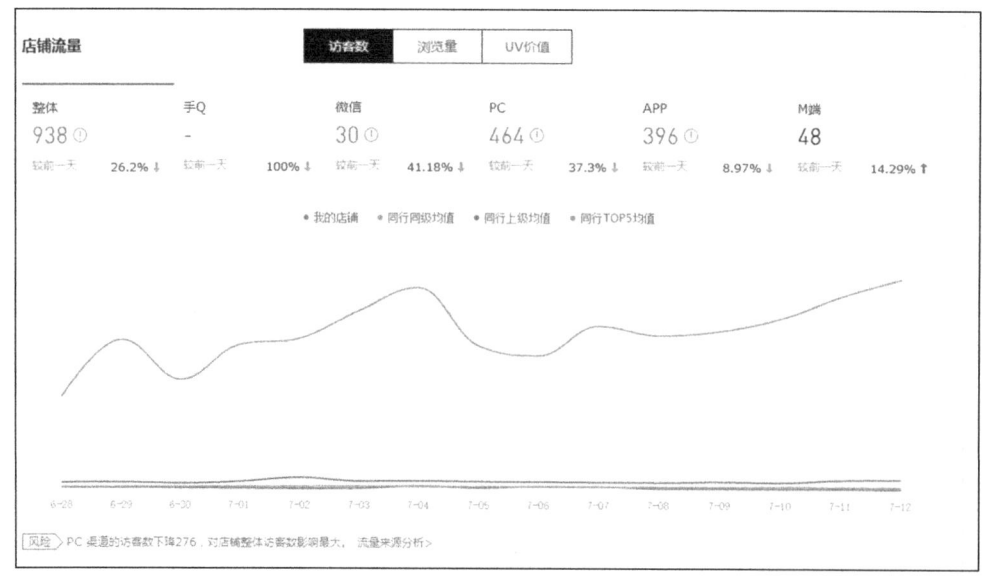

图 9-5-16

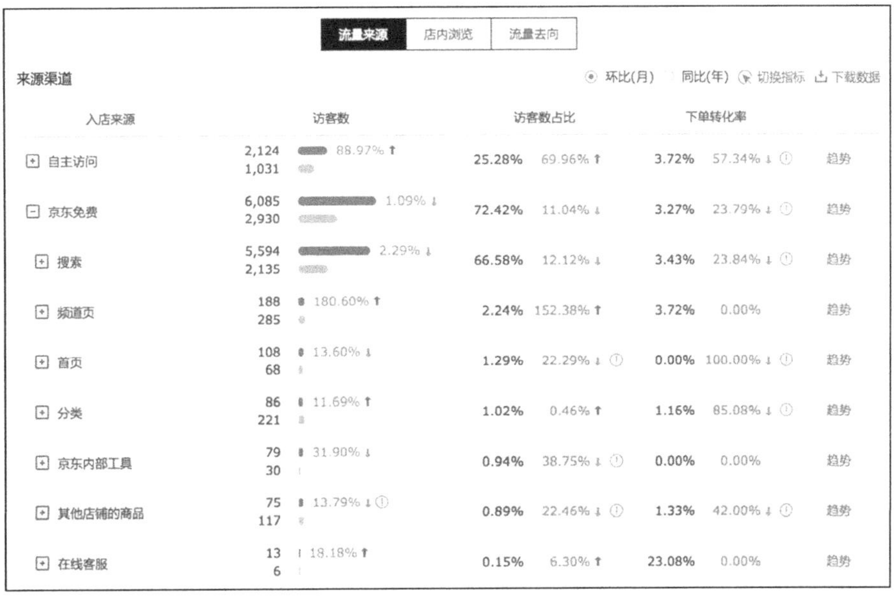

# 第9章 数据分析——京东商智

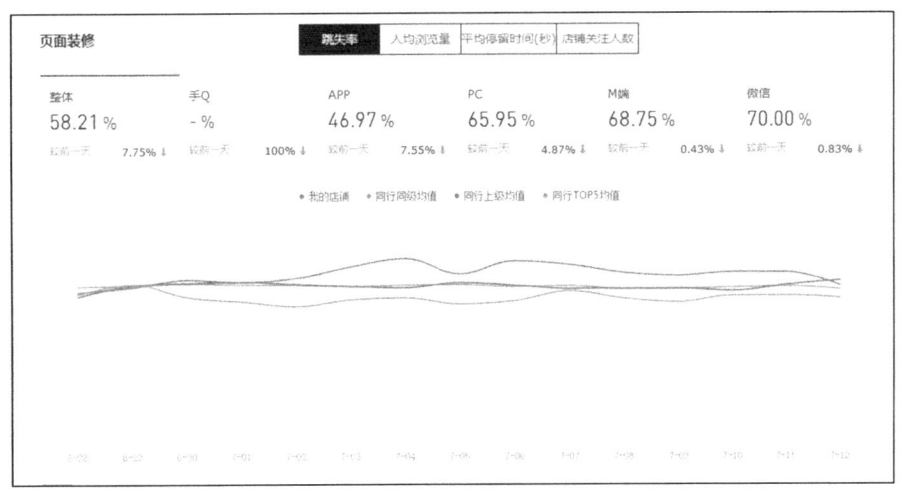

图 9-5-17

从图 9-5-18 中分析得知，店铺整体跳失率高于同行，说明在页面装修这块需要调整，最好能够结合热力图，来分析客户哪个地方对跳失率的影响最大。

图 9-5-18

## 9.5.5 热力图

在商家制作好一个首页或者详情页时，需要用热力图对页面效果进行检测，具体操作步骤如下所示。

第一步，添加页面，如图 9-5-19 所示。

图 9-5-19

第二步,添加商品链接/SKU,填写页面名称,如图 9-5-20 所示。

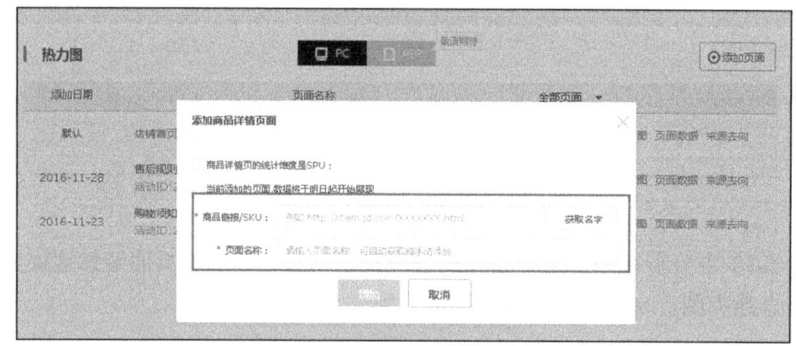

图 9-5-20

> **Tips**

当前添加的页面,数据将于明日起开始展现。目前仅支持 PC 端页面。

第三步,热力图页面数据分析,如图 9-5-20 和图 9-5-21 所示。

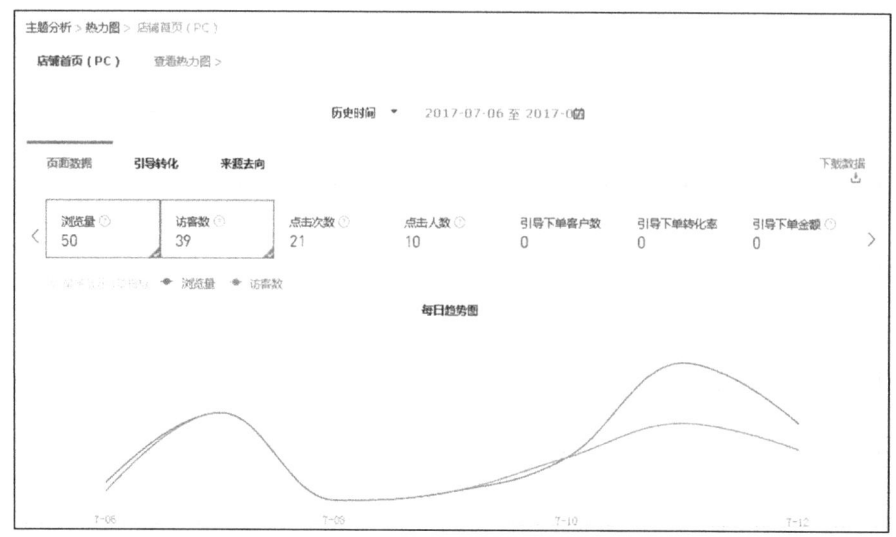

图 9-5-21

# 第 9 章  数据分析——京东商智

图 9-5-22

通过页面数据，可以了解到这个页面的点击转化情况，从而可以进一步进行优化，如图 9-5-23 所示。

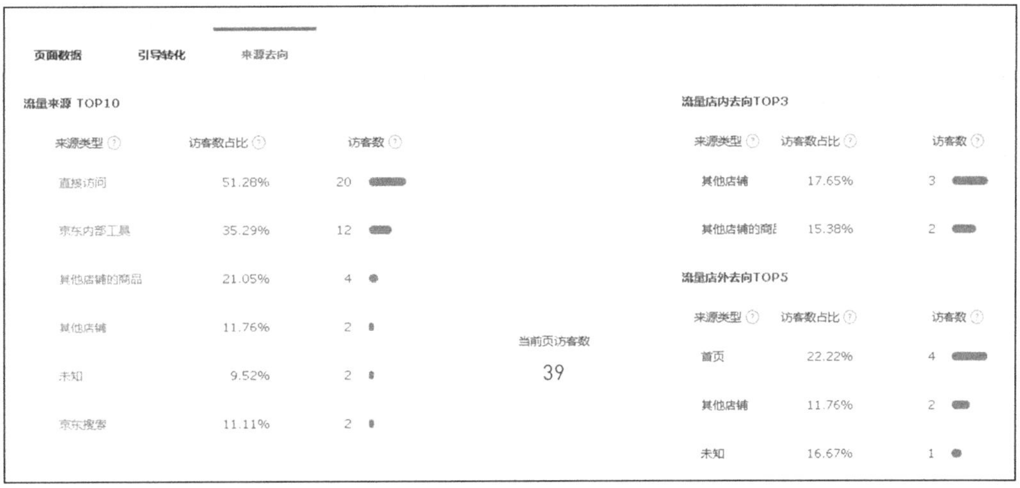

图 9-5-23

通过页面流量来源和流量去向，商家可以有针对性地对页面布局及产品规划进行调整。

## 9.6  揽客计划

揽客计划是提供品牌商用户经营的最终解决方案，从品牌分析数据决策、营销执行及结果反馈形成"一平台，全闭环"服务！揽客计划分购物车营销和客户营销两部分内容。

### 9.6.1  购物车营销

**1．产品介绍**

购物车营销是针对店铺商品加入购物车但未下单的客户推出的精准营销工具。商家只需对加购商品设置降价促销，系统通过购物车提醒和京东 APP 消息，自动将降价信息告知客户，促成加购客户立即购买。

## 2. 操作流程

产品操作流程示意图，如图 9-6-1 所示。

图 9-6-1

（1）选择商品

系统按天更新最近 7 天被加入购物车且未下单商品的用户数据，商品按加购用户数降序排列，可根据需要选择促销商品。商品在同一时间内，只允许创建到一个活动中。单个活动覆盖人数上限 10 万，如图 9-6-2 所示。

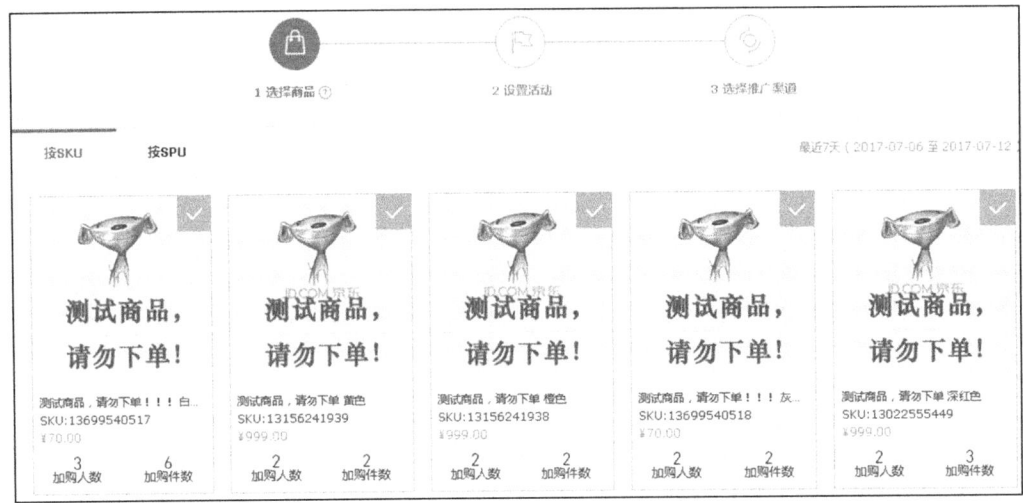

图 9-6-2

（2）设置活动

对已选择的商品，可进行活动价设置，该价格对全渠道有效，如图 9-6-3 所示。

> **Tips**
> 该促销创建成功后可在商家后台中查看，且若在商家后台设置了促销审核，需到商家后台中审核通过才可生效。

# 第 9 章 数据分析——京东商智

图 9-6-3

（3）选择推广渠道

目前仅支持在 APP 消息中指出购物车中商品有降价，单击"立即创建"按钮可直接跳转至购物车，后续会增加触达方式，以供选择。

图 9-6-4

**↳ Tips**

加购数为最近 7 天被加入购物车且未下单商品的用户数据，商品在同一时间内，只允许创建到一个活动中。单个活动覆盖人数上限 10 万。

创建活动后需在"促销推广"—"审核促销"中审核通过后才可以生效。

## 9.6.2 客户营销

**1．产品介绍**

客户营销是系统通过客户的搜索、浏览、加购和下单等行为数据，为商家智能筛选出对商家店铺商品感兴趣、有购物需求的这部分客户群体，旨在拉新、维护老顾客、留住高风险流失客户等,如图 9-6-5 所示。

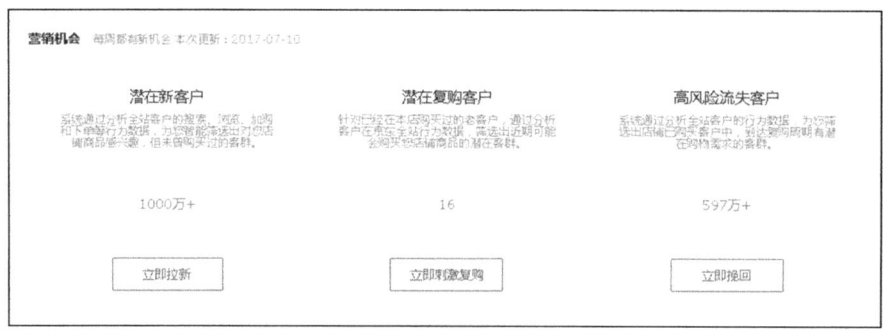

图 9-6-5

**2．操作流程**

(1) 潜在新客户营销操作流程

潜在新客户指系统通过分析全站客户的搜索、浏览、加购和下单等行为数据,智能筛选出对您店铺商品感兴趣,但未曾购买过的客群。

第一步,单击"立即拉新"按钮,进入活动创建页面。

第二步,根据店铺情况选择合适的客户类型,如图 9-6-6 所示。

图 9-6-6

- 经营品类潜在新客:在本店铺经营品类下非常活跃,但是未在本店铺购买的客户。活跃度依据客户的浏览、关注、加购、下单行为计算。
- 经营品牌潜在新客:在本店铺经营品牌下非常活跃的,但是未在本店铺购买的客户。活跃度依据客户的浏览、关注、加购、下单行为计算。
- 相关品类潜在新客:在本店铺经营品类的相关品类下非常活跃的,但是未在本店铺购买的客户。活跃度依据客户的浏览、关注、加购、下单行为计算。
- 相关品牌潜在新客:在本店铺经营品牌的相关品牌下非常活跃,且对于这些相关品牌忠诚度低的客户。活跃度依据客户的浏览、关注、加购、下单行为计算。忠诚度

## 第 9 章 数据分析——京东商智

依据客户的历史购买偏好计算。

第三步,根据"京东商智"—"经营分析"—"客户分析"来进行客户画像筛选,如图 9-6-7 所示。

图 9-6-7

第四步,选择拉新客户人数,如图 9-6-8 所示。

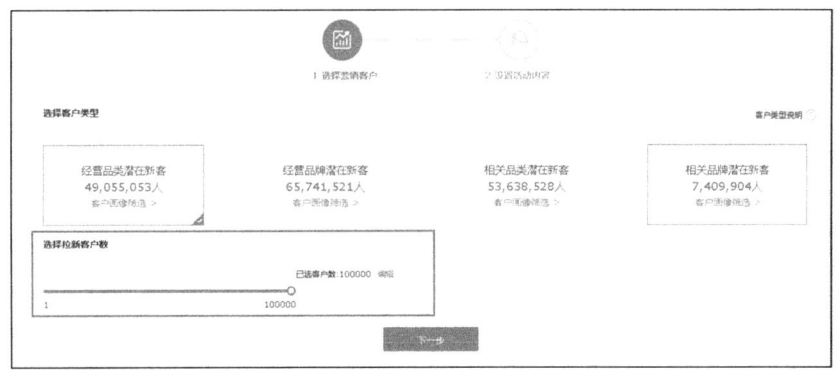

图 9-6-8

第五步,单击"下一步"按钮,设置活动内容,完成创建,如图 9-6-9 所示。

↘ **Tips**

活动创建周期为每周一次,比如周五创建的活动,在第二周的周一可以再新建一个活动;
拉新客户数最大值为 100000;
活动名称不超过 20 个汉字;
活动时间最多为 14 天;
活动优惠券为店铺满减券,可以与店铺折扣、官方活动(如三免一)叠加使用;
目前仅支持 APP 消息推送。

图 9-6-9

（2）潜在复购客户营销操作流程

潜在复购客户是系统针对已经在本店购买过的老客户，通过分析客户在京东全站行为数据，筛选出近期可能会购买您店铺商品的潜在客群。

第一步，单击"立即刺激复购"按钮，进入活动创建页面。

第二步，根据店铺情况选择合适的客户类型。如图 9-6-10 所示。

图 9-6-10

- 经营品类活跃老客：在本店铺经营品类下非常活跃的店铺老客户。活跃度依据客户的浏览、关注、加购、下单行为计算。
- 经营品牌活跃老客：在本店铺经营品牌下非常活跃的店铺老客户。活跃度依据客户的浏览、关注、加购、下单行为计算。
- 相关品类活跃老客：在本店铺经营品类的相关品类下非常活跃的店铺老客户。活跃度依据客户的浏览、关注、加购、下单行为计算。

- 相关品牌活跃老客：在本店铺经营品牌的相关品牌下非常活跃的店铺老客户。活跃度依据客户的浏览、关注、加购、下单行为计算。

第三步，根据"京东商智"—"经营分析"—"客户分析"来进行客户画像筛选，如图 9-6-11 所示。

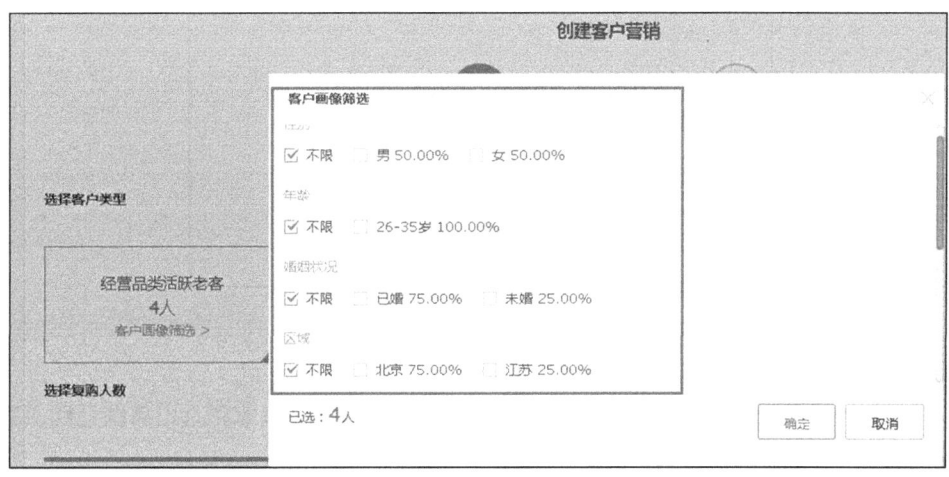

图 9-6-11

第四步，选择复购人数，如图 9-6-12 所示。

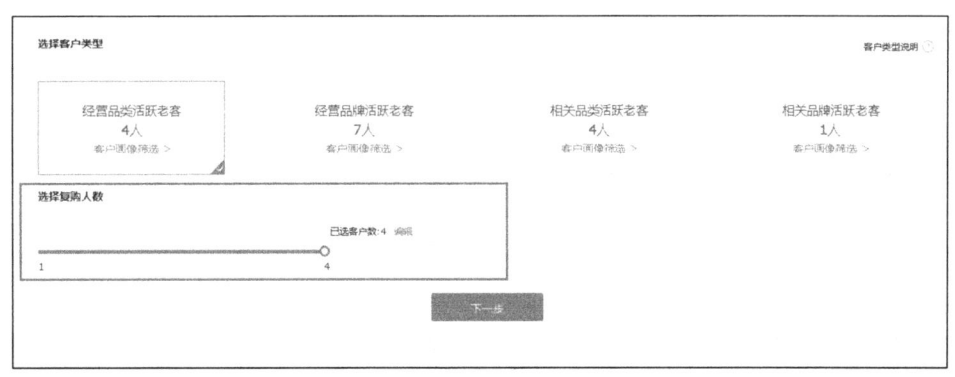

图 9-6-12

第五步，单击"下一步"按钮，设置活动内容，完成创建，如图 9-6-13 所示。

↳ Tips

活动创建周期为每周一次，比如周五创建的活动，在第二周的周一可以再新建一个活动；

活动优惠券为店铺满减券，可以与店铺折扣、官方活动（如三免一）叠加使用；

活动名称不超过 20 个汉字；

活动时间最多为 14 天；

客户数最大值为 100000；

目前仅支持 APP 消息推送。

图 9-6-13

（3）高风险流失客户营销操作流程

高风险流失客户是系统通过分析全站客户的行为数据，为商家筛选出店铺已购买客户中，到达复购周期有潜在购物需求的客群。

第一步：单击"立即挽回"按钮，进入活动创建页面。

第二步，选择高流失风险老客，如图 9-6-14 所示。

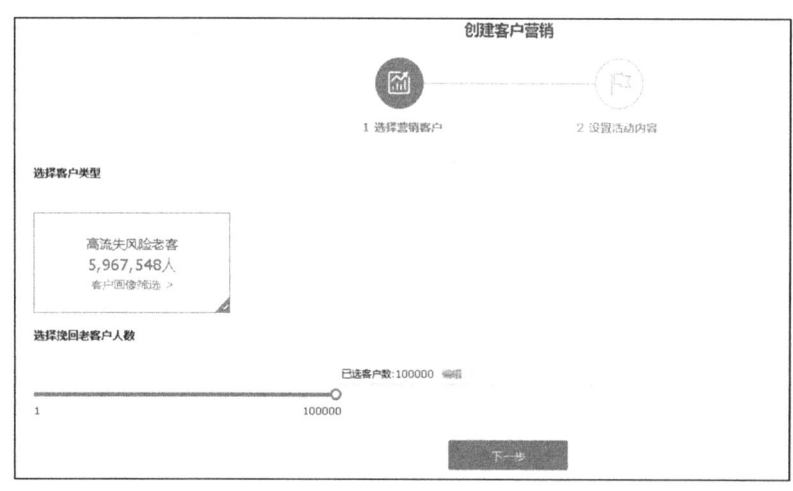

图 9-6-14

高流失风险老客是基于客户在品类与品牌下表现出来的复购周期，寻找到达复购周期但是没有在本店复购的店铺老客户。

第三步，根据"京东商智"—"经营分析"—"客户分析"来进行客户画像筛选，如图 9-6-15 所示。

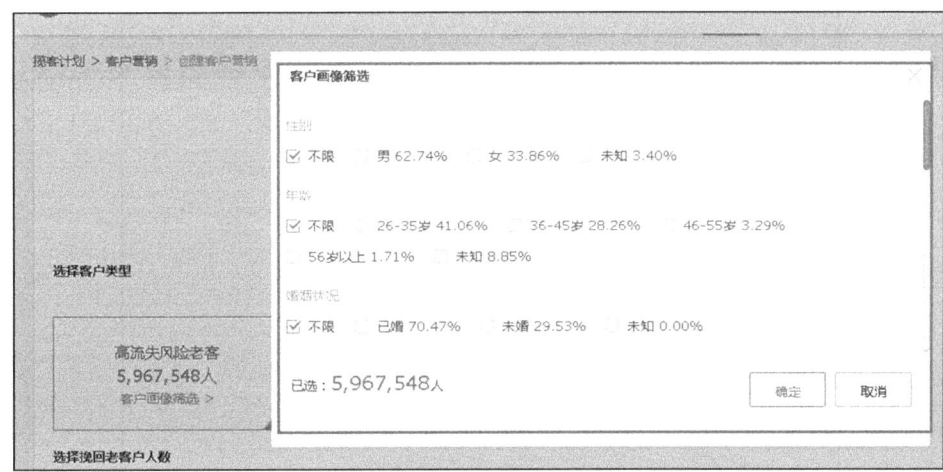

图 9-6-15

第四步,选择挽回老顾客人数,如图 9-6-16 所示。

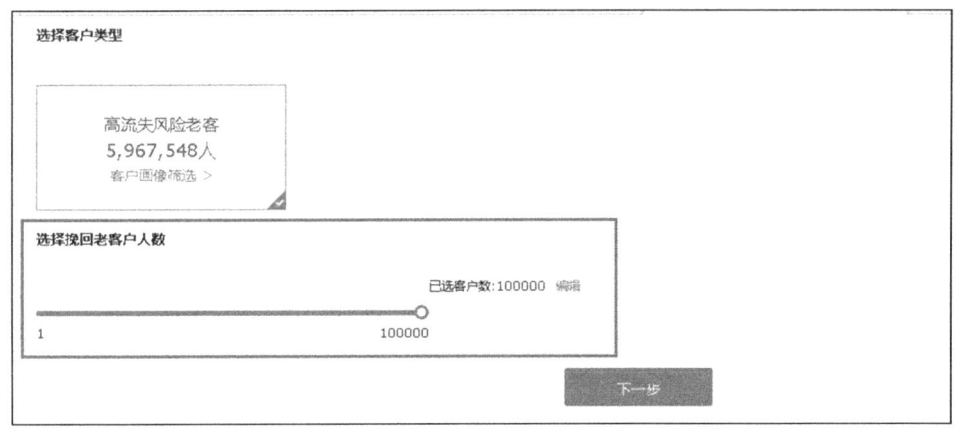

图 9-6-16

第五步,单击"下一步"按钮,设置活动内容,完成创建,如图 9-6-17 所示。

**↳ Tips**

活动创建周期为每周一次,比如周五创建的活动,在第二周的周一可以再新建一个活动;

活动优惠券为店铺满减券,可以与店铺折扣、官方活动(如三免一)叠加使用;

活动名称不超过 20 个汉字;

活动时间最多为 14 天;

客户数最大值为 100000;

目前仅支持 APP 消息推送。

图 9-6-17

### 3. 活动管理（页面如图 9-6-18 所示）

图 9-6-18

通过活动管理数据商家可以查看每次活动的效果，例如覆盖客户数、下单金额等。点击对应活动详情，商家可以看到对应活动的具体数据，如图 9-6-19 所示。

↘ Tips

通过活动数据商家可以有针对性地对优惠券金额、人群画像等进行调整，从而达到更大的活动效果。

如果商家朋友在使用商智的过程中还有不清楚的地方，可以单击查阅商智中的"知识中心"，如图 9-6-20 所示，这里面对一些基础名词操作注意事项做了备注。

# 第 9 章 数据分析——京东商智

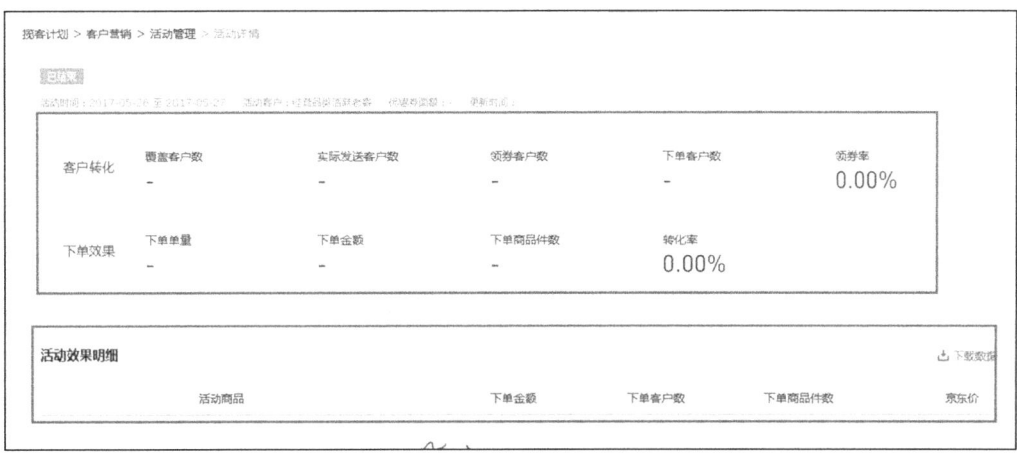

图 9-6-19

图 9-6-20

# 第10章

# 会员营销管理

在电商行业,发展一个新客户的成本是挽留一个老客户成本的3~10倍。如何通过有效的会员营销留住老客户已成为众多商家的营销核心。事实上,有效的会员营销不仅可以留住老客户,也有助于拉来新客户。本章会详细介绍如何通过会员营销管理提升店铺中老用户的留存率及复购率,并带来新客户。

## 10.1 认识"会员"

一个店铺,首先必须要对会员进行基础分析,分析会员的各项基本资料,然后利用这些基本资料有针对性地进行会员营销。

### 10.1.1 认识会员

认识会员的第一步就是做客户基础分析。会员营销管理(CRM)的核心是客户信息,而客户信息则依托于客户资料。客户资料是描述客户主体的客观数据,例如ID、账号、性别、年龄、职业等,越详细越好。也有一部分客户资料是商家赋予的,例如积分、等级、会员级别、购物喜好等。最基本的客户信息就是客户交易数据,包括订单信息、购买日期、购物商品、网购来源、接待客服、商品评价等。一般情况下,资料和信息数据都可以通过一个客户模型来得到有用的客户分析指标。例如基于最常用的RFM模型(Recency(近度)、Frequency(频度)、Monetary(消费度))可以得到哪些客户是最有价值的,哪些客户最容易在近期再次下单。还可以根据需要调整模型的可控参数,甚至调整算法,从而得到所需要的决策依据。

有了制定运营决策的依据之后,就可以更科学地进行市场营销或者促销活动了。市场、销售、客服支持、财务配合等人员可以随时通过客户关系管理系统,全面获取客户信息,这样在与网购客户互动时就可以保持一致。因此,客户关系管理的基本核心是客户信息,它以一个共享的客户信息数据库将运营、市场、销售、服务等业务高度协同配合起来。

做完客户基础分析之后,还要做客户评价分析。客户评价体系与店铺的销量有直接的关系。电子商务网站中的客户评价就是口碑营销的一种形式。口碑营销的特点就是客户会把自己使用商品或服务的感受传达给第三者，从而让其他人了解这个商品或服务。数据显示，有 98%的客户相信网络上的评论，有 82%的人愿意相信评论并尝试购买至少一件商品。电子商务网站应该提供方便、快捷的评价机制，并引导客户发表真实的评价。在电子商务网站中引入客户评价，本质上是增加商品的非标准化信息，它有以下 3 点价值。

（1）对于客户：有更多的商品信息可以帮助客户进行有效的决策。

（2）对于供应商：客户评价可以帮助商家了解客户对商品的态度，并及时进行调整。

（3）对于平台：有助于平台管理商品和商家。

无论以上哪种价值，客户评价的数量和真实性都是非常重要的。如果客户评价数量太少，就没有参考意义，在大部分情况下无法发挥作用；而如果客户评价被引导成不真实的评价（无论是好评还是差评），那么评价就完全失去了意义。现在有很多商家为了得到好评，会采取"给好评送奖品"的手段。此举虽然在短期内能产生一定的效益，但是长此以往，客户会对这种行为产生一些自我判断，久而久之，部分客户可能对真实的好评也不再相信了。长远来看，这种通过奖励得来的好评对商家的信誉无太大的益处。虚假的数字看起来很惊人，却是无效的信息，这样只会成为负担。

### 10.1.2 会员体系的建立

会员体系包括会员等级体系、会员权益体系和会员个性化标签体系 3 个部分。

#### 1. 会员等级体系

对于会员体系可能商家并不会陌生，它是百货商场、互联网论坛和电商等平台比较常用的一种用户运营模式，用于区分核心用户或者引导用户行为。会员体系的建立实际也是电商运营的一部分，需要商家承担一定的运营成本。所以在判断是否要建立会员体系时，需要考虑本身的运营策略。在会员体系中，对会员等级有一个量化的数值被称为成长值或者经验值，其获取方式主要有两种：交易行为或者非交易行为。例如，登录平台签到赠予成长值，这类为比较常见的非交易行为，不过这类行为对平台的贡献较低，成长值一般设定得比较小。另外，通过给商品好评获取成长值这类行为对平台带来的影响是间接的，优质的评论可能会促进商品的销售，以及对问题商家的筛选，其对平台的贡献还是比较高的，所以在获取成长值外，还要结合平台的积分系统，给予一定的积分，在京东平台以京享值来表现，如图 10-1-1 所示。

在一些 B2C 网站中常常会见到这种情况：网站的会员有效值计算都有时间要求，一种是会员的成长值的计算，即计算在当前一年以内所获得的成长值是多少；另一种就是设定一年为一个有效期，不同等级的会员在有效期内扣除相应的成长值。这两种方式都是为了一个目的——在一定的有效期内（一般为一年）让客户持续地消费，维持一定的会员等级。在设计会员体系时，要根据平台自身的特点，确定扣除客户成长值的时间以及数额。例如某网站主营生活用品，客单价偏低，但是客户购买频次比较高，所以其成长值有效期为 3~5 个月，之后是以月为单位进行扣除，每次扣除一定数额的成长值。而像京东这类主营 3C 电子产品，后期也扩增了许多产品的平台就不适用短期有效值的策略，一般使用比较常见的一年有效期。

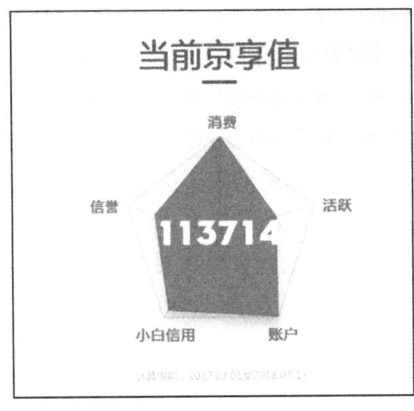

图 10-1-1

**2．会员权益体系**

会员权益体系意味着会员等级越高，享受的特权就越多。

（1）京东会员体系

我们的京享值体系（京东会员体系）根据用户近 12 个月在京东商城和京东金融的账户信息、消费金额、活跃互动、小白信用及信誉等方面行为，综合算出的分值。京享值分值每天更新，每月 1 日结算（最近 12 个月分值）。基于用户京享值分值高低，划分不同分值段并差异化匹配专享权益，如图 10-1-2 所示，包括生日特权、售后运费优惠（单免/双免）、闪电退款、上门换新、贵宾专线等，分值越高可享受的权益也会越多、越好。基于京享值的会员权益，大致分为以下几类。

- 固定权益：权益稳定，短期内不会变化，主要以保障用户在京东购物、售后等一系列服务环节更加顺畅；
- 拓展权益：包括平台内活动权益及外部异业权益，利用商城及金融资源，为提升用户购物体验或满足用户购物外其他生活需求挖掘的会员权益，如专享优惠券、试用等。

（2）会员权益介绍（见图 10-1-2）

图 10-1-2

① 京享礼包

京享值 10000 分（含）以上会员有机会获得。每月 3 日京享值更新后 10000 分（含）以上且已实名认证的会员有机会获得；京享礼包每月 5 日发放，优惠券领取及使用有效期截至每月 20 日，若有效期内未领取，则视为您放弃该项权益且不再补发；京享礼包在京东会员首页（vip.jd.com）"我的礼包"里领取。作为商家可以对自己店铺的会员在固定时间内进行短信营销的方式发送提醒用户来领取礼包。

② 生日特权

会员专享生日特权（企业用户不涉及此权益），包含优惠券等，具体以会员实际领取为准。京享值达到 500 分及以上且完成实名认证的会员，才有机会获得生日礼包；需验证手机号码方可获得生日礼包，生日礼包在会员生日前 7 日至生日当天可领取，有效期为 8 天；生日礼包在京东会员首页（vip.jd.com）"我的礼包"中领取；若在上述领取时间内未领取，不再补发生日礼包。同样，对于会员生日到来前 7 天内的任意时间就会电话回访或者短信通知，送上生日的祝福并且提醒领取生日礼包，让会员更加能感受到商家对于他们的关心，而且一般在生日时消费者大多数都有给自己买个礼物的喜好，这时候可以有效促成在店铺的二次交易。

③ 运费单免

很多消费者在进行网购时都有售后的顾虑，比如退换货会产生邮费等，运费优惠的政策就能很好地解决这个问题。运费单免是指京享值 200 分（不含）以上会员提供的售后运费单向免费服务。会员享受售后服务（退货、换货、维修）运费优惠。京享值 200 分（不含）以上会员享受售后服务（退货、换货、维修）运费优惠，即上门取件付费，京东寄回商品免费（退货因无寄回不享受该项服务）。取（返）件包含 3 种形式：京东自营上门取件收取费用的收费标准及方式；客户通过第三方快递将商品寄回京东售后指定地址，运费自付；客户将原商品送达自提点，或指定地址，则免收运费。

④ 运费双免

运费双免售后运费优惠是指为京享值 20000 分（含）以上会员提供每月 3 次的免费上门取件服务，让用户可购物无忧。京享值 20000 分（含）以上会员享受售后服务（退货、换货、维修）运费优惠和每月 3 次免费上门取件服务（3 次免费上门取件仅限客户原因产生的退换货），会员在京东平台购买自营商品或第三方商家商品均可享受此服务，会员所在地和商品需支持京配上门取件服务。售后服务运费优惠仅限当月使用（按照自然月计算，不支持顺延到下个月使用）。

> **Tips**
> 会员所在地和商品是否支持京配上门取件服务，以会员提交退换货服务单时是否有"上门取件"按钮为准；如会员提交退换货时没有"上门取件"按钮，则会员所在地或商品不支持京配上门取件服务，此次退货无法享受此权益。

⑤ 闪电退款

闪电退款是为京享值 5000 分（含）以上会员提供的售后特色服务，客户申请退货时根据返件方式的不同分为上门取件和客户发货两种。对于符合条件的上门取件退货申请,在审核通过后立即进入退款流程,先退款后退货;对于客户发出的退货申请,客户寄出商品后填写物流单号,随即进入退款流程。闪电退款为客户节省了返回商品的物流等待时间和收货检测的处理时间(个别特殊类目和虚拟类目除外)。

⑥ 上门换新

消费者在买了商品后如果需要换货,常规流程是需要买家先寄回给商家,商家收到退货后再邮寄新的商品,上门换新是为京享值5000分(含)以上会员提供的售后特色服务,符合条件的换货申请审核通过后,由京东快递在上门取件的同时为客户更换新品。为客户节省了返回商品、商品检测、发货等多个环节的等待时间。自客户签收之日起15日内符合上门换新含义规定的商品,并且上门换新地址在京东快递配送范围内的自营商品(个别特殊类目和虚拟类目除外)。

⑦ 贵宾专线

京享值20000分(含)以上会员,专享贵宾服务专线特权;贵宾服务热线4006568800(周一至周日,24小时热线)。贵宾专线的设立因为其京享值要求在20000分以上,要求相对较高,但是对于会员来说是有专门的一条热线能为他们更加高效解决想咨询的问题。

(3)京东PLUS会员体系

目前在国外,付费制会员已相对成熟,并为高价值用户提供更好、更丰富的服务内容。2015年年底,面对不断上涨的物流和人力成本,以及持续不断的价格战,京东推出会员PLUS服务,会员PLUS作为国内第一个电商付费制会员项目,项目的初衷就是通过付费会员制度,给京东高价值用户带来更好的购物体验,提升用户黏性和全站服务满意度,真正做到以用户和场景为核心,快速响应和满足客户个性化需求。2016年京东PLUS付费会员开放售卖,实现触达近2.7亿用户。PLUS会员权益,如图10-1-3所示。

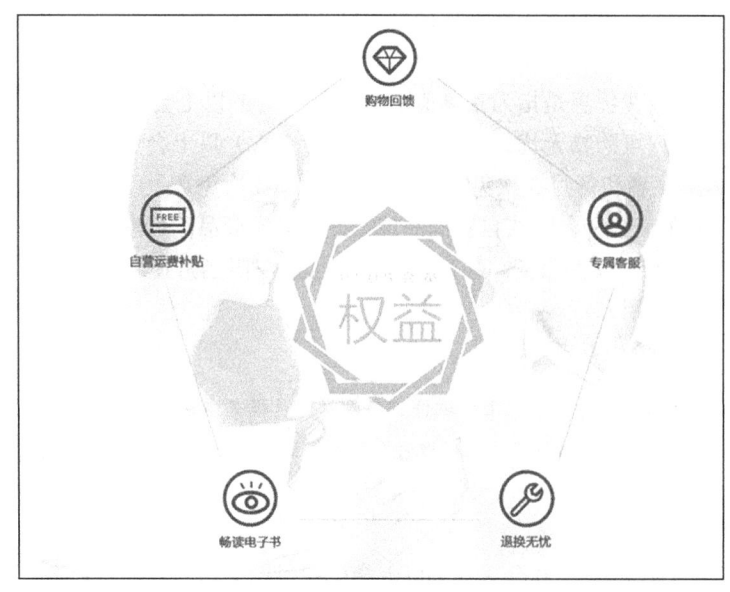

图10-1-3

京东 PLUS 会员体系的运营模式如下所示。

- 商品运营：PLUS DAY 每个月一次，PLUS 用户享受全场商品优惠；每月举行 PLUS 尊享盛宴活动，PLUS 试用用户及正式用户可享受秒杀优先购及专享价商品优惠；每周五商品向 PLUS 试用用户提供专享商品优惠。
- 权益价值：会员拥有的权益不断增多，京东在未来将增强与各领域的合作，给予用户更多的价值感。各合作方会员资源与会员 PLUS 开展联合营销活动，如腾讯会员、爱奇艺会员等。

↘ **Tips**

POP 店铺商品设置 PLUS 专享价时，专享价折扣力度需大于实时价的 5%，前台可展示 PLUS 专享价促销，不符合的商品前台不会展示露出。

举例：SKU 实时价 100 元，PLUS 专享价需设置为 95 元以下，前台即可展示 PLUS 专享价，否则不展示。

### 3. 会员个性化标签

个性化标签对于商品运营和客户体验优化有着不可小觑的作用。通过个性化标签体系可以很容易定位到客户的偏好，给商品的优化迭代提出很好的方向和思路。针对客户的需求越来越个性化，个性化运营可以更加精准地给客户推荐相关内容，从而提高转化率。

要想在日趋激烈的电商竞争中让客户记住你的品牌，有两点是需要强化的。首先是品牌定位标语（口号），其次是客户群体标签定位。这两点可以形成品牌标识，在客户群体中形成口碑传播。如图 10-1-8 所示为阿芙精油的客户个性化标签与品牌定位。

图 10-1-4

对于店铺的粉丝最好有一种特定的称呼，现在一些品牌店铺都有自己的粉丝，如茵曼的"茵符"群体、三只松鼠的"主人"称谓，都会让客户找到归属感。要挖掘出能够代表品牌和粉丝调性的传播印记和内容，在营销的过程中把这个印记加入营销内容里，慢慢地把品牌观念和品牌文案融入各种营销文案中。通过文案的传达可以将品牌融入客户心中，从而可以提升营销效果和最终的品牌效应。

可以说，个性化运营将每个客户定义为一个独立的个体，通过分析客户画像，定位每个独立个体的客户特征，根据客户的特征分析给客户提供他们喜好的内容。这种运营方式不仅最大限度地提高了店铺的转化率，同时也大大提高了客户体验。

## 10.2 发展"关系"

客户与电商之间关系的建立和维系不仅仅通过购买行为本身，而是通过交易前的售前服务、交易过程中的价值传递，以及交易后的售后服务等多方面建立和维系的。

### 10.2.1 前端客服接待

要做好客服接待，就需要客服首先建立起会员营销意识。以客户为中心的运营战略的前提就是收集客户尤其是会员的数据。要比会员自己还了解他们，就能影响他们的购买行为。树立会员营销意识的关键，就是要求客服人员必须要做到全面地了解会员的资料和客户数据，这就需要客服人员先站在客户的角度，审视有哪些数据可能与店铺的生意有关系。树立会员营销意识，应该从掌握客户数据开始，具体包括以下 3 个方面，如图 10-2-1 所示。

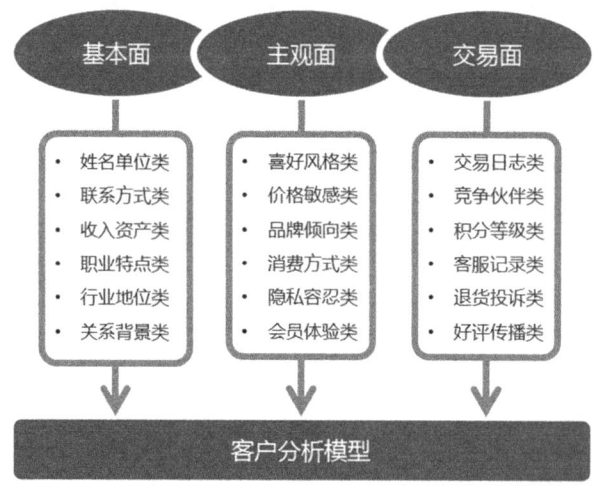

图 10-2-1

（1）基本面：一般指客户的姓名、公司、联系人等。客户具体的联系方式一定要包括电话号码、电子邮箱地址、QQ 号、微信号等，这些信息是将来营销的必备条件。另外，客户的职业 Title、收入特点、行业地位，甚至关系背景都要搞清楚。基本面的每一类数据都是客户管理系统中的一条支柱。

（2）主观面：一般指客户的喜好。如果客户是个人，那么他的喜好风格、对价格是否敏感、品牌倾向、消费方式等数据都要收集。如果客户是公司，那么就要收集与这家公司发生业务往来的主要人员的数据。需要注意的是，也要采集客户的隐私容忍度和干扰容忍度。另外这些客户对会员等级和积分体系的虚拟体验倾向，也是最有用的数据。

(3) 交易面：一般指客户购买商品的记录。这里的购买记录不只是指客户在自己店铺的交易记录，还包括客户在其他店铺的交易数据。本店客户在竞争对手店铺中的交易数据尤为重要。另外售前、售中、售后的客服支持记录等也要收集；给客户不良体验的退货投诉以及纠纷信息，给客户不错体验的口碑传播信息更要收集。

接下来还要掌握会员营销的要点。

第一，要学会根据客户的浏览数据来分析客户。根据客户浏览数据的个性化营销主要运用在3个模块中，分别是"看了还看""看了最终购买""其他用户再看"。此类营销方式主要在客户浏览商品时，在客户浏览商品的下方根据该商品的一些属性，推荐给客户具有类似属性的商品。

第二，要学会根据客户购买的数据来分析客户。根据客户购买数据的个性化营销主要运用在客户添加商品到购物车或下单结算时。当客户将某件商品加入购物车时，通过数据分析推荐给客户与该商品类似的商品，或者当客户下单后，推荐给客户购买了本商品的客户还购买了某些商品，刺激其消费。这里需要特别说明的是，做个性化会员营销要理清楚一个逻辑：即在什么时间把什么内容发给什么人。所以如果要做到个性化推荐，就需要在程序上记录客户的每一个行为，记录客户每次的浏览、单击、填写、购买、搜索内容、浏览页面、点击标签等动作，根据客户的每一个动作给客户做相应的推荐。

第三，要学会根据客户搜索的数据来分析客户。根据客户搜索数据的个性化会员营销主要运用场景是在客户使用搜索功能搜索商品时，系统根据客户的搜索关键字，提供相关的搜索关键词供其参考，从而扩大搜索范围，提高搜索质量及搜索转化率。

第四，要学会根据客户的复合数据来分析客户。根据客户的复合数据的个性化会员营销主要运用在"为您推荐"或"猜你喜欢"模块上，当客户什么动作都没有做的时候，根据以往的数据分析该客户的行为偏好而进行个性化营销，此营销方式对大数据分析的要求比较高。

## 10.2.2 交易过程中的价值传递

做好订单流程服务是一个店铺进行客户维护的基础工作。在客户进入店铺并下单后，店铺就需要做好如图10-2-2所示的一系列服务：订单催付—付款与关怀—发货提醒—到达提醒—签收提醒—退款提醒—交易成功提醒—好评关怀—中差评关怀。整个订单流程服务的关键点在于"精细化"和"内容"这两个点，做好客户细分，设计出一套符合店铺特色的文案，就可以提升整个店铺订单流程中的客户体验了。

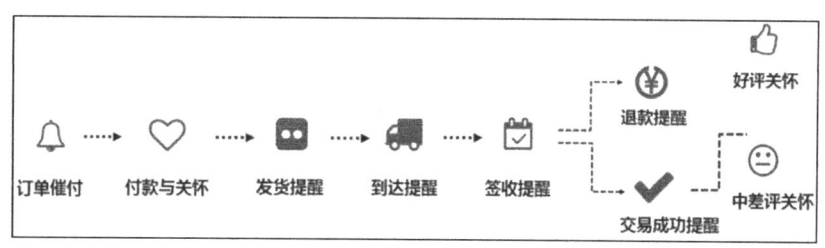

图 10-2-2

(1) 订单催付

当客户下单未付款时,可以通过客服和客户管理系统对客户进行催付,以提高客户的付款率。建议每一家店铺最好都要进行订单催讨,要珍惜每一笔订单。对于催付需要做的工作有:做好前期催付的准备(如原因分析、话术准备、优惠策略、专人培训等)、客服催付、短信催讨以及后续跟进等。订单催付是一个需要长期坚持的工作,根据笔者的经验,大部分类目的订单催付后转化率都能在 20%以上,所以订单催付是值得商家投入精力去做的。

(2) 发货提醒

发货提醒是 80%以上的店铺都会做的工作,发货提醒也是客户需要并且唯一不会反感的信息。下面几点是在做发货提醒时要注意的。

① 在进行发货提醒时可以将新老客户区分开,然后采用不同的提醒策略。

② 如果店铺有微信公众号、微信群,则可以在针对老客户的发货提醒短信里加入微信公众号和微信群信息,不建议对新客户推送这一类的消息。

③ 礼品类的店铺可以选择将发货提醒短信发送至付款客户的手机上或选择不发发货提醒短信。例如:"您在本店的订单已发货,订单号为:××××××××××××。京东物流将以最快的速度为您送达。"

(3) 到达及签收提醒

① 到达提醒:例如"亲爱的顾客,您在本店购买的商品已经到达您所在城市了,预计明天之前商品会送到您的家中,请您耐心等待并保持手机畅通。"

② 签收提醒:例如"亲爱的顾客,您的订单已经签收,再次感谢您对本店的支持,请记得及时给我们好评!"

(4) 评价关怀

① 好评关怀:例如"亲爱的顾客,感谢您的好评关怀,请联系我们客服领取 10 元优惠券吧!"

② 差评关怀:例如"亲爱的顾客,不知何故让您写下差评,对此我们深表歉意,望您能将意见反馈给我们,我们将改进以便为您提供更好的服务。"

(5) 款项关怀

① 付款关怀:例如"亲爱的顾客,感谢您购买本店的商品,我们会在今天为您安排发货,您有什么疑问可以随时咨询我们客服。"

② 交易成功提醒:例如"亲爱的顾客,感谢您付款,请记得给我们好评,您可以在微博进行分享,并截图给客服,可领取10 元红包!"

③ 退款关怀:例如"亲爱的顾客,您的退款已经处理完毕,款项已经退到您的账户中,对此造成的影响我们深表歉意,欢迎您再次光临我们的店铺。"

在做好订单服务的同时,还要做好包裹营销服务。客户拆开包裹那一刻的心情,以及对性价比的判断,会对后期的客户评价、退换货、传播推荐、忠诚度产生根本性的影响。包裹是售后保障,提升客户对品牌认知、产品认知及满意度的一个关键点,所以包裹的优化显得尤为重要。包裹包含包装盒、二维码、商品、小礼品、售后单、感谢信/致歉信、免邮卡、会员卡、优惠券等。包裹一定要做到让客户感觉物超所值，这样才能让包裹发挥真正的价值。

包裹营销的作用在于：
- 让客户感到欣慰。
- 让客户记住你。
- 让客户帮你传播。
- 让客户忠诚于你。

那么，除上面提到的订单流程管理外，还应该进一步做好包裹营销服务。

第一，注重包裹本身的包装品质和设计。同样的两件 T 恤衫，会因为不同的包装材质和包装设计，让客户产生完全不同的品质感认知。这看起来似乎很没有道理，却是事实。

第二，进行随货包裹营销。将赠品随同客户所购商品一同发货，在一定程度上可以节约快递费用和后期快递跟进成本，此方式适合客单价较低的品类。

第三，进行二次包裹营销。可以根据实际售后的需要，将赠品与商品错开发货，以达到为客户创造惊喜、长期服务，强化品牌记忆和品牌美誉度的目的。这样做服务成本稍高，适合客单价较高的品类。

第四，承诺或不承诺有售后惊喜。部分售后惊喜可以在销售环节做出承诺，好处是说服客户购买，坏处是客户的期望被抬高，并且认为是自己应得的；部分售后惊喜可以在客户下单后再发出短信通知，好处是创造惊喜，并且降低客户的期望值；如果利润空间允许，承诺与不承诺有售后惊喜结合也是不错的选择。

此外，包裹营销还涉及其他一些要点需要注意：

（1）要选择漂亮的赠品；

（2）要选择具有好的适配性的赠品；

（3）商品包装、赠品包装要精美；

（4）赠品要好用、实用、恰到好处；

（5）品牌形象要明确、突出；

（6）要提供商品手册、品牌手册，目的是传递品牌认知、强化品牌记忆。

### 10.2.3 售后服务跟进

客户服务体验是电商成败的关键，其不仅体现在商品的购买环节中，还体现在商品使用和售后环节中。如果没有把后续的客户体验服务做好，就会严重影响到品牌的美誉度和客户的忠诚度。虽然每家电商都在说"客户体验"，但各家争论的重点似乎一直围绕着价格和售前服务。当电商们烧巨资自建仓储物流时，"次日达""当日达"已成常态，自提点、夜间配送也成为各家电商推出的特色服务时，退换货等售后服务却严重拖了客户体验的后腿。在客户看来，一次令人烦躁的退换货流程，足以颠覆他们对该企业的任何好印象。

售后服务其实就是下一轮销售的开端，售后服务的质量直接影响企业的形象与新市场的拓展。因此，电商要在管理理念上将售后服务作为重点内容来抓，在管理体系上将售后作为核心来管理。要建立专业化的售后团队，由团队直接对售后负责，将薄弱环节进行反馈并促进改善。从表面上看,售后服务倾向于客户,但实际上是对电商可持续发展的一种保障。因此,客服要服务周到,要从客户的角度考虑问题,真正为客户解决当前问题及后续可能发生的问题,给客户一种备受关注的感觉与服务。企业还要对这样的服务进行奖励,从而来提高企业做好客服工作的决心。

与此同时,电商企业的售后服务流程要进行全面改革与完善,将所有服务进行有效的统一,无论是售前还是售后,服务态度、服务内容、服务手段等都要进行融合,使售后服务无异于售前、售中服务。当客户需要进行售后维权时,售后服务人员要承担起综合信息采集与上报的责任,并积极配合客户进行相关记录的查询,及时处理客户的退换货需求,使客户明白在此企业的消费过程中无后顾之忧,从而能够为企业带来新的客户。

例如,在碰到客户给中差评时有两种处理方法:

(1) 收到客户给的中差评后,立刻与客户联系,询问缘由,得知客户给中差评的理由后,第一,先给客户道歉。第二,耐心倾听顾客的不满后,站在客户的角度想一想如何做。第三,给客户一个专业的解释,说服客户进行追加评价。

(2) 收到客户的中差评后,立刻与其取得联系,询问缘由后,可以给评价中评的客户返现金 5 元,给评价差评的客户返现金 10 元,或者赠送客户店铺优惠券、包邮券、送礼品等请客户追加评价。

做电商的目的是向客户销售商品,要想让客户下单就要知道他们的心思和需求。就像追女孩子一样,只有符合她的心意了,知道她喜欢什么,能让她开心,她才会跟你走。同样的道理,要想让客户喜欢、满足他们的需求,就要做好用户体验,只有让他们顺心了、体验好了,才会在你这里下单。因此,中国的电商首先应从根本理念上树立起全方位的服务思维,将电商本身放到以人为本的框架中,即在商业概念流程的采购、营销、销售和服务的每个环节中充分体现人文关怀,从而实现真正意义上的跨越式成长。

具体来说,可以在以下几个方面增强用户体验以体现人文关怀。

第一,购物关怀。例如店铺在 PC 端或者移动端的设计和分类要清晰、全面(按商品价格、种类、销量、功能、色彩等不同属性分类),搜索栏位置要靠前、易找,商品图片要清晰、美观、大方、重点突出,商品要齐全、层次明晰,文字要简洁易懂,网页打开速度较快,图片加载要迅速,商品说明要完整无异议,购买流程越简洁越好,付款方式要多样且安全等。

第二,服务关怀。主要用于提升在购物过程中客户的服务体验满意度,售前的疑问、咨询,售中的帮助、指导,售后的完善等都包含在这个过程里。在这方面要把握好 3 个"度":速度、态度、专业度,即响应速度要快、服务态度要好、问题解答要有专业程度。

第三,配送关怀。客户已经下单付款后,他们希望的就是商品完整无损地送到自己身边,当然,这时有一些小赠品或是客户关怀就更好了。所以商品包装一定要结实、专业,选择的物流公司一定要安全有保障,还要有相应的贴心服务,比如发货前的短信提醒、适合的赠品、退换货说明、售后服务、建立会员制度等都需要在售后服务中用心处理好。

第四,个性化关怀。客服应该学会对客户进行梳理,找出客户的各种个性化需求,并基于此做关怀服务。例如,在客户过生日时,可以发信息:"亲爱的会员,您的生日将至,我们为您准备了专属生日优惠券,请及时登录领取。"

## 10.3 营销"管理"

在线上销售中,客户都是坐在电脑前通过滑动鼠标选购商品的,此时没有服务人员的微笑,没有真实的视觉体验,也不能试用或尝试商品,更没有面对面沟通的氛围,这一切决定了电商企业除了要与客户建立起联系,还必须要进行更加深度的会员营销管理,从而将潜在客户转化为真实客户。以下不完全统计数据表明,会员营销在整个营销环节中具有十分重要的价值。

- 客户流失率降低 5%,利润增加 25%~85%。
- 一个满意的客户能带来 8 笔订单,而一个不满意的客户会影响 25 人。
- 忽略老客户,5 年内会流失 50%的老客户。
- 推销商品成功率:新客为户 15%,老客户为 50%。
- 60%的新客户来自老客户推荐。
- 20%的客户带来 80%的利润。

### 10.3.1 常见的客户营销方式

会员营销的目标到底是什么呢?

所有营销的最终目标都是为了销售商品或服务。然而,商家在做京东店铺运营时,应该明确京东店铺运营的短期阶段性目标。总的来说,会员营销的目标通常有以下几种:

(1)提升品牌势能。针对现有客户的营销,不仅能让老客户感受到品牌的力量,更能让他们体验到品牌带给他们的特别关怀与优质的品牌情感体验;也能让新进入的潜在客户感受到品牌的用心与良好的品牌互动体验。品牌势能的提升不是偶尔一次营销就能带来的,而是需要连续、创新地与客户进行互动与沟通。

(2)提升复购率。通过会员营销,可以让老客户再次购买,即实现复购。提升复购率是众多商家追求的具体目标,特别是知名品牌。知名品牌的销量增长在很大程度上需要通过提升客户的复购率来实现。

(3)提升客户价值。提升客户价值指的是让老客户不仅会购买之前购买过的商品,而且要通过有效的会员营销让老客户购买具有更高价值(通常也是更高价格)的商品。提升客户价值,不仅是商家实现销售增长的过程,也是不断满足客户更高需求的过程。商家只有不断挖掘和满足客户更新或更高的需求,客户才不会流失,企业也才能实现销量的内生增长。

(4)提升客单价。提升客单价与提升客户价值略有不同,它指的是让客户进入店铺以后,一次性消费的总金额的提升。通过有效的会员营销(如关联销售、套装销售、满减满赠等),可以让原来到店消费 $X$ 元的消费者购买 $n$ 倍 $X$ 元的商品。

(5)提升转化率。针对老会员,可以推出特别的优惠力度和优惠方案。比如每个月设定会员日，让店铺中的会员感受到会员独有的优越感。

基于品牌的营销目标，可以采取相应的会员营销方式。下面介绍一些常见的会员营销方式。

**1. 品牌营销**

品牌是企业开展营销活动的核心宣传点，如何提高客户对自身品牌的忠诚度以及信任度是企业在进行营销之前要落实的重点工作。企业在做电商时，应该选择几个较为适合企业商品展示和销售的电商平台，并以品牌官方网站或者旗舰店的形式展示出来。如图10-3-1所示为魅族的品牌营销案例。但是这里需要注意的是，入驻电商平台的企业众多，竞争自然也大，这就需要商家花费时间和精力去料理店铺，定时地加入促销活动、会员积分、SNS社区等元素，慢慢建设起企业在线上市场中的"标杆站点"。电商平台作为展示以及销售的渠道，在品牌建设以及品牌营销方面能够起到一定的影响力，但是要想通过互联网提升企业的品牌知名度和影响力，以及最终实现营销价值最大化还是不够的。在品牌营销上，新闻媒体发布、口碑互动营销以及精准广告投放都是企业不可忽略的推广途径。

图10-3-1

**2. 商品关联营销**

关联营销就是通过某种形式的暗示和推荐，让客户对多个商品产生兴趣并最终购买。关联营销包括以下3种形式。

（1）基于商品功能和应用场景的关联营销，如功能、风格等属性是互补的，如茶具和茶叶、奶粉和奶瓶等；或者基于不同的应用场景的需求，如男士常需要衬衫和西服。

（2）基于相似商品的关联营销。将功能相似的商品放在一起销售也是一种关联营销，如各大百货商场各个楼层售卖的商品划分等，其实就是把相似的商品集合在一起推荐给客户。可以通过适当的商品推荐，让客户清晰地了解多个相似的商品之间的区别，从而做出购买决定，降低客户在当前商品页面的跳失率，并引导客户同时购买多个商品。

（3）基于买家从众心理、羊群效应的关联营销。很多时候，某些商品之间是没有直接的功能、风格等相关性的。但就是因为"买了这个商品的人有很多都买了那件商品"，所以产生了关联购买。

上述 3 种关联营销形式是国内电商行业中比较重要且符合客户行为的形式。灵活组合使用这 3 种关联营销形式，并结合数据的使用，可以提高店铺的日均客单价、客户回头率和商品的转化率。

### 3. 情感营销

你的客户只有一种期待或者需要，那就是需要商家给予一种感觉，这种感觉对商家而言，被称为情感式营销。客户需要商家用情感来打动他们，从客户打开店铺的那一刻起，商家的情感工作就开始了。商家只有通过设计、图片、文字、客服等为每个细节赋予与众不同的创意来表达给予客户的情感，才能不断地打动、吸引客户，从情感上征服他们，这个过程即是情感式营销过程。所以商家必须具备创意性，创意是最好的情感表达。所谓创意，就是不断地给客户不一样的感觉，更多的惊喜，通过更多的细节体现来超出他们的期望。惊喜永远是征服每个人的最好办法，也是最有效的办法，几乎每个人都存在占便宜的心理，更没有人会拒绝意外的收获，它会让客户产生再次购买的冲动。网购是一种神秘未知的购物形式，从商家利用客户感性层面，用情感营销诱导客户下单的那一刻起，客户就开始有所期待了。他们有期待，也有担忧。因此，在客户打开包裹的那一瞬间便是商家用情感征服客户，引起客户产生好感最有力的时机。不要忘记了，商家与客户进行接触仅仅是从收到货开始的。你必须有意外的惊喜给他们，当然还要超越他们的期待，包括有更好的包装、更多的细节，以及随包裹赠送的额外惊喜（如新品试用、抽奖卡片、优惠券或者一些小玩意），这些仅仅需要很小的成本，但是收获的是客户的好感，客户因此会成为回头客甚至口碑客户，因为大部分人愿意分享这种惊喜。

### 4. 话题营销

话题营销在国外又叫付费评论，属于口碑营销的一种。话题营销主要是运用媒体的力量以及消费者的评价，让广告主的商品或服务成为消费者谈论的话题，以达到营销的效果。在网络时代，话题层出不穷。一个话题的抛出，如果不利用多种媒体的形式进行持续报道，则很有可能石沉大海。所以说在话题营销中，仅靠一个有传播性的话题开展营销是远远不够的，还需要尽可能地将一切可以利用的资源结合起来，为这个话题提供更多的营销助力。例如可以利用报纸媒体、网络媒体争相报道，在各种媒体的整合营销下，话题的覆盖面就很广了。此外，一个话题的抛出，即使得到了多方面的宣传，在一段时间过后，还是很容易淡出公众的视线，所以还需要有后续话题的支持和跟进。一个具有引爆点的话题还有很多后续话题的产生，这样整个话题营销会持续较长的一段时间，对提升营销的整体效果还是很有帮助的。如图 10-3-2 所示为杜蕾斯为《变形金刚 5》上映制造的话题营销。

图 10-3-2

**5. 联合营销**

联合营销是指两家或两家以上的企业为达到资源优势互补,增强市场开拓、渗透与竞争能力,联合起来共同开发和利用市场机会的行为。联合营销是一种厂商之间通过共同分担营销费用,协同进行营销传播、品牌建设、商品促销等方面的营销活动,以达到共享营销资源、巩固营销网络目标的营销理念和方式。如图 10-3-3 所示为相宜本草与好莱坞电影的联合营销。

联合营销最大的好处是可以使联合体内的各成员以较少的费用获得较大的营销效果,有时还能达到单独营销无法达到的目的。在进行联合营销时,要选择合适的搭配类目店铺,最好不是同类目的竞争对手。如卖婴儿用品的店铺联合卖护肤品的店铺;卖童装的店铺联合卖女装的店铺;卖女装的店铺联合卖男装的店铺。在选择商家时,可以适当地参考一下对方的 RSD 和你是否相符。比如你们做"跨店满减"活动时,对方商家一直不在线或者忙,而你却比较清闲。客户在考虑购买对方的商品后才一起下单。但是对方商家却一直没有回复,最终也影响了客户的购物体验。如果对方的商品总是受到质疑,客服态度非常差,如果客户一起评价商品,则也会影响到你的商品的得分。如果合作协议是联合做宣传、互相添加友情链接等,那么在合作前就要相互协商,比如互相放对方的广告多久再下架,需要更换广告宣传图时如何联系,做跨店活动时如何达成一致和费用均摊等。

图 10-3-3

#### 6. 专属营销

"会员专属日营销"简称为会员日营销,如图 10-3-4 所示,它是一种典型的针对某一类专属人群的营销方式。会员日营销包括 3 个方面:会员专属日期、会员专属商品、会员专属优惠。

图 10-3-4

> **Tips**
> 通常来说,会员专属日应该避免电商常见的促销日,比如 11 号("11.11")、12 号("12.12")、18 号("618")、9 号("9.9"大促)等。另外,中国常见的发薪日是月底 31 号或月初 10 号以前,那么会员专属日应该设置在发了工资以后且工资没花光之前,如 15 号、16 号、22 号等。

### 10.3.2 常见的客户营销渠道

#### 1. 短信

众所周知,短信是电商运营推广的一大利器,如果运用得当则事半功倍。如何才能将短信营销做到极致呢?首先在客户下单以后并未付款时,需要适时地发送催付短信,提醒客户完成付款。当然,发送催付款的短信数量要适当,不建议过多。如果数量过多,则只会导致客户反感,所以,把握短信的发送数量和频次以及内容是关键,同时这也是控制成本的方法。为了测试效果,可以对客户群体进行属性划分,分组投放短信测试效果。

在客户付款以后,要及时告知客户商品已经打包发货并进行发货关怀,如图 10-3-5 所示。

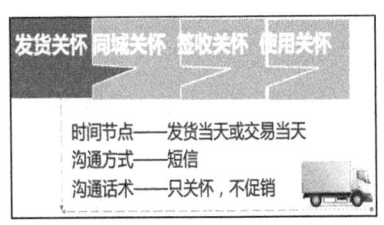

图 10-3-5

当快递已经达到某个地点或者到达客户所在的城市时,可以发送短信告知客户,如图 10-3-6 所示。

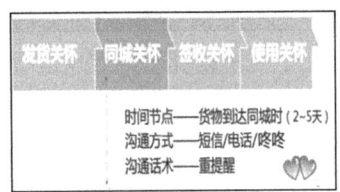

图 10-3-6

当客户签收商品后,可以发送签收关怀的短信,如图 10-3-7 所示。这不仅仅体现了商家对客户是否接到商品的重视,更是对客户的负责。

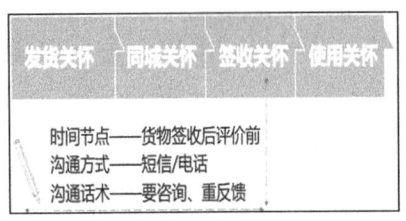

图 10-3-7

当客户收到商品并使用后,可以提醒客户给予店铺好评,或者发送客户使用关怀信,如图 10-3-8 所示,这对店铺的总体提升也是有比较大帮助的。关心客户对于商品是否满意,一方面可以了解商品是否符合客户的要求,以便接下来更好地完善商品,另一方面,对于提高商品的评论数量也是有很大作用的,这一点对店铺的发展至关重要。

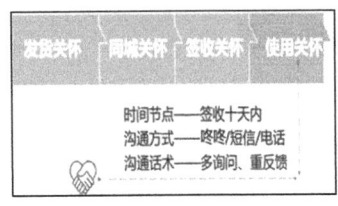

图 10-3-8

每个店铺都有一定的客户群体,使用短信进行客户维护的商家也很多,如果想在众多的商家中脱颖而出,让客户记住店铺,就需要多花一点心思,发送一些适合店铺客户群体的内容,提高客户的购物体验,如表 10-3-1 所示。有些店铺在完成了前期的客户维护工作以后，就杳无音讯了。这样只会导致店铺的老客户基础十分薄弱，不利于店铺的成长。当客户已经成为店铺的老客户时，对店铺的信任度是比较高的了，所以回购也是常事了，这个时候不仅要给客户发一些店铺促销信息，更重要的是要给客户贴心的问候，例如适时地发送一些注意添衣保暖的信息，或者在节日里给客户发送温馨的祝福，从而可以让客户感到很温暖，把商家当朋友，对于店铺的印象也是会更好一些。

表 10-3-1

| 时　　间 | 短信内容 |
| --- | --- |
| 11月2日 | 你知道吗，我很想你，所以这个消息我只告诉你，跑步机在 11 月 11 日提前开卖，每满 999 元减 100 元，比原来便宜 200 元，京东自营，货到付款，次日达哦！嘘，不要告诉别人[亿健跑步机京东自营]…http://mall.jd.com/index-1000007416.html |
| 11月10日 | 什么！听说你要熬夜到 12 点抢东西？难道你不知道京东 10 号就已经和 11 号的价格一样了吗？今天下单，11 号你就已经收到货了。亿健跑步机下单就减 200 元！[亿健跑步机京东自营]…http://mall.jd.com/index-100000741 |
| 11月11日 | 错过初恋，错过真爱！不要再错过亿健"11.11"！<br>下单就减 200 元，还有机会赢取半价名额，抽取 iPhone 6 手机！一年只有一次机会哦！[亿健跑步机京东自营]…http://mall.jd.com/index-1000007416.html |
| 11月12日 | 您还有一次 11.11 优惠券没有使用，一点都不会累，我还要再狂欢三天三夜，京东自营"11.11"第三天进行中，点击查看详情 http://mall.jd.com/index-1000007416.html |

### 2．邮件

邮件营销是最常用的营销方式之一，尤其是在风起云涌的电商领域，邮件群发贯穿电商运营的全过程，是必不可少的工具，但是如今人们对广告邮件的免疫力比较强，要提高广告邮件的打开率需要注意以下一些技巧。

（1）发件人。一般来说，人们会首先打开熟悉的人发来的邮件，因此发件人的名字最好是众所周知的品牌名字。

（2）标题。标题少用噱头，但可以制造悬念，可以直截了当地告诉客户可获得的收益；标题可赋予产品感情色彩。

（3）邮件内容。邮件内容要简洁、直观、清晰、文字少而精，给予客户一定的联想空间，文案编排有层次感。

（4）适时地激发客户行动。在群发邮件的合适位置加上按钮，如当商品介绍完毕后，加上"马上下单""还没注册？赶紧注册""我要抢单"等按钮，这些按钮要用明朗醒目的颜色标注，并链接到相关网页。

（5）邮件发送的时间和频率。邮件打开率最高的时间是 10 点和 17 点；在测试客户的时候要每周发一次，发送 4~5 次；日常会员维护的频率为每个月至少发送一次；最终要形成自己的一套时间和频率。

（6）一定要有"退订"按钮。这个细节能让客户觉得商家特别有人情味，能设身处地为别人着想。

（7）人员筛选。精准营销是提高转化率的制胜法宝。可以通过会员营销平台筛选有渠道偏好的人群，针对有不同需求的人群设计不同内容分层发送。

### 3．微信和QQ群

可以引导会员加入官方会员的QQ群和微信群，并不定时地在群内发布优惠信息及营销活动。营销高手把微信群和QQ群都发展成了营销渠道。高手们加工好内容后，就开始在多个群里做大力度的分发推广，如果内容质量够高，推送时间到位，目标微信群选择得当，则总能掀起一片波澜。群角色具有天然的渠道属性，因为这里集结了一群有温度的人，如果群里的意见领袖再做深一步的代言，则微信群的渠道价值就会瞬间暴涨。群的渠道属性暗含了群的其中一个意义：价值观输出。群里要培养10%的积极分子。在一个群里，要有10%的人是积极分子，剩下的基本为围观者，当然，这10%的积极分子同样也会在其他群里频繁出现。他们是真正的线上领袖，是每个群应该争取的火种。下面介绍一些实战效果比较好的玩法。

（1）直接在微信中搜索客户的手机号加客户为好友，基本上客户手机号都是他们的微信号。

（2）在加好友的时候直接写上他们的名字，否则不容易通过验证。

（3）通过验证后发1元的红包给客户。

（4）统计成员的生日，在他们过生日的时候发一个红包。

（5）平时早晚在微信群里各发20元的红包，打个招呼。

（6）商品有新款了，可以让群成员参加测款，他们不喜欢的款式就不上线销售。

（7）在前期为群成员做几次优惠或免单活动，在建立信任的同时也可以提高爆款的销售，如图10-3-9所示。

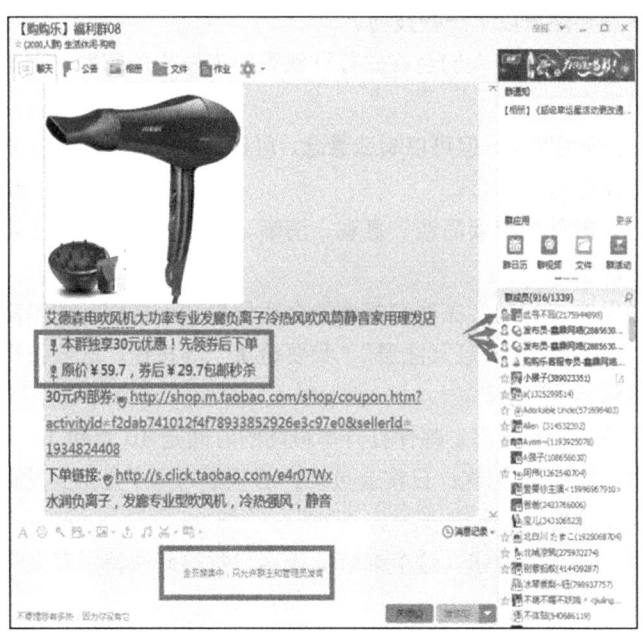

图10-3-9

（8）在后期时每个新款都让群成员来购买，他们下的一个订单顶你在外面操作 20 个订单。注意要将新客户直接引导入群，客户资源越多，你的财富越多。

### 4．快递包裹和优惠券

快递包裹是客户体验中非常重要的一个环节，要合理运用。可以在快递包裹中放入会员卡，并告知其会员的优惠权益，引导客户关注本店的信息，提高客户黏度。在店铺举行活动期间，可以在包裹中放置二维码优惠券并告知客户活动信息，提高店铺的自流量。

### 5．电话

也可以通过电话对客户进行情感关怀，其中包括日常关怀和节日关怀。日常关怀需要注重培养感情，但禁忌发送促销信息；另外需要注意时间、方式和话术。节日关怀的前提是掌握客户一定的基本信息，如生日（见图 10-3-10）、年龄、肤质、身高、性别等。

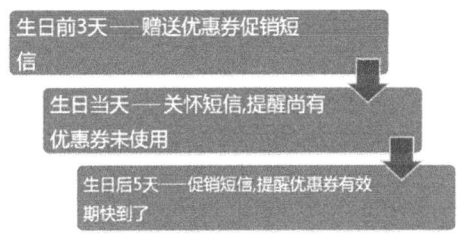

图 10-3-10

### 6．微信公众号

京东和腾讯的合作极大地促进了腾讯流量体系在电商环境内的转化，为传统的电商赋予了社交属性。店铺可以通过京东的微信公众号进行相关的品牌营销，如图 10-3-11 所示。

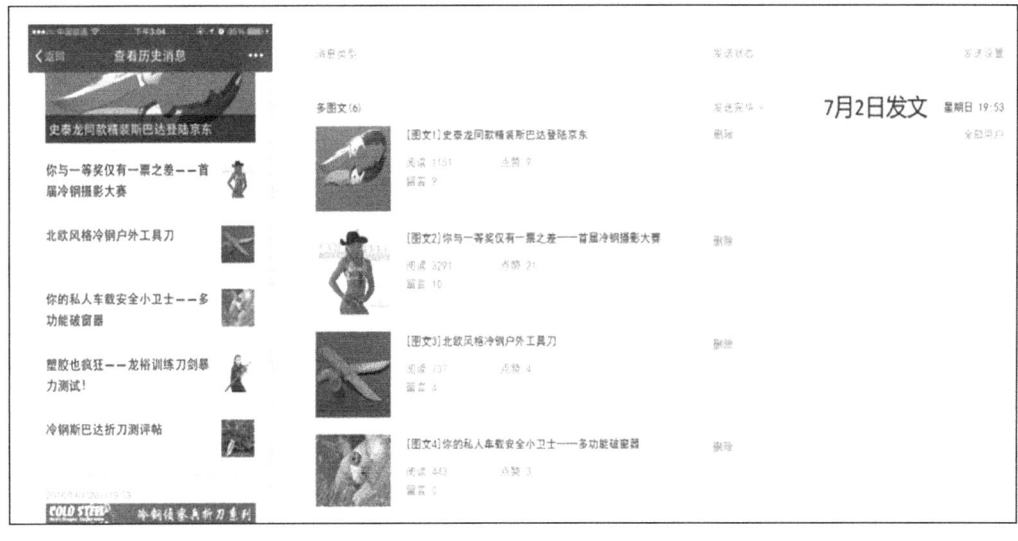

图 10-3-11

### 10.3.3 会员营销活动策划

第一，会员营销活动策划的核心是明确本次营销活动的目的。像服饰这种季节性强的商品，活动策划的目的可能是为清仓或者上新款商品。但无论主题是什么，关键还是要有能打动客户的利益点，如图10-3-12所示为针对会员举行的9元换购活动。

图 10-3-12

第二，活动的过程一定要简单明了，突出利益点。

第三，要做好客户的分析与圈定，通过分析以往客户的购买记录，根据客单价的高低（不同店铺根据自身情况而定）可以将客户分为低价值客户、中价值客户和高价值客户，最终还得以活动的目的来圈定客户。要向不同的客户推销不同的商品：向低价值客户推荐爆款商品；向中价值客户推荐部分利润款商品；向高价值客户推荐形象款商品。

第四，还要做好内容与体验设计，即内容形式要新颖，活动要有互动性，还必须要贴近客户的使用场景。

第五，最重要的就是活动的执行与评估。在活动过程中要实时监控了解会员的购买动向，以此来判断是否需要进行客户二次营销、是否需要加大营销力度等。活动结束后，要进行指标评估，例如活动期间的 PV、UV、ROI 等；还要核算本次活动所带来的用户边际成本是多少，各类细分人群的会员营销的响应率是多少等，如图10-3-13所示。

| 细分人群 | 目标人数 | 响应人数 | 响应率 |
| --- | --- | --- | --- |
| 11.11购买过的客户 | 52412 | 334 | 0.64% |
| 掌上秒杀敏感客户 | 12352 | 214 | 1.73% |
| 购买频次=1的客户 | 31245 | 315 | 1.01% |
| 购买频次≥2的客户 | 9237 | 498 | 5.39% |
| 江浙沪的客户 | 24123 | 812 | 3.37% |
| 购买过扳倒井的客户 | 6254 | 442 | 7.07% |
| 购买过国井的客户 | 5921 | 423 | 7.14% |
| 总人数 | 141544 | 3038 | 2.15% |

图 10-3-13

客户管理系统的基本核心是客户资料，它以一个共享的客户信息数据库将运营、市场、销售、服务等业务高度协同配合起来。做完客户基础分析之后，还要做客户评价分析。客户评价体系与销量有直接关系，电子商务网站的商品评论就是口碑营销的一种形式。会员体系是在线下的商场百货以及互联网论坛和电商中比较常见的一种客户管理模式，用于区分核心消费者或者通过等级的区分来引导客户的行为。会员体系的建立实际也是电商运营的一部分。树立会员营销意识的关键，就是要求客服人员必须要做到全面了解会员的资料和客户数据。这就需要客服人员先站在客户的角度，审视有哪些数据可能与生意有关系。了解了会员的资料后，做好订单流程服务和售后服务是客户维护的基本工作。在服务会员的同时，也要运用品牌营销、话题营销、联合营销、情感营销等营销方式，并通过短信、电子邮件、QQ和微信等营销渠道持续地对会员展开营销活动。总的来看，细致的会员服务和独特的营销活动是电商运营成功的重要保障。

## 10.4　京东用户营销介绍

京东的会员关系管理系统叫作"用户营销"，如图 10-4-1 所示，该管理系统的网址为 http://crm.shop.jd.com。会员关系管理系统主要负责帮助商家更好地了解会员情况，提高会员的复购率，其包括 4 大功能模块：用户概览、用户管理、用户营销和用户积分。下面逐一介绍这 4 大功能模块。

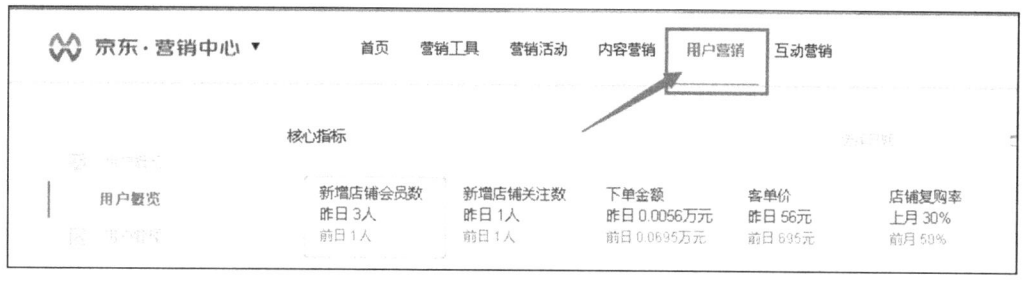

图 10-4-1

### 10.4.1　用户概览

用户概览包括会员核心指标、用户概览、会员等级、会员营销工具和会员积分分析。

（1）核心指标：帮助京东商家了解店铺某个时间段内新增店铺会员数、关注数、下单金额、客单价、复购率等，如图 10-4-2 所示。

（2）用户概览：帮助京东商家了解店铺中的正式会员、预会员—订单中、预会员—流失、店铺关注数这 4 类的人数及占比，如图 10-4-3 所示。

正式会员是指已经确认收货的会员；预会员—订单中是指订单状态为等待商品出库、商品已出库、等待确认收货、锁定订单、异常订单、退款中订单的任意一种状态的会员；预会员—流失是指订单状态为已取消的会员。

（3）会员等级：帮助京东商家了解店铺会员等级、会员数量及会员占比等信息，如图10-4-4所示。

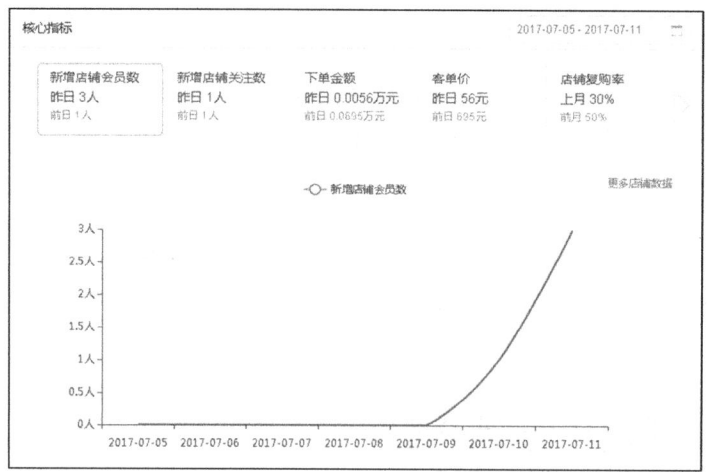

图10-4-2

图10-4-3

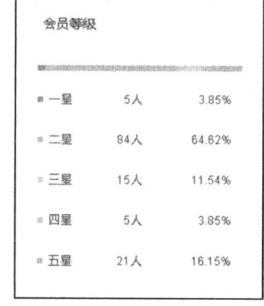

图10-4-4

（4）会员营销工具：帮助京东商家查看用户营销工具的相关数据，如图10-4-5所示。

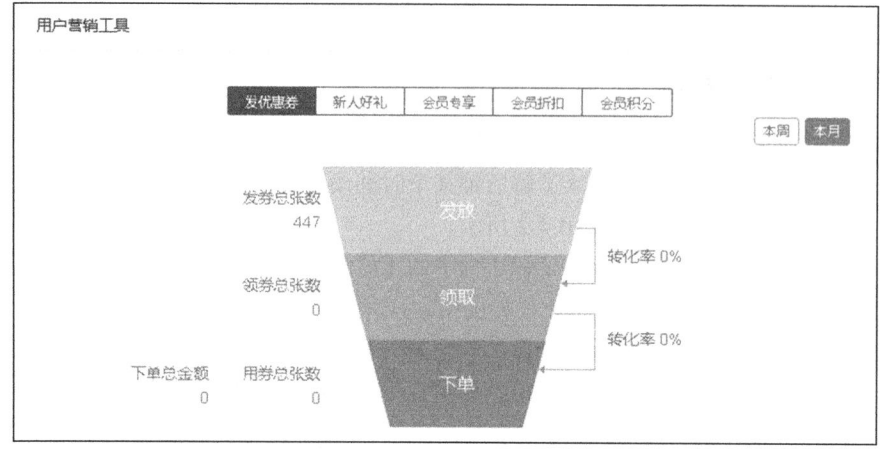

图10-4-5

(5）会员积分分析：帮助京东商家查看会员积分的发放情况，如图 10-4-6 所示。

图 10-4-6

### 10.4.2 用户管理

用户管理，如图 10-4-7 所示，分为用户列表、用户分群、用户数据、会员等级 4 个功能。

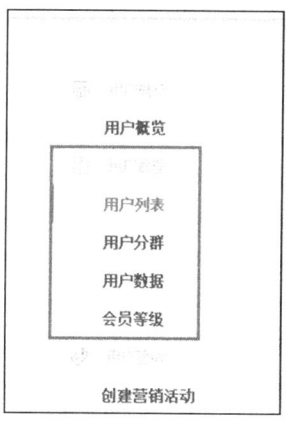

图 10-4-7

#### 1．用户列表

在"用户列表"功能中可以查询店铺会员级别、交易总额、交易笔数、平均客单价、下单终端等信息，如图 10-4-8 所示，从而可以有针对性地开展发放优惠券等营销活动。

→ Tips

会员定义：新客户在店铺中购买了商品且订单完成付款后即成为会员。数据将在第 2 天出现在"会员查看"页面中。付款后取消订单的会员和退货的会员仍然在会员列表中，均不会被删除。

#### 2．用户分群

如图 10-4-9 所示，店铺用户分群分为系统推荐人群和自定义新建人群，系统推荐人群包括：关注店铺人群、加车会员人群、近一年无购买人群、平台影响力用户人群。新建人群是根据人群基本属性和行为属性来建立的用户群体，如图 10-4-10 所示。

图 10-4-8

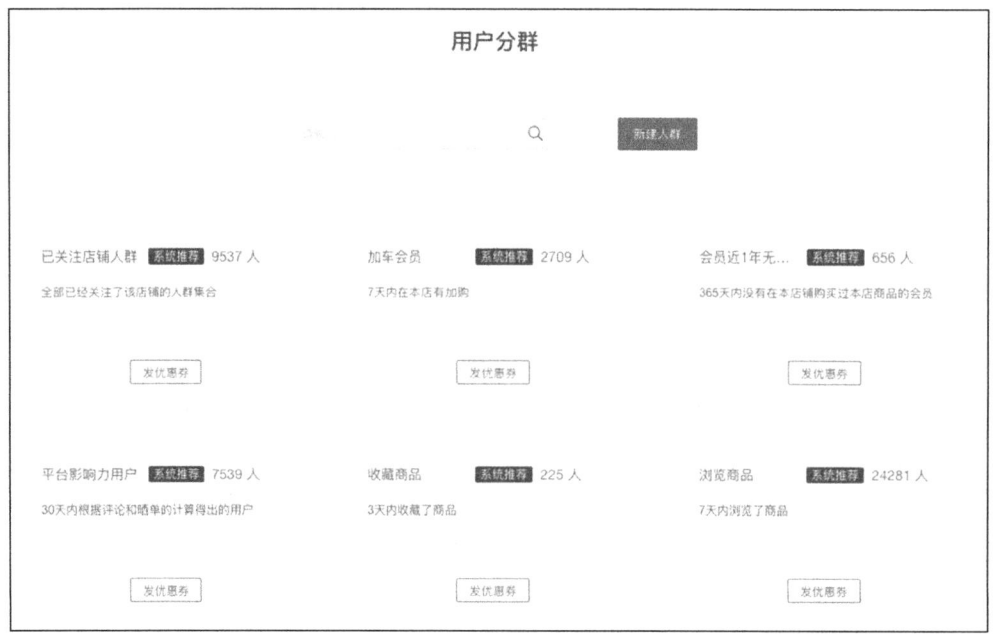

图 10-4-9

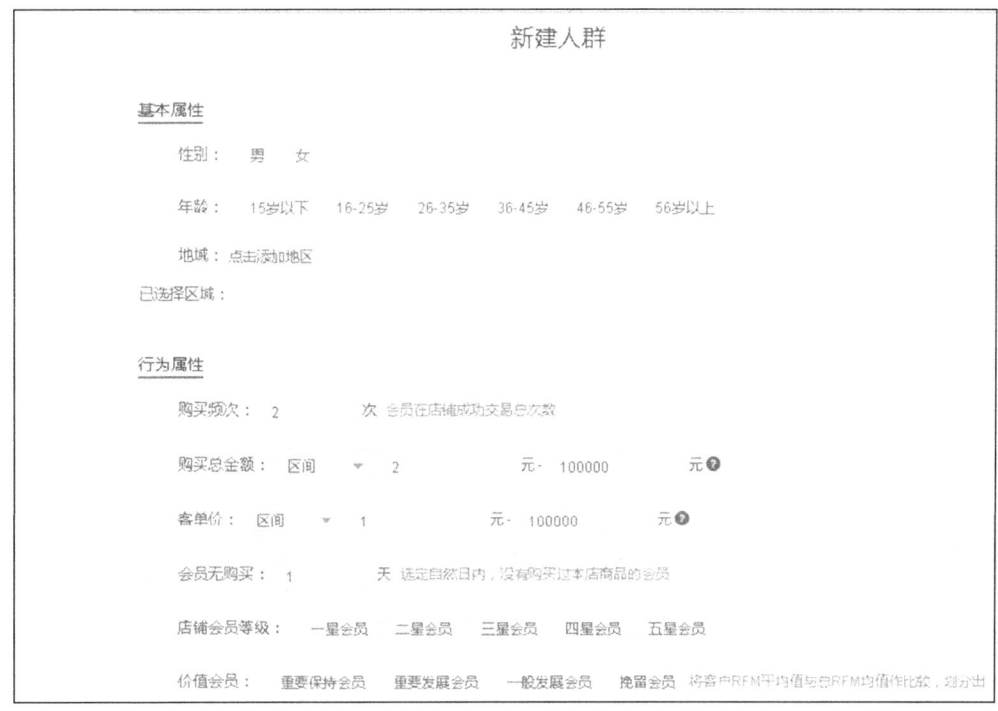

图 10-4-10

### 3. 用户数据

用户数据包含用户 RFM 模型和用户现状分析。

用户 RFM 模型,如图 10-4-11 所示,所涉及的指标有:最近一次购买时间(R)、购买频次(F)、购买金额(M),该模型通过一个客户的近期购买行为、购买的总体频率以及花了多少钱三项指标来描述该客户的价值状况。

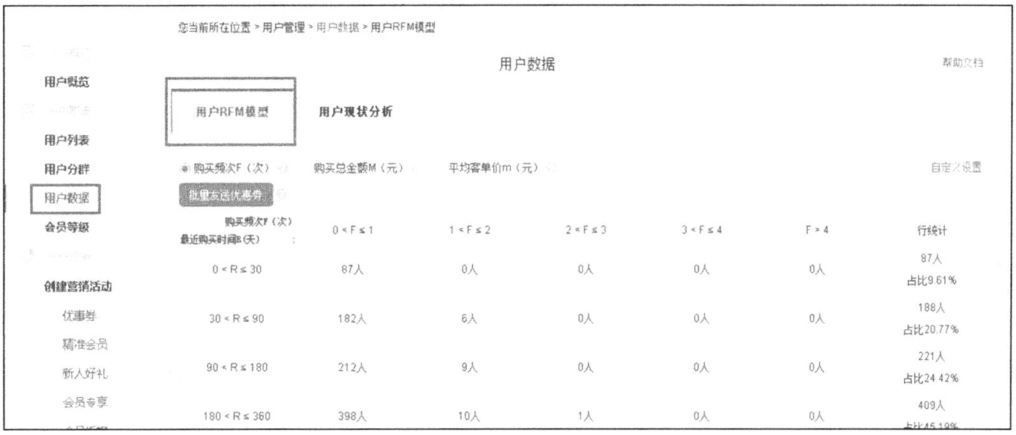

图 10-4-11

用户现状分析包括店铺会员数据、店铺会员复购率、店铺会员回头率、等级会员购买分析、店铺关注，通过现状分析，可以让商家对自己店铺的会员情况进行一个了解并有针对性地做出相对应的营销策略。

店铺会员数据包括某个时间段内店铺会员总数及新增店铺会员数，如图 10-4-12 和图 10-4-13 所示。

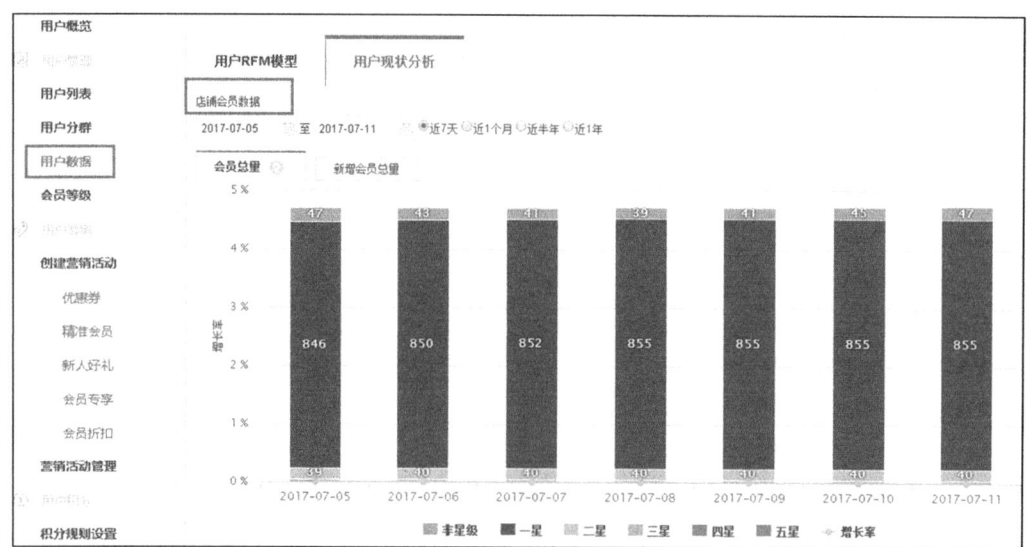

图 10-4-12

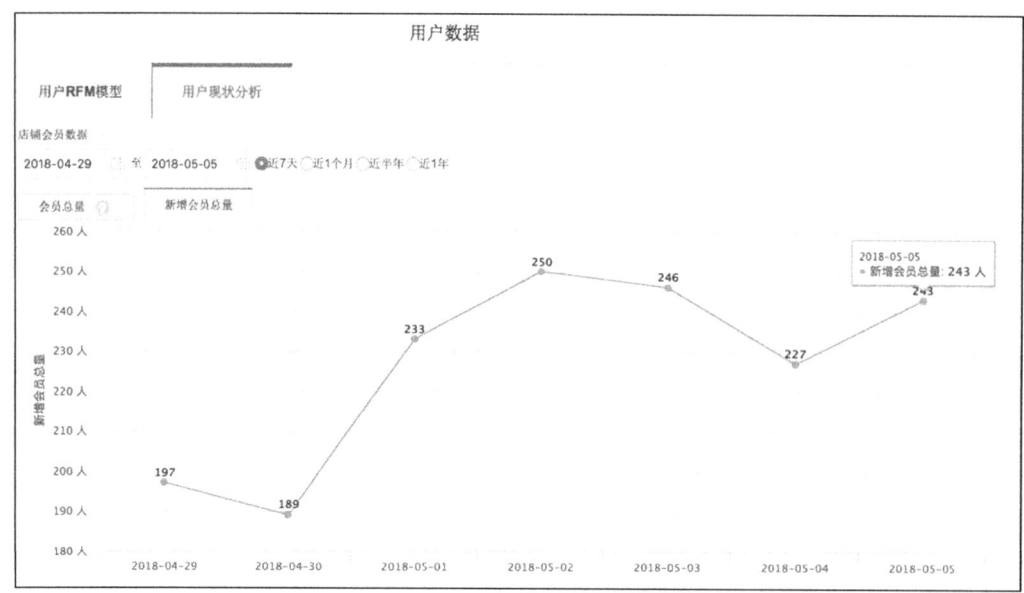

图 10-4-13

店铺会员复购率,如图 10-4-14 所示,是 30 天内两次及以上购买的用户和 30 天内总购买用户数的比值,通过店铺会员复购率可以有针对性地制定老顾客营销方案。

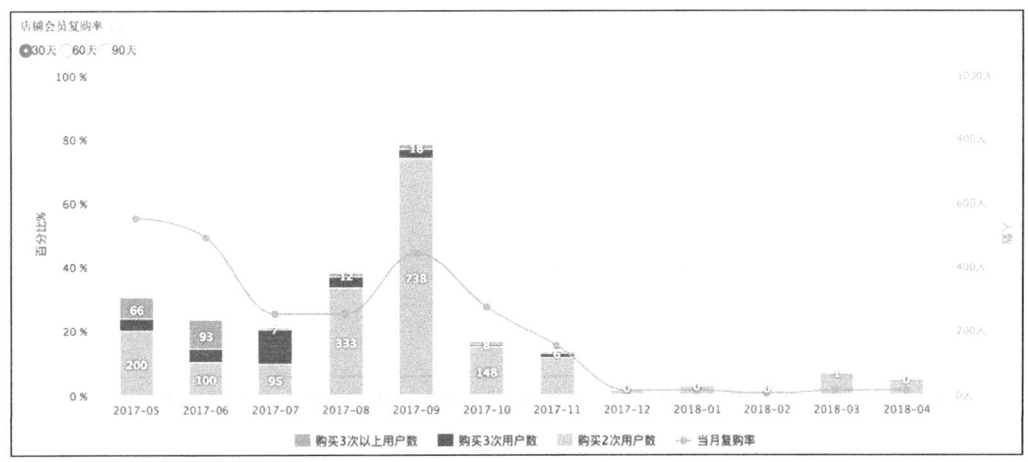

图 10-4-14

店铺会员回头率,如图 10-4-15 所示,30 天前成交客户数,在 30 天内再成交的老客户数和 30 天成交总用户数的比值。

等级会员购买分析:按购买人数、购买总金额、平均客单价行为查询,购买 1 次、购买 2 次、购买 3 次、购买 4 次、购买 5 次及以上星级会员占比数据,如图 10-4-16 所示。

店铺关注是指某个时间段内店铺关注人数及新增店铺会员关注数,如图 10-4-17 所示。

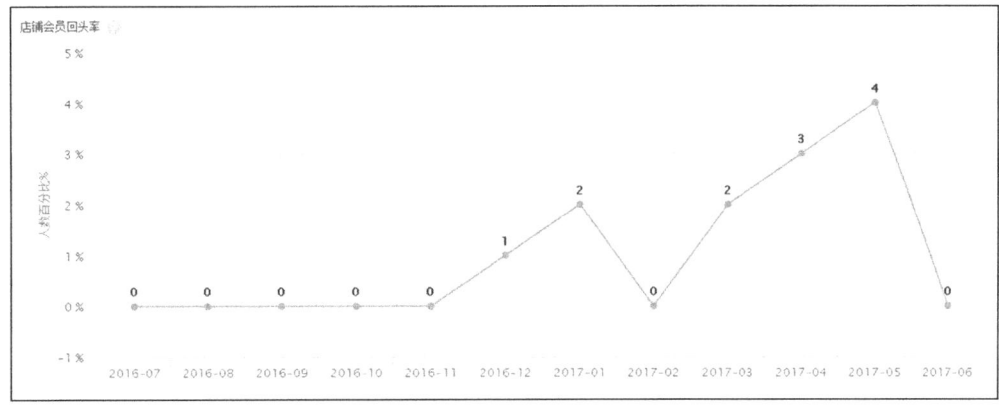

图 10-4-15

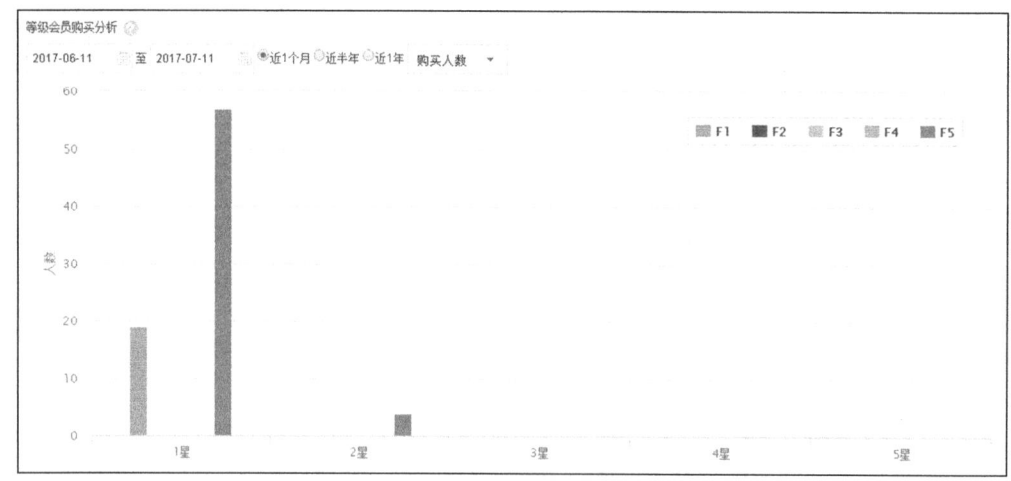

图 10-4-16

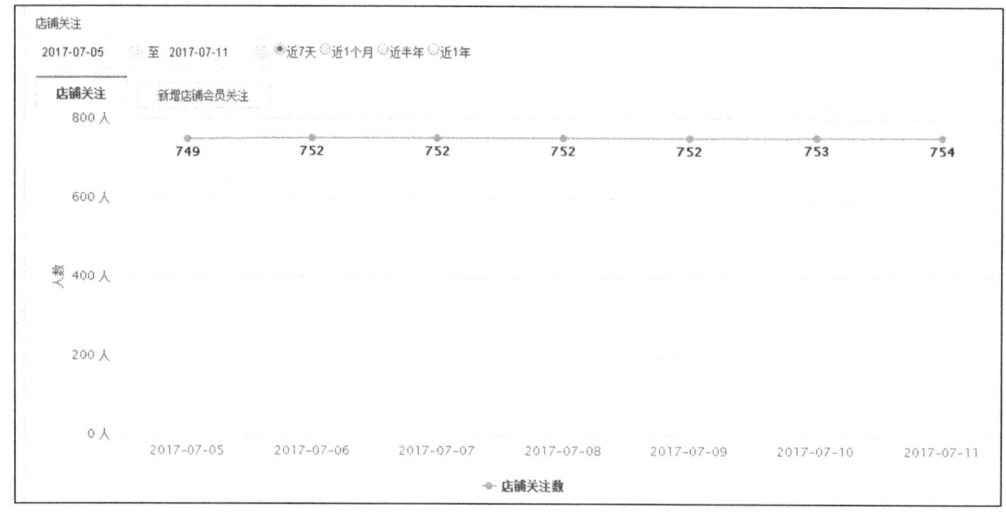

图 10-4-17

### 4. 会员等级

店铺会员等级可以设置为如图 10-4-18 所示的 5 个等级。其中只要买过商品的即为 1 星会员，其他等级可以根据会员交易金额或交易次数自行设置。会员付款后的次日即成为店铺的普通会员，会员等级如果要向更高一个级别自动升迁，则必须同时满足交易额和交易次数两个条件。只满足一个条件时，不会自动升迁。修改等级升迁标准后，次日才会生效。会员等级共分为 5 级，不能增加也不能删除，默认为全部启用。

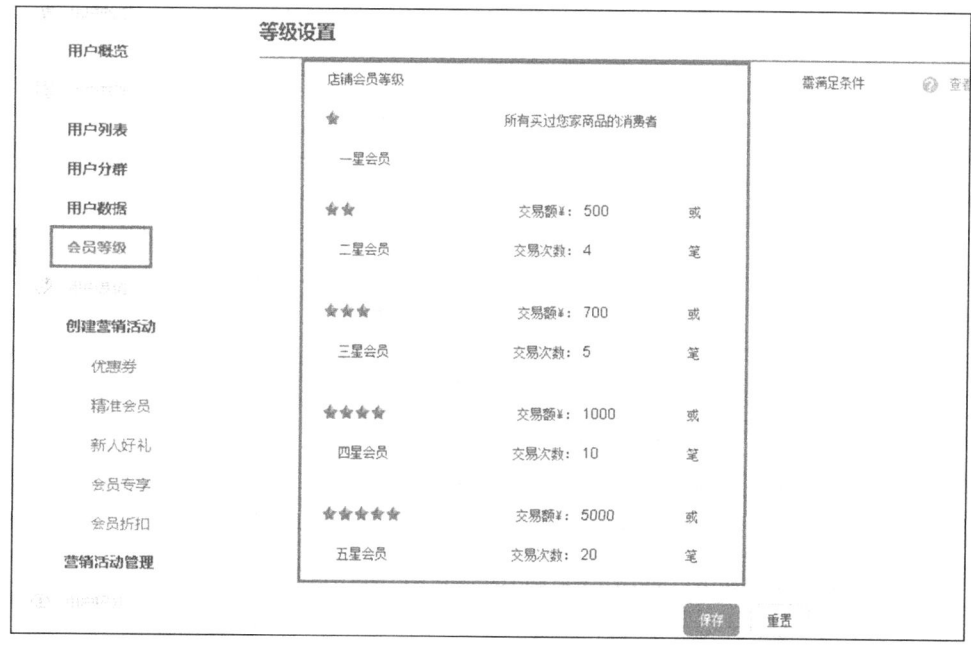

图 10-4-18

### 10.4.3 用户营销

在用户列表、用户人群、会员等级等设置好后,就可以有针对性地做营销活动了。"用户营销"模块中包含"创建营销活动"和"营销活动管理"功能,如图 10-4-9 所示。

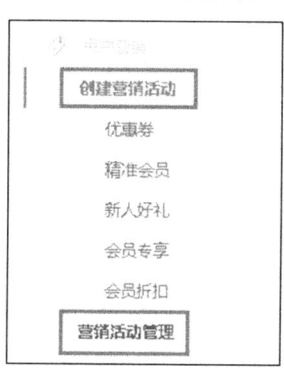

图 10-4-19

**1. 创建营销活动**

创建营销活动包括发放优惠券、精准会员营销、新人好礼、会员专享、会员折扣。

(1) 发放优惠券

发放优惠券:按目标人群,如图 10-4-9 所示,发放优惠券,并且每个月对同一个会员只能发放 1 张优惠券,超过 1 张后系统会自动拦截,具体发放步骤介绍如下。

第一步,选择目标人群,如图 10-4-20 所示。

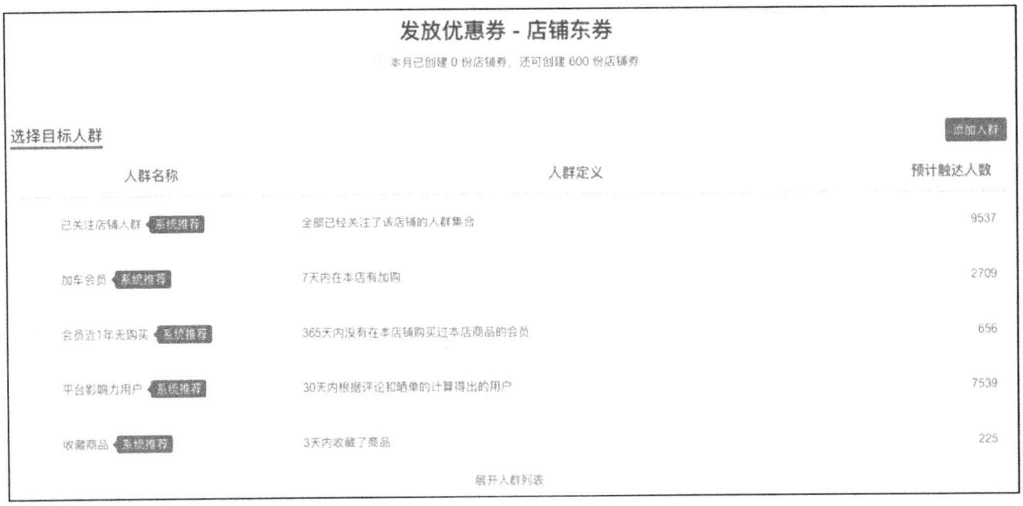

图 10-4-20

第二步，设置店铺东券，如图 10-4-21 所示。

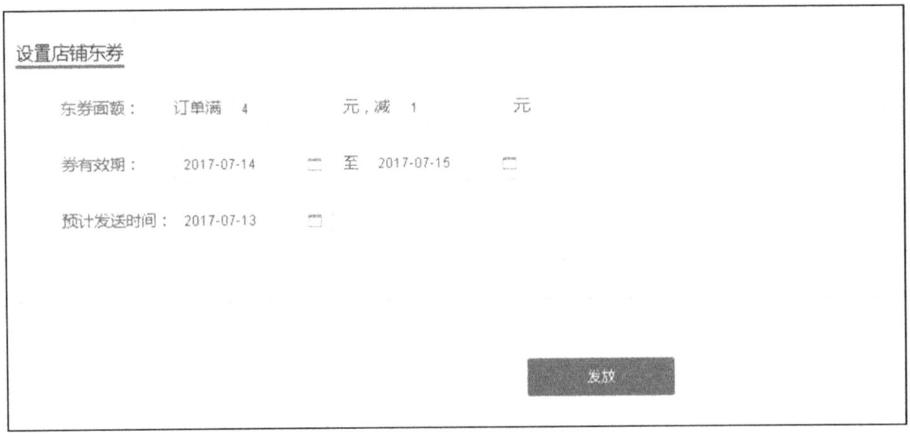

图 10-4-21

- 目标人群：根据活动需求选择对应的目标人群。每个月可创建 600 份店铺券。
- 店铺东券：填写促销券满减金额。
- 店铺券有效期：设置促销活动日期，仅可发放 1 日之后生效的店铺批次东券。
- 预计发送时间：设置发送时间。
- 发券方式：自领方式。

单击"发送"按钮，发出的优惠券不可修改，不可取消。

(2) 精准会员营销

精准会员营销是指针对不同等级的会员进行针对性的营销活动，并且每个月对同一个会员只能发放 1 个令牌，超过 1 个后系统会自动拦截。具体发放步骤介绍如下。

第一步，选择会员等级，如图 10-4-22 所示。

# 第 10 章 会员营销管理

图 10-4-22

第二步,选择令牌列表中的令牌,如图 10-4-23 所示。

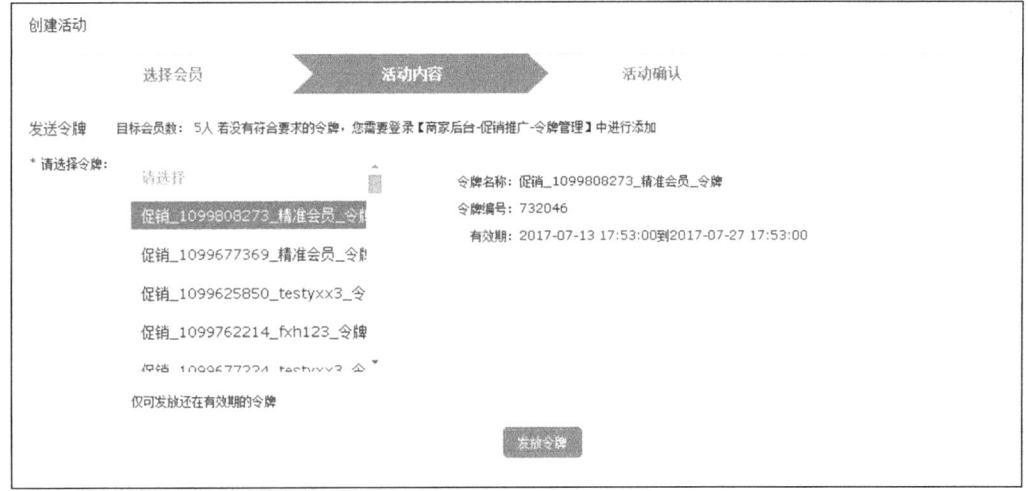

图 10-4-23

> **Tips**

令牌一般为京东运营人员发放,商家目前暂时无法自主创建,具体开放时间请注意官方公告。

(3)新人好礼

新人好礼主要是针对店铺新用户的营销手段,重在拉新,具体设置步骤如图 10-4-24 所示。

> **Tips**

用户限购数量:指一个客户以促销价购买活动中每个 SKU 的数量。

活动商品至少添加 6 个 SKU,最多添加 60 个。

每个非店铺会员第一次关注店铺的用户可获得 1 次京豆奖励,如不填写,则不会创建京豆活动。

图 10-4-24

（4）会员专享

会员专享指针对不同等级的店铺会员创建的优惠活动，重在维护老顾客，如图 10-4-25 所示。

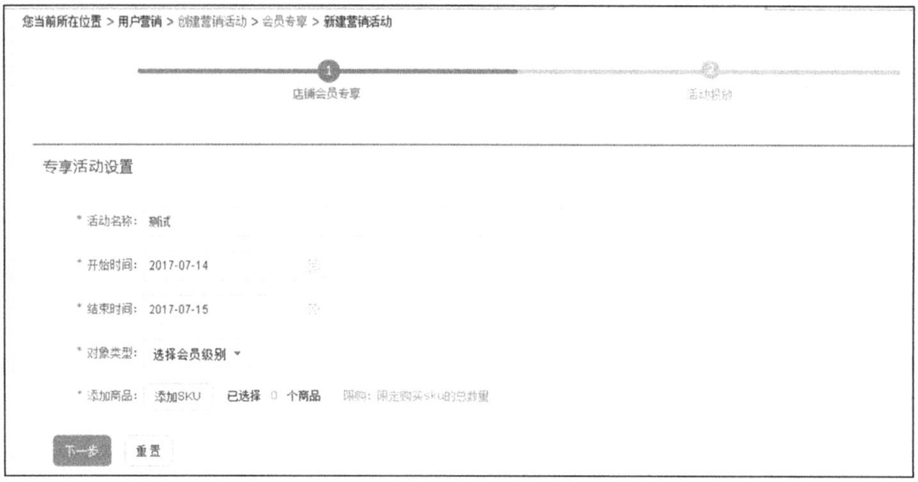

图 10-4-25

> **Tips**
> 活动商品至少添加 6 个 SKU，最多添加 60 个。

## 第 10 章 会员营销管理

（5）会员折扣

会员折扣为向上级别继承，如果高级别不设置折扣，可享受低级别设置的折扣优惠，例如，一星会员设置 9.8 折，二星会员没有设置，则二星会员同样享受一星会员 9.8 折的优惠，如图 10-4-26 所示。

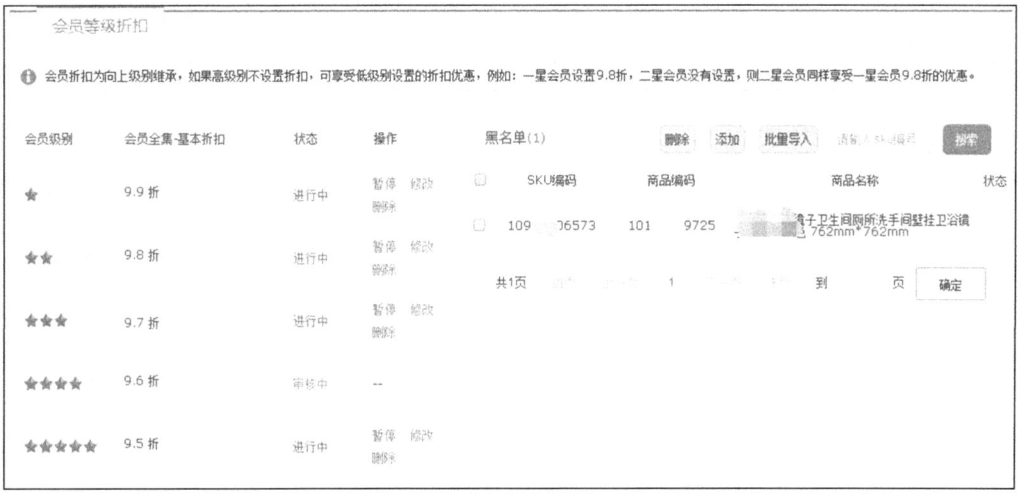

图 10-4-26

① 会员折扣为在商品原价上进行打折，并且可与优惠券、"满减"、"满赠"活动叠加使用，商家需要谨慎设置。

根据会员体系的 5 个等级，设置对应的 5 个促销折扣。

② 设置会员折扣黑名单商品，如图 10-4-27 所示。

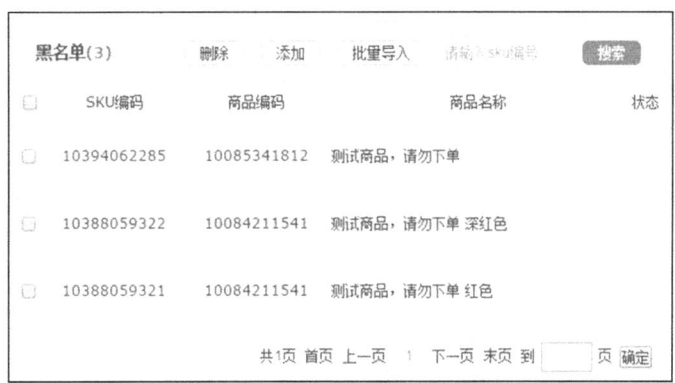

图 10-4-27

- 添加：页面显示添加的黑名单数据，同时数据传给 POP 促销，POP 促销返回添加状态，无须单击"提交"按钮。
- 批量导入：页面显示添加的黑名单数据，同时数据传给 POP 促销，POP 促销返回导入状态，无须单击"提交"按钮。

- 删除：全选删除或单个删除数据，页面弹出提示框"您确认全部删除？"确定删除后，将删除黑名单数据，同时数据传给POP促销，POP促销返回删除状态，无须单击"提交"按钮。删除黑名单后，会员等级折扣重新审核，审核中不可进行其他操作。
- 黑名单显示字段：包括SKU编码、商品编码、商品名称。

③ 商家通过CRM设置会员等级折扣后，店铺商品详情页根据不同等级的会员，显示不同的促销价格。

商品详情页会员促销ICON统一为：会员特价。

- 会员未登录场景

显示"请登录，确认是否享受优惠"，如图10-4-28所示。

图 10-4-28

- 会员已登录场景

如果命中店铺会员折扣价，则显示相应店铺等级的折扣价格，文字统一展现为"您享受店铺VIP价"，如图10-4-29所示。

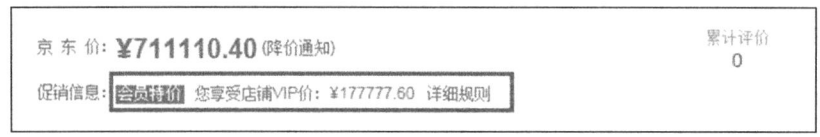

图 10-4-29

如果命中京东会员促销价，则显示相应京东等级的折扣价格，文字相应展现为：您享受××会员价"如图10-4-30所示。

图 10-4-30

会员已登录且判断未命中任何一种会员特价，则显示最低促销价格。并在文字中提示如何可以享受此价格，如图10-4-31所示。

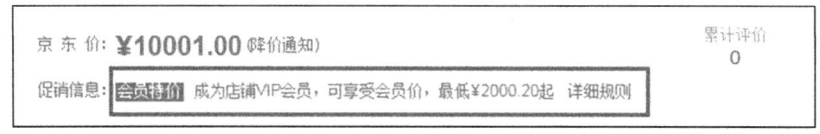

图 10-4-31

详细规则：单击促销信息中的详细规则选项，页面会根据命中情况显示不同的内容，如图 10-4-32 所示。

图 10-4-32

命中京东会员促销，显示的内容如图 10-4-33 所示。

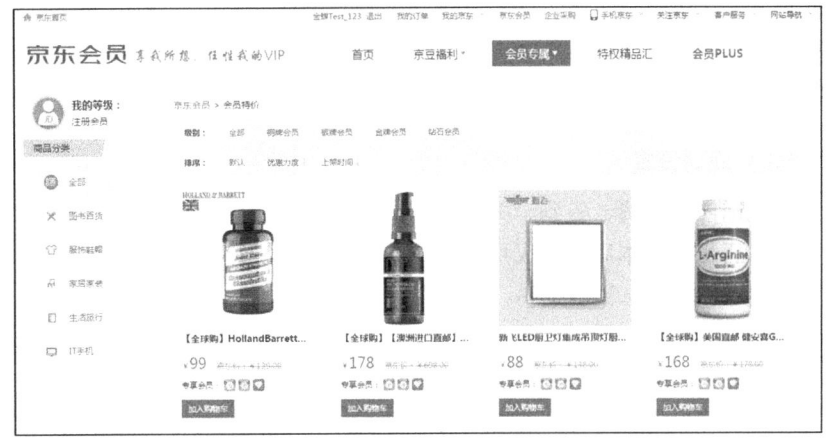

图 10-4-33

未命中店铺会员、京东会员促销，显示的内容如图 10-4-34 所示。

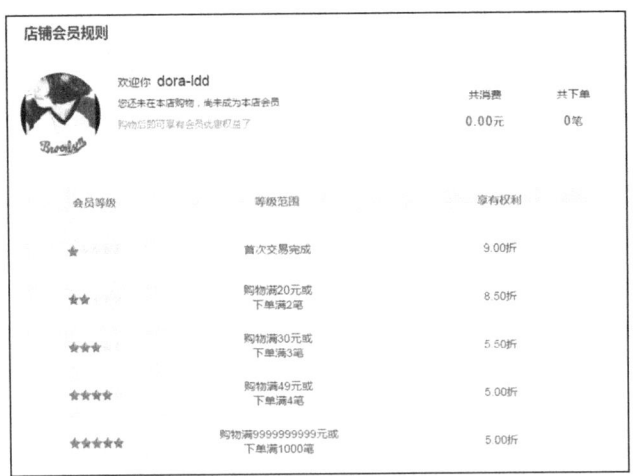

图 10-4-34

### 2. 营销活动管理

在这里可以查看已创建的会员营销活动的动态，如图 10-4-35 所示。

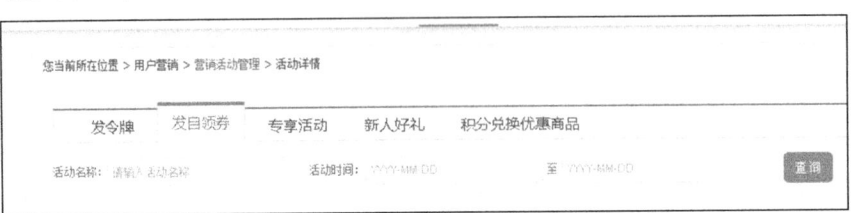

图 10-4-35

## 10.4.4 用户积分

### 1. 会员积分规则设置

消费者在店铺内的消费、签到、关注店铺、首次下单、会员等级升级等行为都可根据店铺设置获得本店积分。本店积分仅可消耗在本店，开通并合理地设置积分规则有助您管理店铺的会员关系，增加重复购买率。

第一步，补发历史积分

为本店曾交易完成的用户设置历史积分发放，消费者可获得商家补发的历史积分。设置好对应会员等级的积分倍数后单击"开始补发"按钮，如图 10-4-36 所示。

积分补发公式：等级会员积分补发数=等级会员消费总金额×积分倍数

例：某三星会员消费总金额为 500000.9 元，积分倍数设置为 1.3 倍，根据公式计算 500000.9×1.3=650001.17（若有小数则进一位），即向该三星会员补发 650002 积分。

### 2. 积分互动任务

积分互动任务可以增加商家和消费者之间的黏性，维持老顾客的忠诚度。主要积分互动任务如图 10-4-37 所示。

图 10-4-36

图 10-4-37

商家除了让消费者在店铺获得积分外,还可以让消费者使用积分兑换对应的优惠,从而增加消费者的购买力,如图 10-4-38 所示。

↳ Tips

支持设置积分兑店铺东券、京券,最多支持设置 3 个批次店铺优惠券,且仅可在本店进行消费,帮助您提升成交转化。

支持设置积分兑优惠商品,消费者可用相应的积分兑换店铺优惠商品完成购买。

### 3. 积分数据概述

积分数据是针对积分的兑换、发放以及优惠券/优惠商品兑换情况整理归纳出来的一个整体数据概况,如图 10-4-39 所示。

图 10-4-38

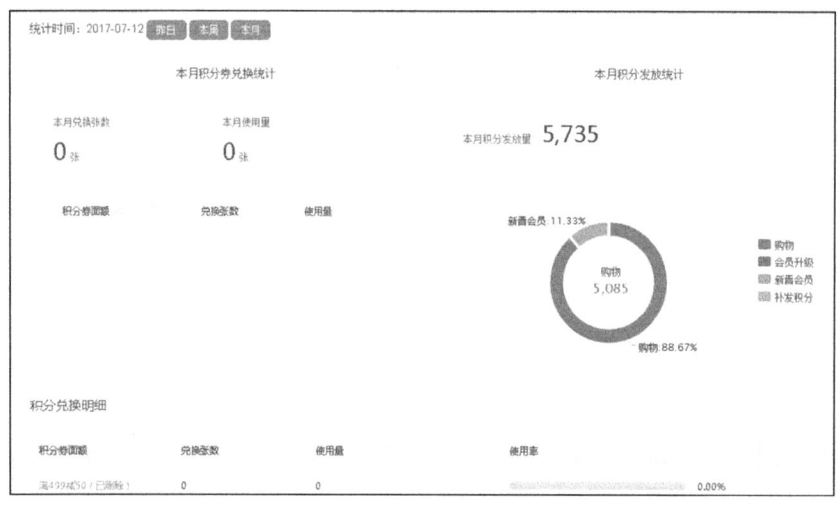

图 10-4-39

通过会员积分数据分析,我们可以清晰地把握店铺积分的发放渠道、用户积分使用情况等,从而可以有针对性地制定积分互动任务和积分兑换的规划。

本章节主要介绍了商家如何利用平台工具与用户进行互动营销,从而提高店铺的活跃度、访客量,以及销售额。

# 第 11 章

# 店铺运营年度规划

很多商家在店铺开通运营推广的几个月后,对每天要做的工作依旧知之甚微,在商家圈子里经常会听到如下的抱怨:

"我的店铺访客数始终无法突破 3 位数?!"

"我的店铺的转化率一直低于行业平均水平,是什么原因呢?"

"别的店铺经常提报活动,为什么我的店铺不行?"

"京准通一个月花费多少才是合理的?"

这些抱怨和问题反映了很多商家对于店铺的流量来源、转化率的影响因素、平台或店铺的活动方案规划和付费推广预算等都没有清晰的认识,更没有想过或者不知道如何规划运营工作。如果制定一个良好的全年运营工作规划,那么这些问题就可以迎刃而解,后续店铺的销售额也会顺势超前增长,从而达到很好的运营效果。

本章会详细讲解店铺运营工作规划的意义、店铺年度销售额的分解、店铺年度推广费用预算及分解,以及店铺年度活动规划。

## 11.1 店铺运营工作规划的意义

制定工作规划可以协调团队的行动,增强员工工作的主动性,减少盲目性,使工作有条不紊地进行。同时,工作规划本身又是对工作进度和质量的考核标准,对团队成员有较强的约束和督促作用。而店铺运营工作规划对店铺日常的运营工作既有指导作用,又有推动作用,做好店铺运营工作规划,是建立正常的工作秩序,提高运营效率的重要手段。

店铺运营工作规划按时间的长短可分为:年度规划、季度规划、月度计划和周计划。

其中店铺年度运营工作规划具有"承上启下"的完整功能:承上,承接公司的战略规划,将公司战略对店铺的工作要求明确出来;启下,则是店铺年度工作内容的主要依据。

下面以某个京东衬衫类目下的男装店铺为例,从店铺年度销售额目标的制定及分解、影响销售额的 3 个因素、年度推广费用预算及分解和年度活动规划这几个方面来详细解读店铺运营工作年度规划的内容。

## 11.2 店铺年度销售额目标分解

店铺年度销售额目标分解的前提是制定了店铺年度销售额目标,而制定店铺年度销售额目标时应首先从行业大盘的数据分析入手,在得到店铺年度销售额目标后,进而可以根据店铺年度销售额占比趋势将其分解到月,如图 11-2-1 所示。

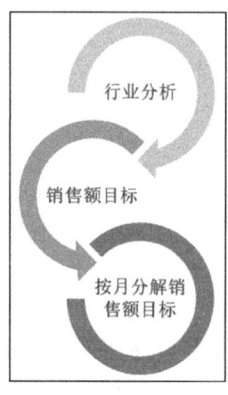

图 11-2-1

### 11.2.1 行业数据分析

行业数据分析主要包括市场行情、品牌详情、属性分析等。

(1)行业大盘分析如图 11-2-2 所示。可为月销售额分解占比提供参考。

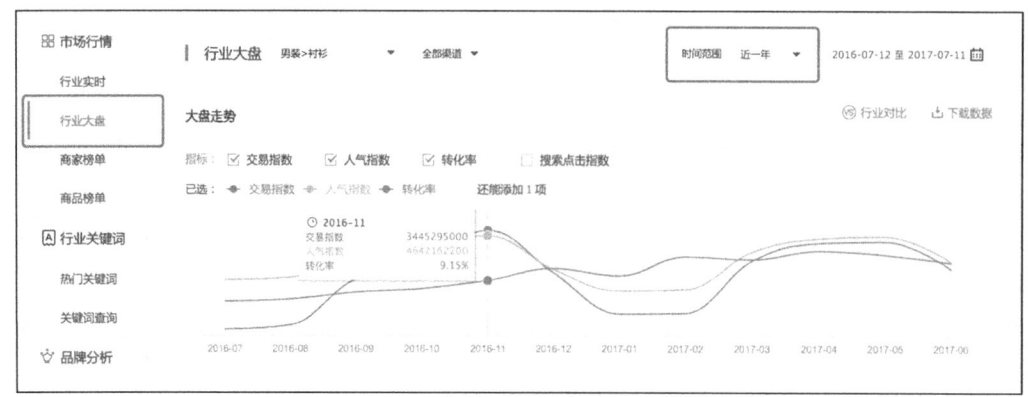

图 11-2-2

(2)品牌详情如图 11-2-3 所示。可以为制定目标转化率提供参考。

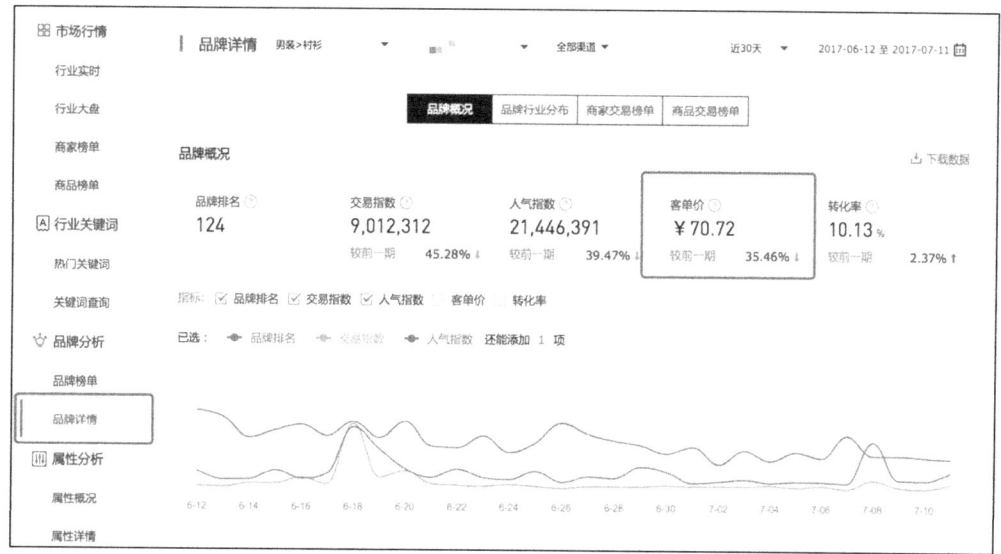

图 11-2-3

（3）属性分析（见图 11-2-4）可以为商品定价，也即客单价的分析提供参考。

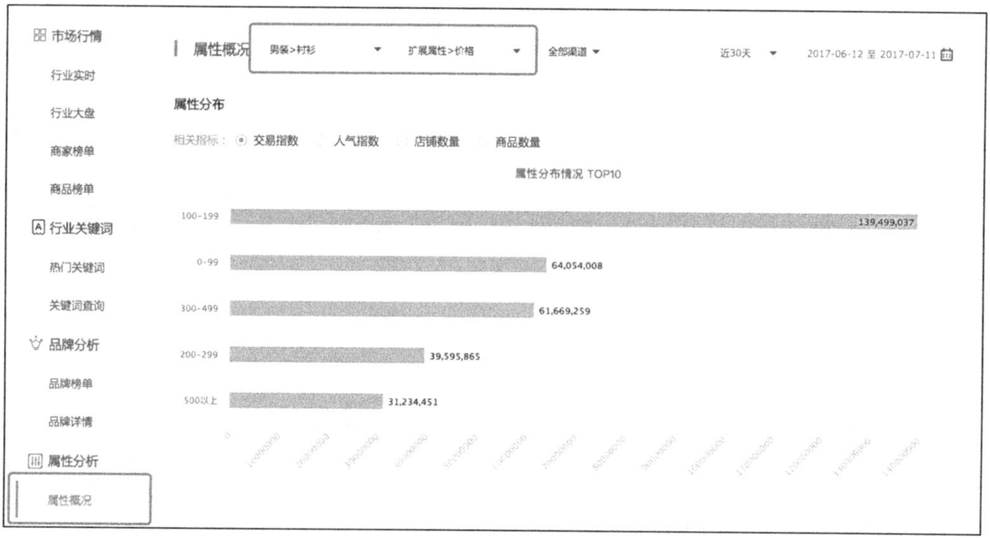

图 11-2-4

（4）将下载后的数据表格加以整理，得出如图 11-2-5 所示的表，其中：

月成交指数占比=当月类目成交指数/全年类目成交指数之和

| | 2015年9月-2016年8月 京东男装衬衫销售数据 | | | | | | | | | | | |
|---|---|---|---|---|---|---|---|---|---|---|---|---|
| 月份 | 9 | 10 | 11 | 12 | 1 | 2 | 3 | 4 | 5 | 6 | 7 | 8 |
| 类目成交指数 | 416,991,600 | 396,179,800 | 544,503,800 | 422,525,200 | 280,807,200 | 99,085,200 | 546,490,400 | 585,467,800 | 414,105,200 | 502,924,000 | 371,965,460 | 261,090,000 |
| 月成交指数占比 | 8.61173% | 8.18192% | 11.24512% | 8.72601% | 5.79924% | 2.04631% | 11.28614% | 12.091111% | 8.55212% | 10.38641% | 7.68185% | 5.39204% |

图 11-2-5

将月成交指数占比以折线图的形式呈现出来，可以非常直观地看出上一年度全年销售占比趋势，如图 11-2-6 所示。

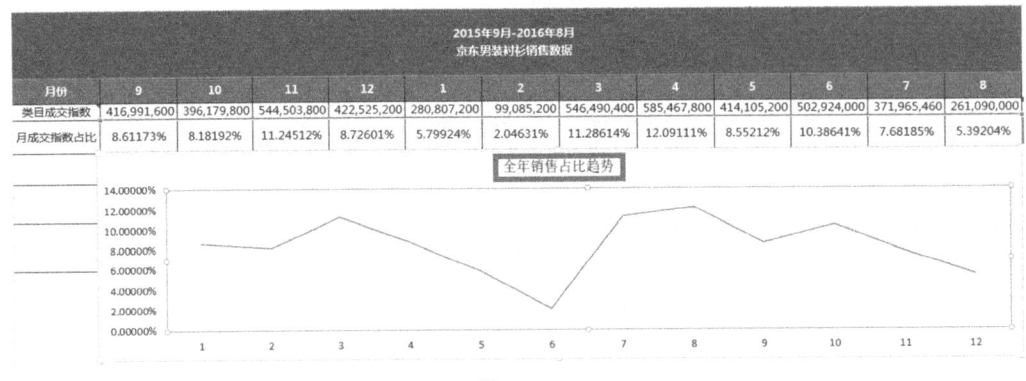

图 11-2-6

（5）结合图 11-2-2 至图 11-2-4 中的行业整体趋势，以及企业的年度战略发展规划、商品的客单价及转化率等数据进行分析，可以预估下一年度店铺目标销售额的增长率。假定上一年度店铺的销售总额为 2000000 元，增长率为 20%，则

$$年目标销售额=2000000×(1+20\%)=2400000 元$$

$$月目标销售额=2400000×月成交指数占比$$

如图 11-2-7 所示。

| 月份 | 9 | 10 | 11 | 12 | 1 | 2 | 3 | 4 | 5 | 6 | 7 | 8 |
|---|---|---|---|---|---|---|---|---|---|---|---|---|
| 类目成交指数 | 416,991,600 | 396,179,800 | 544,503,800 | 422,525,200 | 280,807,200 | 99,085,200 | 546,490,400 | 585,467,800 | 414,105,200 | 502,924,000 | 371,965,460 | 261,090,000 |
| 月成交指数占比 | 8.61173% | 8.18192% | 11.24512% | 8.72601% | 5.79924% | 2.04631% | 11.28614% | 12.09111% | 8.55212% | 10.38641% | 7.68185% | 5.39204% |
| 上一年度销售总额 | ¥2,000,000 | | | | | | | | | | | |
| 增长率 | 20% | | | | | | | | | | | |
| 年目标销售额 | ¥2,400,000 | | | | | | | | | | | |
| 月目标销售额 | ¥206,681 | ¥196,366 | ¥269,883 | ¥209,424 | ¥139,582 | ¥49,111 | ¥270,867 | ¥290,187 | ¥205,251 | ¥249,274 | ¥184,364 | ¥129,409 |

图 11-2-7

### ↘ Tips

如果是新店铺，无任何销售额数据可供参考，则可以根据行业整体趋势、客单价及转化率等数据，结合自身费用投入（费用投入占 GMV 的比例一般为 15%~20%），预估店铺年目标销售额，再与月成交指数占比相乘即可得出月目标销售额。

### 11.2.2 销售额目标分解

通过前面的学习商家可以了解到，销售额=流量×转化率×客单价。因此在将店铺年度销售额目标分解到月后，还应该从影响销售额的 3 个因素：流量、转化率、客单价入手，将其逐一细化，整体思路如图 11-2-8 所示，即

销售额=流量×转化率×客单价
=（下单客户数）×客单价（流量在此处指 UV，即访客）

因此可以通过月销售额和目标转化率计算出月流量计划和日流量计划。

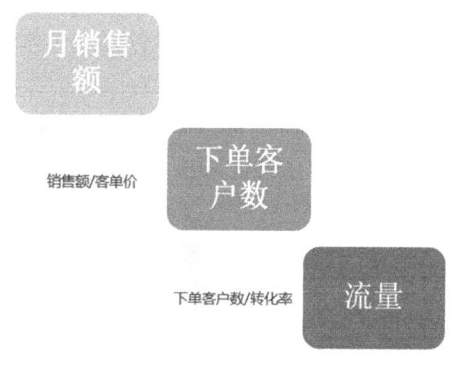

图 11-2-8

（1）如图 11-2-9 所示，可以根据客单价结构表计算每月、每天的下单客户数。

其中，客单价为已上架商品的平均客单价（参考图 11-2-4 中的买家购买分析），而

下单客户数（月）=月销售额/客单价

下单客户数（日）=下单客户数（月）/当月天数

| 2016-2017年度 男装衬衫目标销售额分解 ||||||||||||
|---|---|---|---|---|---|---|---|---|---|---|---|
| 按月度销售额解析 ||||||||||||
| 客单价结构 ||||||||||||
| 月份 | 9 | 10 | 11 | 12 | 1 | 2 | 3 | 4 | 5 | 6 | 7 | 8 |
| 月销售额 | ¥206,681 | ¥196,366 | ¥269,883 | ¥209,424 | ¥139,182 | ¥49,111 | ¥270,867 | ¥290,187 | ¥205,251 | ¥249,274 | ¥184,364 | ¥129,409 |
| 客单价 | ¥120 | ¥120 | ¥120 | ¥120 | ¥130 | ¥130 | ¥130 | ¥130 | ¥140 | ¥120 | ¥130 | ¥130 |
| 下单客户数【月】 | 1722 | 1636 | 2249 | 1745 | 1071 | 378 | 2084 | 2232 | 1466 | 2077 | 1418 | 995 |
| 下单客户数【日】 | 62 | 53 | 75 | 56 | 36 | 12 | 67 | 74 | 47 | 67 | 46 | 32 |

图 11-2-9

（2）如图 11-2-10 所示，可以参考行业竞品的转化率及自身客单价、转化率等制定目标转化率。

| 2016-2017年度男装衬衫销售额计划 | | | | | | | | | | | | |
|---|---|---|---|---|---|---|---|---|---|---|---|---|
| 按月度销售额解析 | | | | | | | | | | | | |
| 月份 | 9 | 10 | 11 | 12 | 1 | 2 | 3 | 4 | 5 | 6 | 7 | 8 |
| 转化率结构 | | | | | | | | | | | | |
| 目标转化率 | 3.0% | 3.5% | 3.5% | 3.0% | 3.0% | 2.5% | 2.5% | 2.5% | 3.0% | 3.0% | 3.0% | 3.0% |

图 11-2-10

> **Tips**
>
> 大型促销、常规资源等活动的转化率相比店铺的平常销售转化率会有所提升，如在"618"年中大促、"11.11"大促时，店铺的平均转化率一般都会有所提升，按照类目不同长比例在20%左右。此外，季节性、时令性的商品在非销售季节也会有所降低，因此在制定目标转化率时，一定要将这些情况考虑在内。

(3)在得出每月、每天的下单客户数和目标转化率后，即可将流量逐一分解，如图11-2-11所示。这其中：

流量（月版）=下单客户数（月）/目标转化率

如第8章所述，流量的构成一般分为付费流量、免费流量、活动流量和其他流量，参考行业内健康的流量结构，这4种流量的占比一般为20%、40%、30%和10%，通过总流量×$X$%（$X$为流量结构占比）即可得出细化的流量解析情况。

| 2016-2017年度男装衬衫销售额计划 | | | | | | | | | | | | | |
|---|---|---|---|---|---|---|---|---|---|---|---|---|---|
| 按月度销售额解析 | | | | | | | | | | | | | |
| 月份 | 9 | 10 | 11 | 12 | 1 | 2 | 3 | 4 | 5 | 6 | 7 | 8 | |
| 月流量结构 | | | | | | | | | | | | | 健康指标 |
| 流量【月版】 | 68894 | 65455 | 89961 | 69808 | 42825 | 15111 | 83344 | 89288 | 58643 | 69243 | 47273 | 33182 | |
| 付费流量 | 13779 | 13091 | 17992 | 13962 | 8565 | 3022 | 16669 | 17858 | 11729 | 13849 | 9455 | 6636 | 20% |
| 免费流量 | 27558 | 26182 | 35984 | 27923 | 17130 | 6044 | 33338 | 35715 | 23457 | 27697 | 18909 | 13273 | 40% |
| 活动流量 | 20668 | 19637 | 26988 | 20942 | 5139 | 4533 | 25003 | 26786 | 17593 | 20773 | 14182 | 9955 | 30% |
| 其他流量 | 6889 | 6546 | 8996 | 6981 | 514 | 1511 | 8334 | 8929 | 5864 | 6924 | 4727 | 3318 | 10% |

图 11-2-11

为了便于店铺每日运营计划的执行，还需要将流量结构进一步分解到每一天，如图11-2-12所示，这其中：

流量（日版）=流量（月版）/当月天数

（4）在将影响销售额的3个因素从纵向结构上逐一细化后，还有必要从横向结构上将其展开，以获得分解及优化这3个影响因素的途径，最终达到提升销售额的目的。

如图11-2-13所示，依然以月度展开提取其任务概览。

## 2016—2017年度 男装衬衫销售额计划
### 按月度销售额解析

| 月份 | 9 | 10 | 11 | 12 | 1 | 2 | 3 | 4 | 5 | 6 | 7 | 8 | |
|---|---|---|---|---|---|---|---|---|---|---|---|---|---|
| | | | | | 日流量结构 | | | | | | | | 健康指标 |
| 流量【日版】 | 2460 | 2111 | 2999 | 2252 | 1428 | 487 | 2689 | 2976 | 1892 | 2308 | 1576 | 1070 | |
| 付费流量 | 492 | 422 | 600 | 450 | 286 | 97 | 538 | 595 | 378 | 462 | 315 | 214 | 20% |
| 免费流量 | 984 | 845 | 1199 | 901 | 571 | 195 | 1075 | 1191 | 757 | 923 | 630 | 428 | 40% |
| 活动流量 | 738 | 633 | 900 | 676 | 171 | 146 | 807 | 893 | 568 | 692 | 473 | 321 | 30% |
| 其他流量 | 246 | 211 | 300 | 225 | 17 | 49 | 269 | 298 | 189 | 231 | 158 | 107 | 10% |

图 11-2-12

## 1月任务
### 任务解析

| 任务概览 | | |
|---|---|---|
| 转化率 | | 客单价 |
| 2.5% | | ¥130 |
| 时间粒度 | 销售额 | 销量 | 流量 |

| 时间粒度 | 销售额 | 销量 | 流量 |
|---|---|---|---|
| 月 | ¥139,182 | 1071 | 42825 |
| 周 | ¥34,795 | 268 | 10706 |
| 日 | ¥4,971 | 36 | 1428 |

图 11-2-13

如图 11-2-14 所示是从横向上分解流量，第 8 章已对流量的组成部分做出详细解读，此处不再赘述，只做概览。

## 1月任务
### 流量解析

| 时间粒度 | 付费流量 | | | | | | 免费流量 | | | 活动流量 | | | 其他流量 | |
|---|---|---|---|---|---|---|---|---|---|---|---|---|---|---|
| 月 | 8565 | | | | | | 17130 | | | 5139 | | | 514 | |
| 日 | 286 | | | | | | 571 | | | 171 | | | 17 | |
| 流量来源 | 京东快车 | 京选展位 | 京拼客 | 京东直投 | 短信营销 | 微博推广 | 搜索流量 | 类目流量 | 自主流量 | 官方活动 | 第三方活动 | 联合活动 | 站外活动 | 站内外其他 |
| 占比 | | | | | | | | | | | | | | |
| 日流量 | | | | | | | | | | | | | | |

图 11-2-14

如图 11-2-15 所示是从横向上分解转化率。

如图 11-2-16 所示是从横向上分解客单价。

| 1月任务 ||||||||
|---|---|---|---|---|---|---|---|
| 转化率解析 ||||||||
| 静默转化率 |||| 咨询转化率 ||||
| 流量维度 | 产品维度 | 页面维度 | 店内促销 | 产品维度 | 客服素质 | 店铺支持 ||
| 推广定向 | 价格 | 主图、详情 | 广告语 | 价格 | 产品熟悉度 | 店内活动 ||
| 主推关键词 | 款式 | 评价晒单 | 折扣 | 款式 | 响应时间 | 售后保障 ||
| …… | 卖点 | 关联销售 | 套餐/搭配 | 卖点 | 服务态度 | 物流配送 ||
| | …… | 首页 | 赠品 | …… | 客服话术 | …… ||
| | | 店内分类 | 满减/满送 | | 销售思维 | ||
| | | 加载速度 | 优惠券 | | …… | ||
| | | …… | …… | | | ||

图 11-2-15

| 1月任务 |
|---|
| 客单价解析 |
| 店铺通路(闭环)设计 |
| 关联销售 |
| 套装搭配 |
| 满赠/加价购促销 |
| 多买优惠促销 |
| 商品多样化 |
| 商品差异化 |
| 会员关联营销 |
| …… |

图 11-2-16

## 11.3 店铺年度推广费用预算及分解

付费流量是店铺流量的重要组成部分。在信息呈爆炸性增长的时代，酒香也怕巷子深，如果不做付费推广，则品牌、店铺或商品很快就会被平台上的其他商品所淹没，因此付费推广很重要。而付费推广预算可以为店铺的推广费用更为合理地支出提供前瞻性规划，以及为后续推广费用的偏差提供数据支持。

推广费用的预算及分解如图 11-3-1 所示。

付费推广的费用占比在京东平台一般为 GMV（销售额）的 8%~15%，因此店铺全年推广费用的预算要基于店铺全年的目标销售额，并通过付费流量在每个月的占比将推广费用分解至每个月。

其中：

全年推广费用预算=年销售额目标×15%

月付费流量占比=当月付费流量/付费流量之和

月推广费用=全年推广费用预算×月付费流量占比

通过计算，即可得出每个月的推广费用预算。

## 2016—2017年度男装衬衫推广费用预算及分解

**全年推广费用预算=2,400,000×15%=360,000**

### 按月度分解

| 月份 | 9 | 10 | 11 | 12 | 1 | 2 | 3 | 4 | 5 | 6 | 7 | 8 |
|---|---|---|---|---|---|---|---|---|---|---|---|---|
| 流量【月版】 | 57412 | 46754 | 64258 | 58173 | 35688 | 15111 | 83344 | 89288 | 48869 | 69243 | 47273 | 33182 |
| 付费流量 | 11482 | 9351 | 12852 | 11635 | 7138 | 3022 | 16669 | 17858 | 9774 | 13849 | 9455 | 6636 |
| 月付费流量占比 | 8.85% | 7.21% | 9.91% | 8.97% | 5.50% | 2.33% | 12.85% | 13.77% | 7.53% | 10.68% | 7.29% | 5.12% |
| 月推广费用 | 31866 | 25951 | 35666 | 32289 | 19808 | 8387 | 46260 | 49559 | 27125 | 38433 | 26239 | 18417 |

图 11-3-1

### ↘ Tips

推广费用与销售额的比例设定要结合具体的行业、企业的成本控制、商品的毛利率等因素,并通过对市场周密的分析才可以确定,不能一概而论。图 11-3-1 所示的表格中采用的比例为 15%,商家可根据自身的实际情况上下浮动调整该比例。

## 11.4 全年运营工作规划总表

在 11.3 节中按步骤将店铺年度销售额目标、年度推广费用预算制定并分解后,可以将分步骤的表格合并,得出店铺全年运营工作规划表格,如图 11-4-1 所示。

## 2016—2017年度男装衬衫目标销售额分解

### 按月度销售额解析

#### 客单价结构

| 月份 | 9 | 10 | 11 | 12 | 1 | 2 | 3 | 4 | 5 | 6 | 7 | 8 |
|---|---|---|---|---|---|---|---|---|---|---|---|---|
| 月销售额 | ¥206,681 | ¥196,366 | ¥269,883 | ¥209,424 | ¥139,182 | ¥49,111 | ¥270,867 | ¥290,187 | ¥205,251 | ¥249,274 | ¥184,364 | ¥129,409 |
| 客单价 | ¥120 | ¥120 | ¥120 | ¥120 | ¥130 | ¥130 | ¥130 | ¥130 | ¥140 | ¥120 | ¥130 | ¥130 |
| 下单客户数【月】 | 1722 | 1636 | 2249 | 1745 | 1071 | 378 | 2084 | 2232 | 1466 | 2077 | 1418 | 995 |
| 下单客户数【日】 | 62 | 53 | 75 | 56 | 36 | 12 | 67 | 74 | 47 | 67 | 46 | 32 |

#### 转化率结构

| 目标转化率 | 3.0% | 3.5% | 3.5% | 3.0% | 3.0% | 2.5% | 2.5% | 2.5% | 3.0% | 3.0% | 3.0% | 3.0% |
|---|---|---|---|---|---|---|---|---|---|---|---|---|

#### 月流量结构

| 流量【月版】 | 57412 | 46754 | 64258 | 58173 | 35688 | 15111 | 83344 | 89288 | 48869 | 69243 | 47273 | 33182 |
|---|---|---|---|---|---|---|---|---|---|---|---|---|
| 付费流量 | 11482 | 9351 | 12852 | 11635 | 7138 | 3022 | 16669 | 17858 | 9774 | 13849 | 9455 | 6636 |
| 免费流量 | 22965 | 18702 | 25703 | 23269 | 14275 | 6044 | 33338 | 35715 | 19548 | 27697 | 18909 | 13273 |
| 活动流量 | 17223 | 14026 | 19277 | 17452 | 4283 | 4533 | 25003 | 26786 | 14661 | 20773 | 14182 | 9955 |
| 其他流量 | 5741 | 4675 | 6426 | 5817 | 428 | 1511 | 8334 | 8929 | 4887 | 6924 | 4727 | 3318 |

#### 日流量结构

| 流量【日版】 | 2050 | 1508 | 2142 | 1877 | 1190 | 487 | 2689 | 2976 | 1576 | 2308 | 1576 | 1070 |
|---|---|---|---|---|---|---|---|---|---|---|---|---|
| 付费流量 | 410 | 302 | 428 | 375 | 238 | 97 | 538 | 595 | 315 | 462 | 315 | 214 |
| 免费流量 | 820 | 603 | 857 | 751 | 476 | 195 | 1075 | 1191 | 631 | 923 | 630 | 428 |
| 活动流量 | 615 | 452 | 643 | 563 | 143 | 146 | 807 | 893 | 473 | 692 | 473 | 321 |
| 其他流量 | 205 | 151 | 214 | 188 | 14 | 49 | 269 | 298 | 158 | 231 | 158 | 107 |

图 11-4-1

## 11.5 店铺年度活动规划

在店铺流量构成中,除免费流量占比最高外,通过活动带来的流量占据了近1/3。而大部分商家的做法是在活动前夕匆匆策划,跟风确定活动主题、文案内容、页面风格、促销方案等,随意选取活动商品上线,这样做的后果往往是活动效果大打折扣,甚至产生了所谓的"战略性亏损",没有达到宣传品牌或商品的目的。因此制定一个涵盖了活动时间、活动主题、活动内容的年度活动规划就显得尤为重要。

### 11.5.1 年度活动规划维度

年度活动规划至少应确定3个维度(见图11-5-1),活动时间、活动主题、活动策划。活动时间的规划便于提前准备活动所需要的资源,如商品库存、人员协调、页面素材等。活动主题和活动策划是为了提前指明活动的方向,确定活动的中心内容,方便后续活动的延伸展开,从而提升活动的参与效应和关注度。

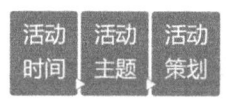

图 11-5-1

### 11.5.2 年度活动规划示例

下面为京东某个衬衫类目下的男装店铺的全年活动规划,其中包括活动时间与活动主题,以及详细的活动策划内容,涵盖平台活动与店铺活动的规划,如图11-5-2所示。

| 日期/活动 | 活动时间 | 活动主题 | 活动策划 |
|---|---|---|---|
| 2016年6月 | 6月1日—12日 | 618跨店3免1预热期 | 配合平台进行活动预热,领券购物并针对会员主动发放优惠券 |
| | 6月13日—20日 | 618跨店3免1活动期 | 全店商品跨店3件免1件 |
| | 6月25日—30日 | 中考季 | 励志T恤衫助力中考,潮流男装8折起 |
| 2016年7月 | 7月3日—10日 | 毕业季/报新季 | 上新/爆品全场满500元减80元 |
| | 7月11日—16日 | 逃离酷暑 | 热销爆款透气T恤衫5折起 |
| 2016年8月 | 8月1日—31日 | 里约奥运会 | 奥运"惠"狂热来袭,全场满199元减30元,满299元减50元,满399减80元 |
| 2016年9月 | 9月5日—20日 | 中秋节 | 月满情圆一爆款折扣+情侣优惠+买即赠中秋好礼 |
| 2016年10月 | 9月30日—10日 | 国庆节 | "十"破天惊,国庆盛典一买一赠一(情侣装、亲子装搭配) |
| 2016年11月 | 10月20日—11月13日 | 11.11预热 | 领券+会员营销+签到有礼 |
| | | 11.11品类日 | 配合平台参与免单、秒杀等活动…… |
| | | 11.11高潮期 | 平台活动 |
| | | 11.11返场期 | 好货5折返场 |
| 2016年12月 | 12月1日—12月15日 | 12.12预热期 | 积极提报类目主会场/年终盛宴,全场5折+爆款秒杀…… |
| | | 12.12活动期 | |
| | | 12.12返场期 | |
| | 12月23日—28日 | 平安夜圣诞节 | 夜幕降临"圣"情难却 全场每满99元减5元+送精美圣诞礼品 |
| 2017年1月 | 12月29日—5日 | 元旦 | 元旦跨年"惠"满减+3款限时秒杀 |
| | 1月18日—25日 | 春节 | 备年货,换"春"衣,全场5折起 |
| 2017年2月 | 2月8日—15日 | 情人节 | 浪漫情人节,爱要有礼 |
| 2017年3月 | 3月5日—8日 | 女人节 | 三月最美是伊人,购物先领券,下单赠礼品 |
| 2017年4月 | 4月1日—5日 | 清明节 | 春姿绽放,全场满199元减30元,满299元减50元,满399元减80元 |
| 2017年5月 | 5月1日—5日 | 青年节 | 5.4 我们正年轻 致青春送大礼 |
| | 5月28日—30日 | 端午节 | 情满端午,夏装全场直降25% |

图 11-5-2

# 第 11 章 店铺运营年度规划

本章从行业数据分析入手,确定及分解店铺年度销售额目标,通过对影响销售额的 3 个因素逐一细化,将销售额目标层层分解,并对这 3 个因素的构成进行详细说明,为广大商家解读店铺年度运营工作规划的制定维度、方法以及优化提升的路径,此外还举例说明了年度活动规划的制定维度及详细内容。

店铺年度运营工作规划能让广大商家对店铺全年的运营工作有清晰的认识。"他山之石,可以为错;他山之石,可以攻玉",希望本章的内容能为广大商家的日常运营工作提供借鉴和思路,以获得良好的运营效果和销售目标。

# 附录 A

# 京东商家问题反馈官方联系方式汇总

| 常见问题/类目 | 主要内容 | 建议优先联系方式/渠道 |
|---|---|---|
| 咚咚在线客服 | 主要服务对象：京东第三方卖家；服务支持范围：第三方卖家在京东商城运营过程中遇到的各种类型问题（如仲裁申诉；系统技术支持；服务业务咨询；其他业务咨询等）注：咚咚考核详见网址 http://mjbbs.jd.com/thread-59649-1-1.html | 咚咚小耳机——商家支持中心 |
| 卖家400服务热线 | 主要服务对象：京东第三方卖家；热线支持范围：第三方卖家在京东商城运营过程中遇到的各种类型问题（如系统技术支持；仲裁申诉；服务业务咨询；其他业务咨询等）注：请注意400接听率 | 电话：400 622 9068（提醒：此热线服务对象仅针对第三方卖家,不向消费者开放；注意区分消费者服务热线为400 606 5500） |
| 系统 | 故障反馈 | 咚咚在线，400 服务热线（400 622 9068） |
| 系统 | 操作指导 | |
| 系统 | 优化建议 | |
| 系统问题 | 如商家后台问题 | 技术、bug 问题请将详情发邮件至 pop-bug@jd.com，也可发到 it400@jd.com；技术服务电话：4006229068 转 1 号键 |
| 系统问题 | 第三方软件授权：商家使用自主开发系统对接京东平台时需提交申请；附用户 ID、店铺 ID、店铺名称、商家类型等信息 | 邮件发送：pop-api@jd.com |
| 信息查询反馈类 | 消费者账户信息查询 | 咚咚在线，400 服务热线（400 622 9068） |
| 信息查询反馈类 | 订单信息反馈（订单备注留言、差价申请、运费返还） | 恶意订单可以通过以下途径解决：报备商家运营核实处理，线上提交删单申请。也可发邮件到 FEEDBACK@JD.COM，需要提供相应的证据 |
| 信息查询反馈类 | 恶意订单删单申请，不确定是否能删单的可联系客服 | 遇到专业打假：http://mjbbs.jd.com/thread-60723-1-1.html |
| 售后 | 自主售后 | 咚咚在线，400 服务热线（400 622 9068） |
| 投诉 | 投诉京东客服 | 咚咚在线，400 服务热线（400 622 9068） |
| 投诉 | 各类投诉，如虚假交易、虚假宣传 | feedback@jd.com |
| 优先赔付申诉 | 违规、优先赔付等 | 咚咚在线，400 服务热线（400 622 9068） |
| 运费险 | 咨询和申请开通 | 卖家意见反馈邮箱，咚咚在线，400 服务热线（400 622 9068） |

## 附录A 京东商家问题反馈官方联系方式汇总

续表

| 常见问题/类目 | 主要内容 | 建议优先联系方式/渠道 |
| --- | --- | --- |
| 入驻及品牌资质审核 | 入驻审核 | 接口招商人员 |
| | 品牌资质审核 | 资质审核：请严格按照提报要求提报 |
| | 品牌方资质：商标注册证、质检报告（进口品：报关单）、强制认证（套子） | |
| | 厂家资质：生产许可证（套子和人体润滑） | |
| | 授权资质：完整授权链 | |
| 商家后台/店铺设置 | 合同/续签/终止协议签订 | 招商经理接口运营人员/支付授权：见后台模板上传和操作 |
| | 店铺账户开通 | |
| | 个人支付授权 | |
| | 店铺更名 | |
| | 后台账号手机验证更改 | |
| | 商家入驻必读文档获取、QQ群加入 | |
| 资源促销类 | 新品审核 | 接口运营人员 |
| | 活动提报、新品发布等 | 新品页面要求请严格按照9月1日新广告法 |
| | 促销资源获取、品牌街审核等 | 主图6张 800px×800px，白底 |
| | 促销标语显示、更改 | |
| | 团购、数据流量营销 | |
| | 京准通业务 | http://jzt.jd.com/gw/ |
| 结算 | 入驻平台费、保证金的缴纳和开票问题 | 400 622 9068 |
| | 订单、扣点、赔付款等的结算发票事宜 | 结算中心处，主要负责付款、退款、红票、咨询为什么退票等业务，重新生成结算单、申请佣金、技术服务费发票、结算数据差异 |
| | 保证金的退回问题 | |
| | | 特殊问题联系：如卖家发票出现问题，需要重新开立，如何申请开具拒收证明等问题，请联系接口运营人员 |
| | 京东帮 | 京东服务市场网址：http://fw.jd.com/<br>京东帮：360buy-pop@jd.com<br>服务市场邮箱：fuwushichang@jd.com<br>服务市场热线：010-62425666 |
| | 申请开通T+1 | 申请开通T+1，直接按照后台要求准资质提交<br>400 622 9068 商家服务热线 |
| 京东帮 | 包括运营、视觉、咨询等服务商 | http://sale.jd.com/act/wQTpIm7GnXE.html |
| 全国客服中心—京东物流商家服务专线 | 签约京东配送的商家关于配送咨询电话（包含：丢件、少件投诉等） | 全国客服中心—京东物流商家服务专线：4006229068 转9号键<br>投诉与建议专线：4006229068 转9号键<br>投诉邮箱：feedback@jd.com |
| 京东快递跟踪查询网址 | 查询使用京东快递配送的货物的物流信息 | http://jd-ex.com/ |
| 开通京东配送业务 | 开通京东配送业务，直接邮件联系，并走完相关手续即可 | 联系每个地区对应区域经理<br>http://mjbbs.jd.com/thread-59524-1-1.html |
| 开通入仓业务 | 开通入仓业务，直接邮件走完相关手续即可 | 邮箱：liang1@jd.com<br>POP商家后台可直接申请入仓<br>入仓热线：4006229068 转9号键 |
| 搜索问题 | 搜索异常问题反馈 | 找对接运营人员 |

续表

| 常见问题/类目 | 主要内容 | 建议优先联系方式/渠道 |
|---|---|---|
| 知识产权 | 如盗图、侵权等 | 网址 http://ipr.jd.com 用商家账号登录进行申报或维权 |
| 店铺终止合作 | 第一步需要给对接运营发关店申请邮件,其他流程见链接 | http://help.jd.com/Vender/viewQuestion-800-1816.html 保证金结算流程及结算单相关问题请咨询 400 服务热线（400 622 9068） |
| 虚假交易处罚参考 | 虚假交易,如何处罚 | http://rule.jd.com/rule/ruleDetail.action?ruleId=2754 |
| 不知怎么操作的事情 | 很多事情都能够找到答案 | http://mjbbs.jd.com/portal.php 商家论坛 |
| 系统知识学习 | 如新功能、新业务知识、11.11 等 | 京东大学电商学院 https://xueyuan.jd.com/ |
| 资质审核 | 开店、续签等资质审核 | 请发邮件至 popzizhi@jd.com,审核量较大,审核人员会根据时间顺序审核,请耐心等待 |
| 保证金 | 催促退保证金 | 电话：010-89113554<br>QQ：396853251<br>邮箱：popdeposit@jd.com,邮件主题：退保证金+商家编号+公司名称 |
| 质检问题 | 质检邮箱（如被抽检,发资料到此） | 发邮件至：F&H-QM@jd.com |
| 招商联系方式 | 各类目招商联系人 | http://sale.jd.com/act/hLF8eujCXw6ckmY.html |
| T+1 资金解冻 | T+1 资金被冻结 | 发送邮件到 feedback@jd.com 申请解冻 |
| 更换类目 | | 联系商家招商咨询处理,联系方式可在 http://sale.jd.com/act/hLF8eujCXw6ckmY.html 查询 |
| 违规申诉问题 | | 违规申诉仅支持线上申诉,请您按照要求在后台中提交申诉资料,操作请参考以下链接：<br>http://mjbbs.jd.com/thread-7314-1-1.html,如果申诉超时或者申诉单被驳回,将不再支持二次申诉,请您理解 |
| 优惠券的问题 | | 优惠券使用问题,烦请您联系咨询商家运营处理 |
| 手机活动装修 | 手机活动装修问题 | 问题描述、截图、活动链接等发邮件到 jshopad@jd.com |
| 京准通 | 京准通问题反馈 | 发邮件至 ad@jd.com<br>充值成功后,还需要分配金额才行！请用主账号登录,在京准通里面单击"我的账户"—"预存款账户",分配余额,然后把金额转入,就可以使用了 |
| 侵权 | 商品侵权问题 | 关于侵权问题需要在线上统一进行申诉,请登录申诉系统,链接为 http://ipr.jd.com/（需安装插件）,提供授权证明等相关证明材料,如该商家涉及侵权违规行为,会按照平台规则进行处理。还需提供完整授权,以便核实处理 |
| 货到付款拒签险问题 | | 邮件咨询 yunfeixian@jd.com,请您在标题中注明【新问题+保险名称】,不然可能回复不及时 |
| 平台规则 | 规则建议 | 发邮件至：guize@jd.com |
| 主图违规 | | 主图违规请按照主图规范进行修改后并截图下架原因发邮件至：fzshenhe-man@jd.com（只针对服装类商家）,审核人员会在 3~5 日内回复。抄送给运营人员。其他类目请找接口运营人员 |
| 变更公司名称 | | 商家联系对接招商处理,各类目负责人联系方式网址：http://sale.jd.com/act/hLF8eujCXw6ckmY.html |